马克思经济学经典与新时代劳动关系研究

杨晓玲 著

南开大学出版社

天津

图书在版编目(CIP)数据

马克思经济学经典与新时代劳动关系研究／杨晓玲
著.—天津：南开大学出版社，2024.5
ISBN 978-7-310-06422-9

Ⅰ.①马… Ⅱ.①杨… Ⅲ.①马克思主义政治经济学
－研究②劳动关系－研究 Ⅳ.①F0－0②F246

中国国家版本馆 CIP 数据核字(2023)第 018968 号

马克思经济学经典与新时代劳动关系研究
MAKESI JINGJIXUE JINGDIAN YU
XINSHIDAI LAODONG GUANXI YANJIU

***

南开大学出版社出版发行
出版人：刘文华

地址：天津市南开区卫津路 94 号　　邮政编码：300071
营销部电话：(022)23508339　营销部传真：(022)23508542
https://nkup.nankai.edu.cn

***

天津创先河普业印刷有限公司印刷　全国各地新华书店经销
2024 年 5 月第 1 版　　2024 年 5 月第 1 次印刷
240×170 毫米　16 开本　26 印张　4 插页　449 千字
定价：138.00 元

***

如遇图书印装质量问题,请与本社营销部联系调换,电话:(022)23508339

出版说明

今年是中国共产党成立一百周年，我国开启全面建设社会主义现代化国家新征程。在新的历史起点，为进一步加强和巩固马克思主义在哲学社会科学中的指导地位，推动加快构建中国特色哲学社会科学的理论体系和话语体系，我们在 2019 年出版了"南开大学马克思主义研究文库"第一辑后，又适时推出了该文库第二辑，旨在集中展示南开大学哲学社会科学领域的有关专家学者，长期以来在马克思主义理论应用、发展和创新方面所做的贡献。文库以专著、文选等多种形式，彰显马克思主义理论的强大活力和生命力。

此次出版的"南开大学马克思主义研究文库"第二辑，与第一辑一样，也是 10 种，分别为：《柳欣文集》（柳欣）、《杨谦文集》（杨谦）、《李淑梅文集》（李淑梅）、《阎孟伟文集》（阎孟伟）、《何自力文集》（何自力）、《刘骏民文集》（刘骏民）、《杨永志文集》（杨永志）、《辩证逻辑——认识史的总结》（封毓昌）、《社会资本——产业资本社会化发展研究》（张彤玉）、《马克思主义经典与新时代劳动关系研究》（杨晓玲）。需要说明的是，这些著述或收录于书中的一些文章，有不少之前在别的出版社出版或在报刊上发表过。由于时代和认识的局限，书中有些观点今天看来难免有所偏颇或值得商榷；语言文字、标点符号、计量单位、体例格式等方面，也有不符合现行规范之处。我们在编辑出版过程中，根据国家有关新闻出版的管理规定，对一些明显的错误做了更正，对个别不合时宜的内容做了适当删改，其他则遵从原著，未予改动。恳请广大读者在阅读这些著述时，能有所鉴别。

南开大学马克思主义学院

南开大学出版社

2021 年 12 月

引言　马克思经济学：社会主义经济理论的方法论基础与思想来源

人类既往的历史是阶级分化、不平等发展的历史。过去的哲学家们负责解释这个历史，而马克思《资本论》及剩余价值理论则试图在探寻社会发展客观规律的基础上，倡导更好发挥历史主体的能动性，进而推动人类经济活动朝着合规律与合共同发展的目的进步。马克思《资本论》及剩余价值理论在新的历史观指导下，深刻揭示了资本主义生产方式的本质和历史趋势，同时也昭示了社会主义发展的前途与未来，为人类社会经济活动关系的合作共赢、共同发展提供了坚实的理论支撑。基于对建构中国特色社会主义生产关系体系目标与任务的认识，重新研读《资本论》及剩余价值理论，我们不仅深切领悟到该理论体系所体现的历史唯物主义方法，更体会到该理论体系所蕴含的社会主义初心与出发点。正如恩格斯所说，马克思主义不仅是批判旧世界的武器，同时也是构建新社会的理论指导。

一、唯物主义历史观：马克思剩余价值理论的基本方法

马克思的剩余价值学说，作为一个理论体系，其在揭示资本主义生产方式本质的同时也昭示了社会主义愿景，因而也成为科学社会主义理论重要的组成部分。而贯穿其中的唯物主义历史观，既是我们学习与掌握该理论体系的前提与基础，也是理解与认识科学社会主义发展前景的出发点。基于对唯物史观的基本认识，学习与掌握马克思剩余价值学说，既要求我们在忠实于经典著作的理论逻辑中去把握，也需要我们在世界历史的现实变革中去领悟，更需要我们在指导当下中国特色社会主义的实践中去探索与发展。从这个意义上讲，马克思剩余价值理论包含着极其丰富的关于发展与构建社会主义市场经济体制的思想与基本原则。譬如，关于价值实体、本质与劳动共同体思

想，商品经济基本矛盾，劳动力商品价值决定及其劳动力全面发展思想等。在当前，该理论更是我们实现经济高质量发展与追求共同富裕目标的重要的理论指导。

19世纪初期和中期的西欧各国，在工业革命的推动下，社会生产力发生了历史性的变化，与此同时，各国社会矛盾也日益聚积并不断激化。由于在资本主义工厂制度下，雇佣劳动者生存危机日益加剧，雇佣劳动者与资本的矛盾尖锐化，并最终导致工人运动的爆发。其间，马克思、恩格斯在参与工人运动的同时，开始了长达40年的艰辛的对古典政治经济学理论的批判和对剩余价值理论体系的探索。从19世纪40年代开始，马克思先后完成了一系列哲学著作的写作，尤其在完成了《德意志意识形态》等经典著作创作后，确立了自己的唯物主义历史观，这就为其从事政治经济学批判与剩余价值新发现提供了方法论基础。此后，马克思在唯物史观的指导下开始了全新的政治经济学理论体系的研究与阐述工作。19世纪五六十年代，马克思陆续发表了他的政治经济学批判性著作，并在1867年正式出版了《资本论》一卷，这标志着马克思政治经济学理论体系的形成。在唯物史观指导下，马克思经济学理论在剩余价值一般理论基础上，揭示了资本主义生产方式、交往方式的本质及其历史趋势。马克思在剩余价值一般规律基础上完成了剩余价值理论体系的系统阐述。

学习和掌握马克思经济学及剩余价值理论，必须首先理解贯穿其中的唯物主义历史观及方法论。理解唯物主义历史观及其在政治经济的应用，既要理解其基于社会生产力发展宗旨的对特定历史阶段生产方式的本质揭示，也要理解伴随社会生产力发展，现存资本主义生产方式、交往方式变革发展的客观历史进程，尤其要理解在这个历史进程中历史主体所发挥的能动的、积极的实践活动。如果从政治经济学逻辑与历史相统一方法论来解释，也可概括为"从具体上升为一般"与"由一般进一步升华至思维具体与丰富社会实践"的方法与过程，并且由于后者更具有了马克思实践性、历史性特征，因而成为解读马克思政治经济学更具有本质意义的方法论。这可以从三个维度来认识：一是要认识历史进程中剩余价值生产及其一般理论逻辑，即马克思从现实历史出发概括、抽象出了"剩余价值一般"的理论逻辑；二是在剩余价值理论逻辑及方法论视角下，认识伴随社会生产力发展世界历史发展进程及其规律性把握；三是对历史主体能动作用的客观认识，这里既包括马克思恩格斯的科学社会主义实践活动，以及其对资本主义历史发展所发挥的重要作用；也包括对苏联社会主义革命、建设经验与教训的总结；更包括中国共产党人对中国特色社会主义市场经济发展道路的理论探索与成功实践过程。事实上，在唯物史观视角下，各国社会道路的选择由于受到社会、历史、文化、地理等多种制约，其具体方式存在较大差别，甚至是根本性差别，这样一来矛盾与冲突不可避免，但马克思对历史客观规律及其趋势的探索与把握是完全正确的。

马克思的历史观让我们学会在历史与社会结构的变动中去认识与把握历史发展的大趋势，在历史主体丰富、多样的实践中不断理解和把握历史趋势，从而更好地发挥历史主体的积极作用。事实上，马克思政治经济学逻辑与历史相统一的方法，不仅体现在其理论逻辑、历史逻辑相统一的各自的辩证叙述方式、方法中，更体现为在剩余价值理论逻辑视角下，对社会生产力发展及世界历史客观进程的深刻认识过程中；不仅要认识它们的根本性区别，也要认识它们客观存在着的共同性方面。而该历史进程既表现为历史主体的实践活动，同时也表现为客观的历史过程与规律性。事实上，社会生产力发展的客观历史进程常常承载着不同的发展路径，然而客观规律揭示目标却是共同的。因此我们在历史、理论、实践相统一的方法论基础上理解马克思剩余价值理论体系及其方法，也就是在不同文化、历史、地域背景下理解马克思主义对历史客观规律的探索和把握，接受并理解其根本性宗旨。当然，这既是一个合乎理论逻辑、历史规律的过程，也是一个必须通过人类丰富多样的经济实践完成的过程、一个历史主体日益受到尊重与提升的过程，更是人类经济生活日益走向合规律合目的性相统一的发展过程。

剩余价值理论，首先是基于现实生活与具体实践形成的一般理论，以及具有"总体"特征的逻辑体系。马克思曾说过："无论我的观点表达如何，它都是一个'艺术整体'。"作为一个逻辑体系，马克思剩余价值理论包括作为直接生产过程的剩余价值一般理论，以及基于此形成的关于物质资料生产"总过程"协调发展理论体系，即剩余价值生产、交换、分配、消费理论体系。其中，剩余价值直接生产过程及其分配理论，还包括支撑剩余价值一般理论的劳动价值理论、劳动力商品理论、剩余价值再生产与资本积累理论、剩余价值交换与交换消费理论。毋庸置疑，劳动力商品及剩余价值生产一般理论构成该理论体系的核心部分。在剩余价值一般理论基础上，马克思概括了支配资本主义经济发展的剩余价值一般规律及其历史趋势。在马克思看来，由于剩余价值规律的作用，资本主义存在着剩余价值生产与实现、剩余价值生产与社会性协调、技术进步与价值增值等一系列根本性矛盾，并且这些矛盾最终将使资本主义出现顽固的相对过剩人口、市场实现与资本过剩、社会阶层严重分化等一系列问题，进而导致出现周期性经济危机与经济衰退问题，而利润率下降规律则使资本积累不可持续。马克思从市民社会的烟火生活到对剩余价值的一般抽象系统阐述，该理论形成于特定历史阶段的雇佣劳动阶级的生产生活实践，体现着历史与逻辑、理论与实践、科学与人文相统一的方法。作为一门系统的政治经济学理论，《资本论》及剩余价值理论客观、科学地研究了资本主义作为"自然史"的历史过程。事实上，马克思生活的自由竞争资本主义时期，资本原始积累所展现的赤裸裸的掠夺性将雇佣劳动制度的剥削性、野蛮性暴露无遗。这构成了马克思剩余价值批判理论现实的社会背景。

19世纪初期和中期的欧洲，剩余价值生产的"绝对"方式不仅激化了社会矛盾，同时也使雇佣劳动力的再生产成为不可持续的，激烈的阶级斗争与理论批判不可避免。在当时，雇佣劳动制度的剥削本质暴露无遗，资本形成了对雇佣工人剩余劳动的"绝对"剥削与掠夺，包括远远低于劳动力价值的工资、没有任何安全保障的劳动用工制度、超级延长的工作日与劳动强度。残酷的压迫与剥削几乎使整个劳动阶层陷入绝对贫困，工人阶级像机器、设备那样高速运转却仍然一无所有，生活极度艰难困苦。马克思在《资本论》用大量真实的实证报告记录了当时工人水深火热的生存状态。他指出机器体系的应用在提高了劳动生产力的同时，却发展了劳动的片面性，极大地降低了劳动者的主观努力、精神与智慧互动在劳动过程的应用与发挥，并认为此时的资本主义大机器工厂生产方式，具备了完全的"奴役性"和非人性化的特征。他在《资本论》中写道："那些还在奴役劳动或徭役劳动等低级形式上从事生产的民族，一旦卷入资本主义生产方式所统治的世界市场，而这个市场又使它们的产品外销成为首要利益，那就会在奴隶制野蛮灾祸之上，再加上一层过度劳动文明的灾祸。"在马克思看来，当时资本对剩余价值的剥削与压榨超过了过往所有的历史，阶级斗争不可避免地爆发了。于是，争取正常工作日的斗争、反抗资本极度的剥削与掠夺的斗争成为那个时代的主题。

在《资本论》"资本章"，马克思基于对雇佣劳动阶级产生的历史过程的考查，阐述了他的剩余价值一般理论。1858年1月，马克思正在写作《1857—1858年经济学手稿》的"资本章"，此时他在给恩格斯的信中写道：

"我取得了很好的进展，例如，我已经推翻了迄今存在的全部利润学说。"①这里提到的"很好的进展"和"推翻了迄今存在的全部利润学说"，是指他正在写作"资本章"，在剩余价值理论研究上取得了重大突破，即"剩余价值"一般范畴的提出与阶级理论的系统阐述。事实上，马克思先发现并提出了劳动二重性学说，在接受并发展了劳动价值论的基础上提出了劳动力商品二重性的学说。该理论以无懈可击的理论逻辑，充分说明了剩余价值生产一般的客观存在，以及雇佣劳动剥削关系的阶级本质；说明了该阶级关系的对立与对抗性质；说明了剩余价值生产历史发展中阶级与阶级斗争的客观历史过程。在接下来关于剩余价值直接生产过程的分析中，马克思以价值形成过程为基础实证地分析了剩余价值生产过程，提出并发现了工人剩余劳动时间支出的剩余劳动是剩余价值的源泉的核心思想，构筑了马克思政治经济学的理论基石。马克思不仅在直接生产过程与资本积累理论中，讨论了他的剩余价值一般理论，更是以此为基础从剩余价值生产总过程，即生产与分配、交换、消费协调统一的角度，分析了资本积累与剩余价值再生产的各种制约因素与难以克服的矛盾。马克思剩余价值理论揭示了资本主义生产方式的本质及其历史趋势。当然，马克思也认为伴随着社会生产力的发展，资本主义的生产方式、交往方式迟早会发生革命性变革。

马克思恩格斯的革命实践与自由竞争时期资本主义生产方式的变革。马克思生活的年代，工人阶级挣扎在水深火热之中，争取正常工作日的斗争、反抗资本极度的剥削与掠夺成为这个时代的主题。不像那个时代的许多学者那样完全无视工人阶级的生存状况，马克思、恩格斯参与并领导了第一国际工人的运动，为第一国际起草纲领《共产党宣言》，并亲历和领导了工人阶级的斗争及实践活动，参与了当时血雨腥风的斗争。正是马克思恩格斯的斗争实践为他们完成政治经济学理论创新提供了思想和实践基础。当然，马克思早期在《莱茵报》的实践活动直接促成其世界观的转变与历史唯物主义理论的形成，这奠定了马克思政治经济理论的方法论基础。马克思撰写《资本论》不仅引用了大量的古典经济学文稿，还摘引了大批反映当时工厂劳工情况的报告，包括当时对资产阶级辩护士的批判与辩论，这些证实性的报告构成资本论历史分析、逻辑证明的重要的资料分析。一定意义上讲，马克思恩格斯的革命实践与理论发现直接推动了后来的资本主义社会改良运动，以及工厂

①《马克思恩格斯全集》第29卷，北京：人民出版社，1995年，第250页。

工会组织和劳动工资谈判机制的建立，为工人阶级生存状态的改变发挥了决定性的作用。因此他们创立的剩余价值批判理论对西方社会近现代的发展产生了根本性的影响，一定程度上推动了现代社会的进步与发展，也为社会主义理想的实现奠定了基础。

二、相对剩余价值生产、生产力发展与社会结构演变

马克思在雇佣劳动阶层的生活、生产基础上，概括了剩余价值一般理论。然而，马克思也在相对剩余价值理论基础上，阐述了资本主义社会生产力的发展与生产关系历史变革可能性，探索并预见了人类历史的进步与发展。"伴随社会生产力的发展，全部生产关系都要发生变革。"①马克思在完成了剩余价值一般理论证明后，恩格斯接续出版《资本论》的二、三卷，完成了"从一般理论到思维具体"与丰富实践的理论分析过程。基于唯物史观的基本认识，马克思将社会生产力发展看作社会生产方式、交往方式变革的前提与基础。以社会生产力发展为前提，认识当代资本主义生产方式的矛盾运动及其历史变革，体现了唯物主义历史观的基本要求。从这个意义上，马克思剩余价值理论，不仅是一个逻辑体系，更是一个历史过程，即一个由历史主体丰富实践活动推动的世界历史进程。

相对剩余价值生产理论，马克思以历史与阶级的视角揭示了市场经济条件下关于技术进步与社会生产力发展的政治经济学经典理论。该理论以资本竞争、技术进步为内容，以剩余价值生产为社会形式，揭示了资本主导下技术进步存在着的深刻矛盾。马克思深刻揭示了资本竞争既是技术进步与社会生产力发展的驱动力，同时又构成了其根本性障碍，除非其使全部的生产关系不断地发生变革。在马克思看来，单个资本对"超额剩余价值"的追求与社会价值的持续降低构成该矛盾的基本形式，尽管这是商品经济基本矛盾在资本竞争中的体现。当然，该矛盾运动在阻止技术进步的同时，也不断加快资本主义生产力发展。当代资本主义，伴随着资本主义生产方式的有限的变革，相对剩余价值生产方式驱动了现代社会生产力的发展，并形成新技术革命日新月异的历史画卷。在《资本论》第一卷，马克思在概括剩余价值一般理论后，详尽讨论了剩余价值生产两种基本方法。马克思指出，绝对剩余价值生产总会遇到工作日和雇佣工人生理需要的界限，而相对剩余价值生产

---

① 《马克思恩格斯全集》第2卷，北京：人民出版社，1989年，第8页。

方法则完全可以在打破这个界限前提下，持续为资本提供更多的剩余价值量，并且能够有效地提高剩余价值率。因为通过技术进步提高社会生产力可以在缩短必要劳动时间的同时降低劳动力价值，进而相对地增加剩余劳动时间和剩余价值量。这是以部门资本竞争的方式展开的，并不断加剧资本之间及资本主义生产与实现的矛盾。相对剩余价值是整个社会获得的，尽管最初的动力来自单个企业对超额剩余价值的追求。单个资本间的竞争仍然能够从一个部门到多个部门排山倒海似地推动整个社会技术进步与劳动生产力的不断攀升。当然，关于技术进步与社会生产力发展理论并不局限于相对剩余价值生产，马克思关于社会生产力发展基本理论贯穿于政治经济学整个理论体系之中，包括再生产与资本积累理论中的资本有机构成与相对过剩人口理论、资本积累一般规律与利润率下降规律理论、资本主义基本矛盾及其历史趋势理论等。

在相对剩余价值生产条件下，由于单个资本对"超额"剩余价值的追逐导致形成部门内部资本的竞争，而部门不断加剧的竞争又驱使同质产品社会价值不断走低，使单个产品价值出现递减趋势，导致出现部门资本竞争困境。然而，通过不断寻找新的市场与产业，以期突破部门内部竞争困境自然构成相对剩余价值生产的续篇。于是，产品、产业创新和部门之间竞争会日趋加剧。诚然，这会暂时缓解资本积累基本矛盾，但无法从根本上克服资本主义基本矛盾与各种根本性问题。在商品价值、使用价值矛盾对立运动基础上，伴随技术进步、劳动生产率提高，有机构成提高导致利润率有了潜在下降趋势，技术发展与价值增值存在着深刻的内在矛盾常常以生产过剩的危机形式所出现，并最终导致新的经济衰退，并且在剩余价值规律作用下以再生产周期方式不断得到加强。在当代，发达资本主义国家几乎每隔 20 年就有新的产品、产业出现，一方面说明资本主义技术进步与发展存在着的潜能，另一方面也说明资本主义只有通过推动重大的技术创新、市场开拓的方式，并使经济增长不断加速奔跑，才能暂时克服和缓解其内在停滞与衰退趋势。然而，当资本推动科技与社会生产力加速奔跑、并快速登上一个个新的竞争平台时，利润率下降趋势将进一步显现，生产与社会风险与成本持续加大，资本竞争将演化出新的更大的经济、社会、地区间的不平衡，此时资本除了加强其国际垄断联盟，加强其垄断地位，没有别的选择。

而垄断资本的国际政治经济发展带来了更大的问题与矛盾。这些问题包括：（1）由于高附加值新兴部门快速发展，以及这些部门的技术垄断特点和进入障碍，使部门发展得更加不平衡了；而高技术导致的部门技术垄断和发展的不平衡又不断加剧了社会分化与地区矛盾。（2）加速奔跑的资本需要有更大的市场、资源与之相适应，由此导致产业外包与发达国家产业空心化的必然趋势。当经济全球化成为不可逆转趋势时，就形成了单个资本趋利发展国际化趋势与其主权国资本整体利益之间的矛盾。于是，出现政治经济的逆全球化趋势与经济全球化趋势的相互矛盾发展态势，而这种矛盾状态终究会制约各国和全球经济的快速增长，导致出现全球经济低经济增长现象。（3）由于资本必须靠开拓市场维持其发展，为应对激烈竞争形成的过度竞赛，以及对创新活动的过度激励，必然导致出现经济金融化、虚拟化趋势；而该趋势不自觉应用和不恰当发展反过来又戕害实体经济发展与创新活动出现。（4）在创新成本与风险持续增加情况下，垄断市场结构形成与垄断势力发展不可避免，尤其在平台经济发展条件下，该市场结构在推动技术发展、社会生产力进步的同时，从根本上戕害着发达国家的新技术革命和智能经济的发展。这一切都说明，当代资本主义生产与发展，仍然离不开外部资源、市场。与此同时，另一些发达国家则有可能出现经济长期停滞趋势，其内部也会滋生出各种腐朽、停滞的因素。这一切都是由相对剩余价值生产方式的资本性质决定的。尽管该方式也体现着技术进步与社会生产力发展的一般内容。

当然，历经二、三次工业革命，当代资本主义也历史性地迎来新的科技革命与社会生产力发展的契机，促使其出现了一些新的制度因素。回顾现、当代资本主义几百年的历史发展，可以看到伴随着科技进步与社会生产力的发展，其生产关系体系也在被动地进行某种程度的调整与改造，这构成了当代资本主义生产方式内部的矛盾运动与结构变动规律。从企业公司治理结构形成到宏观经济管理制度的确立与完善，从社会保障体系的建立完善到 20世纪 70 年的美国推动的职工持股运动的开展，在这个过程中西方国家经历了四次的工业革命。尽管这些制度的建立和完善不可能从根本上克服资本主义基本矛盾，进而增进普通群众的根本利益，尤其是当代资本主义科学技术的发展，与其潜在的科技实力与经济实力相比，其在公共品的投入、涉及服务大众利益的基础建设方面，包括社会服务体系的建设方面仍然还存在较大的差距。但是，相对剩余价值生产方式及其所带来的资本主义技术进步与社会生产力的发展，并不必然意味着其生产关系、社会交往关系的根本性改变，这些调整只是为其生产关系的变革创造了可能性的条件。

尽管如此，马克思还是预见了伴随科技进步与社会生产力日新月异发展，世界历史会出现新的结构因素与社会主义发展前景。在马克思经济学理论体系中，劳动价值理论构成剩余价值理论的基础和出发点，"劳动二重性是理解政治经济学的枢纽"。马克思劳动价值论在商品、货币形式下，探讨了隐藏在价格波动背后的价值决定因素，而在马克思看来，以"无差别一般人类劳动"为实体的价值关系，最终决定和影响着货币与价格、收入与分配的长期趋势。其一，相对于市场和价格理论而言，马克思经济学关于价值实体、价值关系本质理论是一种关于劳动共同体"性质"与商品"质量"的表达，即是一种关于创造商品价值劳动的"性质"与"质量"的规定。"但是，形成价值实体的劳动是相同的人类劳动，是同一的人类劳动力的消费。体现在商品全部价值中的社会的全部劳动力，在这里被当作一个同一的人类劳动力，虽然它是由无数单个劳动力构成。"①正是因为价值实体所具有劳动共同的、可以通约的"性质"，即劳动共同体与劳动"质量"的内涵，才使其长期在对商品的价格与劳动工资的走向上具有了最终的决定作用，并形成价值、价格相互作用价值规律的不可抗拒的运动趋势。在马克思看来，以"价值实体"为基础、"价值关系"的社会性为本质，二者共同决定了劳动价值论的科学内涵。

其二，马克思经济学对价值规律内容、要求和表现形式的阐述，不仅揭示了社会主义按劳动分配与产品获取的简单商品经济基础与契约原则，同时也以其本质内容与供求决定价格的现实方式，揭示了"价值实体"内容和要求实现的现实途径与历史必然性。在马克思看来，一个健康、持续的商品经济体系，在短期是由供求价格、资本货币发挥作用的；但是在长期则必须是以"价值"为基础通行等价交换的按劳分配原则；在微观局部资本、货币发挥主导作用；但在社会整体（国家）层面遵循商品、货币规则的同时，还必须遵循按劳分配的社会主义规则。在这里商品、货币规则与社会主义按劳分配规则共同存在，相互作用；微观自由市场的私人性与宏观经济社会整体性相互结合，形成多层次、多方位的发展体制、机制，包括国家发展战略，它们并行不悖，相互孕育，形成一个有机整体。当然，这也决定了中国特色社会主义市场经济体制、机制基本特征。

而价值规律所形成的矛盾运动及历史驱动力量，则揭示着人类历史发展对资本主义历史阶段的超越性及社会主义远景实现。事实上，劳动价值理论

---

① 《资本论》第 1 卷，北京：人民出版社，1975 年，第 53 页。

所蕴含的劳动共同体及按劳分配基本思想，不仅昭示着伴随商品经济发展必然孕育着的社会主义未来，同时也说明该关系体系也深深根植于现实的经济关系中，根植于简单商品经济的基础上，并构成现存经济关系的重要的组成部分。从这个意义上，简单商品经济发展包含并孕育丰富着社会主义萌芽。因此人类社会发展，不仅仅将此理解为历史与发展阶段的关系，同时也要理解为同一历史阶段所具有的、不同历史阶段社会特征的并存、多元与相互孕育"有机结构"关系体系的构建过程。在商品经济条件下，人们的价值关系，一方面为人类经济活动的自主性、自由提供客观前提；另一方面又由于其"价值"关系具有可通约性、共同性，为人类社会的共同体构建提供现实基础。而马克思关于商品经济必须在私人劳动基础上寻求与社会劳动契合的核心思想，则提供了关于劳动共同体所必须具备的"社会性、开放性、互助性"的理性原则。在这里，马克思预见了世界历史的发展与社会主义前景。正是在这个意义上，马克思劳动价值理论包含着关于社会主义经济关系建构"性质"、经济发展"质量"，以及历史发展驱动力量、规律性的阐述。在马克思看来，社会主义的原则及其经济关系因素，早已客观地蕴藏于工业文明的早期阶段，并伴随着资本主义不同的发展阶段逐渐孕育成熟，并最终走向社会主义。从这个意义上讲，资本主义内在存在着这种超越的因素与力量。当然，社会主义生产方式的形成既需要社会生产力的发展，更需要有推动其进行体制、机制变革的力量，包括社会主义意识形态的培育。

其三，马克思劳动价值论关于价值内涵"价值实体"的自然性规定与"社会关系"本质的辩证统一认识方法，使我们可以超出既有理论的认识，探索和发现关于劳动生产率与价值量（社会关系层面）有可能存在的正比关系，为唯物史观关于历史发展与新的社会结构关系变动提供政治经济学的理论资源。劳动价值理论，马克思首先从"价值实体"意义上讨论劳动生产率与价值量变动反比关系，并形成了自己的经典阐述。马克思指出，由于单位时间商品价值量保持不变，故伴随劳动生产率的提高，单位商品使用价值量会增加，而单位商品的价值量则会逐渐下降。这样一来，劳动生产率的变化与单位商品价值量的成反比关系变动。事实上，关于价值量变动我们还可以从劳动复杂程度，即劳动质量角度来理解。马克思明确指出，劳动有简单与复杂之分，历经丰富"教育与训练"的劳动便是复杂劳动，而"复杂劳动等于倍加的简单劳动"，即从事复杂劳动的劳动者与行业可以通过市场交换获得更多的价值。依据此观点我们发现，倘若由于劳动者劳动的熟练程度、复杂程度提升导致劳动生产力提高，那么劳动生产率提高与价值量正比关系变动便是一种客观存在，也就是说我们可以在复杂劳动与简单劳动，即劳动的主观意义上来理解劳动生产率与价值量正比变动关系的客观存在。因为马克思认为决定商品价值量的社会必要劳动时间既决定于行业所具有的客观技术条件，同时也决定于劳动者劳动的复杂程度与熟练程度的主观条件。当劳动者劳动的熟练程度与复杂程度提升时，商品价值量就会发生正比关系的改变。"简单平均劳动虽然在不同的国家和不同的文化时代具有不同的性质，但在一定的社会里是一定的。比较复杂的劳动只是自乘的或不如说多倍的简单劳动，因此，少量的复杂劳动等于多量的简单劳动。"[①]而这种正比关系的客观存在就为实现劳动关系从对立与对抗向合作共赢方向的转变提供了技术条件和可能性。而这完全是由马克思劳动价值论关于价值实体的技术性、客观性与价值本质社会性、相对性理论统一性决定的。

在资本主义条件下，当相对剩余价值生产方法成为重要的生产方式时，一方面伴随着部门资本竞争，产品、产业创新将成为提高劳动生产率的重要方式，由于复杂劳动的增加，在"价值实体"意义上的劳动生产率与价值量会出现正比关系变动趋向，此时"复杂劳动等于倍加的简单劳动"机制作用更加显著，劳动生产率与价值量正比关系也更加显著；另一方面，由于剩余价值关系和剩余价值规律的作用使劳动生产率与价值量在"价值关系"社会性层面更为突出，即在该阶段由于价值关系完全转变为剩余价值关系，从而使劳动生产率与价值量反比关系的社会性意义更突出了，并通过资本竞争破坏性关系方式表现出来。这样，在资本主义条件下，我们必须要从"价值实体"技术层面与价值"社会关系"辩证统一两个层面来考察劳动生产率与价值量变动关系。依据该方法可能存在以下三种情况：一是当剩余价值关系作用机理大于"价值实体"形成的正向技术关系时，劳动生产率与价值量变动关系多呈现出明显的反比关系变动；二是当剩余价值关系及其作用与客观存在"价值实体"正向技术关系发生平衡时，劳动生产率变动与价值量关系保持不变；三是"价值实体"的技术性正比关系作用大于剩余价值关系，则可称存在劳动生产率与价值量正相关系趋向。当然，资本主义条件下，无论该价值关系所体现的"社会关系"如何改善都没有超出资本主义经济关系基本性质。

---

① 《资本论》第 1 卷，北京：人民出版社，1975 年，第 58 页。

这样一来，相对剩余价值生产方式下技术进步存在三种不同形式，即劳动力掠夺式的技术进步、劳动力维持式的技术进步和发展劳动力式的技术进步。通常情况下，资本主义条件下，劳动力的掠夺式和维持式呈现常态化形势。但是，资本主义在不同时期也不同程度地蕴藏着"劳动力发展"被动式技术进步，并且该方式在伴随社会生产力进步时体现出该体制所具有的某种程度的社会化发展的增量因素。这里有以下几种情况：（1）在相对剩余价值方式下，由于整个社会劳动生产力的进步与发展，导致劳动力价值下降，必要劳动缩短产生的收入效应大于剩余价值率提高的资本效应。这种情况多出现在产品、产业创新带来的消费者对消费品满足程度与消费水平效应大于其实际工资提升的效应情况下。（2）在专利和专有技术垄断制度保证技术进步激励效应前提下，技术传播与扩散、使用的技术溢出效应大于技术垄断制度保护作用。在这种情况下，由于新产品、新技术扩散传播零成本效应大于其产生风险效应，从而可以不同程度改善剩余价值关系，形成共享技术发展关系。这就可以在不影响技术发明人、公司应得利益的同时，让新技术更多地惠及社会，使其产生更大的分配效应。（3）相对剩余价值生产导致的技术进步常常伴随着劳动者劳动复杂程度的提高和劳动强度的增加，以及工作厌恶程度的提升。但是，如果新创技术、产品、产业本身可以某种程度地减轻劳动者劳动强度和复杂程度，甚至可以增加劳动愉快自由程度，劳动者的收入效应应该大于实际收入效应，劳动关系也可以得到改善。但是，劳动关系的改善并不等于资本主义生产方式发生改变，持久、健康的正比技术关系建立需要与其相适应的生产关系的变革与调整，这个过程既是社会结构关系变革的量变过程，同时也意味着部分"质变"的过程。

社会主义条件下，由于技术进步以共同富裕和发展劳动力为主导形式，我们可以在"价值实体"技术层面与"价值关系"社会性层面的统一上来理解劳动生产率变动与价值量正比例关系的客观必然性和规律性。这就要求社会主义技术进步应具有劳动力职业进步、全面发展的性质与基本特征；它要求持续、平等地发展劳动力的再教育，并且持续地进行制度创新和生产关系的调整，以期提高劳动者的社会地位，发挥他们在社会再生产过程中的积极性和创造性。依据马克思经典阐述，在创造价值劳动的熟练程度、强度质量不变的前提下，劳动生产率与价值量呈现出反比关系的变动；但当由于社会交往关系、生产关系的变革导致创造价值的社会劳动的熟练程度、复杂程度及质量得到提升时，劳动生产率与商品价值量正比关系就是一种客观存在。

而这种正比关系的存在既创造了新的价值增量，同时又为构建合作、和谐的双赢式劳动关系提供技术基础。尽管科技进步与社会生产力日新月异的发展为社会主义奠定物质基础，但社会主义经济关系形成仍然需要及时进行适应生产力和生产关系的变革与调整。事实证明，在资本主义条件下，伴随技术的进步与社会生产力提升，并不必然意味着社会经济关系的调整与改革，即便有短期的变化，但是该情形也不具有长期性、规律性。相反，社会主义市场经济则有可能为这种正相关关系的实现和规律性发展创造了完善的制度结构条件，既可以在劳动共赢关系下实现技术进步，也可以在技术进步下实现劳动共赢关系与社会共同富裕。当然，这也为实现劳动关系的合作共赢、共同富裕与经济高质量发展的同步完成创造了现实基础与可能性条件。

三、技术进步、劳动者全面发展与社会主义经济质量

社会主义条件下，技术进步下劳动者全面发展应遵循社会生产力发展标准，即历经逐渐完善的发展过程，同时这个过程也是经济逐渐实现高质量发展的过程。本书结合新时代中国特色社会主义发展的目标，在忠实于马克思主义剩余价值理论基础上，努力挖掘该理论促进社会主义发展，尤其是促进劳动力全面发展的理论资源，将理论的批判与建设性有机统一起来，并在此基础上为实现中国特色社会主义合作双赢劳动关系、实现经济高质量发展提供理论指导。

第一，马克思剩余价值及劳动力商品价值决定理论，在为构建社会主义市场经济条件下合作、共赢新型劳动关系提供可遵循的基本原则的同时，也为劳动力发展与再生产、经济高质量发展提供理论指导。事实上，马克思剩余价值理论关于劳动力商品价值决定的结构内涵包括两个层面内容：其一是决定和影响工人基本生存状况的"生存性"收入及其需要，包括劳动者个人"正常生存"需要、"赡养家庭"的基本需要；其二是发展劳动力所需"教育与训练"需要，这部分涉及工人的职业发展与全面发展的需要。马克思劳动力商品理论关于生存工资部分，无论是涉及个人正常生存，还是"赡养家庭"的正常需要，其具体标准都强调了它必须满足正常需要的"绝对性"标准。尽管这个绝对标准也是以社会生产力的发展为参照系，具有相对性，也就是说在特定的历史时期和不同国家都应该是一个相对确定的标准。马克思之所以强调生存工资部分的"绝对标准"，就在于他认为这首先是由劳动力"正常"生存与再生产需要所决定的，这既是社会再生产的需要，同时也是劳动力再

生产与构建文明社会所必需的。

与劳动力价值决定的"绝对标准"相比，马克思还强调了劳动力价值决定的"受教育与训练"的费用，即发展劳动力的要求与标准。而相对于工人的生存工资而言，工人的"职业发展"与"全面发展"需要形成的客观标准则更多地受到"历史与道德"因素的影响，既取决于社会生产力的发展程度，同时也取决于民族历史、文化等制度因素改善；促进劳动力发展建设与再生产，既需要学习与训练，也需要制度、机制建设，甚至需要克服传统文化中的消费心理与习惯。该标准要求资本对实现劳动力再生产、劳动力熟练劳动、复杂劳动提升与积累肩负起应有责任。这不仅要求劳动者拥有一技之长并逐渐成为专门人才，还需要劳动者不断适应产业升级发展的需要，最终实现经济社会与人的全面发展的一致性，以确保社会生产的顺利进行和经济的高质量发展的需要。当然，劳动收入的"发展标准"也是历史的、道德的，而不是绝对的。

在社会主义市场经济条件下，加快复杂且熟练劳动力的积累与培育，促进劳动力高素质全面发展是加快各级各类经济形式健康发展的重要任务。为此政府与企业在加强企业文化建设的同时，逐渐完善职工多层次的教育培训体制、机制，并根据经济社会发展程度适当调整初次分配与再分配收入结构，以保证劳动者在满足基本生存需要的同时，有时间与能力形成初步终身学习文化与传统，使自己能够适应新技术革命的需要，不断提升自己的职业能力，促进劳动力再生产与发展。我国民营经济发展，在落实按要素分配的基本原则基础上，也必须能够根据具体企业的情况贯彻按劳分配的基本原则的要求，即根据企业业绩和经营状况更好地落实"劳动力受教育与训练"的"全面发展"劳动力的工资收入部分，包括形成与资本分享企业剩余价值的"适应性劳动关系"。普莱沃斯基用数学模型表明，在人们的偏好与投资占利润的比率给定的条件下，在企业发展的特定的时期，存在着工资占有剩余价值的最佳比例。因此，根据不同历史时期、发展阶段、地区、部门的具体情况，本着将按要素分配与按劳分配有机结合的原则，确定兼顾长、短期的劳动工资标准，使其在适应性尊重按要素分配的原则的基础上，尽可能体现按劳分配的社会主义原则，自觉处理好各种分配关系。

第二，劳动关系合作、和谐是保证劳动力再生产及其全面发展的重要条件和要求。马克思劳动价值理论提出了"劳动本体"的经济学思想，该思想在为中国特色社会主义实现劳动关系合作共赢提供理论基础的同时，也为经济高质量发展提供了更多"熟练劳动"与"复杂劳动"的理论资源。在马克思看来，简单商品经济是资本主义市场经济形成的基础，作为剩余价值的理论前提，马克思劳动价值论则是以劳动、价值、货币、资本的逻辑层次展开，揭示了劳动作为一般简单劳动的价值源泉与资本生成基础作用，并辩证地分析说明了一般简单劳动与资本的形成、积累、发展壮大之间存在的内在必然性与本源关系。事实上，就资本关系而言，在剩余价值关系下还客观地存在着资本与劳动的现实关系。而从劳动与资本的现实关系看，即使在一个资本驱动的生产体系里，就劳动与价值创造活动而言，要求资本发现市场的活动与生产劳动实现合作共赢，即投资活动与生产活动的协调统一，资本的投资活动依赖于劳动者生产活动的质与量；而劳动者生产活动也以资本市场发现活动为前提，这不仅要在资本配置上也要在劳动力的有效使用上体现出价值泉源的根本性作用。也就是说企业的运营不仅需要资本选择的有效性，更需要劳动分配关系的合理性、适应性、和谐性，即包括确立剩余价值分享的利益协调机制，以提高劳动者生产过程中的自主意识与相对独立的经济地位。当然，基于现阶段社会生产力的发展状况，在强调劳动相对于资本的本源性和创造性的同时，还必须承认生产性资本积累的必然性及对合作劳动关系实现的积极意义。从这个意义上讲，劳动关系的合作与共享发展是资本竞争关系与竞争力的重要组成部分，也是推动创新活动永不枯竭的动力源泉。

进入新时代我国经济进入高质量发展阶段，处理好劳动关系既关乎经济高质量发展，又直接影响着整个社会共同富裕目标的实现。为此我们将构建合作、和谐的劳动关系与推动人的现阶段全面发展有机结合起来。新时代推动劳动者全面发展，还应增加劳动者职业教育与培训的投入，提高劳动者熟练、复杂劳动的积累，推动劳动者技能、工作水平上台阶。在疫情期间和经济存在较大的不确定性时更应如此，特别是在经济出现停滞下滑时，在国家财政支持下，企业应在积极复工复产的同时恢复内部有针对性的职业教育和职工岗位培训。新时期我国基本建立了覆盖城乡和适应劳动力市场的教育体系，这为企业实施职工教育、培训计划创造的条件。（1）职业培训要覆盖全体劳动者，面向城乡全体劳动者，突出重点群体就业培训。（2）实现劳动者终身学习和职业培训目标，加强职业教育与其他各类型教育的衔接，深化产教融合、校企合作的体制、机制改革，努力提升职业教育和培训的质量，畅通人才职业成长的渠道。（3）加强职业培训的针对性、适应性和时代性。在培训对象、培训内容和具体方式上都要根据科技革命的要求与时代的变化不断做出新的调整，使其不断适应时代与国家发展战略的需要。（4）提供全方位职业培训的制度保障，做好结构性的制度安排。新时代构建合作、和谐的劳动关系应建立基于社会、学校和企业三个层次的劳动培训与职业教育体系。在总结以往职业教育经验与教训的基础上，更好发挥职业教育在劳动者知识积累、能力训练和综合素质方面所发挥的重要作用。譬如，加强经费保障，健全政府、企业、社会多元化的资本渠道，形成个人、社会、国家、企业多元投入的资金保障体系。除此而外，在推动所有制关系调整的基础上，促进工资协商制度、股权制度、利润分享制度的完善与建立。当然，对这种促进劳动者"发展原则"标准的理解也必须遵循"历史与道德"要求的基本规律。

第三，为保证劳动力再生产与长期发展，还必须能够克服与避免极端情况发生。为推动社会主义市场经济体系加快构建，本书还分析和提出了市场化条件下，推动构建劳动合作关系、经济高质量发展必须坚决避免与克服的三种情况：其一，避免与防止剩余价值生产的"绝对"方式。19世纪的资本主义，绝对剩余价值生产方法成为资本完成原始积累所普遍采取的残酷的榨取方式，且该方式具有极端的强制性、压榨性与剥削性的特点，在当时劳动时间一般长达到10小时至12小时，最长的劳动时间达到16小时，且与超强劳动程度相结合，而当时的劳动保障条件也很差。此时，资本采取绝对剩余价值生产方法，一般涉及工作日、劳动强度、劳动保障条件和劳动力价值的实现等多种因素，公式为 $ASV(L,Ts) = WD \cdot WI \cdot LC \cdot W$。据统计，当代资本主义各国，收入分配不合理与强加于劳动者过度的劳动强度和精神紧张程度是导致劳资矛盾激化的重要原因，必须坚决防止此种情况发生。其二，克服与避免资本无序扩张与垄断势力出现。其三，克服与避免在经济下行时期资本采取短期、不负责任行为，推动资本发展劳动培训、积累复杂劳动，提升劳动能力，用战略规划替代短期机会选择。

四、体制构建，劳动合作与实现共同富裕

马克思经济学方法论指导下的经济实践活动包括21世纪中国特色社会主义制度下的市场经济体制构建生动实践。基于我国目前社会生产力发展阶段考量，发展社会主义市场经济，推动实现合作、和谐的劳动关系是实现共同富裕目标的重要内容与基本特征。

第一，基于社会主义市场经济关系多层次性质，加快制度、体制、机制

的构建，形成以国有经济为主导、国有经济和民营经济共同发展的现代经济体制。社会主义市场经济体制下各种形式的劳动关系，包括民营经济关系体系是有机地"嵌入"在社会主义基本经济体制内的，并与社会主义经济制度形成合理结构。我国目前基本经济制度的这种结构性、不同历史阶段特征的"同构并育"性，使各类企业劳动关系都在党和政府活动的战略导向下，且它们之间也会相互影响，尤其是民营经济会受到政府与国有制企业的积极影响，如此一来各级各类企业的劳动关系都不同程度地具有了某种社会主义性质。（1）以国有经济为主体多种经济成分并存、以按劳分配为主多种分配方式并存的基本经济制度，使我国经济基础具有以国有股权为主导、国有与民营经济共同发展的混合经济体的特征。一方面，国有经济的存在为民营经济管理制度的建立提供了可参考、可借鉴的样例；另一方面，相当多的民营经济都是在政府的帮助、服务下逐渐建立的，其创始人大多来自曾经的国有或事业单位，他们中的多数人能够将国有经济管理与工作作风带到民营经济。这促使了我国民营经济的绝大部分较快地步入了正规管理与运营。（2）伴随中国特色社会主义市场经济体制的完善，民营经济逐渐完善了自己的组织架构，并根据市场发展形成自己的管理与经营特点，尤其是企业内部在完善现代企业治理结构中，党组织的建立与党的领导机制、体制的建立，从根本上保证了劳动者的基本利益与企业长期健康发展，这也为构建合作共赢的劳动关系提供了根本性的制度保障。当然，党组织的作用在保障劳动者基本利益的同时也会重视与顾及资本应有的利益与需求，以保证企业的长期稳定健康发展。（3）作为混合"同构并育"经济体制的组成部分，我国民营经济客观上也是国家经济战略与发展规划实施重要的生力军。发挥政府的积极作用，不仅要求它们在国家容许的范围内从事生产和经营活动，还希望它们在项目的选择与投资上能够积极响应国家经济发展战略与要求，承担应有的社会责任与义务，发挥其应有的作用。虽然我们坚定不移深化改革开放国家大计，强调发挥市场在资源配源中的决定性作用，但民营经济也必须在国家经济发展战略指导下有序经营，努力克服其固有的极端逐利性与无政府性。从这个意义上讲，我国民营经济是社会主义市场经济的重要组成部分，它们在某些方面不同程度地都具有社会主义经营管理特点。

　　第二，基于我国社会主义市场经济体制及其意识形态的优势，在微观领域通过完善制度建设，推动构建合作、共赢的新型劳动关系，调整初次分配结构，推动共享共富事业发展。要推动和完善制度建设：其一，进一步推动完善现代企业制度建设。构筑现代企业制度，形成现代化治理结构与治理体系，重点要建立和完善劳资工资协商谈判机制、企业内部的监督管理制度，这些制度建设是推动劳动关系良性发展的制度基础。除此而外，依据新时期实现共同富裕目标原则，即要在遵循尽力而为、量力而行原则基础上，确立合理的工资标准，使其体现按要素分配的原则的同时也能随着企业经营业绩的向好某种程度地体现按劳分配的原则。通常情况下，特定阶段经济政策的实施很难兼顾效率与社会公平，而合理适当地处理好企业内部的劳动分配关系，解决好初次分配中的各种关系，既有利于调动企业内部劳动者的劳动积极性与热情，提升劳动者熟练劳动、复杂劳动的程度，发挥员工从事技术改造和专业化发展的积极性，推动经济高质量发展，也有利于社会公平的实现。因为社会主义基本经济制度下的民营经济，应该具有一定程度的社会主义的特性，譬如其所承担的社会责任、劳动关系等领域，包括吸纳劳动就业等方面对宏观政策的执行。在宏观层面必须根据一个经济发展的特殊阶段制定合理的工资分配基本标准，保证劳动者收入与国民收入能够同比例增长，并依此参与企业利润分配；同时还要推动企业产权结构和管理方式的转变，通过实施人性化管理，着实减轻劳动者过强的工作压力，推行适度劳动强度用工标准与办法。

其二，培育企业战略管理意识和管理能力，并将中华优秀传统文化和社会主义集体主义意识形态纳入企业管理重要环节，打造具有中国特色的社会主义劳动关系共同体。重视社会主义集体观念，以及传统文化元素等意识形态的融入；重视新时代新文化在构建合作、共享劳动关系中所发挥的重要作用，继承优秀传统文化包容合作内容，在企业倡导劳动关系共同体意识；发扬革命文化艰苦奋斗精神，推动企业在市场竞争中推进供给侧结构性改革，持续实现提质增效目标；学习现代文化的自主意识与创新精神，推动企业产品、产业不断上台阶，实现产业链价值链的提升。企业倡导社会主义意识形态既有利于树立包容性增长的发展理念，也有利于形成劳动关系共同体理念，为建立劳动协商关系奠定意识形态的基础。当然，宣传社会主义劳动关系共同体意识、提升企业人性化管理理念的同时，也使企业成为优秀文化重要的生长点，为挖掘劳动者聪明才能、更好发挥他们的积极性提供企业文化。培育企业的战略管理意识，促进企业用战略管理替代机会选择，克服经营上的短期行为和目的，使企业将为员工专业能力积累与提升的投资作为投资的重点，为企业长期发展打下坚实的基础。

当然，新时代构建合作、共赢的劳动关系，应尊重企业与资本运营的客观规律，在不断增加企业积累提升其生产技术能力的同时努力实现更大的收入公平。根据各地区各部门发展情况的不同，应确立科学、合理的企业积累与增加工人工资收入的比例与标准，并使该部分根据企业盈利情况自觉进行调整。原则上增加的资本积累部分不能挤占工人工资相当于劳动力价值的基本部分，以确保劳动者正常生存的和再生产的基本需要。当然，伴随物价、劳动生产率的提高和劳动者复杂熟练劳动程度的提高，工人工资上涨幅度与速度也应与整个社会劳动生产力水平和企业盈利能力相适应，并且劳动工资增加方式也应以最有利于提升劳动者职业技能提升的方式进行，敦促企业加大对劳动力培训的投入。为此企业应建立起由职工及多方面参与的工资决定机制与分配体制，包括完善相关组织、法规。从根本上讲，企业如果能够进行有效积累与扩大再生产，最终结果对工人是有利的。发端于 2020 年的新冠疫情，使实体经济遭受打击，许多小微企业遭受重创。事实上，疫情期间保障小微企业的简单再生产、积累与适时的扩大再生产，就是保障社会就业与民生，保证社会公平，实现与现阶段相适应的共同富裕目标。

改革开放前 30 年，由于我国民营企业大多是劳动密集型性质，劳动生产力较低，劳动条件差，劳动关系曾经历了较为紧张的阶段。近年来，随着一大批互联网、物联网、电子、智能型民营企业的崛起，尤其是《中华人民共和国劳动法》的颁布、执行力度的加强，以及劳动工资的普遍提升，尤其是最低工资伴随经济发展的逐渐提升，劳动关系在总体上得到改善，但是在一些小型、不稳定发展的企业，拖欠农民工工资、以各种方式侵蚀劳动者基本权利与利益的情况仍然存在。一般情况下，具有高技术性质的民营企业，尤其是一些技术预期较好、得到国家支持的民营企业，能够实施现代化企业治理与管理方式，劳动关系相对规范且稳定。但是，在一些劳动密集型的民营企业，由于劳动生产率较低，生产经营情况不稳定，企业生命周期比较短，劳动者劳动时间、劳动强度和基本生活的保障方面都存在一些问题。我们认为当代中国的劳动关系的改善不仅涉及利益分配关系，还包括劳动强度、劳动条件和劳动者再教育等方方面面的问题。针对我国目前存在的收入分配及财产关系分化较为严重的情况，一方面要加快社会保障体系的健全与完善，并根据经济发展的情况，逐年提高社会保障的程度，包括对破产小微企业的救助与基本生活的保障保护。事实上，社会保障体系的建立与完善，兜住兜紧民生底线，不仅保护普通劳动者，也要适度保护创业创新的小微企业。另一方面坚定不移地完善与健全各种涉及劳动者权益保护的法律与法规，在构建现代化治理体制、提升治理能力上规范企业内部的劳动关系，为实现劳动关系良性发展创造积极的宏观条件。

第三，宏观经济管理应伴随社会经济发展及时调整劳动分配率，协调行政区域与层级的财政分配关系，努力实现物质资料生产"总过程"的协调与统一，实现经济持续、稳定发展。物质资料生产"总过程"的统一协调发展是维持劳动力再生产和经济高质量发展的重要条件。马克思经济学关于物质资料总过程协调发展的理论，在为社会主义条件下实现劳动关系合作、共赢发展提供根本性理论支撑，同时也在直接意义上构成了促进劳动力全面发展与经济高质量发展的主要内容与基本条件。在《〈政治经济学批判〉导言》中，马克思全面阐述了物质资料生产总过程各阶段的辩证统一关系及相互制约性，正是基于对该问题的科学认识，才促成政治经济学研究对象及任务的革命性变革。在马克思看来，物质资料生产总过程包括生产、分配、交换、消费一系列过程，其中直接生产过程对其他过程具有决定作用，而其他过程对生产总过程也有反作用；同时，由于分配过程与直接生产过程具有同构性，即分配关系同样直接决定着直接生产的关系，因而分配过程，尤其是生产资料的所有制关系对交换过程、消费过程也发挥着直接的、重要的影响作用。因此有针对性地处理好劳动分配关系，对于经济的稳定、协调发展至关重要。基于对该理论的研究，笔者认为劳动关系合作与和谐性的要求及变化的基本规律，即劳动关系的合作与和谐是市场供求关系协调统一性的本质与要求。一方面，劳动关系的和谐与否在一定程度上决定和影响着市场供求关系及价格的长期走势与变动；另一方面，市场供求关系及价格水平又在一定程度上决定和影响着合作、和谐劳动关系的实现。劳动和谐关系与市场供求均衡存在着内在的联系与统一性。因此，宏观经济总量平衡还应包括劳动关系的协调与稳定问题。其实上述宏观经济规律及其发挥作用还必须以"充分"就业与合理的经济结构为先决条件，尽管在不同的历史条件下，对充分就业的理解不同。因为长期收入关系扭曲与经济稳定增长不可兼得，社会主义国家发展还必须以经济结构的基本合理、较充分就业为前提。从这个意义上讲，资本的有效积累与充分就业也构成了合作和谐劳动关系的重要条件。事实说明，劳动关系的和谐与稳定对于经济长期稳定增长至关重要。

马克思剩余价值理论不仅揭露、批判了资本主义生产方式的本质，同时也探索了人的解放及人类社会走向繁荣、和谐的一般规律。在新时代，从劳动关系的现实基础出发，努力推动劳动关系的合作、共享发展，既是推进社会生产力可持续发展的要求，也是实现社会主义共同富裕目标的根本宗旨。21 世纪，尽管出现逆全球化现象，但和平与发展仍然是这个时代的主题，我们应当积极探索和发展马克思剩余价值理论中的劳动合作思想，为构建中国特色社会主义和谐社会提供理论支持。

目　录

第一章　利润传统与剩余价值范畴的提出

纵观西方社会历史发展过程，人们对经济生活的基本认识首先是从"收入""盈利"和"利润"这些具体范畴开始的。可以说，对该问题的认识绵延不断，经历了古希腊、古罗马奴隶社会、西欧封建社会，直到近代资本原始积累时期。因此，对这些术语、范畴的阐述与理解构成人类经济思想史起始阶段。传统社会的自然主义、古典经济学的理性主义都构成了马克思历史观及剩余价值理论重要的思想来源。

第一节　古代西方社会关于"盈利"范畴的初步认识

尽管系统的现代经济理论是从古典经济学开始的，但其所有论题都可以从古希腊、古罗马时期先哲们天才的思想里找到源头。正如马克思所说："由于希腊人有时也涉猎于这一领域，所以他们也和其他一切领域一样，表现出同样的天才与创见。他们的见解就历史地成为现代科学理论的出发点。"[①]

1.1.1 古希腊时期先哲们对"盈利"概念的初步认识

约在公元前 8 世纪—公元前 6 世纪，古罗马从氏族制度过渡到奴隶制度。在古希腊、古罗马时期，由于奴隶主经济关系占统治地位，这一时期的经济学说在总体上具有鲜明的为奴隶主经济辩护的性质，当时的经院哲学家们关于"收入""盈利"概念的阐述大多基于该目的，同时也由于当时以自给自足的自然经济与互通有无的物贸交易为主要形态，经院哲学家们对经济剩余的描述仅停留在使用价值的表面形态上。不过，当时哲学家们关于"收入""盈

---

① 《马克思恩格斯全集》第 12 卷，北京：人民出版社，1975 年，第 244 页。

余"等初步概念和认识散见于当时经院哲学家的宗教、哲学和政治学说中。尽管如此，先哲们对"利润""盈利"等具体范畴的论述也不乏深刻的洞见与天才性的分析。譬如，从前现代性时期开始就具有了实证与规范、实然与应然不同方法论和认识视角的区别。当时的先哲们对"盈利""利润"等范畴的论述，一方面极力维护奴隶主经济制度、治理模式，并认为这都是符合自然现象的，强调维护自然主义秩序的重要性，并在此基础上形成了关于奴隶主管理、分工合作、物贸经济、盈利等经济思想；另一方面又提出了关于公平价格论、劳动价格论对奴隶制所具有的压迫、剥削性展开批判，并对这些思想进行了较为充分的论证。这在当时既体现了一种认识上的丰富性，尽管其阐述充满了矛盾。当然，这一特点被后来的古典经济理论所继承，直到马克思经济学及剩余价值理论的诞生，才在辩证唯物主义、历史唯物主义方法论基础上使该矛盾得到解决。

公元前 8 世纪—公元前 7 世纪，古希腊、古罗马奴隶社会形成了较为系统的奴隶主阶级的经济学说，其主要代表有色诺芬、柏拉图、亚里士多德。围绕当时的奴隶主家庭的经济活动，他们最早提出的关于"盈利""收入"的经济思想并构成奴隶主经济辩护学说体系重要的组成部分。《经济论》与《雅典收入》是古希腊哲学家色诺芬流传下来最早的经济学著作。在《经济论》中，色诺芬用朴素精练的文笔系统阐述奴隶主家庭管理的经济思想，包括对"盈利""收入"范畴也作了初步的分析。由于色诺芬是奴隶制自然经济的拥护者，他把组织与监督奴隶从事生产与家务劳动，看作奴隶主的一项主要任务，其目的就是要通过管理和监督奴隶的劳动来不断地增加奴隶主的家庭财产。并且，由于当时是自给自足的自然经济与互通有无物贸经济占统治地位，色诺芬所说的财富就是指具体的使用价值，而奴隶主的主要任务就是通过有效的管理奴隶增加这些财富。他指出，所谓增加财富就是"能够继续支付一切开支，并获有盈余使财产不断增加"[1]。色诺芬还规定了奴隶主管理家庭事务的具体任务，在厉行节约和争取更多"盈余"的意义上探讨了如何更有效地进行管理，从而可以更多占有奴隶用剩余劳动创造的剩余产品，以此来满足奴隶主的更多的需要。在《雅典收入》一书中，色诺芬则讨论了雅典国家的财政收入问题，并对货币问题形成十分有价值的思想。在这部书中，色诺芬发现并分析了货币可以成为财富积累手段的重要作用。他说："当人们拥

[1] 色诺芬：《经济论——雅典的收入》，北京：商务印书馆，1961 年，第 46 页。

有足够的住宅及家具时，他们并不十分想添置更多的家具；可是谁也不会有多到不希望再多的白银；如果他们拥有的白银太多，他们就把它储藏起来，他们喜欢储藏白银不亚于他们喜欢使用白银。"①在色诺芬看来，当时的人们之所以喜欢储藏白银是因为白银可以随时购买到有用的物品。马克思在《政治经济学批判》中曾引述了色诺芬的这段话，并指出在这里"色诺芬把货币在其作为货币和贮藏货币的特殊形式规定性上作了论述"②。由此看来，此时的色诺芬对金、银的货币职能就有了较为深入的认识，他指出，一般情况下国家在繁荣的时候，国民对银子有着更多的需要；男人们除了拥有优良的武器外还想买到心仪的骏马、豪华的房屋和各类设备，而女人则需要各种精美的服装和金饰；当一国在农业歉收或战争的时候，由于大量田地荒芜，为了取得稀缺的粮食或招募兵员，此时就需要更多的货币。

　　在柏拉图生活的年代，在雅典发生了富裕的奴隶主阶层与自由平民之间激烈的斗争，柏拉图对此深感忧虑。在其所著的《理想国》中，他分析并指责了当时社会贫富分化加剧的现状，指出："因为它们仍是数个城邦组合而成的，其中有两类国家经常处于敌对的状态，即贫国与富国的对立。这两种国家每一种都由无数小部分构成。"③并且他认为商业的发展与商人的不法行为是造成这种分化的重要原因。据此他虽肯定了商业存在的必要性和活跃市场的意义，但对商人则采取了极为鄙视的态度，在他看来雅典人不应该从事这种不受人尊重的、不体面的行业。他指责商人们只知道唯利是图，忘记了商业所具有的真正作用和意义，主张国家应颁布法令，使商人们只能得到"适当的利润"。柏拉图尤其反对富人放高利贷，主张应该完全禁止放款取息和抵押放债业务的存在。他虽然认识到货币的基本职能是为人们日常生产、生活服务的，具有价值尺度和流通手段的职能，但是与色诺芬不同，柏拉图反对将货币作为贮藏手段并以此赚得利息，这与他反对商业资本和高利贷资本的思想是联系在一起的。然而，他的这些主张则是在努力地维护奴隶制的自然经济，以防止商业资本和高利贷资本对奴隶制自然经济的侵蚀和破坏。为了消除贫富之间的冲突与对立，他还提出应该遵循与人类理性相一致的正义原则来组织奴隶主国家，并出版了空想社会主义著作《太阳城》。当然，柏拉图的理想国与马克思所阐述的科学社会主义的历史发展趋势是截然不同的。

---

①　色诺芬：《经济论——雅典的收入》，北京：商务印书馆，1961 年，第 71 页。

②　《马克思恩格斯全集》第 13 卷，北京：人民出版社，1962 年，第 127 页。

③　柏拉图：《理想国》，大连：大连理工大学出版社，2008 年，第 32 页。

相对于古希腊其他哲学家们而言，亚里士多德在经济方面思想萌芽成就更卓著。尽管他同样也是奴隶制经济制度的辩护者，但却在商品经济及价值理论、奴隶制家庭管理理论方面都具有天才性的阐述，并且这些论述成为古典经济理论的重要的思想来源。在其所著的《政治论》中，亚里士多德正确区分了"家庭管理"与"货殖管理"两个范畴，并首次在实证与规范两种方法论层面上对此展开分析。在讨论该问题时，亚里士多德不仅区分了自然经济和商品经济的差别，还说明了商品经济、商业资本与高利贷资本之间的差别。他认定只有自然经济和小商业经济才属于"家庭管理"的范围，而"货殖"经济则与以货币为媒介的商品交换相联系，超出了家庭管理的范围。在亚里士多德看来，财富是具有某种使用价值货物的总和，对家庭和国家的发展发挥着重要的作用。与此同时，财富也是人们的生活必需品，不仅服务于人们家庭生活的需要，更能够提升人们生活质量。而"家庭管理"的核心就是为了取得更多的具有使用价值的物品，目的是支撑生活消费。但是，他还认为由于要获得具有使用价值的物品时必须要有支出，所以必须进行管理以减低支出才能增加收入。并且，通过"家庭管理"人们可以获取自然供给人类的东西，因此它属于自然经济，而由于自然物是有限度的，消费也必须要有限度。这里，亚里士多德用自然与非自然方法对两类经济形式进行规范性说明。与此同时，亚里多德还从交换发展历史说明"货殖"经济的产生及其性质，并明确区分了简单商品经济与"货殖经济"，在此基础上初步形成了对市场经济的正确看法。

在他看来，交换最初是从使用价值的互通有无开始的，进而不可避免地发展到以货币为媒介的交换，即零售商业，继而又过渡到以获取货币为目的大商业。亚里士多德认为，以货币为目的的交换，目的在于无限制地追求货币财富，并且由于这种追求常常是无限度的，故这种交换具有"货殖"的性质，且也是反自然的，因而不应该属于"家庭管理"的范围。与色诺芬一样，亚里士多德也反对商业资本，尤其是反对高利贷活动与所谓以获得"货殖"为目的大商业活动。他天才地指出，在一切的盈利方式中，以货币追求货币在高利贷上表现得最为突出，并且是反自然的。[①]亚里士多德在这里实际上已经觉察出商品经济所经历的物物交换、以货币为媒介的简单商品经济，以及以增值为目的的市场经济的发展过程。在这里亚利士多德正确地阐述了商

---

① 亚里士多德：《政治论》，北京：商务印书馆，1965 年，第 31-32 页。

品经济发展的历史过程，即从物物互通有无的交换、到以货币为媒介的商品交换，最后经济活动必然过渡到以获取货币增值为目的大商品性质的市场经济。但是，需要指出的是亚里士多德对"货殖"经济的指责、对商业资本和高利贷所抱着否定的态度，完全是站在维护奴隶主经济的立场上，与马克思唯物主义批判立场截然不同。

尽管这一时期自然经济居主导地位，但关于"收入""盈利"经济思想已经明显出现在这些先哲们的思想及著作中，其成就与特点可概括为以下三方面：第一，由于这一时期的经济理论的研究对象主要是针对奴隶制家庭管理的，故此时的哲学家们大都认为"经济剩余"主要来源于奴隶制家庭强化管理的结果，即由于对奴隶劳动加强了管理，包括增加劳动时间与劳动强度等，使货物形态上的收入大于支出。不过，此时对经济剩余概念的理解还远远没有上升到"剩余"一般价值形态上，更没有上升到对奴隶主经济关系的历史性质展开讨论，大多停留在关于"盈利"或"收入"具体概念的一般性讨论中。关于奴隶制家庭管理，先哲们不仅详尽讨论了延长劳动时间与增加强度外，还阐述和分析了如何提高劳动效率以降低生产成本等问题，这些内容无疑极大丰富了此时期的人类对于经济问题的认识，为古典经济学理论形成提供了基础。第二，这一时期哲学家们已经提出了劳动创造价值的天才思想，并形成了关于劳动价值论思想的萌芽，尽管此时对该问题的认识还非常初浅与不完善，并成为强化奴隶制经济管理理论的组成部分。但该思想已经明确包含在先哲们的思想体系中，并构成其重要的组成部分。在方法论上已经具有实证分析、逻辑规范相统一的特征，初步显现出了社会科学研究以历史实证为基础的科学方法论应用，初步形成了逻辑与历史相统一的经济哲学的研究方法，该方法后来为马克思政治经济学所继承。第三，这一时期还较为具体、系统地探讨了物贸经济条件下"盈利""收入"范畴及其来源。不过，这一时期关于该问题的分析及所形成的观点基本属于重商主义思想性质，即物贸经济带来的"盈利""收入"来自贱买贵卖的不等价交换的结果，而不是来源于生产过程的创造。总而言之，尽管前现代经济思想的提出是初疏的、不系统的，但不乏接近现代经济理论的核心思想与理论，其重要性不可忽视。

1.1.2 古罗马时期的先哲对"收入"范畴的初步认识

公元前 2 世纪和公元前 1 世纪之间，古罗马日益成为规模最大的奴隶主帝国。但是，罗马奴隶制生产关系的基本特征与古希腊基本相同，奴隶主经济占主导地位，奴隶的处境仍然十分悲惨。克优斯·贾图（公元前 235 年—前 149 年）^①是古罗马奴隶主阶级经济思想的主要代表人物，贾图在其所著的《论农业》一书充分体现了奴隶主阶级的经济要求。贾图在书中教导奴隶主应该用心经营农业，以达到"收入"的最大化。因为在他看来农业是最重要的职业，奴隶主必须用心管理好自己农庄，以增加"收入"。为了达到增加"收入"的目的，贾图劝告奴隶主应力求减少对奴隶的开支，加强对奴隶的剥削。在书中他写到给奴隶主管家和牧羊奴隶的粮食要比干重活的奴隶少，给奴隶冬天的粮食要比夏天少；应该从榨下来的糟食中为奴隶酿造葡萄酒；并应将生病的奴隶卖掉。平时应让奴隶不断工作，增加其劳动强度，因为只有这样才会使奴隶"偷盗"和"犯罪"行为减少，同时还要对奴隶严加看管，而不要放任等。总之，贾图是想尽一切办法来榨取尽可能多的奴隶生产的剩余产品。不过，在贾图生活的年代，商品交换和商业已经逐渐繁荣起来，贾图在主张发展自给自足自然经济的同时，倾向于发展农庄商品经济，并认为发展商品经济只有在多卖少买的情况下，才能促进财富的积累。

　　玛尔库斯·铁伦提乌斯·瓦伦是另一个古罗马时期奴隶主思想家，在他所著的《论农业》中将奴隶看作会说话的工具。他指出应该将这些会说话的工具分为两组，即人与工具，并认为人是会发声音的工具或哑巴工具。但是，与贾图相比，瓦伦则更倾向于将农业放在发展经济的首位。玛尔库斯·图伦乌斯·西塞罗（公元前 106 年—前 43 年）也是同时期奴隶主思想家，而他却极力推崇大商业而反对小商业，认为奴隶主不应从事卑微的小商业。他还指出万事万物如果离开了人的劳动，就不能从土地获得任何财富。但是，作为奴隶主的代表，他不承认奴隶的劳动是罗马赖以生存的基础。在公元 1 世纪，罗马奴隶制开始出现危机。针对当时劳动生产率低下的情况，柯鲁麦拉（公元 1 世纪）提出改革以奴隶劳动为基础的大土地私有制，将农业交给隶农经营的主张。与此同时，奴隶的起义风起云涌，奴隶主思想家们纷纷提出了改革大土地所有制的主张。提比略·格拉古（公元前 168 年—前 133 年）和盖约·格拉古（公元前 154 年—前 121 年）分别提出了罗马土地改革方案，该方案大体为：每人占有公地不得多于 500 优格拉姆^②；多余土地必须交国库，禁止出售；由人民选举出三人委员会，授权进行改革。由于提比略改革触动

---

① 贾图是罗马的大奴隶主，当过罗马的元老。他除了《论农业》外，还有历史和文学著作。

② 500 优格拉姆约等于 125 公顷。

大土地所有者的利益，招致既得利益者们的疯狂报复，提比略后来被杀。提比略被杀后，他的弟弟盖约继续提出改革方案。与其哥哥的结果一样，盖约提出的法案同样触动了大土地所有者的利益，盖约也被残酷地杀害。自此，古罗马进入了奴隶起义动荡时期。

在古罗马时期，由于基督教的发展这一时期著名学者的思想包括经济思想大多以基督教教义的形式出现。早期基督教的出现反映了被剥削和被压迫劳动群众对当时不平等剥削制度的不满情绪，教会的基本宗旨是反对富人对穷人的剥削与压迫，并试图通过宣传基督的再次降临人间，最终建立一个人人平等、普遍幸福的千年王国，来反对当时的社会不平等与压迫制度。在基督教最早的文献《启示录》或《约翰启示录》（成书于公元 68 年或 69 年）中，期待救世主能使人民摆脱奴役和压迫的思想表现得最为明显。恩格斯称它为《新约》中"最简单最清楚的一篇"①。《启示录》中曾运用各种寓言，对罗马的压迫者和奴役者表示了强烈的反对与仇恨。众所周知，尽管基督教义反对剥削和压迫，但其教义反对以暴抗恶，要求奴隶完全顺从主人，并认定奴隶制是上帝对罪恶的惩罚等，因此这些思想实际上对剥削阶级起了辩护作用。在奥古斯丁生活的时代，如何激发奴隶和隶农的劳动积极性成为当时统治阶级的迫切经济任务。奥略里·奥古斯丁（353—430）是罗马崩溃时期最著名的思想家。为了激发当时奴隶劳动积极性，他发表了与当时的流行完全不同的看法，提出所有人都应当参加劳动，以适应提高劳动生产率的需要。他在注释圣经《创世纪》时写道：在上帝创造世界的时候，上帝就要人们参加劳动，并且认为只从事精神活动而不从事体力劳动，乃是懒惰的标志。奥古斯丁把铁匠、木匠、鞋匠等劳动都称为纯洁的正直的行业，认为体力劳动和精神劳动同样值得人们的尊敬。奥古斯丁的经济思想充满矛盾，他一方面承认奴隶制度与人类的理性相矛盾，但同时又为现存的奴隶制度作辩护，宣称它是由上帝建立的，是作为对于人们罪恶行为的惩罚。奥古斯丁对商业发展持有否定的态度，认为如果是为了糊口谋生，从事小商业还是有情可原的，但是以盈利为目的的大商业是绝对不能容忍的。他指责大商业是不值得人从事的行业。他说：商人的职务是买贱卖贵，这种行为显然是败行，因此一切正直的人都应当起来反对它。奥古斯丁对奴隶制度的看法，也反映了当时社会状况及历史阶段的特点。

---

① 《马克思恩格斯全集》第 21 卷，北京：人民出版社，1965 年，第 11 页。

1.1.3 阿奎那以劳动量为基础的"公平价格"观

从公元 5 世纪到 17 世纪中叶,西欧封建制度的产生和发展经历了一个漫长的历史时期,从 15 世纪末开始,西欧封建制度逐渐走向瓦解,与此同时资本主义生产关系在其内部逐渐形成并成熟起来。阿奎那是封建农奴制理论的代表人,在其为封建农奴制度辩护的学说中,关于自然法的观念占有重要的地位。自然法的观念最初出现于希腊哲学家的著作中。①在中世纪早期,农民的农奴化过程才刚刚开始,所以中世纪早期教会作家关于自然法的观念还没有明显的为封建农奴制度辩护的性质。当时,他们还把一切物品公有和一切人生而平等看作自然法的重要特征②。同时,为了提高劳动生产率和加强对劳动群众的影响,中世纪早期的教会作家也逐渐改变了对体力劳动的态度。他们还试图从基督教的教义中寻找论据,证明上帝不仅需要人祷告,也需要人们从事劳动③。在当时教会,作家虽然主张公有制和人与人之间的平等是符合自然法(即基督教原则)的,但是他们并不认为公有制和人与人之间的平等可以在现实世界实现,而是把它挪到渺茫无期的将来,认为只有在远离罪孽深重的尘世的"天堂"才可能实现人们的平等。在他们看来,缓和现存社会贫富不均和人与人之间不平等现象的根本办法,就是把超过自己需要的财富用于施舍和帮助别人。阿奎那还把公平价格归结为耗费的劳动量相符合的价格,像他的前辈一样用以反对商人的活动。在阿奎那看来,在封建社会里,商人主要是依靠贱买贵卖的不等价交换方式来攫取农奴生产的利润,而

---

① 古希腊斯多噶派哲学家从所谓宇宙的理性引导出自然法的观念,认为世界上存在着由理性支配的不变的规律,人类的行为和社会都要服从它。自然法超出于国家规定的法权之上,国家规定的法权必须以自然法作为指导原则。他们认为依据自然法,人们的本质是一样的,有着共同的感情,因此应该拥有平等和自由的权利。他们甚至提出财产公有的思想。斯多噶派的这种自然法学说不过表现了劳动群众对奴隶制软弱无力的抗议。同时,他们号召人们要听天由命,顺从命运,抛弃仇恨,恬淡寡欲,摈弃人生乐趣,这些思想都为后来剥削阶级用来维护私有制。古希腊哲学家的自然法思想曾流传于古罗马,对古罗马法学家产生了很大影响,它在罗马法学家手中完全成为维护奴隶主利益的工具。

② 中世纪早期著名的思想家西班牙塞维尔的大主教伊西多尔(约 560—630 年)在他的《语源学》(当时的一部百科全书)中给"自然法"下定义时写道:"自然法是一切国家所共同具有的,它包括人类通过天生本能,而不是通过宪法与人为法所知道的一切,那就是:男女的结合,子女的生育和教养,一切物品归公有,普遍平等的自由,从空中、地上和水中所取得的东西的占有,借来的和委托的财货的归还,以及用武力反抗暴行的自卫等。"他关于财产公有、"普遍平等的自由"等的动听说法,则在很长时期内一直被许多教会作家所援引。

③ 公元 6 世纪,开创本尼迪克派的本尼迪克(480—540 年)规定,在他的寺院中,僧侣每天除了作三小时的修行功课以外,还须作七小时的体力劳动。他认为,体力劳动是有助于修行的。

这既占有了农民和手工业者的剩余劳动，也夺走了封建主从农奴身上剥削的一部分剩余产品。所以，阿奎那强调物品应当按照与劳动量相符的公平价格来进行交易。但是，当时封建社会的商品货币关系已相当发达。作为封建主阶级的代表，阿奎那极力用公平价格来证明封建贵族完全有权可以从劳动的等价交换以外获得补充的收入。不仅如此，他还从等级制的观点出发，断言公平价格必须保证卖主有"相当于他的等级地位的生活条件"，同一种商品应该由各个等级和阶层按照不同的价格出售，这应该被看作完全公平的。不过，阿奎那又认为："可售物品的价格并不以它们的自然等级为依据，而是以它们对人的有用性为依据。"[①] "物品的公平价格不是绝对固定的，而是要取决于某种评价，……物品的售卖价格比它的价值略微地增加或减少一些价钱，似乎还不至于毁坏了那种为公正原则所需要的均等。"[②]阿奎那对价格决定的解释充满矛盾，这种矛盾解释一直延续到古典经济学理论。

第二节　重商主义关于"地租""利润"概念的表象解读

现代经济理论是从古典经济理论开始的。在马克思看来，古典经济理论第一次将经济学的研究对象从流通领域转向对资本主义生产领域的研究。而在这之前的人们对经济问题的研究大都停留在流通领域，尤其是对"收入""盈利"的商业性解释。伴随世界市场的兴起和工业革命的发生、发展，人们对"地租""利润"的认识开始转向生产领域，转向对经济活动本质的认识。

1.2.1　重商主义的"让渡利润"观

尽管马克思认为现代经济理论始于古典政治经济学，但重商主义无疑是其萌芽形式。在重商主义那里，关于"利润"观念的形成，经历了从早期重商主义的"让渡利润论"到晚期重商主义"贸易差额论"的认识发展的过程。在资本主义早期形成过程中，商业资本曾发挥了重要的开启作用，可以说，世界市场及资本主义大门是商人开启的。1615 年重商主义者蒙克·列钦在其

---

① A. E. 门罗：《早期经济思想——亚当·斯密以前的经济文献选集》，北京：商务印书馆，1985 年，第 50 页。

② A. E. 门罗：《早期经济思想——亚当·斯密以前的经济文献选集》，北京：商务印书馆，1985 年，第 47 页。

所著的《献给国王与王后的政治经济学》中，系统阐述了其重视与发展商业与贸易的思想，希望国王能支持国内商人的对外贸易活动。政治经济学，因此第一次被提了出来，政治经济学的产生在最初无疑意味着国家在经济生活中所发挥的重要作用。在当时是指国家在推动本国商业贸易活动中应该发挥重要作用。然而，重商主义理论此时是商业发展及商人利益的集中代表，对经济生活的分析完全还停留在流通领域对经济活动表面现象的描述上。早期重商主义把货币看作财富的唯一代表，并认为一切经济活动的目的就是增加金、银。在他们看来，除了努力发现和开采金银矿藏以增加金、银货币量之外，对外贸易也是获得货币财富的真正源泉。而利润则是在流通领域中产生的，是商品交易贱买贵卖的结果。也就是说，利润是从交换中产生的，是地区、时间价差、货币供求状况等因素作用的结果。马克思在评价重商主义者斯图亚特的利润观时说，他"科学地复制了"用"商品高于它的价值出卖来解释"利润的观点，即他的"让渡利润"说。斯图亚特还把利润区分为"绝对利润"和"相对利润"两种。他认为，"绝对利润"是从单纯的使用价值增加的角度来分析，而"相对利润"则"表示财富的天平在买卖双方摆动，而这并不意味着总基金的任何增加"[①]。当然，他还提出了"混合利润"观。

不过，重商主义的"让渡利润"观也在不断发展中。随后，斯图亚特又将"绝对利润"称为"实际价值"。在"实际价值"基础上，斯图亚特对利润作了进一步说明。他认为，实际价值首先决定于该国一个劳动者平常一天、一周、一月平均完成的"劳动量"；其次，实际价值还决定于劳动者用于满足他个人的需要和购置适合于他职业的工具生存资料和必要费用的价值；最后，决定于"材料的价值"。他进一步指出如果这三项是已知的，产品的价格就确定了，凡是超过实际价值的，就是厂商的利润。斯图亚特对利润的看法比起他以前的重商主义者来说是一种发展。马克思曾指出："一方面，斯图亚特排除了货币主义和重商主义的这种看法，即商品高于它的价值出卖以及由此产生的利润，形成剩余价值，造成财富的绝对增加；另一方面，他仍然维护他们的这样一种观点，即资本的利润无非是价格超过价值的这个余额——让渡利润，不过按照他的意见，这种利润只是相对的，一方的赢利相当于另一方的亏损。因此，将利润的运动归结为财富的天平在有关双方之间摆动。"[②]从

---

① 转引自《马克思恩格斯全集》第 26 卷第 1 册，北京：人民出版社，1972 年，第 11 页。
②《马克思恩格斯全集》第 26 卷第 1 册，北京：人民出版社，1972 年，第 13 页。

重商主义几百年发展的过程看，他们对剩余价值的认识经历了从片面到相对全面的发展过程。然而，这个所谓全面也不过是指反应了内贸商人和外贸商人的意识。重商主义对利润的认识始终没有超越流通领域，只是局限于商业利润这个剩余价值的具体形态。但是，就政治经济学而言，重商主义的利润观是对剩余价值思想的第一次表达。

在重商主义看来，由于货币是财富的唯一代表，商品的价格完全是由交换过程中的供求关系决定的。晚期重商主义者尼古拉斯·巴贲在其出版的《论商业》这本小册子中，表达了重商主义的价值观。他说，商品的价格即是它们的价值，决定于该商品供需情况。一切商品的价值都决定于它们的实际用途，没有用途的东西一定是没有价值的。各种商品的用处，就是它们能够满足人们欲望和需要的程度。人类生来有两种欲望，一是肉体的欲望，二是精神的欲望，天下的一切东西能满足这两种需求就有价值。因此，重商主义价值观：①将商品价格与价值直接等同，在他们看来商品的市场价格与价值是没有区别的；②在他们看来，商品价值最终是由市场上的供求关系决定的，或者说，商品无所谓"自身价值"，只有交换关系中，并通过交换关系才使其有了新的价值；③对于交换价值与使用价值作了一定程度区分，但并没有作更深入的分析；④他们看到了商品数量与商品内在价值量的关系，即供求关系对商品价格的影响，但没有深入分析和严格规定。

与重商主义发展不同阶段相适应，早期重商主义与晚期重商主义所主张的经济政策也不同。早期重商主义认为，国内商业虽然有益处，但不能增加国内的货币量，主张采取行政的手段，禁止货币输出和积累货币财富；在贸易上，他们主张多卖少买或不买。恩格斯曾形象地说，这一时期的重商主义者"就像守财奴一样，双手抱住他心爱的钱袋，用妒忌和猜疑的目光打量着自己的邻居"①。而晚期重商主义者则重视发展对外贸易，主张通过扩大商品输出，限制商品的输入来增加一国财富，并通过调节商品的运动，达到积累货币财富的目的。晚期重商主义者的这种主张被称为"贸易差额论"②。为了发展对外贸易以达到增加一国货币财富的目的，尤其是晚期重商主义者积极鼓励并倡导西欧一些主要国家采取扶植本国制造出口外贸的政策。由此看来，不同时期重商主义所采取的贸易政策和主张都反映了资本主义初期不

---

① 《马克思恩格斯全集》第 1 卷，北京：人民出版社，1956 年，第 596 页。
② 贸易差额论或称贸易平衡论。

同发展阶段的特点及经济要求。晚期重商主义时期，由于工场手工业日益发达起来，并能够支撑本国贸易的持续发展，晚期重商主义者对一国实现长期的贸易平衡充满信心，因此认为短期出现贸易的入不敷出也是可以允许的，只要长期能够实现贸易平衡并使货币最终流回国内，并使一国货币财富增加即可。由于"贸易差额论"的主张与商业资本的要求相吻合，因此马克思称晚期重商主义是真正的重商主义。

1.2.2 配第对"地租""利息"的认识

在经济思想史上，威廉·配第是由重商主义向古典政治经济学过渡时期的经济学家，但他同时也是古典政治经济学的创始人。他的理论反映了这一时期的特点，即将政治经济学研究对象从流通领域转向生产领域，他提出并研究了决定商品价格的价值问题，第一次提出了劳动价值论原理。配第的理论虽具有浓厚的重商主义的见解，但在研究方法上，他却与重商主义者完全不同。配第强调研究经济问题应该克服重商主义只停留在表面现象的片面考察，认为经济学研究必须"用数字、重量和尺度的词汇来表达我自己想说的问题"[①]。在此研究方法基础上，配第比较早地正确区分了自然价格和政治价格，并在价值意义上对自然价格进行了较为深入的考察，并考察了决定价值的劳动，阐述了自己的劳动价值论。他用淘金者和谷物种植者商品交换的案例说明商品的价格是以它们所包含的劳动量为依据的，并明确指出价值是由生产它所耗费的劳动决定的，劳动是商品价值的唯一源泉。因此就政治经济学的科学体系而言，配第的贡献是重大的。不仅如此，配第还以他的劳动价值论为基础，还研究了剩余价值的两种具体形式，即地租和利息，并比较正确地猜想出剩余价值的实质，从而开创了经济学研究以生产领域为重点、以对剩余价值的研究为目的的先河。配第因此而成为古典政治经济学的奠基人。但是由于配第的价值理论还不够成熟，且也没有形成经过详细论证的、一以贯之的理论体系，他对剩余价值的认识也还没有进入到一般，即探索经济关系本质的层面。

配第的地租理论则与他对工资的认识有密切关联。在配第生活时期的英国，工资基本上是由国家法律规定的，政府常常依据法律对超过国家规定的工资进行罚款。配第提出并论证了劳动价值论，依据该理论，力图为政府规

---

① 威廉·配第：《赋税论——献给英明人士货币略论》，北京：商务印书馆，1963年，第40页。

定工资的最高限额提供论证。配第天才地把工资和满足工人生活资料的价值联系起来，提出了工资是维持工人生活所必需的生活资料的价值的观点。配第指出："法律应该使劳动者只能得到适当的生活资料。因为如果你使劳动者有双倍的工资，那么劳动者实际所做的工作，就等于他实际所能做和在工资不加倍时所做的一半。这对社会说来，就损失了同等数量的劳动所创造的产品。"[①]配第认为如果按照劳动时间而不是劳动者每天生活所必需的生活资料价值支付工资，那么工人就用不着多做工作了，工人的劳动时间就会比原来缩减一半。配第认为，这会给社会带来无谓的损失。所以，为了整个社会能够得到较多的收入，工人的工资应该有所限制，以促进工人为社会提供更多的工作。

不过，在配第看来政府颁布的工资法也不应该把工资规定得低于工人所必需的最低生活资料的限额以下。他说，假如货币贬值导致工人的生活资料的价格上涨，如若还不增加工人的工资，工人正常的生活就得不到保证，这也是不正当的，这种导致工人无法维持正常生活的工资法律是劣等的法律。他明确指出工资不能低于也不能高于工人所必要的生活资料的价值，因为低或高对资本家都是不利的。配第明确指出，每日平均工资的价值是由劳动者"为了生活、劳动和延续后代所必需的东西决定的"[②]。而生理与气候两个自然因素支出量是决定工人的工资最低限度的生活资料自然因素。配第提出这样的观点虽然站在资本的立场，但却也是一个很有价值的见解。由此可见，配第在阐述工资问题时将资本的利益当作社会的利益，明显地表现出他的学说为资产阶级利益服务的本质。马克思在评论他的工资理论时曾指出，根据配第的见解，"工人之所以注定要生产剩余产品，提供剩余劳动，不过是因为人们强迫他用尽他全部可以利用的劳动力，以使他本人得到仅仅最必要的生活资料"[③]。不过，在这里配第已经把工人的劳动日区分为必要时间和剩余时间。

配第从其劳动价值论及工资论出发，进一步讨论了他的地租理论。由于配第坚持工资决定于工人获得的适当的生活资料，因而也就把工资只看作工人劳动产品价值的一部分，这也就为其地租理论奠定了基础。在配第看来工资加上种子就是农产品的生产费用，如果从农产品的总价值中扣除了这种生

① 威廉·配第：《赋税论——献给英明人士货币略论》，北京：商务印书馆，1963 年，第 85 页。

② 转引自《马克思恩格斯全集》第 23 卷，北京：人民出版社，1972 年，第 348 页。

③ 《马克思恩格斯全集》第 26 卷第 1 册，北京：人民出版社，1972 年，第 380 页。

产费用，剩余的部分便是地租。配第继续写道："我认为，这个人从他的收获之中，扣除了自己的种子，并扣除了自己食用及为换取衣服和其他必需品而给予别人的部分之后，剩下的谷物就是这一年这块土地的当然的真正的地租。"①他又说："我们需要进一步解决的一个问题可能是，这种谷物或地租值多少英国货币呢？我认为它值多少货币，就看另一个在同一时间内专门从事货币生产与铸造的人，除去自己费用之外还能剩下多少货币。"②从这里可以明显地看出，在配第看来，地租就是产品总价值减去生产资料的价值和劳动力的价值之后的余额。而在通常情况下，生产资料的价值是既定的，于是地租多少就取决于工资多少。从这个意义上讲，配第所说的地租，实际就是全部的剩余价值。不过，配第将地租和剩余价值完全等同起来，这当然是错误的。在马克思看来，地租只是剩余价值的特殊形式，反映着农业的经济关系，在数量上是超过平均利润的余额，即额外的剩余价值。"在配第看来，剩余价值只有两种形式，土地的租金和货币的租金（利息）。他是从前者推出后者的。前者，在他看来，正如后来在重农学派看来一样，是剩余价值的真正的形式。"③可见，配第对地租问题进行了积极的探索，但此时还没能够正确地理解农业经济关系及地租的实质。在配第的观念中，不仅把剩余价值和地租混为一谈，而且还把作为剩余价值的地租与小生产者的生产商品在扣除消费后的剩余混为一谈。尽管如此，他却第一次明确指出了地租与工资的对立关系。他认为在既定的劳动生产率条件下，地租的大小取决于工资的水平的高低。配地还认为："随着各种产业和新奇技艺的增加，农业便趋向衰落，不然的话，农民的工资就要上涨，其结果土地地租一定要下跌。"④

1.2.3 重农学派对"纯产品"的认识

重农学派创始人佛朗斯瓦·魁奈，其哲学观点虽沉溺在封建时代的偏见中，但他却在政治经济学领域拥有开拓式研究成果。1758 年，魁奈发表了著名的《经济表》，这是他最重要的经济学著作，独创了深刻而完整的理论体系。

---

① 威廉·配第：《赋税论——献给英明人士货币略论》，北京：商务印书馆，1963 年，第 40 页。
② 威廉·配第：《赋税论——献给英明人士货币略论》，北京：商务印书馆，1963 年，第 40 页。
③《马克思恩格斯全集》第 26 卷第 1 册，北京：人民出版社，1972 年，第 381 页。
④ 威廉·配第：《政治算术》，北京：商务印书馆，1978 年，第 33 页。

重农学派从农业领域对剩余价值概念形成较为系统的认识。魁奈认为物质产品本身的增加是在农业中生产出来的，农产品除了补偿生产过程中耗费的生产资料，即种子、工人的生活资料和农业资本家的生活资料外，还有剩余产品即"纯产品"，这个"纯产品"表现为剩余农产品，所以只有农业能够带来财富的增加。"纯产品"学说是魁奈经济理论体系与纲领的核心和基石。而他的其他经济学观点，譬如社会阶级结构、资本及社会再生产和流通等理论都是以"纯产品"学说为基础的。事实上，魁奈依据等价交换的原则对"纯产品"进行了系统说明。马克思指出："在重农学派看来，农业劳动是唯一的生产劳动，因为按照他们的意见，这是唯一创造剩余价值的劳动，而地租是他们所知道的剩余价值的唯一形式。"[①]魁奈认为，在自然秩序下，也就是在充分的自由竞争条件下，交换是按等价进行的。尽管他不能科学地解释等价交换的基础究竟是什么，他所谓的等价交换实际上是指生产费用相同的商品相交换，因而等价的基础就是商品的生产费用。而所谓同等的生产费用又不外是同等的价值支出而已，不过，在这里魁奈所指的只是使用价值。可见，魁奈和一般重农主义一样，他们并没有形成独立的价值的理论。在他心目中，产品和商品也被认为是同一的，"纯产品"从一开始就以价值的形式作为某种自然恩赐的物质出现。由于没有正确的价值概念，导致重农学派理论体系产生一个重要缺陷。

魁奈和配第一样把工资看作养活工人所必要的生活资料，那么"纯产品"显然只是工人剩余劳动创造出来的。魁奈的"纯产品"理论已经不自觉地认识到剩余价值生产的源泉。魁奈及其追随者强调指出，只有农业才是唯一的生产部门，只有农业才生产"纯产品"。这一观点虽然具有某种程度的片面性，但他们第一次提出了一个重要原理，即表现在"纯产品"形式上的剩余价值，不是流通领域而是生产领域创造出来的。该学派也被认为是第一个将经济学的研究从流通领域转向生产领域的学派。马克思在评价这一原理时指出："重农学派把关于剩余价值起源的研究从流通领域转到直接生产领域，这样就为分析资本主义生产奠定了基础。"[②]

①《马克思恩格斯全集》第 26 卷第 1 册，北京：人民出版社，1972 年，第 20 页。
②《马克思恩格斯全集》第 26 卷第 1 册，北京：人民出版社，1972 年，第 19 页。

第三节　古典经济学对"利润"与"扣除部分"的矛盾认识

继重农学派之后，对剩余价值发现作出重大贡献的是古典政治经济创始人亚当·斯密。亚当·斯密在总结重商主义以来政治经济学思想史全部成果的基础上，对劳动价值论，乃至剩余价值论都有了某种程度的发展，从而创立了第一个系统的政治经济学说体系。但是，作为古典经济学理论，该学派真正将经济学研究从流通领域转向生产领域。斯密之所以能够取得这样的成就，一方面主要是因为当时的英国已经是工业占统治地位的资本主义国家，从而使斯密能够近距离地对资本主义生产方式展开全面的考察；另一方面则是由于经济理论在这之前有了较为充分的发展，为该理论的纵深发展提供了基础。

1.3.1　斯密对工资外"扣除部分"的初步认识及体系的矛盾

继重商主义、重农主义理论之后，斯密是第一个较为系统论述劳动价值论的经济学家。他继承了配第和重农学派价值理论中的科学部分，在此基础上对劳动价值论的研究作出新的贡献，并将该理论推到一个新的高度。基于对劳动价值论的认识，斯密直接将利润和地租看成工人劳动创造价值的扣除部分，或者说斯密把工人加到原料上的劳动区分为两部分：一部分是工人的工资，另一部分是"扣除部分"。这里，斯密已接近把工人劳动区分为必要劳动和剩余劳动两部分，并将"扣除部分"看作利润和地租的来源。马克思指出："亚当·斯密把剩余价值，即剩余劳动——已经完成并物化在商品中的劳动超过有酬劳动，即超过以工资形式取得自己等价物的劳动余额——理解为一般范畴，而本来意义上利润和地租只是这一范畴的分支。"[①]

然而，他并没有明确地把剩余价值本身作为一个专门范畴"同它在利润和地租这些特殊形式区分开来"，对"扣除部分"不彻底的理解，导致形成该理论体系的内在矛盾，即商品价值一会决定于劳动，一会又决定于可交换的

① 《马克思恩格斯全集》第 23 卷第 1 册，北京：人民出版社，1972 年，第 87 页。

各种具体收入形式。①与其他古典经济学家一样，斯密仍然没能够彻底认识到剩余价值的一般形式，更没有对剩余价值的概念进行严格规定，而是把剩余价值的特殊形式——利润作为一般形式，并从利润形式出发对地租也进行了规定，斯密的价值理论仍然充满了二重矛盾性。即便如此，斯密关于剩余价值一般意义上的初步思考与理解是剩余价值发现史上的一个重要发展阶段。由于在价值决定问题上，斯密摇摆在价值与价格的二重规定中，因而在对剩余价值的认识上，斯密体系也存在着二重相互矛盾的认识，甚至将工资、利润、地租三种收入也看作价值的源泉。一方面，他将利润、利息、地租看成利润的存在具体形式，并认为这是对工人劳动的无偿占有，把工人劳动新创造价值的"扣除部分"称作资本的"报酬"，并把"扣除部分"与总资本的比例看成利润率。这里，我们看出斯密已经把利润作为剩余价值的一般形式加以规定了，但他常常又将利润与剩余价值相混淆。另一方面，他又将地租、利润、工资看作土地、资本、劳动的自然产物，将其合理化，从而形成了"斯密教条"及其著名的悖论。马克思指出："斯密的这种摇摆不定以及把完全不同的规定混为一谈，并不妨碍他对剩余价值的性质和来源的探讨，因为斯密凡是在发挥他论点的地方，实际上甚至不自觉地坚持了商品交换价值的正确规定，即商品的交换价值决定于商品中包含的已耗费的劳动量或劳动时间。"②总体上，从劳动价值论出发，斯密对剩余价值的来源及其与各种特殊形式间的关系有了比较正确的认识。

不过，如果抛开该体系的概念混乱与矛盾，还可以看到斯密在对剩余价值进行纯粹形式规定的基础上对工资概念作出正确规定。斯密把工资和利润都看作新的活劳动创造的，而与花费在材料和工具上的那部分资本是毫不相干的，在这里对不变资本、可变资本的区分展开初步的探索。对此，马克思给与了充分肯定，认为斯密在这里说得十分明确："出售'成品'时所得的利润，不是从出售本身产生的，不是由于商品高于其价值出售而产生的，它不是'让渡利润'，事实恰恰相反。工人加到材料上的价值，即劳动量分成两部分：一部分支付工人的工资，或者说已经用工人得到的工资支付，这一部分劳动量只等于他们以工资形式得到的劳动量；另一部分则构成资本家的利润，它是资本家没有支付过代价而拿去出售的一定量劳动。因此，如果资本家按

---

① 《马克思恩格斯全集》第 26 卷第 1 册，北京：人民出版社，1972 年，第 60 页。
② 《马克思恩格斯全集》第 23 卷，北京：人民出版社，1972 年，第 214 页。

商品价值，即按商品中包含的劳动时间来出售商品，换句话说，如果这一商品按价值规律同别的商品相交换，那么，资本家的利润就会由于资本家对商品中包含的一部分劳动没有支付过代价却拿去出售而产生。"①斯密这一思想已经接近对剩余价值纯粹形式的初步认识。不仅如此，斯密还能够从生产力发展及生产关系的历史变化中来解释工资、利润内涵的变化。斯密接着指出，在最初的生产状态中，全部劳动产品都是工资，而由于土地私有权的出现，就有了对工资的第一个扣除，即地租，以后又有了利润。这样，"劳动生产物构成劳动的自然报酬或自然工资"的形态，就发生了根本变化。

在此基础上，斯密又对地租作出正确的规定，即把地租看成利润的一部分或转化形式，也就是工人的新加劳动的一部分。他认为在土地公有制的时代，只要付出劳动，就可以进行任意方式的采集。而在土地私有化的条件下，劳动者要采集这些自然产物以维持生活，就得付出较大的代价，才能得到准许采集的权利。"他必须把它们生产或所采集的产物的一部分交给地主。这一部分的代价，便构成土地的地租。"②地租是由于土地私有权的存在对劳动生产物的"扣除"。这是斯密对地租的第一个定义，明确将地租看作土地私有制的产物。这使他更接近于对地租本质的规定。地租是握有土地私有权的地主无偿占有的一部分劳动产品。对于斯密的这种地租概念，马克思曾给予充分肯定："斯密非常明确地强调，土地所有权即作为所有者要求地租。斯密把地租看作土地所有权的单纯结果，认为地租是一种垄断价格，这是完全正确的，因为只是由于土地所有权的干预，产品才按照高于费用价格的价格出卖，按照自己的价值出卖。"③斯密已经看到，在资本主义条件下，地租是农产品价格中扣去工资和资本家的"普通利润"之后的余额，不论这个余额有多大，地主都想把它据为己有。在此基础上，斯密还看到了地租的级差。他说，地租是随土地的肥沃程度、位置等条件的不同而有所不同。而且，经过改良的土地与自然的土地，虽然能够在肥力上相等，但其性质却是完全不同的。虽然不很明确，但这里关于级差地租的规定，也是李嘉图关于级差地租明确认识的理论前提。

尽管斯密对剩余价值及其特殊形式利润和地租形成了某种程度的正确认识。然而，在斯密的政治经济学体系中，这种正确认识却是与错误认识混杂

①《马克思恩格斯全集》第23卷，北京：人民出版社，1972年，第275页。
②《马克思恩格斯全集》第23卷，北京：人民出版社，1972年，第145页。
③《马克思恩格斯全集》第23卷，北京：人民出版社，1972年，第378页。

在一起，尤其是该体系还没能把剩余价值的一般形式与特殊形式明确区别开来。虽然在具体阐述时有所区分，但在进一步的研究中却没能坚持这种区别。斯密对剩余价值的错误认识，集中表现为所谓的"三种收入说"，即劳动产生工资、资本产生利润和土地产生地租，这完全与其错误的价值理论相联系。在这里，他完全放弃了自己之前的正确认识，不再把利润和地租看作对工人剩余劳动的无偿占有，而是把它们看成资本与土地的自然产物。在"三种收入说"中，斯密已不再把工资看作新创造价值中的"一部分"，而是把它说成"劳动的价格"，然后就用交换和竞争的规律来说明工资的变动情况。"劳动的价格"，是一个很不明确的概念。斯密把劳动作为一种商品，工资是劳动的价格，它是由交换双方的供求关系决定的。这样，工资就似乎与其他商品交换中的结果一样，是劳动力商品劳动全部报酬。而利润是资本家的收入，也是维持他生活资料的"正当资源"。①在斯密看来，利润率的变化，完全是由竞争决定的。他不同意把利润看成"监督和指挥劳动"的工资，认为利润完全受所投资本的价值的支配，利润的多少与资本的大小恰成比例。对于地租的认识，斯密则更明确地把它看成土地的自然产物，甚至提出了"自然的劳动"这一术语，来说明地租。在这里斯密对工资、利润和地租的这种认识是错误的，并且该观点与他对剩余价值的正确认识并行不悖，两种矛盾、对立的观点纠缠在一起的，与他的第一种规定有了明显的对立。

上述分析可知，斯密一方面对剩余价值一般形式作出了某种程度的系统论证，但另一方面他又把两种对立的观点"相安无事"地掺杂在一个体系中。斯密体系的这种自相矛盾，成为日后政治经济学两条发展线路的起源。在经历了早期社会主义者、西斯门第的发展后，马克思政治经济学坚持了其科学的方面。事实上，斯密体系的这种二重规定分化与矛盾，即是当时经济学理论体系不成熟的表现，又决定于当时资本主义发展的历史进步性与局限性二重特点，是当时资本主义实践在理论上的客观反映。

1.3.2　李嘉图理论的不彻底性及体系破产

相对于斯密而言，李嘉图对工资与利润及其关系的论述更加深入、详尽，包括对相对剩余价值生产方法的阐述，故此对古典政治经济学的发展作出重要的贡献。但是也由于他坚持以永恒不变的方法来认识资本主义，与马克思

---

① 《马克思恩格斯全集》第 23 卷，北京：人民出版社，1972 年，第 134 页。

唯物史观认识方法相去甚远，唯心主义历史观使他的理论体系无法进入对经济关系历史性分析层面；而由于缺乏抽象劳动的概念，也无法正确理解劳动力价值与使用价值及其辩证关系，由此形成该体系两大难题：一是该体系无法说明价值规律与价值增值的矛盾；二是无法解释等价交换原则与等量资本获得等量价值的矛盾。这两个矛盾最终导致了该体系的破产。

李嘉图生活的时代，由于资本主义还处于上升时期，使他能够在捍卫新兴资产阶级的利益过程中，对剩余价值的特殊形式利润和地租形成比较深入、正确的认识。马克思后来对李嘉图评价说："李嘉图在论述利润和工资时，把不是花费在工资上的不变部分撇开不谈。……因此，就这一点说，他考察的是剩余价值，而不是利润，因而才可以说他有剩余价值理论。但另一方面，他认为他谈的是利润本身。的确，他的著作中到处都可以看到从利润的前提出发，而不是从剩余价值的前提出发的观点，由于他把剩余价值规律说成利润规律，也就歪曲了剩余价值规律。"[1]李嘉图在利润规律的名义下考察了剩余价值规律及其一般性，这是他对政治经济学的重要贡献，但他常常又直接把利润规律当作剩余价值规律来表达，反映出他在方法上、体系上的局限性。尤其是他不承认资本主义经济的历史局限性，并把资本主义生产方式看作永恒的、绝对的。他认为自有了人类社会后，资本就已经出现，资本主义既没有被新生产方式取代的可能，更不应以其他生产方式作为历史的前提。马克思认为，在这方面他比斯密和重农学派更为"彻底"。恩格斯也写道："不言而喻，把现代资本主义生产只看作人类经济史上一个暂时阶段的理论所使用的术语，和把这种生产形式看作永恒的最终阶段的那些作者所惯用的术语，必然是不同的。"[2]

尽管如此，李嘉图还是从劳动价值论出发，比较正确地讨论了工资、利润的概念。李嘉图认为所有的价值都是劳动创造的，包括工资和利润，除去地租。他认为"地租是从利润中分离、分割出来的部分"。在《政治经济学及赋税原理》中，李嘉图认为工资是工人出卖其商品劳动而得到的报酬，工资是"劳动的价格"，并且其价值也是由工人的最低生活资料的价值决定的。这里，李嘉图实际上讨论了劳动力的价值和价格，但却是在"劳动"的名义下讨论的。李嘉图认为，劳动的价格有两种形式，即"自然价格"和"市场价

---

① 《马克思恩格斯全集》第 26 卷第 1 册，北京：人民出版社，1972 年，第 424 页

② 《资本论》第 1 卷，北京：人民出版社，1975 年，第 35 页。

格"，他进一步区分了两者的关系。他认为，工人出卖劳动所得到的并不直接获得生活资料，而只是这些生活资料价值的货币表现，即表现在货币形式上的名义工资。而劳动的自然价格则取决于劳动者维持其自身与其家庭发展所需的食物、生活必需品和享用品的价格。而劳动的自然价格与市场价格的关系是："食物和必需品涨价，劳动的自然价格也会上涨，这些东西跌价，劳动的自然价格也会跌落"。①在实际生活中，由于工资是以市场价格的形式出现，而劳动的市场价格则要根据其市场供求关系变化完成实际支付的价格。一般情况下，当劳动稀少时劳动的价格就昂贵些，而在丰裕时便宜些。但是无论劳动的市场价格与其自然价格有多大的背离，它也还是和其他商品一样，具有符合自然价格的规律的倾向。十分明显，由于李嘉图没有区分劳动和劳动力，他的工资概念也是不全面、不科学的，同时也妨碍了他对剩余价值的认识。

但是，李嘉图还是正确地认识了工资与利润的相对立关系，认识到工资的涨落直接影响利润多少。他说："一切工业制造品的价格涨落，都与生产所必需的劳动量的增减成比例。耕种土地的农场主，以及制造商品的制造行业者，都不会牺牲任何一部分产品来支付地租。他们商品的全部价值只分成了两部分：一部分构成利润，另一部分构成劳动工资。"②他认为，工资和利润按相反的方向变化，导致这种变化的原因是生产生活必需品的劳动生产率的变动。当生产生活必需品的劳动生产率提高时，生活必需品的价值就会下降，工资也跟着下降，而利润却会增加；而当生产生活必需品的劳动生产力降低时，生活必需品的价值就会上涨，工资也会随之上涨，而利润自然就会减少。一般情况下，由于劳动生产力的变动先影响工资的变动，然后才影响到利润，所以工资常常是利润变动的结果。在这里，他已经描述了相对剩余价值的生产现象，虽然这时他对相对剩余价值的正确认识还相差甚远，但却为马克思在《资本论》中阐述剩余价值规律提供了条件。李嘉图虽然没有像斯密那样明确说明利润是对工人劳动的无偿扣除，但他反复强调，当价值分成利润和工资两部分时，如果劳动的时间不变，工资的变化只会引起利润的相反的变化，而绝不会引起价值的变化。而且李嘉图明确地指出，资本只能转移自己的价值，不会创造新的价值，这样他实际上是把利润只看作对工人创造价值

---

① 《马克思恩格斯全集》第 26 卷第 1 册，北京：人民出版社，第 234 页。
② 《马克思恩格斯全集》第 26 卷第 1 册，北京：人民出版社，第 412 页。

的无偿占有。而他在分析利润的时候，实际上撇开了不变资本，只把利润和工资相联系、相对比。因此，他在这里所说的利润实际上就是剩余价值。李嘉图从与工资的对立的角度来规定剩余价值的特殊形式利润，这在当时是十分难得的，并且也有其进步意义。

虽然李嘉图在分析利润时，撇开了不变资本，把利润看成剩余价值，是对工人劳动的扣除。但是，由于他没能正确地区分劳动和劳动力，也没有对不变资本和可变资本作系统分析，因而他也没有能进一步将利润的本质归结为剩余价值，并对剩余价值一般展开深入、系统的阐述。虽然有时他也能从剩余价值的角度提出问题，但他有时又把不变资本作为分析利润的因素，从而混淆了利润和剩余价值的区别。对此，马克思写道："的确在他的著作中到处都可以看到从利润的前提出发，而不是从剩余价值的前提出发的观点。"[①]在李嘉图叙述剩余价值规律的地方，我们看到了他的不彻底性与问题。一方面，由于他把剩余价值规律直接说成利润规律，完全歪曲了剩余价值规律。另一方面，他又不经过中介环节而直接把利润规律当作剩余价值规律。再者，李嘉图虽然看到了工资与利润的对立关系，但他却把劳动的价值（自然价格），或实际工资看作固定不变的，劳动生产率的变化是引起该变化的唯一原因，或者说是相对剩余价值生产。而对于绝对剩余价值，即资本家延长工人劳动时间所得的利润，他却没有给以必要的关注，这也是导致他没能对剩余价值一般形成科学规定的原因之一。但是，李嘉图能够从劳动决定价值观点来规定利润范畴，这在某种程度上又克服了斯密的二重性，这是他的重要贡献。

由于他没有系统、严格的剩余价值概念，而且在论述中往往跳过必要的中介环节，直接用劳动价值论去说明各个具体范畴。这样，他在对工资和利润对立关系的论述中，不可避免地形成了体系内的矛盾。对此，恩格斯在《资本论》第二卷的序言中作了深刻概括，恩格斯指出，导致李嘉图学派破产的，以及使后来者都无法克服的问题主要是以下两点："第一，劳动是价值的尺度，但是在实际生活中，当劳动在和资本进行交换时，比它所交换的物质化的劳动，只有较小的价值。工资——定量活劳动的价值，比同量活劳动所产生产品的价值，或体现同量活劳动的产品的价值总是更小。这个问题，用这样的方式提出，事实上是无法解决的。"第二，按照李嘉图的价值规律，两个使用等量的且具有同样报酬的活劳动的资本，将会在相同的时间内生产价值

---

① 《马克思恩格斯全集》第 26 卷第 1 册，北京：人民出版社，第 146 页。

相等的产品，自然也会生产相等的剩余价值或利润。但倘若这两个资本使用不等量的活劳动，那么，它们也就不能够生产相等的剩余价值、相等的利润了。但实际情形恰好相反的。若干等额的资本，不论它们使用活劳动的差别有多大，实际总会在相同时间内，生产平均的利润。在这里，出现了一个和价值规律相反的矛盾现象。李嘉图已经完全看到这个矛盾。但是他的学派同样没有能力解决它。李嘉图学说的这两个矛盾是上升时期资产阶级经济学进步性与历史局限性的体现。而这两个矛盾一经马尔萨斯揭露和批判，就成为对上升时期资产阶级经济学否定和反思的动因，也成为剩余价值发现史上的一个极为重要阶段论争的焦点。正是这种论争，使马克思看清了关键问题所在，经过几十年的艰苦努力，最终科学而系统地解决了这两个矛盾。

　　地租问题是李嘉图时代社会矛盾的集中反映，因而李嘉图对之也给予了最大的关注，展开了重点研究。李嘉图在《政治经济学及赋税原理》一书中，用第二章专门论述了地租问题。与对利润的论述一样，李嘉图也是从劳动价值来论述地租问题的。在他看来，地租只能是利润的一部分，因而也是劳动所创造的总价值的一部分，是农业劳动中超额利润的转化形式。在重农派学派和斯密地租理论的基础上，李嘉图进一步区分了地主的地租、租地资本家的利润，以及土地资本所获得的利息。他指出，地租是为了使用土地的原有和不可摧毁的生产力而付给地主的那一部分土地产品。但它却往往与资本的利息和利润混为一谈。"……很明显，在经过改良的农场所支付的货币中，只有一部分是付给土地的原有的不可摧毁的生产力的，另一部分则是由于使用原先用于改良土壤，以及修建为获取储存产品所必需的建筑物的资本而支付的。"[①]李嘉图认为应该强调地租是不劳而获的收入，并且更为明确地规定了地租存在的范围。利润是租地农场主的，而利息则是指地主和农场主为了修建土地上的一些设施贷款之后付给借贷资本的。李嘉图的这种区别使地租概念更为明确了。不仅如此，李嘉图较斯密更为明确地认为，地租是劳动创造的价值的一部分，从而就消除了在地租问题上的重农主义的幻觉。重农主义认为地租是自然力参加生产的，是自然力创造的价值。他强调指出地租并不是自然的产物，而是劳动的产物。地租就是对农业资本家的超额利润的扣除，而利润又是工人劳动的一部分，因此，地租就是剩余劳动的产物。

　　在这里，李嘉图还考察了级差地租的两种形态。关于级差地租 1，李嘉

　　[①]《马克思恩格斯全集》第 26 卷第 1 册，北京：人民出版社，第 446 页。

图认为，地租的产生是与人们耕种土地的顺序有关。他认为，人们总是从肥沃的土地开始耕地的，通常情况下，在一个新开辟的区域中，土地的肥沃相对于人口而言更为丰富，因而只需要耕种一等土地即可；在这里，全部净产品就属于耕种者，成为所垫付的资本的利润。一旦人口增加到一定程度，以至必须耕种其上所能取得的产品在维持劳动者生活后只有九十夸特的第二等土地时，而第一等土地马上就有了地租，因为要么就是农业资本必须有两种利润率，要么就必须有其他用途。无论耕种一等地的是土地所有者还是别人，这十夸特都会形成地租。因为第二种土地的耕种者无论是向耕种第一等土地者支付夸特或地租，还是不支付而继续耕种第二等土地，他使用资本所获得的结果都是相同的。同理，我们还可以证明：当第三等土地投入耕种时，第二种土地的地租必然是十夸特或相当于十夸特的价值，而第一等土地的地租必须增加十夸特。耕种第三种土地者可以耕种第一等土地付二十夸特的地租，或者在第二种土地上耕种而付十夸特，或者耕种第三等土地而不付任何地租。这是由于人口增加，一等地上的收获已不能满足人们的需要，因而就得耕种二等地，这样， 一等地就得交付地租了。耕种 一等地的资本家比耕种二等地的资本家多得到十夸特谷物的利润，这就是超额利润，因此会引起他们之间的竞争，谁都想耕种好地，结果，地主收取了这十夸特谷物。当三等地参加耕种时，也会出现这种情况，从而使二等地也交付十夸特的地租，一等地的地租就上涨到二十夸特。

根据对级差地租 1 的考察，李嘉图提出了地租是农产品价格上涨的结果，而不是农产品价格上涨原因的观点，反驳了斯密的错误观点。斯密认为，地租是决定农产品价值的一部分，因此，地租是农产品价格上涨的原因。李嘉图则坚持劳动价值观，并认为地租只能是劳动创造价值的一部分，农产品的相对价值之所以上升，因为土地耕种者在所获产品的最后一部分使用了更多的劳动，而绝不是因为对地主支付了地租。而谷物的价值常常是由不支付地租的那一等土地耕作，或是由用不支付地租的资本进行生产时投入的劳动量所决定的。因此，谷物价格高昂不是因为支付了地租，相反地，支付地租倒是因为谷物昂贵，从而坚持用劳动价值论说明地租的正确前提。而级差地租2 则是由于在同一块土地上连续追加同量资本劳动的生产率不同而产生的地租。李嘉图也给予了必要的注意。他认为，随着人口的增加，已经耕种好地虽然不能满足人口增长的需要。但是在没有耕种此地之前，也可以在已耕的好的地上投入更多的资本，添置更好、更多的设备，用提高劳动生产率的办法，生产更多的农产品。

李嘉图对级差地租的看法是正确的，他强调了地租是劳动所创造的价值的一部分，只能用劳动价值论来说明地租，这是他的重要贡献。但是李嘉图的地租概念还是有很大的缺陷的：一是由于他的非历史主义的研究观点和方法，把资本—地租看作地租唯一的形式，忽视了地租的历史沿革和地主的国度差别，把这一概念用于一切时代和一切国家。二是他忽视了地租存在的真正原因，即土地的私有和土地经营垄断，而把级差地租存在的一个条件看作其产生地租的唯一原因。他以所谓的"土地报酬递减规律"作为基础解释级差地租2，虽然说明了存在级差地租2的事实，但他的解释却是错误的。三是否认绝对地租的存在。李嘉图把价值与生产价格等同起来，这是他不能认识绝对的地租的根本原因。我们知道，即使是最劣等的耕地，资本有机构成较低，而且由于土地私有，产生的超额利润也不会参加进利润的平均化，而是留给地主作为地租。李嘉图在地租问题上的局限，是他的阶级局限造成的，与他的劳动价值论上的矛盾，以及将剩余价值和利润混淆都有直接关系。

古典经济学理论在利润范畴名义下，对剩余价值实质进行了有益的探索，并直接触摸到了剩余价值本质层面，贡献卓著。但是因为其阶级立场及方法上的局限性，导致了该体系内部深刻矛盾与理论上的二元化，这也极大地弱化了该体系对经济生活的指导作用。当然，从历史发展的角度，应该正视古典经济理论体系中的这种矛盾性。事实上，这既是新兴资产阶级两面性的客观反映，也是当时社会经济实践发展在理论上的表现，也是经济理论发展由现象逐渐深入本质必然经历的一个阶段。

第四节　马克思恩格斯社会主义观的确立

在革命实践基础上，马克思、恩格斯深入研究了哲学、政治经济学、科学社会主义思想史，尤其在批判空想社会主义理论基础上，他们首先接受和确立了社会主义的理想与价值观。在此基础上完成了历史唯物主义方法论与剩余价值学说的创立。唯物史观与剩余价值学说将空想社会主义转变为科学社会主义，为当时处在水深火热的工人阶级提供了理论武器。

1.4.1 19 世纪中、后期经济学的庸俗化发展趋向

尽管古典经济学在劳动价值论及剩余价值分析方面都取得了重要的成果，但是，19 世纪中、后期的古典经济学的继承者们则完全放弃了对资本主义生产方式本质层面的分析，试图转向使古典经济发展成为一门完全为资本利益服务且只具有功利主义色彩的经济学理论。在此学术风潮影响下，其他社会科学理论的发展还极力强调资本主义制度是永恒不变的，是符合自然的经济体系。

在这一时期，政治经济学的研究与发展进入了一个对上升时期剩余价值学说的完全否定与反思的发展阶段。这个阶段是从地主阶级和小资产阶级代言人马尔萨斯和西斯门第开始的。马尔萨斯是第一个开始对上升时期资产阶级古典政治经济学科学成分采取否认态度的经济学家。作为与李嘉图同时代地主阶级的代言人，他始终是李嘉图学派的论敌。正如马克思尖锐指出："他强调了资本与雇佣劳动之间不平等交换。"[1]但他并不以此揭示这种不平等发生的原因，而是"想要突出这些矛盾，以便一方面证明工人阶级贫困是必要的，另一方面向资本家证明，未来给他们出卖的商品创造足够的需要，养得脑满肠肥僧侣和官吏也是必不可少的"[2]。马尔萨斯对李嘉图体系的内在矛盾，尤其是其功利主义部分进行了详尽分析和拓展，并仅仅从该角度来认识资本主义制度，其出发点是为地主、资产阶级积极争取利益。马尔萨斯所揭示出的这些古典经济学的矛盾，后来演化出庸俗经济学和早期社会主义两大派别。如果说马尔萨斯只是利用李嘉图的矛盾，那么，西斯门第作为小生产的代表，则是"由于觉察到了这种矛盾在政治经济学上开辟一个时代"[3]。资产阶级革命使小生产对未来产生了幻想。然而，资本主义的发展却打破了他们的幻想。他们对资本主义剩余价值剥削也有着切肤之痛的反思与批判。但是作为小生产代表的西斯门第，则将这种反思意识扩展为相对系统的经济学理论，形成小生产者经济理想的理论体系，由于与社会化大生产发展趋势相背离，其理论成就极其有限。

---

① 《马克思恩格斯全集》第 26 卷第 3 册，北京：人民出版社，1974 年，第 7 页。
② 《马克思恩格斯全集》第 23 卷，北京：人民出版社，1972 年，第 167 页。
③ 《马克思恩格斯全集》第 26 卷第 1 册，北京：人民出版社，第 367 页。

1.4.2 空想社会主义思潮及其影响

事实上，在古典政治经济学向功利化、庸俗化发展转向的同时，资本主义各国经济危机却频繁发生，阶级斗争日趋激烈，19 世纪空想社会主义思潮再度兴起，并日益深入人心。19 世纪初中期，依靠资本原始积累与掠夺一路走来的资本主义，在工厂制度日趋建立、完善的同时，雇佣劳动关系的矛盾却日趋尖锐，劳动关系形成了极端对抗之势，由此爆发了三大工人运动。阶级矛盾的激化与工人阶级的激烈反抗，一方面使得原本不偏不倚的古典经济学的研究开始出现庸俗化极端倾向，并努力使经济学理论发展成为一门完全服务于资产阶级利益的学问。马克思在《资本论》一卷"第二版跋"中指出，"1830 年，最终决定一切的危机发生了"。"资产阶级在法国和英国夺得政权。从那时起，阶级斗争在实践方面和理论方面采取了日益鲜明的和带有威胁性的形式。它敲响了科学的资产阶级经济学的丧钟。现在问题不再是这个或那个原理是否正确，而是它对资本有利还是有害，方便还是不方便，违背警章还是不违背警章。无私的研究让位于豢养的文丐的争斗，不偏不倚的科学探讨让位于辩护士的坏心恶意。""从 1820 年到 1830 年，在英国，政治经济学方面的科学研究活动极为活跃。这是李嘉图的理论庸俗化和传播的时期，同时也是他的理论同旧学派进行斗争的时期。这是一场出色的比赛"[①]。

另一方面，空想社会主义思潮也形成了更为广泛且深入人心的传播。在残酷的现实面前，越来越多的人开始赞成空想社会主义对资本主义的批判和对美好社会的理想。而这些思潮也深深影响了马克思和恩格斯，并对马克思、恩格斯的学术思想与观点产生重要影响。1843 年底到 1844 年初，恩格斯完成了马克思主义政治经济学第一篇历史文献——《国民经济学批判大纲》。尽管后来恩格斯认识到自己年轻时的这本书还带有空想社会主义的痕迹，但该文中仍具有的天才合理成分，尤其是该文所采取的新历史观分析方法对马克思产生了重要影响，并促使马克思开始对古典经济学的庸俗成分及利润范畴展开分析批判。事实上，马克思在 1843 年开始进行政治经济学研究时，并没有先入为主地刻意区分古典经济学的科学成分与庸俗部分，而是对当时的古典经济学理论，包括劳动价值论持有异议，甚至在很大程度上持有一种否定态度。后来，恩格斯在《国民经济学批判大纲》中对资本主义私有制的批判，

---

① 《马克思恩格斯全集》第 23 卷，北京：人民出版社，1972 年，第 16 页。

以及他确立的社会主义立场深刻地影响了马克思。

在《国民经济学批判大纲》中，恩格斯写道：一直以来政治经济学研究被资产阶级所垄断，使政治经济学纯粹成为一门发财致富的科学，为资产阶级利益服务。这门学科伴随着资本主义制度的形成、变化与发展，经历了重商主义与自由贸易不同的阶段。在自由贸易阶段"新的经济学，即以亚当·斯密的《国富论》为基础的自由贸易体，也同样是虚伪、前后不一贯和不道德的，这种伪善、前后不一贯和不道德目前在一切领域中与自由的人性处于对立的地位"。①在恩格斯看来，自由贸易阶段的古典政治经济学是对重商主义政治经济学的一次革命，这一革命唯一的进步是讨论了私有制及其规律，但它不仅没有克服重商主义政治经济学的片面性，而且还增加了它的隐蔽与虚伪的形式。随着阶级斗争形式的日益发展，资产阶级政治经济学变得越来越反动，它竟然把私有制看作人类社会永恒不变的存在，把经济范畴和经济规律都看作永恒不变的自然范畴和自然规律。因此，只要政治经济学的研究被限定在资产阶级的眼界里，它就必然"打着最丑恶的自私自利的烙印"，它是十足的"私经济学"。恩格斯继续写道，对资产阶级政治经济学的批判，就是对资本主义制度的批判、对资本主义生产方式和交换方式的批判。因为资本主义生产和交换方式的制度基础是私有制，政治经济学应该从资本主义私有制及本质出发来揭示其内在矛盾，并阐释经济范畴与经济规律的内在规定性。由此可见，19世纪初中期，阶级斗争日趋激烈与人们对社会主义理想的热切盼望对马克思剩余价值批判理论的形成发挥了重要的作用。

19世纪初、中期在阶级斗争日趋激烈的历史条件下，在古典经济理论不可避免地日益走向庸俗化发展的同时，空想社会主义思潮也有了新的发展，并对马克思恩格斯产生深刻影响，这促使马克思恩格斯转向社会主义者。马克思剩余价值规律理论的形成，虽然是从批判资产阶级利润范畴开始的，但却是以接受当时的社会主义思潮影响、确立新的世界观与立场为前提的。与以往所有的哲学家、经济学家根本不同的是，马克思对传统利润范畴的批判与其社会主义立场的转变，以及探索科学社会主义理论体系的理想追求直接相关联，尤其是当时的空想社会主义理论中所接纳的古典经济学合理成分对马克思产生了极其重要影响，而这些成分包括对利润分析的一般理论及劳动价值理论等多项内容。当时，与重商主义同步发展起来的空想社会主义思潮

---

① 《马克思恩格斯文集》第1卷，北京：人民出版社，2009年，第58页。

是社会主义理论和运动蓬勃发展的必然结果。当时除了早期空想社会主义者托马斯·莫尔《乌托邦》影响以外，15—16世纪意大利杰出思想家、空想社会主义者康帕内拉在他的《太阳城》中对理想世界的设想，与重商主义鼓吹的财富掠夺现实形成鲜明的对照，对马克思恩格斯也产生了重要影响。事实上，当时同为启蒙运动主力军的许多思想家，如莫来里、马布里和卢梭等人的著作中，都有过对社会主义理论的分析与描述，并在他们的著作中留下对社会主义社会探索的有益成果。而在古典经济学发展的时期，圣西门、傅里叶和欧文也开始进行广泛而深入的著述与社会活动，并接受了古典经济理论中的科学成分。傅立叶、圣西门则都把社会罪恶归于传统私有制，批判并反对不择手段的竞争与掠夺，他们所倡导的"实业制度"和"协作制度"，都针对当时现实的经济矛盾。圣西门认为，在未来的社会主义社会里，政治经济学将发展成为社会生活中重要的原则。剩余价值思想的发展在影响社会主义理论的同时，社会主义学说也影响着剩余价值理论发现史。所以，在马克思剩余价值发现史上，英国早期社会主义占有突出重要的地位，早期社会主义学说，在加速了李嘉图体系解体的同时，也为科学社会主义理论的形成作出贡献。

1.4.3 马克思开始对科学社会主义理论的探索

马克思科学社会主义立场的转变及新的世界观、历史观的形成，是其发现剩余价值理论重要的促成因素。事实上，马克思剩余价值理论的发现为科学社会主义学说奠定基础，而科学社会主义理论则是剩余价值批判理论的必然结果。马克思剩余价值理论的发现不仅推动了社会主义理论由空想向科学社会主义理论的转变，同时也推动了当时社会主义运动的空前发展。从这个意义上讲，马克思是将剩余价值的发现和社会主义道路探索有机结合起来的伟大思想家、实践家。可以说，马克思剩余价值学说是其科学社会主义理论的组成部分。剩余价值的发现与科学社会主义学说，可以说是剩余价值规律在理论上的双重反映，前者是对资本主义的批判，后者则是对科学社会主义的构建，二者相辅相成，互为因果。而唯物史观的确立和发现剩余价值理论，最终奠定了科学社会主义理论并促进其运动的发展。而剩余价值发现的每一步进展与完成，又成为社会主义思想发展、成熟的一个重要契机，成为推动科学社会主义理论学说的标志。空想社会主义思想及运动促使马克思世界观的根本转变，正是由于对资本主义的批判和唯物主义历史观的确立，促使马克思发现并阐述了剩余价值规律。因此，社会主义思想及运动，在马克思世界观的转变及新世界发现与理论的成熟方面发挥了重要的作用。

马克思剩余价值理论，其直接理论来源即是古典经济学理论中所有的科学成分，包括前资本主义经济思想、重商主义理论、空想社会主义理论、重农学派理论、古典经济理论及空想社会主义理论。至于剩余价值理论即是对西方经济思想史中科学成分的吸收，还有对其庸俗成分的批判。当然，这绝非学院派门之间简单的传承关系，马克思研究政治经济学的出发点就是要为科学社会主义理论寻找可靠的论据。如果马克思不是接受社会主义学说的影响，包括之前对经济学理论产生的各种疑问，很难设想他会将毕生的精力，全部投入并从事剩余价值规律的研究。

不过，在马克思早期的政治经济学著作中，"异化劳动"是他对剩余价值的认识的集中表现。其基本思想就是将人类社会分为从未被异化阶段、异化阶段及对异化的清理阶段。毋庸置疑，异化劳动理论只是停留在对现实单纯的批判的层面，并没有为现实的克服与超越找到现实的途径。而社会主义理论转变为科学的主要标志，则是马克思从异化劳动假说发展到剩余价值理论。马克思剩余价值批判理论发现了戕害现代社会发展的根本性因素，为未来社会发展确立了历史发展的路标。这个历史路标即是在《资本论》作了系统阐述的剩余价值理论，从而形成该理论的必然结论——对社会主义、共产主义的各种科学预见。正是由于剩余价值理论的最终成熟，才使社会主义由空想变成科学。恩格斯在《社会主义从空想到科学的发展》一书的第一句话就是："现代社会主义就其内容来说，首先是对统治于现代社会的无产者和无产者之间、资本家和雇佣工人之间的阶级对立和统治中的无政府状况这两方面进行考察的结果。"[1]正因为如此，1858 年 1 月，马克思正在写作《手稿》的"资本章"，在对资本主义生产过程价值增殖过程分析中，马克思首次提出"剩余价值"范畴。此时他在给恩格斯的信中提到："我取得了很好的进展，例如，我已经推翻了迄今存在的全部利润学说。"[2]马克思在这里提到的"很好的进展"和"推翻了迄今存在的全部利润学说"，即是指"资本章"在剩余价值理论研究上的取得重大突破，而"剩余价值"范畴的提出就是其重要标志。

---

① 《马克思恩格斯全集》第 26 卷第 1 册，北京：人民出版社，1972 年，第 438 页。

② 《马克思恩格斯全集》第 29 卷，北京：人民出版社，1972 年，第 250 页。

第五节　从利润到剩余价值一般的深刻转向

马克思、恩格斯社会主义立场的确立，为剩余价值理论发现奠定了立场、世界观基础。而马克思经济学说及剩余价值理论体系的完成则直接得益于其新的历史观形成：即唯物史观的创立与对劳动价值论的完善。唯物史观的创立，使马克思找到了推动政治经济革命性转变的研究对象、任务及科学方法。在这个科学方法指导下，马克思接受并改造形成了新的劳动价值理论，这促使马克思从劳动价值论的质疑者向劳动价值论的拥护者转变。

1.5.1　从劳动价值论的质疑者转变为赞成者

劳动价值论是马克思剩余价值理论的基础与出发点。马克思对该理论从最初的质疑到接受、完善与发展，对于剩余价值理论体系的形成发挥了至关重要作用。劳动价值理论，在历史与逻辑统一的基础上，构成剩余价值批判理论的基础与前提。从这个意义上讲，"劳动二重性理论是理解政治经济学的枢纽"。①

唯物史观的确立为马克思发现劳动二重性理论、剩余价值一般理论提供了全新的世界观与方法论。事实上，唯物史观与劳动价值论是一种双重存在。在马克思看来，市民社会一般劳动即社会存在构成社会生产方式、交往方式的一般基础，是社会生产力发展的基本动力。基于该历史方法，马克思劳动价值理论，一方面从商品、货币理论的角度全面、深刻讨论简单商品经济及其交往方式；另一方面又通过对价值实体、价值关系、价值形式，以及价值规律要求、作用的深刻分析，阐述了劳动共同体的基本思想以及价值规律的内容要求。马克思历史地、辩证地将二者统一起来，赋予该理论关于资本主义的历史发展及其社会主义超越性的深邃思想。不仅如此，劳动价值论在形成并构建了马克思劳动力商品理论的同时，也为马克思剩余价值一般批判理论的理论发现提供逻辑前提与基础。以商品、货币理论为基础，马克思讨论资本主义经济关系必然形成关于劳动力商品价值与使用价值说明的卓越理论。在这里马克思在研究方法上实现了历史与逻辑的统一。以价值理论二重

---

① 《资本论》，北京：人民出版社，1975年，第75页。

分析方法为前提，马克思在坚持等价交换的商品经济基本原则的基础上区分了劳动力商品的价值与使用价值，既阐述了资本主义不等价占有的规律，即剩余价值规律的系统理论，也说明了简单商品经济规律与资本主义剩余价值规律的内在联系与区别，并将二者都看作人类社会发展的"自然史"与"人类史"统一过程。马克思克服了古典经济学体系内在的矛盾。马克思剩余价值理论形成了自己独立理论体系，同时又与劳动价值论、价值规律理论形成相辅相成。从这个意义上讲，马克思劳动价值论，尤其是劳动二重性理论的发展也是唯物史观方法论在政治经济学上的体现。

19 世纪初期，青年马克思曾是黑格尔唯心主义体系的追随者。但是，在后来的法学判案等一系列的经济活动的实践中，马克思世界观开始发生转变，并最终克服了黑格尔唯心史观的影响，形成了历史唯物主义方法论。马克思的生活实践使其认识到不是国家决定了市民社会，而是市民社会决定并影响着国家与社会的意识形态。马克思世界观的转变最早体现在其所著的《1844年经济学哲学手稿》中，而在《德意志意识形态》中，马克思虽然还没有对劳动价值论进行系统说明，但已经从劳动价值论的质疑者并始向赞成者转变的过程中迈出了决定性的一步。在这部著作中，马克思从先前认为的价值由偶然因素决定的观点中完全摆脱出来，清理了价值决定与竞争的关系传统的认识，客观、科学地讨论了竞争在价格形成中的重要作用。总之，在《德意志意识形态》这部讨论唯物史观的经典著作中，马克思已经鲜明地表达了自己对劳动价值论赞同。1847 年，在随后出版的《哲学的贫困》这部著作中，马克思首次公开表示自己是劳动价值论的支持者。他充分肯定了李嘉图劳动价值论的历史功绩，并批判地吸收了李嘉图理论中的合理成分，赋予了李嘉图劳动价值论新的内涵，实现了对李嘉图的历史超越。与此同时，马克思还站在劳动价值论的立场上，分析与批判了浦鲁东的价值理论。可以说，劳动价值论的确立，既克服了古典经济学理论在价值理论的双重徘徊局面，也为马克思理论体系的建立奠定了基础，尤其是为马克思发现剩余价值理论开辟了道路。马克思唯物史观与劳动价值论的确立，像一座灯塔照亮了马克思经济学发展道路，使马克思克服了古典经济内在矛盾，继承了其科学成分，实现了政治经济学研究对象、任务的全新革命。

1.5.2 剩余价值一般范畴的提出

马克思唯物史观确立，使其从根本上克服了唯心史观将人类历史解释为永恒不变的、完全自然的过程，并且把人类社会发展看作在社会生产力发展，以及社会生产方式矛盾运动基础上不断发展的过程。坚持这一社会历史观，不仅把人类历史看作符合客观规律的过程，还将人类历史发展与进步看作基于人的主观努力与积极改造过程，体现着历史与逻辑相统一的基本特征。

在唯物辩证法基础上认识政治经济学及剩余价值批判理论，即将该理论看作历史发展的客观必然过程，既是一个"自然史"的过程，同时也是历史主体对该生产方式的历史引领与社会性改造过程。而坚持这样的历史观，可以使我们既看到现实一切生产关系和交往关系的历史的暂时性，同时又具备了从现实出发的历史主体的主动性与积极性，坚持一种充满历史主体参与性的新的历史发展观。马克思剩余价值批判理论，既是批判性的，包括自我批判与社会批判，同时也是建设性的，这都构成了驱动历史发展的重要动力。马克思剩余价值理论，在社会生产力发展基础上，揭示了社会主义未来发展趋势。当然，基于辩证唯物主义认识论，即认为现实经济关系第一性，经济范畴第二性，经济范畴只有从现实的经济关系运动中才能得出。一旦社会生产力、生产关系都发生了变化与发展，人们的思想、观念，以及经济范畴也会发生变化。因此在马克思看来，"经济范畴……同它们所表现现实关系一样，不是永恒的，它们是历史的、暂时的产物"①。

马克思政治经济学从生动、具体的生产、生活实践中抽象出剩余价值一般理论。该理论强调剩余价值一般理论深刻揭示资本主义经济关系本质与发展规律，并将政治经济学研究对象建立在对社会生产关系及其演变规律研究基础上，马克思剩余价值一般理论客观、科学地揭示了现代社会的阶级性质及其历史演变。马克思在发现剩余价值一般理论基础上，在"从抽象一般到思维具体"方法论指导下，形成了关于剩余价值生产、分配、交换、消费"总体性"的理论体系。在发现与概括剩余价值一般基础上，马克思转向对反映资本主义关系的第二级形式，即具体的"利润""部门竞争"范畴展开分析。马克思在"竞争"范畴基础上，分析了古典经济学的利润范畴，揭示了利润与剩余价值的内在联系与矛盾，并辩证地、历史地解释了这些矛盾，而对剩余价值规律的揭示自然成为其理论体系最核心的内容。当然，这自然是马克思全部世界观、方法论转变的必然结果。而唯物主义历史观既将剩余价值生产看作前资本主义生产方式矛盾运动的结果，即生产力与生产关系的结构运

①《马克思恩格斯文集》第1卷，北京：人民出版社，2009年，第603页。

动与演变结果，同时也把现存的一切关系看作暂时的、不断发展进步的过程。在此基础上，马克思揭示了社会主义发展前景。

由于对劳动价值论的接受和与对剩余价值一般规律的探索，马克思批判了蒲鲁东唯心主义方法，他指出："经济范畴只不过是生产的社会关系理论表现，即其抽象。"①正是由于马克思新的历史观，以及对历史发展趋势的深刻认识，使其研究深入到理论抽象更高的研究层面。在马克思看来，只有从抽象的层面，在一般意义上对经济范畴展开考察，才有可能揭示现存生产方式的本质，才有可能探索未来引领趋势，确立符合历史规律的"路标"。当然，马克思经济理论的卓越之处，更在于该理论在对现存生产方式进行批判、透视的同时，把现实的一切看作自然史的、必然的历史过程，并且是相对于过去历史的进步过程。

基于唯物主义历史观的考察，马克思剩余价值一般理论就具有了双重性：一方面将剩余价值生产方式看作一种历史的进步与发展过程，相对于自然经济、简单商品经济而言；另一方面相较于社会生产力发展趋势而言，剩余价值生产所具有的剥削性、掠夺性是历史的、暂时性。不过，在马克思生活的19世纪初、中期，在资本主义处于生存发展的初级阶段，由于原始积累时期的资本主义剥削还带有血腥的野蛮与赤裸裸的掠夺性，马克思剩余价值批判理论，不仅在经济意义上批判其剥削性，更在其超经济意义上批判其野蛮性与掠夺性。在当时，对工作日长期、强度的野蛮性、劳动条件的恶劣、低于劳动价值的工资制等，马克思在《资本论》中都给予尖锐的批判。在马克思看来，相对于商品经济的所有权与占有规律，剩余价值生产是一种不等价占有与残酷的剥削。尽管整个《资本论》及其方法论体系，包括其巨大成就都基于前者任务考虑的。但是，资本主义占有规律的原始性、赤裸裸的剥削和掠夺性往往与前者不能截然分开。

---

① 《马克思恩格斯文集》第 1 卷，北京：人民出版社，2009 年，第 602 页。

第二章 唯物史观的确立与
剩余价值思想的形成

19世纪初、中期，依靠资本原始积累一路走来的资本主义，在工厂制度日益成熟的同时，"阶级斗争在实践方面和理论方面采取了日益鲜明的和带有威胁性的形式"[①]表现出来。三大工人运动的爆发，充分暴露了早期资本主义的野蛮竞争与残酷剥削。在这样的历史条件下，马克思、恩格斯在新的历史观指导下，发现剩余价值一般规律，形成了科学社会主义理论体系。

新的方法使马克思接受、完善和继承了劳动价值论，为其发现剩余价值论奠定了理论基础。剩余价值一般理论不仅使政治经济学研究对象、任务发生了根本性的转变，同时也为人类经济活动实现合规律合目的发展作出卓越贡献。

第一节 19世纪初、中期欧洲的资本主义

19世纪初、中期，资本主义进入大机器工业时期，此时蓬勃兴起的社会化的生产力加速发展并不断催生新市场与产业，资本创造了极大的财富，也催生了新的生产力。资本主义在"不到200年的时间里创造了人类几千年的物质财富"。尽管工业文明生产力预示了新时代的曙光，但此时的欧洲生产关系及社会形态并不成熟。资本的极度贪婪与残酷剥削无处不在，资本竞争的残酷无序与掠夺性也极大地扭曲了可持续发展的经济结构，经济危机开始频繁发生。这不仅使下层劳动者的生存陷入绝境，进而使刚刚起步的工业生产

---

① 《资本论》第1卷，北京：人民出版社，1975年，第245页。

方式面临严重威胁。同时，由于资本主义大机器工业的运作以劳动奴役形式展开，社会矛盾不断激化，阶级斗争一触即发。

2.1.1 工业革命初期市场交易的掠夺性及尖锐的社会矛盾

以 1492 年哥伦布发现美洲大陆为契机，人类历史在经历了几千年农业文明后开始进入了现代化、工业化、城市化的时代。此时西欧历史进入资本原始积累时期。这一历史时期，新兴的资产阶级，一方面通过掠夺和国家债券方式积累大量货币；另一方面通过圈地运动，强制性破坏中世纪生产方式，促使大量无产阶级的形成。同时，由于这一时期市场竞争法制、规则不健全，资本原始竞争导致社会矛盾极其尖锐。

从 15 世纪开始，由于海外市场的开拓极大地激活了海内外市场需求，促使欧洲工厂手工业在中世纪手工作坊发展的基础上迅速发展起来。美洲大陆的发现和被掠夺，资本加速海外扩张，此时美洲黄金、白银大量输入欧洲，导致当时工业产品价格与农产品价格发生相对变化，促使新兴手工业工厂不得不寻求新技术方法以进一步降低成本，提高生产效率以适应不断扩大的国内外市场需求。于是，新的市场需求与满足这一需求的技术发明和发现也一同产生了。瓦特发明了蒸汽机，为机械化生产与制造奠定了动力系统基础，致使当时的西班牙、葡萄牙、荷兰、英国，以毛纺制业为主的生产制造业迅速发展起来。与此同时，在农村掀起了圈地运动，为新的生产方式的形成准备了劳动力与资本条件。随着商品交换范围的日益扩大，欧洲各国在农业文明发展的基础上，真正走上了现代化、工业化发展的道路。而资本主义机器大工业的迅速发展也奠定了资本主义生产方式的技术基础，带来了欧洲社会政治、经济、文化全方位的变革。全新的技术带来了生机勃勃的生产力，源源不断的棉纺织产品从欧洲流向全世界，使英国成了日不落帝国，也成了世界工厂。但是，此时的欧洲社会内部也不断积蓄着各种矛盾与危机。

从 15 世纪到 19 世纪初期，由于资本主义仍处在大机器工业发展的初级阶段，新技术并不成熟，具有工业文明性质的社会生产力并没有得到真正的释放。主要表现在：一是毛织品生产流水线系统，从燃料动力到机械驱动系统再到制作、加工系统，其技术能力还处在初级阶段，生产制造能力远没有达到应有的程度。二是涉及工业生产率大幅提高的社会化组织体系、生产价值链不健全。由于整体的生产组织、管理系统不完善，生产经营的价值链并没有形成，生产系统碎片式发展及盲目的扩张、过度的市场竞争降低了机械化生产应有的效率。当时的欧洲交通、运输系统还不够发达，生产系统两头间的盲目竞争也增加了生产过程的成本。三是由于生产管理系统，尤其是劳动力管理系统缺乏法制环境，资本追求短期的利益，劳动者基本权益无法得到保障，劳资冲突不断加剧，导致社会危机重重。四是由于大机器工厂规模的有限，工厂内部各厂房之间的分工协作整体规模及流水线扩展并未达到最优化水平。加之生产技术还不够完善，机器体系的运作、维修、更换成本都很高，尤其是此时的机器体系的应用，不但没有减轻劳动强度，反而极大地发展劳动的片面性，高强度的劳动及低工资使劳动者的生活陷入困境，大机器工业的发展导致了尖锐的社会矛盾和社会危机。总之，此时的资本主义，又由于人口的大量流入，社会矛盾凸显，经济危机不断加剧。

此时新兴的资本家为谋求利润的最大化，千方百计增加工人的劳动时间，极力提升劳动强度，并尽可能降低工人的工资，雇佣大批低廉工资的妇女和儿童成为普遍现象。此时的资本主义工厂，劳动环境极其恶劣，工伤事故不断，严重危害着工人的身体健康和人身安全，资本家却不给工人提供基本的劳动安全保障。据记载，1841 年受命调查煤矿工业的皇家委员会提出的报告使得整个英国感到震惊。报告揭露出煤矿里种种野蛮景象：雇佣妇女和儿童，工时之长达到残酷的程度，没有安全设施，卫生条件和道德状况普遍很差，令人恶心。关于这个报告的讨论及其他工业揭露出来的类似状况，立即在英国社会反映出来，它们分别从道德和伦理的观点出发，不断地掀起批评工业主义的浪潮。而频繁发生的经济危机使工人大批失业，使工人阶级的命运陷入更悲惨的境地。世界性的经济危机是从 1825 年英国发生的那场危机开始的，接着大约每十年发生一次，经济危机开始频繁光顾西方世界，如 1837年、1847 年、1857 年、1866 年、1872 年和 1893 年，经济危机几乎与欧美国家经济发展如影随形。危机爆发造成了生产力的倒退、大量工人失业并流落街头、社会动荡等，社会矛盾加剧。1848 年，整个欧洲终于在危机中被卷入了革命的浪潮，此时社会矛盾的尖锐化程度使马克思认为在最先进国家的工人阶级有可能通过革命的方式取得政权。经济危机使新生的资本主义生产方式几乎陷入崩溃之中。

在这样的历史背景下，19 世纪 30 年代欧洲成立了第一个无产阶级的组织——正义者同盟。《共产党宣言》是马克思恩格斯为同盟撰写的总纲领，该纲领性文件发表于 1948 年，系统阐述了无产阶级的历史观和对资本主义生产方式的批判，这标志着马克思主义的诞生。在此后的 30 多年里，马克思呕心沥血完成了世纪巨著《资本论》写作。在《资本论》及剩余价值理论中，马克思深刻揭示了资本主义生产方式的本质及历史趋势，尤其分析了当时资本主义社会危机与经济危机的根源与必然性。马克思痛斥当时资本的贪婪，他指出当以使用价值生产为目的简单商品经济转变为获得增殖价值为目的、以劳动力买卖为条件的资本主义大机器工业，尤其在一系列制度规则与约束机制不健全的条件下，资本的贪婪性得到充分体现，阶级矛盾尖锐阶级斗争不可避免。马克思揭示道："资本没有发明剩余劳动。……但是很明显，如果在一个社会经济形态中占优势的不是产品的交换价值，而是产品的使用价值，剩余劳动就受到或大或小的需要范围的限制，而生产本身的性质就不会造成对剩余劳动的无限制的需求，因此，在古代只有在谋取具有独立的货币形式的交换价值的地方，即在金银的生产上，才有骇人听闻的过度劳动。在那里，累死人的强迫劳动是过度劳动的公开形式。这只要读一读西西里的迪奥多洛斯的记载就可以知道。但是在古代，这只是一种例外。"[①]

资本原始积累遗留下来的无规则竞争，以及社会保障制度的规则的不健全，使劳动者的生存依然面临极大的威胁。而此时又激发出资本极大的财富欲望，与短期生产利润目标一起使社会矛盾不断尖锐化。马克思继续写道："在你是资本价值的增值，在我则是劳动力的过多的支出。""我每天只想在它的正常耐力和健康发展所容许的限度内使用它，使它运转，变为劳动。你无限地延长工作日，就能在一天内使用掉我三天还恢复不过来的劳动力。你在劳动上这样赚的，正是我在劳动实体上损失的。使用我的劳动力和劫掠我的劳动力完全是两回事。"[②]刚刚诞生的资本主义，不仅在"资本的原始积累"时期完成了工业生产的初步发展与财富的积累，同时也积累了阶级对立与矛盾冲突。处在生存发展阶段的资本主义，由于资本的剥削与统治不断加剧，阶级冲突空前尖锐，阶级斗争一触即发。正如马克思曾说，此时的阶级斗争以威胁的形式表现出来。

2.1.2 工人阶级的觉悟及早期的工人运动

此时尽管欧洲大陆社会生产力获得极大的发展，但是以动力系统革命与初级流水线为特征的大机器工业运行，在提高了劳动生产率的同时，大机器

---

① 《马克思恩格斯文集》第5卷，北京：人民出版社，2009年，第272-273页。
② 《资本论》第1卷，北京：人民出版社，1975年，第261页。

生产也具有了鲜明的血汗生产方式的特点。快速运转的流水线发展了劳动的片面性,使工人的劳动强度超越其自身忍耐力;工人完全成为机器的附属品和工具,虽然劳动者的劳动强度空前提高,但是其收入水平却低于劳动力价值,由此不断激化了劳动与资本之间的矛盾。而依附于简单的、机械的流水线。劳动者在发展劳动片面性的同时,也完全失去了任何与资本谈判与讨价还价的能力,雇佣工人成为真正意义上的"无产者"。当经济危机袭来时,工人就面临着流离失所、无家可归的悲惨境地。为了生存他们只能被迫忍受更大的劳动强度与饥寒交迫的生活。此时资本竞争的原始性与野蛮性,使雇佣工人挣扎于生存边缘的状况。一方面是在不间断的轰鸣的机器声中,资本家财富与资本得到积累,现实技术得到发展;另一方面却是无产阶级的贫困与生存困境也在积累。此时的欧洲一幢幢拔地而起的摩天高楼,迅速发展起来的新型城市与大机器工厂,与生活在水深火热之中的工人阶级形成了鲜明对比,阶级矛盾与阶级斗争一触即发。

此时在学术领域自由放任思潮盛行,在此思潮影响下,资本主义自由市场经济所具有的这些负面效应进一步放大,激化了劳资之间的矛盾,乃至影响社会的稳定和经济的发展。当时英国政府的劳动立法进展十分迟缓,引起了工人阶级的极大不满。伴随着工人阶级队伍的壮大及社会主义思想的发展,日益觉醒了的英国工人阶级在成长壮大的过程中,酝酿着通过斗争改变自己的命运。终于,欧洲爆发了三大工人运动:1831年与1834年法国里昂丝织工人的两次武装起义,以及开始于1836年到1848年的争取民主的工人运动,即英国宪章运动,这是第一次真正意义上的群众性的、政治性的无产阶级革命运动,标志着工人阶级作为一支独立的政治力量开始登上历史舞台。英国宪章运动第一次举起争取工人政治权利的旗帜,反抗这种残酷的剥削与压迫。1844年德国西里西亚纺织工人起义反抗超强的工作压力与超长劳动时间,当时的资本主义生产发展是以完全无视工人的基本的生存与发展权利为代价。

与早期的工人运动相比,这三大工人运动具有一些新特点,表明工人作为一个阶级的日益成熟:一是克服了破坏式斗争方式,斗争手段发生了新变化。无产阶级不再通过破坏机器设备的方式与资本展开抗争,而是转而采用了罢工、游行示威,甚至武装斗争的方式,来反抗资产阶级的压迫。二是工人阶级斗争目标更加明确。他们希望通过斗争获得自己的政治权利,并提出了自己明确的政治目标,并把斗争矛头指向了资产阶级及维护其利益的资本主义制度。三是工人阶级的组织性的空前增强。为了克服早期的工人运动组织性差的情况，无产阶级开始组建了自己的工会组织及许多政治组织，如1834 年成立的德国流亡者同盟、1835 年成立的法国家族社、1836 年组建的正义者同盟及 1840 年成立的英国宪章协会等。这些特点表明，无产阶级作为一个阶级已经觉醒，并作为一支独立的政治力量开始登上了历史舞台。此时，欧洲无产阶级与资产阶级的矛盾发展成为社会的主要矛盾。

发表于 1848 年 2 月 21 日的《共产党宣言》，是马克思为工人阶级组织"正义者同盟"撰写的纲领性文件。马克思在《共产党宣言》中总结了早期工人阶级的斗争经验，并在赞扬了其重要意义的同时阐述了历史唯物主义基本思想。他指出资产阶级致力于发展大机器工业，为了追逐更多的增殖价值，但在客观上却"使工人通过结社而达到的革命联合代替了他们由于竞争而造成的分散状态"①。马克思指出，科学技术的发展必然引起社会生产方式两个方面的变革：一是生产力的变革，即资本主义进入机器大工业时期；二是生产关系本身的变革。早期资本主义的阶级关系表现较为简单，阶级对立关系呈现出日趋鲜明态势。1847 年恩格斯曾对此做过阐述，认为由于机器的广泛使用，资产阶级为了维护他们的共同利益而彼此联结起来，组成了资产阶级联盟，而被压迫阶级也因为维护自己共同的利益而联结起来，组成了无产阶级联盟。马克思阐述了无产阶级作为新的社会生产力登上历史舞台，并成为新的历史发展主要推动力量，马克思还阐述了共产党作为无产阶级先锋所发挥极其重要作用。

事实证明，正是工业化的大机器生产力体系与资本、剩余价值生产关系的结合，使无产阶级和资产阶级产生并发展起来。马克思也曾指出："随着资产阶级即资本的发展，无产阶级即现代工人阶级也在同一程度上得到发展。"②这样，资本主义社会日益分裂成两大对立的阶级，即工业资产阶级和工业无产阶级。尽管当时欧洲大多数国家尚存在一些"中间等级"③，但马克思认为，由于这些"中间等级"与前资本主义生产方式紧密相连，因而也必将随着机器大工业的发展而逐渐趋于消亡，并最终"站到无产阶级的立场上来"④，成为无产阶级的成员。马克思进一步指出，"其余的阶级都会随着

---

① 《马克思恩格斯选集》第 2 卷，北京：人民出版社，1995 年，第 284 页。
② 《马克思恩格斯选集》第 2 卷，北京：人民出版社，1995 年，第 278 页。
③ 《马克思恩格斯选集》第 2 卷，北京：人民出版社，1995 年，第 280 页。
④ 《马克思恩格斯选集》第 2 卷，北京：人民出版社，1995 年，第 283 页。

大工业的发展而日趋没落和灭亡"①,而无产阶级作为机器大工业的产物,由于与最先进的社会生产力紧密相联,是最先进、最革命和最有前途的阶级,这个阶级必将以阶级斗争的方式推动人类社会形态向更高的层次发展和过渡。从历史发展的角度看,机器大工业生产的发展首先是资产阶级的掘墓人。因此,"资产阶级的灭亡和无产阶级的胜利是同样不可避免的"②。

2.1.3 阶级斗争催生了社会变革与初步的劳动立法

19世纪初、中期的欧洲大陆工人阶级在高强度的劳动中不堪重负。马克思在《资本论》中尖锐地揭露与批判了在剥削程度上不受任何法律限制的英国工业部门。马克思指出:"当我们考察一些部门延长工作日的情况时,发现资本在对剩余劳动攫取时像狼一般贪婪,在这些部门中,无限度地压榨,正如一个英国资产阶级经济学家所说的,对比西班牙人对美洲红种人的暴虐有过之而无不及。现在我们看看另外一些生产部门,在那里,直到不久以前,资本还是毫无拘束地压榨劳动力。即便在有劳动法律的地方,资本的贪婪也将劳动者的劳动强度发展到极致。"

此时,在面临社会危机之时,代表资本利益的国家开始改变自己的统治策略,通过加强中央集权对政治、经济、社会事务实行积极的国家干预政策,开始进行某种程度的政治和社会变革,并且认识到如不作任何改革这将危害社会稳定和国家统治。正如德国比较法学家茨威格特指出的那样:"19世纪的英国其国际地位因为拿破仑战败而比以前任何时候都更强大,但是国内却陷入了严重的社会和政治危机时期。工商业已成为活动的中心,拥入城市的工人不断增加,但以为两院仍由极其保守的世袭贵族、主教和土地贵族把持着。但是,这时由于拿破仑战争弄得筋疲力尽的欧洲,大陆对英国工业所能提供的出口市场十分有限,因而英国失业人口猛增,工资急剧下降。而土地所有者却实行谷物的关税制,以抑制粮食的廉价出口,这进一步加深了民众的苦难。饥饿、罢工使英国进步力量开始认识到,如果要避免革命,就必须进行政治与社会革命。"19世纪整个英国的政治、社会和司法改革就是在这样的历史背景下进行的。

在当时英国政府实行干预政策和立法改革都是在工业资产阶级和无产阶

---

① 《马克思恩格斯选集》第2卷,北京:人民出版社,1995年,第282页。
② 《马克思恩格斯选集》第2卷,北京:人民出版社,1995年,第284页。

级的激烈斗争中开始的。无论怎样的契机，这些立法本质上也是为了资本的利益与发展，而不是工人阶级的利益。受自由主义思想的影响，从 19 世纪 30 年代初期，英国政府对政治、经济、社会、司法制度实行全面的干预政策，完成了一系列立法改革。在议会选举法的两次改革中，工业资产阶级和无产阶级逐渐争取到了有限的选举权，当然，资产阶级也逐渐控制了议会议席，而土地贵族的优势地位则逐渐丧失，这样，工业资本家和大商人就能够通过自己在议会里的代理人提出并制定有利于自身利益发展要求的法律条文。而为了保护工人的基本权利，英国自 19 世纪 30 年代起，开始了制定并通过一系列社会立法。在多次颁布的工厂法中，严格限定了童工和女工在每个工作日的最高限，并在 1847 年还通过了 10 小时工作日法案。在通过的煤矿法中，严格规定了工人井下作业应采取的必要的安全防范措施。这些法案旨在保护劳动者的身体健康及人身安全。而为了应对诸多劳动争议，1896 年英国议会则通过了调解法，规定由政府成立调解委员会，负责处理各种劳动争议问题。这些都反映了无产阶级和普通民众的利益和要求。随着 19 世纪经济社会的发展，社会立法不断增加。据当时工厂的观察家的记载，到了 1875 年前后议会被迫抛弃了彻底的个人主义指导原则，转而接受了一些集体主义的某些管理措施。

针对金融业经营业务不规范等问题，政府相继出台了银行法、保险法、证券法等一系列法律条文，全面强化了对金融业的监管和调控。而针对 19 世纪中、后期债务人通过恶意破产逃避债务的现象，法院则进一步完善了破产法，以防范破产欺诈行为。19 世纪末期，西方各工业化国家的市场组织结构逐渐从生产与资本集中走向垄断，出现大企业控制生产与流通趋势。针对生产与资本的集中和垄断现象，普通法的实施开始采取一些灵活性的原则，对垄断现象的法律判案常常综合考虑竞争双方的经济实力、商业地位、行销区域等多方面因素，而不是盲目地实施限制法令。这些立法和干预措施有效地防止了自由放任政策带来的各种弊端和消极影响，并有力地保护了投资者和广大民众的利益，促进了资本主义在自由竞争秩序下的发展。"这种对经济自由主义的反抗，是对产业革命的破坏性和对无情地推进工业化政策所带来的破坏作用而无保障措施的一种自发防卫。主要的动机是一种受威胁感，即认为没有节制的工业化和商业化对社会的安全和稳定带来威胁。彻底修正自由主义理论要求重新研究国家的性质和职能，研究自由的性质、自由和法律强制之间的关系。那样的重新研究又揭开了个人人性及其社会环境之间的关系这个老问题。从伦理和社会科学两方面看，潮流是脱离个人主义、趋于探求某种集体主义的观念。"①工业生产讲求成本和收益，并提倡快节奏与高效率，此时的英国司法制度受到自由主义思潮的影响。

事实上，19 世纪英国在进行司法改革之前，作为社会上层建筑重要的组成部分的司法制度仍带有浓厚的封建色彩，严重阻碍了社会经济发展。在当时，司法组织十分混乱，诉讼程序烦琐且僵化，审判效率极其低下，法律诉讼费用高昂，警察组织极不完备，监狱制度落后。由于司法制度中存在着诸多弊端，严重阻碍着工业发展对经济效率追求。因此在当时提高诉讼效率、降低诉讼成本、实现社会正义就成为当时工业社会司法审判的价值取向。19世纪 30 年代英国首先进行了民法制度的改革。而一大批资产阶级政治法学思想家对传统的法律制度展开批判，这对当时的司法改革发挥了积极作用。其中边沁基于功利主义立法理论与思想对摧毁传统法律制度发挥了重拳出击作用。在边沁的法律改革思想的影响下，英国议会通过一系列司法改革的重要法案。这场世纪改革一方面围绕着调整司法管理体系、简化烦琐的诉讼程序、理顺普通法和刑法两种法律体系的关系进行。另一方面基于边沁提出的民主趋向的改革原则，也开启了一系列法制民主化的改革。可以说，边沁的法律改革思想为当时英国的司法改革奠定了坚实的基础。消除诉讼程序烦琐化的弊端，对当时的令状制度进行彻底改革，颁布了一系列令状制度改革法令，主要包括 1832 年颁布的《统一诉讼程序法》、1833 年颁布的《不动产实效法》、1833 年颁布的《民事诉讼法》，以及 1852 年、1854 年分别颁布的《普通法诉讼程序法》。这些法律实施后，令状制度逐渐衰亡，烦琐的普通法诉讼程序的弊端得到了根本纠正。尤其是在通过 1852 年《大法庭诉讼条例》和 1858 年的《衡平法修正条例》，法庭的诉讼程序被大大简化。1873 年又制定出台了《司法法》，将普通法庭与衡平法庭合并，消除相互之间的矛盾与掣肘问题，建立了统一的最高法院，并彻底统一普通法和衡平法的基本原则，当两种法律原则发生冲突时，普通法原则应服从衡平法原则。

19 世纪的民事司法改革充分体现了工业社会的特点和要求，适应了发展资本主义的根本需要。为了贯彻改革的指导思想，在改革的过程中，不断削弱普通法法庭对案件的管辖权，并逐渐强化衡平法法庭的司法管辖权，这体现了国家对经济生活和社会生活的主动干预，充分反映了国王的集权意志，

---

① 乔治·霍兰萨·拜因：《政治学说史》下册，北京：商务印书馆，1986 年，第 772 页。

以此来实现司法体制和司法程序的转型，这在当时是符合新自由主义理论社会思潮的。时代变迁和社会转型最终完成了这场以国家权力集中为主导的司法改革。1838 年，改革派大法官布鲁厄姆写道："法律改革时代就是杰里米·边沁时代。他是一系列重大改革的奠基人。他第一个抱有严肃思想来揭露我们英国法律制度的弊病的人。"1874 年，英国近代著名法学家亨利·梅因写道："自边沁时代以来，我不知道哪一项法律改革能不追溯到边沁的影响。"尽管边沁推动近代英国法制建设发挥重要作用，这并不能掩盖和否定其对资本错误的立场与观点。

2.1.4 欧美金矿资源的发现与危机中的拯救

自 19 世纪开始经济危机频繁袭击欧美各国，且也加剧了社会危机，为应对经济危机，欧洲各国政府开始尝试采取各种政策性干预措施。在危机过程中，由于使旧有的社会危机和矛盾得到某种程度的释放，危机过后经济结构得到适当的调整，企业及宏观管理体系也逐渐完善起来，尤其是创新技术与新资源的不断发现，为经济全面走出危机发挥了重要的作用，当然，这也是以工人阶级陷入巨大的生存危机为代价的。可以说每一次危机都使资本主义经济得到强制性的调整、变革与提升，比如淘汰一些落后的生产力，然后通过新一轮的竞争使经济进入新的繁荣阶段和新的周期性波动之中。当然，在危机中资产阶级政府也采取一些增加就业、济贫济灾的措施，这些措施日后都成为罗斯福新政的重要内容。在 1847 年的经济危机中，法国的临时政府就曾成立了最早的国立工厂，当时在巴黎加入国立工厂的失业群众曾多达 12 万人。无论他们原来的职业怎样，他们都积极地参与修桥铺路、清扫街种树等工作。为增加就业法国临时政府还通过了多项规定，如废除中间包买工、减少一小时劳动时间、在巴黎劳动时间减至 11 小时等。此外，临时政府还规定了取消零售酒税，废除过往因无力清偿债务而导致的民事拘禁制度等。颁布这些措施的目的就是在经济危机期间保障普通劳动者和小有产者生存。尽管此时的欧洲经济、社会危机不断，激烈的阶级斗争与冲突频繁发生，但是从后来的结果看，危机过后资本主义经济结构及经济关系都展开新一轮的调整。

当然，危机迫使市场与企业寻找新的经济增长点，并在不断提高企业的管理水平的基础上寻找新的产业发展契机。现有研究表明，1947 年经济危机后促使经济最终得到彻底恢复的原因，竟然是 1848 年美国加利福尼亚金矿的发现和 1850 年澳大利亚墨尔本金矿发现,这两座金矿后来分别称为旧金山和新金山。但是,这两座金矿的发现也成为导致 1848 年的革命高潮逐渐消退的转折点。当大批失业工人和谋求发财的人们纷纷涌向这两座金山时,欧洲似乎变得"安全"起来了,由此也导致资本主义进入长达近十多年的新一轮的繁荣时期。针对此,马克思曾说,1848 年美国加利福尼亚发现金矿,使"世界贸易第二次获得了新的方向",并且意义比法国二月革命还要大,其带来的成果比发现美洲大陆还要多。在马克思看来,假如没有发现这两座金矿,19 世纪中、后期的资本主义发展可能达不到如此繁荣的程度,资本主义可能还要遭受更多危机的折磨。市场经济的创新性总是能给经济带来新的生机与发展,只是不同时代驱动经济的增长点不同而已;市场经济发育、发展得越是健康、完善,新的经济增长点与生机就越多。不过,资本驱动下的市场、很难保持自觉与克制,从而实现经济的持续、平稳增长,伴随新发现与创新的却是经济失衡和新的经济周期与危机发生。尽管每一次危机过后,资产阶级在保证资本对劳动的统治的前提下,也会适当地调整生产关系,缓和社会各种矛盾,持续提高和改善企业的技术能力与管理水平。但这并不能从根本上克服资本主义的痼疾,新的更大的危机无法避免。19 世纪下半叶,经济危机又一次袭击西方各国,但此次危机却催生了第二次工业革命的全面发生。汽车、石油、钢铁、化学工业等一大批新兴产业崛起,在美国像托拉斯、康采恩等类似的大企业垄断组织和管理方法兴起。一定意义上,第二次工业革命是对当时经济危机作出的积极反应。而此时的股份公司制度也得到大规模推进和普及,现代企业制度创新雏形基本形成。可以说,这既是一个创新推动大发展的时代,同时也是充满危机与大动荡的时代。

19 世纪的欧洲,危机与资本主义市场经济增长如影随形。尽管不可避免,但在危机到来之际,为应对灾难性的社会危机的,资产阶级政府还是把危机控制在可以接受的范围内。也就是说政府会采取一切可能的措施和应对方案,使普通百姓基本的生活水平得到保障。与此同时,政府也会采取措施使经济结构得到调整,并为下一轮的发展做好准备。当然,危机期间经济保持低速度的发展。只有安全地度过危机,才有可能较快地走向新的繁荣。但是,在 20 世纪资本主义的危机中,政府所发挥的作用是极其有限的。时至今日,资本主义尽管有快速发展时期,但多数情况下却是挣扎在危机与经济的衰退中。

第二节 马克思唯物史观的确立与
对劳动价值论的继承与发展

唯物史观的创立使马克思的社会发展观和阶级立场发生了根本性的转变。他不仅开始反思市民社会与国家的关系，同时也开始认识到劳动、劳动主体、劳动一般与社会存在，乃至整个社会、国家发展的基础性的重要意义。唯物主义历史观的确立使马克思开始批判古典经济学对劳动价值论的矛盾的表达，并试图通过理论探索与发现将该理论发展为科学的、具有鲜明价值导向的经济学理论体系的基础。

而唯物史观则是马克思劳动价值论形成的方法论基础，劳动价值论与唯物史观形成了双重存在与双重反映，并且使该理论指向科学社会主义方向，成为科学社会主义思想重要的理论资源。

2.2.1 19 世纪 40 年代马克思的生活实践及其世界观的转变

少年时期的马克思，伴随着读书与生活体验、观察，逐渐萌生了为工人阶级解放而努力工作的想法，从此他就自觉地参与各种政治生活。1835 年，马克思还仅仅是一个 17 岁的少年，就发表了《青年在选择职业时的考虑》一文。在这篇论文中，马克思表达了为人类解放工作的思想。在该文中他写道，"历史承认那些为共同目标劳动因而自己变得高尚的人是伟大的人物；经验赞美那些为大多数人带来幸福的人是最幸福的人"，[①] "如果我们选择了最能为人类福利而劳动的职业，那么重担就不能把我们压倒，因为这是为大家而献身；那时我们所感到的就不是可怜的、有限的、自私的乐趣，我们的幸福将属于千百万人，我们的事业将默默地但是永恒发挥作用地存在下去，而面对我们的骨灰，高尚的人们将洒下热泪"。马克思说到做到，其光辉的一生正是为人类服务的一生，他将毕生精力全部投入革命的实践活动，"斗争是他的生命要素，很少有人像他那样满腔热情、坚韧不拔和卓有成效地进行斗争"。少年马克思为了工人阶级的利益积极参与各种政治斗争，从此工人阶级的斗争和解放事业开始孕育希望了，因为一个伟大的革命导师成长起来了。

---

① 《马克思恩格斯全集》第 40 卷，北京：人民出版社，1982 年，第 7 页。

1836 年马克思从波恩大学转入柏林大学，在这里马克思在思想与社会实践方面都获得新的成长与发展。大学时期的马克思虽然学习的是法律专业，但是那个时候的德国正处于威廉三世的反动统治之下，革命群众运动被当局残酷镇压，为了更好地应对当时革命斗争的需要，马克思开始专攻作为其他科学基础的哲学。马克思在给父亲的信中说："没有哲学我就不能前进。"为此，他深入研究了德国古典哲学家康德、费希特、黑格尔的著作，并撰写了一系列的论文。这为后来马克思革命理论体系的创立奠定了宝贵的哲学基础。1838 年马克思在 20 岁的年纪时参加了青年黑格尔派的博士俱乐部，成了一名黑格尔哲学的学习者。参加俱乐部之后，他积极参加青年黑格尔派批判封建专制制度和反对宗教的斗争，并认真研读黑格尔的自然哲学。在认真研读黑格尔著作后，马克思发现了黑格尔哲学中最珍贵的宝藏，即"辩证法"，并决心紧紧抓牢"辩证法"这个内核，"在那儿我找到了表达的语言，就紧抓到底"。尽管此时的马克思还没有意识到刚刚诞生且人数不多的无产阶级所蕴含的强大力量和历史使命，但是他却在诗歌中表达了自己渴望成为一个具有大无畏革命精神和摧毁旧世界的战士。例如，他写道："面对着这个奸诈的世界，我会毫不留情地挑战……我的每一句话都是行动，我是尘世生活的造物主。"马克思延续了黑格尔的辩证法，为后来马克思革命斗争理论烙上了批判性与革命性的鲜明特征。

1841 年初，马克思完成了博士论文《德谟克利特的自然哲学和伊壁鸠鲁自然哲学的差别》的写作，并获得了耶拿大学的哲学博士学位。马克思在博士论文中对古希腊哲学展开深入研究，并将该研究与现实的斗争紧密结合起来，通过该研究成果解决实际斗争中遇到的根本性的理论问题。一是马克思对古希腊奴隶制解体时期伊壁鸠鲁哲学和怀疑论哲学展开研究，是为了探讨哲学对社会革命的作用，以及理论与现实之间的关系，尤其通过了该研究对当时的宗教极端进行深入批判。二是马克思在该研究成果中对古希腊唯物主义思想家的革命和战斗精神给予肯定和积极评价，表达了他的理论应服务于现实，并通过理论批判，尤其是对宗教批判实现将理论与现实的政治斗争结合起来的目的。三是马克思在其博士论文中，深入研究了黑格尔的辩证法思想，全面理解了辩证法所具有的革命意义。正如梅林的评价，他"熟练地运用着辩证法，他的语言表现出那种为黑格尔所特有而他的学生们早已失去了的活力"①。尽管，这时马克思还仅仅是一个学生，但是他所展现出的斗争精神和思想已经十分鲜明了，他"就已经是一个了不起的人，他把自己的全部身心献给了争取真理的斗争；他表现出了如饥似渴的求知欲和无穷无尽的精力，无情的自我批评精神和那种只要情感迷失方向就能压倒情感的战斗精神"②。博士论文的写作，对于马克思未来的革命道路和斗争实践有着极为重要的影响。由于此时的社会环境恶劣，马克思的革命品质和战斗精神已经让他获得了广泛的支持与声誉。当时著名的德国民主主义者赫斯曾经说道，马克思将给中世纪的宗教和政治以最后的打击。他把最机敏的才智和最深刻的哲学严肃性结合起来。

1842 年马克思大学毕业后放弃了在大学执教的计划，步入了社会的大舞台，而深入市民社会的调查与研究为他确立自己的世界观，以及日后从事政治经济学研究与革命活动奠定重要的基础。刚步入社会，马克思开始以《莱茵报》为阵地，继续批评和反对普鲁士封建专制主义，宣传革命的民主主义思想。在《莱茵报》上，马克思发表了为劳动者利益辩护的三篇论文，在《第六届莱茵省议会的辩论》（第三篇论文）中，马克思评论并分析了省议会关于林木盗窃法的那场辩论，连同随后发表的《摩赛尔记者的辩护》，马克思公开捍卫受剥削和压迫的劳苦大众的利益。马克思明确指出，具有鲜明等级特征国家的"法律不但承认他们的合法权利，甚至经常承认他们的不合理的欲求"③；"在研究国家生活现象时，很容易走入歧途，即忽视各种关系的客观本性，而用当事人的意志来解释一切"④。这两篇文章，马克思从国家法律、政治等角度把矛头直接指向普鲁士封建压榨社会的政治制度，并且从人们的经济实力、经济地位来研究社会、国家以及政治现象，而不是相反。基于早期的生活实践以及法律工作的实际情况，马克思看到了国家和法律不过是私有者维护私有制的工具而已，而不是相反。

在这些政治斗争中，马克思对国家、法律及物质利益关系的理解更加深刻了，这就促使马克思的研究视域从哲学、宗教领域转向经济问题的研究。1843 年 4 月《莱茵报》被查封，面对这种情况，《莱茵报》的资产阶级股东表现出了德国资产阶级的软弱性，而马克思却坚持自己的立场并发表了声明：

① 弗·梅林：《马克思传》，北京：人民出版社，1965 年，第 42 页。
②《马克思恩格斯全集》第 1 卷第 1 册，北京：人民出版社，1956 年，第 92 页。
③《马克思恩格斯全集》第 1 卷第 1 册，北京：人民出版社，1956 年，第 250 页。
④《马克思恩格斯全集》第 1 卷第 1 册，北京：人民出版社，1956 年，第 363 页。

"本人因现行书报检查制度的关系，自即日起退出《莱茵报》编辑部。"①经历这段时期的斗争实践中，马克思体会并理解了"人们为之奋斗的一切，都同他们的利益有关"②。像出版自由问题、林木盗窃等所有问题，表面看与物质利益没有直接关系，但实质上面对这一切问题，不同阶级表现出不尽相同的立场和观点，这都和他们自身的物质利益息息相关。正如恩格斯所说："不止一次地听到马克思说，正是他对林木盗窃和摩赛尔河地区农民处境的研究，推动他由纯政治转向研究经济关系，从而走向社会主义。"③马克思的上述实践活动使他逐渐认识到现实生活的深刻本质，认识到物质资料生产才是社会存在和发展的基础，而不是相反。至此马克思开始放弃黑格尔唯心主义哲学并转向唯物主义辩证法哲学，并在此基础上创立了历史唯物论，为完善劳动价值论、创立科学的剩余价值论奠定了基础。

2.2.2 唯物史观的确立及其向劳动价值论者转变

随着唯物史观的创立，马克思对物质资料生产在社会存在和发展过程中的基础作用逐渐有了透彻的理解。1844 年底，马克思恩格斯合作完成了《神圣家族》的写作。尽管在这部著作中，马克思对劳动价值论的还持怀疑的态度，还没有完全搞清楚价值、交换价值和价格的关系，对价值规律作用及形式也没有搞清楚。但是，1845 年秋天到 1846 年 5 月，马克思恩格斯合作完成了《德意志意识形态》的写作，在这部手稿中他们第一次阐述了唯物史观的基本原理，这标志着唯物主义历史观的创立。唯物史观与辩证法应用为马克思科学研究提供了全新的世界观和方法论，即将现存的历史即资本主义看作一个矛盾运动及历史发展过程。这个过程既是以往生产方式矛盾运动的结果，同时又是新的历史发展的起点和出发点。从此马克思开始从人类历史发展趋势的高度，对社会发展结构及矛盾运动作了科学、透彻的解释。

第一，尽管《德意志意识形态》是马克思历史唯物主义观点的初步表达，但从 1843 年马克思写作《黑格尔法哲学批判》到《1844 年经济学哲学手稿》完成，马克思就开始了他对唯心史观的批判与对新的世界观的探索。大学毕业时马克思还是一位黑格尔唯心主义者，即认为历史理性决定着社会发展，但在亲历社会实践活动后，马克思的立场开始发生转变。为了能够彻底搞清

---

① 《马克思恩格斯全集》第 1 卷第 1 册，北京：人民出版社，1956 年，第 445 页。

② 《马克思恩格斯全集》第 1 卷第 1 册，北京：人民出版社，1956 年，第 187 页。

③ 《马克思恩格斯全集》第 1 卷第 1 册，北京：人民出版社，1956 年，第 10 页。

国家与市民社会关系的演变，马克思于 1843 年撰写了《黑格尔法哲学批判》，在该文中，马克思根据自己的亲身实践活动表达了对人类社会结构新的认识，即认为市民社会是国家的基础、前提和动力，并非国家决定着市民社会。这表明马克思已经自觉地认识到了现实的主体是人而绝不是理性，人才是一切社会组织的本质。马克思写道："（黑格尔）把理念变成了独立的主体，把家庭和市民社会对国家的现实关系变成了理念所具有想象的内部活动。实际上，家庭和市民社会是国家的前提，它们才是真正的活动者。"①在研究的过程中，马克思又一次重申了市民社会是政治国家的基础和前提，而不是相反，这一观点也为马克思研究人类历史发展提供了"路标"。

然而，此时马克思对人的本质的认识还带有费尔巴哈人本主义色彩，接下来马克思写下了《1844 年经济学哲学手稿》这部重要著作，开始对人的社会特质及结构有了初步分析，并显露出不同于费尔巴哈人本主义的新趋向。在该著作中，马克思以异化劳动为线索初步探析了人类社会的历史发展规律，并以此为基础对市民社会的内在结构展开了深入的研究。马克思通过对物质生产活动的考察逐渐认识了人类社会的结构，发现了社会发展的真实基础。与此同时，马克思又以异化劳动理论为基础研究了私有财产的起源，并认为异化劳动是私有财产关系形成的原因，而后者又反过来进一步加深了劳动异化的程度。这表明，马克思对社会历史问题的研究已经深入到探索人类活动自身的程度。而这一研究视角的转变对于历史唯物主义的形成具有十分重要的意义。

正是由于马克思将研究重心转移到了现实社会人的经济活动本身，才使他得出："整个所谓世界历史不外是人通过人的劳动而诞生的过程，是自然界对人来说的生成过程。"②这一论述虽然言简意赅，但包含着极其丰富的内容。它深刻说明了历史是人的自我创造的过程，是历史主体与客体在劳动基础上相互作用的结果，即历史是人的劳动活动在时间中的展开。这蕴含着社会发展是人的自觉活动和自然历史过程的统一这一重要思想。同时，马克思从人的活动性质的视角考察了人的本质，提出了著名的"劳动是人的本质"观点。马克思运用异化劳动理论深刻而全面地揭露了人的自我异化过程，在此基础上开始确立历史唯物主义的基本观点，提出要解答历史之谜的根本任务，此

---

① 《马克思恩格斯全集》第 1 卷第 1 册，北京：人民出版社，1956 年，第 250-251 页。
② 《马克思恩格斯文集》第 1 卷，北京：人民出版社，2009 年，第 196 页。

时马克思已经站到了历史唯物主义的入口。不过，《1844 年经济学哲学手稿》还没形成关于物质生产内部结构的系统理论，对物质生产决定精神生产的机制和过程也尚未作出明确说明，关于物质生产决定上层建筑这一命题的内涵还比较笼统。

第二，沿着《1844 年经济学哲学手稿》马克思开辟的以研究市民社会的经济生活为目的的路径，《神圣家族》《德意志意识形态》写作完成，标志着唯物主义历史观初步形成。在这两部文稿中，马克思试图最终揭开历史发展的内部的社会结构及运动规律：一方面通过揭示物质资料生产的历史作用，进一步发现社会关系的客观结构的规定性；另一方面则通过完全肯定人的主体作用来阐述和发现人民群众创造历史的作用，并最终将这两方面的最新成果集中体现在《神圣家族》这部著作中。在这部著作中，马克思充分肯定了物质资料生产之于人类历史的基础性作用，并将此确立为社会生产方式，以初步形成关于社会发展动力结构的思想。与此同时，马克思在强调其客观性基础的同时，指出了该结构关系的社会关系的本质，并明确提出了"历史在本质上是人的活动"的著名观点。自此，马克思就踏上了全面创立历史唯物主义的历程。在此基础上，马克思还提出了"全部社会生活在本质上是实践的"著名论断[1]，并借助实践范畴揭示了社会生活和人的本质，高度概括了人类社会发展的规律及其特点。

马克思提出劳动不仅创造了人也创造了人类社会，劳动实践构成人类社会的基础，为其转向政治经济学研究及劳动价值论转变奠定基础。马克思的研究触角深入劳动过程的内部及结构，从人的实践活动中发现了人的客观社会关系，继而从这些社会关系的总和中概括了关于人的本质规定性。在《德意志意识形态》中，马克思全面阐述了历史唯物主义的基本观点，并确立了历史唯物主义的研究出发点，最终完成了创立历史唯物主义的任务。通过对现实的人劳动的全面考察，马克思分析了生产方式的内在结构，并且概括出了在生产方式与交往形式的矛盾运动中，揭示人类社会历史终将实现共产主义客观规律。在这个意义上，马克思的共产主义观是其历史唯物主义的必然结论，马克思最终将人类关于共产主义的理想建立在科学基础之上。

第三，从《致安年柯夫的信》到《〈政治经济学批判〉序言》，马克思将辩证分析方法应用到理论创新中，推动了唯物史观的深入发展与完善。尽管

---

① 《马克思恩格斯文集》第 1 卷，北京：人民出版社，2009 年，第 501 页。

在《德意志意识形态》中，马克思初步形成并表述了其历史唯物主义的基本观点和思想。但是，此时关于生产关系范畴研究与系统表达尚未形成，尤其是对生产力与生产关系相互间辩证运动规律也未得到确切的表述。直到《致安年柯夫的信》写作完成，马克思对生产关系的整体性及相互间的辩证关系才有了较为清晰的认识和初步的表达，并开始将生产关系贯穿于物质资料生产的全过程，并体现为生产、分配、交换和消费各个环节，使该过程构成一个有机的整体。直到 1847 年《哲学的贫困》的出版，马克思较为系统、完整阐述了生产关系范畴，并科学明确地对生产力与生产关系的矛盾运动规律进行了系统阐述。正如马克思所说："我们见解中有决定意义的论点，在我的 1847 年出版的为反对蒲鲁东而写的著作《哲学的贫困》中第一次作了科学的、虽然只是论战性的概述。"[1]在《哲学的贫困》这部著作中，马克思把所有制关系规定在物质生产和再生产过程个人与生产资料之间形成的关系。在这里，马克思已经明确肯定地开始使用生产关系的范畴，并用它来表示人们在现实生产过程中所发生的人和人之间的物质利益联系。

至此马克思通过生产关系这一范畴清晰地阐明了物质生产发生过程形成的内在机制，进而揭示了人类社会历史发展的内在动力及客观规律。此后，在 1848 年的《共产党宣言》中，马克思全面阐述了历史唯物主义的基本思想，并成功地运用这一思想揭示科学社会主义发展趋势历史必然性，从而进一步完善和丰富了历史唯物主义思想。1858 年，马克思《〈政治经济学批判〉序言》出版，在该书中马克思对历史唯物主义理论做了经典性的阐述，从而使唯物主义历史观的基本内容得到了确切的规定。从《神圣家族》到《〈政治经济学批判〉序言》，马克思一步步完善和科学地表达了社会历史发展规律与人的自觉活动即劳动之间的辩证关系，在劳动的发展史中揭示了人类社会真实的历史运动规律与过程。1859 年在总结自己的理论及实践活动时，马克思指出："人们在自己的社会生产、生活中发生一定的、必然的、不以他们一直为转移的关系，即同他们的物质生产力发展一定阶段相适应的生产关系。这些生产关系的总和构成社会的经济结构，即有法律的和政治的上层建筑竖立其上并有一定的社会意识形式与相适应的现实基础。物质生活的生产方式制约着这个社会生活、政治生活和精神生活的过程，不是人们的意识决定人们的社会存在，相反，是人们的社会存在决定人们的意识。社会的物质生产力发

---

① 《马克思恩格斯文集》第 2 卷，北京：人民出版社，2009 年，第 593 页。

展到一定阶段，便同他们一直在其中运动的现存生产关系或财产关系发生矛盾，于是社会革命的时代就到来。随着经济基础的变革，全部庞大的上层建筑也或慢或快地发生变革。"①在这里马克思深刻概括了唯物史观的基本思想，这成为我们考察人类社会历史发展规律的基本依据。

在马克思看来，推动历史持续发展的是以人的劳动为主体的生产力及其社会交往形式之间的矛盾运动过程，二者是社会生产相互联系不可分割的两个方面，它们共同构成了人的实践活动的两个基本方面。马克思既从社会生产力与交往方式来解释人的进步与发展；反过来也时常从社会生产力的发展和交往方式的适应性变革来解释人的发展与价值实现。一般来讲，生产力的发展状况决定着社会交往方式，而交往方式反过来也会影响着生产力的发展。当生产力发展到一定阶段时，必然会导致对现存交往方式的超越与扬弃，这时旧的交往方式就会从社会生产力的推动力量转变为生产力继续发展的桎梏。而已成为桎梏的旧的交往方式必然会被"适应于比较发达的生产力，因而也适应于进步的个人自主活动的新交往形式所代替"②；而伴随社会生产力发展，新的交往形式又会成为社会生产发展的桎梏。于是，新的交往形式代替就会开始。

马克思还对所有制关系在人们的生产、生活乃至交往形式之间的相互作用进行了全面深入的探讨。马克思的历史发展观使他认识到与人类历史发展相适应存在着不同性质的所有制关系，而每一种所有制关系不仅与当时的生产分工发展紧密联系，同时也与社会生产力的发展相联系。"在分工范围内，私人关系必然地、不可避免地发展成阶级关系，并作为这种关系被固定下来。"③马克思指出，大工业的发展、工业资本的形成和资本家所有制关系相联系。生产力的社会化发展使各国孤立状态不复存在，自然科学的发展也被迫从属于资本的要求，使自然形成的各种关系变成纯粹的金钱关系，最后使商业战胜了乡村，使资本主义社会从此分裂为资产阶级与无产阶级两大对立的阶级。马克思在《德意志形态》中对唯物史观作了实质性概括。

至此，马克思从总体上完成了发现历史唯物主义的艰辛探索过程。毋庸置疑，历史唯物主义理论一经形成，马克思就从劳动价值论的质疑者转变为坚定的支持者，并为后来《资本论》的写作提供了基础与出发点，奠定了引

---

① 《马克思恩格斯文集》第 2 卷，北京：人民出版社，2009 年，第 591-592 页。
② 《马克思恩格斯文集》第 1 卷，北京：人民出版社，2009 年，第 576 页。
③ 《马克思恩格斯全集》第 3 卷，北京：人民出版社，1960 年，第 513 页。

领历史发展的"路标"。唯物史观的创立及辩证法的应用使马克思从劳动价值论的质疑者彻底转向劳动价值论的赞成者。马克思指出，在人类社会发展的结构运动中，"不是意识决定生活，而是生活决定意识"①。无论怎样，对社会意识的形成发挥重要作用的首先是物质资料生产，它是"一切人类生存的第一个前提，也是历史的第一个前提"②。社会历史不是人的观念的历史，而是物质资料生产、生活的历史。唯物史观及辩证法的应用使马克思在形成"社会存在"基本术语和范畴的基础上，开始接受劳动价值论。在他看来，劳动价值论则是社会存在在经济学领域最基本的表达与体现，是研究资本主义生产方式前提与出发点，只有从商品价值实体及本质开始才能揭示出资本主义一切矛盾。20世纪初期，西方马克思主义经济学家多布曾指出："任何一门科学知识的历史，都是从对一种比较模糊的、未加区分的领域内的事物的描述和分类开始的，在这种描述和分类的基础上承载下一阶段的分析中才能够得到某些有限的普遍原则。尽管这些普遍原则在很长时间内只适合有限的情况或有限的局部，并且不能长久地预测到同这个体系内发布时间有限的更一般的问题，但是这些普遍原则能使人们决定整个体系的构造。因此，为了得到整个体系的构造，就要求这些普遍原则不仅要达到一定的综合程度，而且要达到一定精确程度。一定程度的抽象是必要的。"③

2.2.3 劳动二重性提出：经济研究转向揭示本质与发现规律的高度

唯物史观的创立及辩证法的应用，使马克思从全新世界观和方法论出发重新认识李嘉图的劳动价值论。在承认李嘉图劳动价值论历史功绩的基础上，吸收了李嘉图学派的合理成分，这促使马克思从原本劳动价值论的质疑者转变为赞成者，并将劳动价值论的研究与揭示资本主义生产方式的本质以及发展规律联系在一起，为马克思经济学理论体系奠定理论基础。

1845年马克思完成了《费尔巴哈提纲》，在该书中马克思在批判了旧唯物主义消极直观的性质的同时，提出了人的本质是"一切社会关系的总和"的著名原理，并因此将社会经济关系作为自己政治经济学的研究对象，将探索生产力生产关系的矛盾运动规律作为政治经济学的任务。在《德意志意识

---

① 《马克思恩格斯文集》第1卷，北京：人民出版社，2009年，第525页。
② 《马克思恩格斯文集》第1卷，北京：人民出版社，2009年，第531页。
③ Dobb M. Political Economy and Capitalism. London: Routledge & Kegan Paul Lid, 1940, 4-5.

形态》中，马克思恩格斯站在唯物主义立场，发展并论证了社会存在决定社会意识，以及物质资料生产是社会生活的基础的原理，第一次阐述了生产力、生产关系对立统一关系规律及生产关系必须不断适应生产力发展而变革的历史发展理论。

在唯物主义历史观指导下，马克思恩格斯认为资本主义不是永恒不变的社会秩序，它既是过往社会生产力和生产关系的矛盾运动与变革的结果，同时也是新的社会经济关系体系形成前提，该矛盾体系在社会生产力发展基础上不断发展着的。在资本主义社会，伴随工业革命的发生、发展，无产阶级终将成为推动资本主义社会变革的根本动力。他们明确提出了生产方式，尤其是生产关系的历史演进是政治经济学的研究对象，政治经济学要研究的不仅仅是社会财富，还要研究社会财富生产背后的社会经济关系，其目的既是伴随历史发展实现无产阶级的发展与解放。以社会存在为基础，伴随生产力发展与技术进步，新的生产关系形成将成为必然发展趋势，这是马克思恩格斯研究和关注的重点。"这种历史观就在于：从直接生活的物质生产出发来考察现实生产过程，并把与该生产方式相联系的交往方式，即各个不同阶段上的市民社会，理解为整个历史的基础；同时从市民社会出发来阐明各种不同的理论产物和意识形态，如宗教、哲学、道德等。"[①]基于对社会存在的理解，在社会经济生活基础上，探索以劳动为核心的社会经济关系的变革与发展，这为马克思发现并提出劳动二重性，尤其是提出反映商品经济生产关系本质的重要范畴"抽象劳动"奠定基础。

伴随社会生产力发展进而变革社会生产关系并使之相互适应，并将其作为政治经济学的研究对象与任务，那么现有的所有制关系体系自然纳入了马克思恩格斯研究的视野，并成为研究的焦点与出发点。马克思研究了社会分工与私有制的关系，提出了社会分工是商品经济产生的历史条件，而私有制生产关系才是商品经济产生的根本原因。在马克思看来，商品经济虽然表现为商品的堆积，但其本质上是人的经济关系，是特定所有制关系下的生产关系与交往关系的体现，这就为马克思以价值实体为基础揭示商品价值关系的本质提供了方法论基础。在此基础上马克思首先分析了商品经济基本矛盾，并在对私人性与社会性的矛盾分析的前提下，提出并系统阐述了生产商品的劳动二重性理论。在马克思看来，推进政治经济学沿着科学发展路径前进，

---

① 《马克思恩格斯全集》第 3 卷，北京：人民出版社，1960 年，第 42-43 页。

必须从清理和克服李嘉图理论体系中的难题开始。李嘉图体系的第一个难题即是无法解释简单商品经济的等价交换规律与价值增值的矛盾,而解决该问题的关键是重新认识和发展古典经济学的价值理论。马克思对劳动二重性理论的发现和提出,尤其是对抽象劳动的内涵的科学阐述,从根本上克服了李嘉图价值理论即理论体系的难题,为科学解释剩余价值理论提供坚实基础。因此在马克思看来:"商品中包含的劳动的这种二重性,是首先由我批判地证明的。劳动二重性理论是理解政治经济学理论的枢纽。"①

马克思指出:"一切劳动,一方面是人类劳动力在生理学意义上的耗费;就相同的或抽象的人类劳动这个属性来说,它形成商品的价值。一切劳动,另一方面是人类劳动力在特殊的有目的形式上的耗费;作为具体的有用劳动,它生产使用价值。"②而劳动二重性决定了商品具有价值与使用价值二因素。"形成价值实体的劳动是相同的人类劳动,是同一的人类劳动力的耗费。体现在商品世界全部价值的社会的全部劳动力,在这里是当作一个同一的人类劳动力,虽然它是由无数单个劳动力构成的。"③"作为价值,一切商品都只是一定量的凝固的劳动时间。"④马克思关于价值实体的科学阐述使其正确区分了交换价值与价值的关系,并认为交换价值只是价值的表现形式,而价值实体则是交换价值的基础。这在真正意义上化解了古典经济理论的内在的矛盾,坚持并发展了劳动价值理论,并在此基础上发现了剩余价值理论。在唯物史观与唯物辩证法基础上,马克思将政治经济学的研究推向新的历史阶段。早在1847年,马克思发表了《哲学的贫困》一文,在该文中他对李嘉图的在劳动价值论上的贡献作了高度评价,他说:"李嘉图给我们指出资产阶级生产的实际运动,即构成价值的运动。……李嘉图的价值论是对现代经济生活的科学解释。"马克思给予了商品价值决定全新的内涵、给予其历史"性质"与"质量"的规定,在马克思经济体系中,它不仅具有分类与描述功能,更体现了对市场、价格理论本质某种程度的把握与历史超越性,是马克思社会主义历史观的集中体现。

对价值实体与价值本质的分析是马克思经济学独有的。马克思经济学价值理论的特点在于:它不仅分析了交易的现实和现象,即对价格问题的分析;

---

① 《资本论》第 1 卷,北京:人民出版社,1975 年,第 53 页。
② 《资本论》第 1 卷,北京:人民出版社,1975 年,第 60 页。
③ 《资本论》第 1 卷,北京:人民出版社,1975 年,第 52 页。
④ 《资本论》第 1 卷,北京:人民出版社,1975 年,第 53 页。

还揭示了交易等值性本质及其规律性，即对价值本质与其性质的分析。在马克思看来，价格不过是交换等值性的表现，价值才是交换等值性长期的决定性因素，而一般抽象劳动则是价值形成的唯一的源泉。马克思主义经济学强调商品交换的价值基础和劳动源泉，其目的就是在更加本源性的基础上把握价格走向和经济发展趋势，突出生产关系尤其是劳动关系对价格、收入及经济趋势发展的深刻影响。事实上，与商品价格相比较，价值内涵还体现着人类一般劳动所具有的某种程度的劳动的"性质"与"质量"，"但是，商品价值体现的是人类劳动本身，是一般人类劳动的耗费"①。将价值量决定与劳动者劳动的熟练程度、强度相联系体现了价值决定"质量"要求。

在马克思历史观视野下，政治经济学对价值实体与价值关系本质的分析无疑给予经济研究关于"性质"分类和经济发展"质量"问题深度的、具有历史意义描述，这也成为马克思社会历史观、剩余价值批判理论的基础。而这种分类和描述使马克思价值理论不仅具有某种超越简单商品经济的历史性，还具有了引领社会历史发展的"路标"意义；该理论不仅使马克思成为哲学，更成为具有实践价值的经济学和科学社会主义。商品、价值范畴都具有历史性，马克思批判了蒲鲁东关于经济范畴具有永恒性的说法，并阐述了经济范畴的客观历史性特点，明确指出经济范畴"同它们所表现的关系一样，不是永恒的，它们是历史暂时性的产物"②。从这个意义上讲，政治经济学是一门历史科学，其研究对象是与社会生产力发展相适应的且具有过渡性的社会生产关系，并将现有生产关系看作暂时的、具有历史过渡意义的。马克思辩证地阐述了经济范畴之间客观存在的内在联系和矛盾，指出应该从整体性上来认识社会生产方式，也就是说必须从生产、消费、交换关系的整体上来研究生产关系。马克思坚信价值、货币这类经济范畴本质上是一种人的社会关系，并且与一定的生产方式相互联系并相互作用。

而以劳动为基础进行等价交换是商品经济的根本要求与基本规律。"只要社会还没有围绕劳动这个太阳旋转，它就绝不可能达到均衡。"③在这里，马克思把劳动比作太阳，并认为它是实现长期经济均衡的决定性条件。从对价值实体及本质的阐述到对价值规律的概括，充分体现了马克思经济学一般分析深邃的理论视野、对经济发展规律的把握，以及经济政策战略意义的特殊

①《资本论》第1卷，北京：人民出版社，1975年，第56页。
②《马克思恩格斯全集》第4卷，北京：人民出版社，1958年，第79页。
③《马克思恩格斯文集》第23卷，北京：人民出版社，2009年，第167页。

性与重要性分析。而马克思对价值规律运动形式的分析不仅将该价值理论的历史性表达得淋漓尽致，同时也使其更具有的现实性，并将两者辩证地结合在一起，彰显了其所具有的历史特性。当然，价值规律的要求必须通过商品交换的长期和整体趋势才能体现出来。因为作为价值表现形式的市场价格，常常由于供求关系的不一致导致其背离价值，致使商品的市场价格呈现出围绕着价值上下波动的表现形式与客观规律性；在竞争机制、供求机制的作用下，价格变动存在着趋向价值的客观必然性，并呈现出某种程度的规律性，从长期、整体看价格以价值为基础进行等价交换是客观、必然趋势。正如马克思所指出的："在私人劳动产品的偶然的不断变动的交换比例中，生产这些产品的社会必要劳动时间作为起调节作用的自然规律强制地为自己开辟道路，就像房屋倒在人的头上时重力定律强制地为自己开辟道路一样。因此，价值量由劳动时间决定是一个隐藏在商品相对价值的表面运动背后的秘密。"①

事实上，马克思在讨论商品价值关系时，还阐述了其所表达的契约关系及其所具有的"平等"特征，尽管这一特征在前资本主义阶段仅仅只是形式上的。商品经济形式是"天生的平等派"，是契约关系形成的基础和社会性生产力发展的基本形式。恩格斯还指出："劳动决定商品价值，劳动产品按照这个价值尺度在权利平等的商品所有者之间自由交换，这是马克思已经证明了的，并构成现代资产阶级全部政治的、法律的和这些的意识形态建立于其上的现实基础。"②然而，价值关系的"平等性"，在反映了经济活动主体所具有的理性特征的同时，也使其更具有了社会性、开放性特征，体现了马克思对商品经济基本矛盾的揭示：社会性与私人性的矛盾，这也是劳动二重性、价值两重性形成的根源。马克思在创立唯物史观过程中，虽然从人的劳动开始，但他克服了费尔巴哈的人本主义，不仅揭示了强调社会关系的客观现实性质，同时揭示了其所具有的历史性。在马克思看来，商品经济是以"平等"关系为基础形成的普遍交往关系体系。

劳动价值论在对其价值性质分析的基础上讨论了商品价值量的决定，这就是关于社会必要劳动时间的阐述。"在商品的生产上只使用社会平均的必要劳动时间或社会必要劳动时间。社会必要劳动时间是在现有的社会正常生产

---

① 《马克思恩格斯文集》第 5 卷，北京：人民出版社，2009 年，第 92-93 页。
② 《马克思恩格斯文集》第 7 卷，北京：人民出版社，2009 年，第 318 页。

条件下，在社会平均的劳动熟练程度和劳动强度下制造某种使用价值所需要达到劳动时间。"[1]在马克思看来，决定商品价值量的社会必要劳动时间，其内涵既包含部门生产商品的客观技术条件，也包括劳动者的主观条件，当然这也必须是社会需要的劳动时间。马克思在这里坚持了在价值性质分析基础上对其量进行定义、使价值的质与量相互统一的方法。重要的是，马克思阐述了劳动生产率与价值量变动关系；阐述了影响劳动生产力的因素，"劳动生产力是由多种情况决定的，其中包括：工人的平均熟练程度，科学的发展水平和它在工艺上的应用程度，生产过程的社会结合，生产资料的规模和效能，以及自然条件"。[2]接着马克思讨论了科学技术及社会生产力的变化对价值量的影响。在遵照对商品价值实体分析的基础上，马克思政治经济学系统阐述了劳动生产力与单位商品价值量的反比关系，强调了劳动生产力变化推动使用价值的增加而价值量的保持不变的原则，由此形成了马克思经济学关于该问题的经典论述。

基于对商品价值形式分析的角度，马克思阐述了货币的历史发展及其本质。在马克思看来，货币是商品内在矛盾发展的外在化的产物，是商品价值独立化的表现形式，是充当一般等价物的特殊商品，是商品价值关系本质的反映。马克思的货币理论不仅是具有"自然史"特点的社会历史理论，还是恪守黄金、白银的货币理论"坚决的保守理论"。随着社会经济的发展，黄金和白银独自承担货币的职能理论略显"保守"之意。然而，自从 20 世纪 70 年代美元与黄金脱钩后，经济生活不仅随时潜藏着危机的可能性，并且在全球化时代世界正深陷危机之中，欧债的危机证实了政府权力的"滥用"和不可信。人类怎样在"货币创造"以推动经济的加速发展和保持货币稳定中找到平衡？马克思的货币理论有着独特的思想价值，但也需要与时俱进地发展。马克思在《资本论》第三卷也讨论了货币、信用制度的发展。今天伴随着各种信用制度的出现，以及金融、货币问题的发展，我们需要在马克思关于货币本质的论述与信用关系发展的辩证关系中来理解和把握马克思货币理论。在现代当人类深陷经济危机不能自拔时，我们感受到马克思货币理论的现实意义。在危机中，人类常常要回到"黄金和白银时代"。

马克思对抽象劳动及劳动二重性内涵的阐述，为剩余价值理论奠定了基

---

① 《资本论》第 1 卷，北京：人民出版社，1975 年，第 52 页。

② 《资本论》第 1 卷，北京：人民出版社，1975 年，第 53 页。

础。马克思对抽象劳动这个范畴的阐述，不仅化解了古典经济学价值理论的内在矛盾，同时也实现了政治经济学研究从纯粹关于"财富"研究深入到对"生产关系及发展规律"研究，使政治经济学研究对象与任务都发生了历史性转变。与此同时，马克思在价值范畴基础上成功地阐述了劳动力商品理论，并由此揭开了剩余价值生产的秘密，马克思在价值理论上新的突破为其剩余价值一般的研究建立了理论基础，进而使政治经济学研究具有历史发展的高远视野与本质分析的科学意义。该理论克服了经济学研究单纯服务于资产阶级的利益、服务于资本赚钱的目的性，将经济学研究推向客观、科学的发展方向。马克思对劳动价值论卓越贡献在方法论上体现了历史与逻辑的统一性，且在二者统一的基础上揭示了商品经济的基本规律、资本主义基本矛盾及历史发展必然性。马克思对商品、货币市场交换关系现实的、历史性的分析为我们展示了"由表及里"强大的认识功能与高屋建瓴的关于现实各种问题的洞见。

而价值与生产价格是否一致的问题，一直是西方经济学理论质疑马克思政治经济学劳动价值论的焦点。与一般商品、货币理论的研究完全不同，马克思经济学商品、货币理论始终贯穿了劳动创造价值的基本思想，并使该理论成为商品、货币理论的核心与出发点。尤其是当我们不仅仅将商品价值理解为一种客观的价值实体时，同时也理解为由特定经济关系决定的劳动的"性质""质量"和"动力"时，各种质疑声就会得到合理解答。马克思辩证地解读和化解了价值与交换价值在古典经济学那里的矛盾，将价值实体的客观性与交换价值、价值关系所体现的相对性统一在一起，将理论抽象与现实具体统一起来；将商品生产与交换统一起来、将价值与价格辩证地统一起来，最终解决了古典经济学关于价值、价格问题的矛盾与混乱，坚持和发展了科学的劳动价值理论。马克思最终将价格现象归结为价值本质，即人与人之间以劳动交换关系为基础的生产关系，将国民一般劳动归结为价值实体及其源泉，将价值实体与价值关系辩证统一在一起，并以此为契机研究了生产关系和历史趋势。如曼德尔所说，是马克思劳动价值论将经济学的分析推到了更为抽象的理论化的层面，自此，马克思在劳动价值论基础上开启了经济学对生产关系和生产方式的演变及其规律性的研究与认识里程。

在劳动价值论的基础上，马克思揭示了以不等价交换为实质的剩余价值理论，分析了在剩余价值生产方式本质条件下的资本积累及其历史趋势理论，在此基础上形成了对资本主义生产方式历史性扬弃及对社会主义展望的科学体系。在劳动价值论基础上，马克思一方面说明了生产性劳动及生产过程相对于分配、交换、消费，即物质资料生产总过程的基础地位及作用，说明劳动创造相对于货币关系、价格关系的本质性和终极的决定性；另一方面也说明了剩余价值生产的历史必然性，说明了资本关系在一定历史阶段的客观必然性与历史超越，以及对未来社会的过渡性。正是在劳动价值论基础上，马克思实现了经济学科学对历史趋势的探索与把握，将历史现实性与超越性整合为统一的实践精神与出发点。从这个意义上讲，探索资本主义发展的客观规律与发挥主体能动性的统一是马克思历史与逻辑相统一的基本方法的本质。

20 世纪初侨居德国的俄罗斯学者鲍尔特基维茨用数学方法来研究马克思的价值体系和生产价格体系之间的"不相等"关系，以及价值向生产价格的转型问题，开创了用数学方法研究马克思价值理论的先河。他指出以往的研究者们忽略了马克思研究价值问题继承的黑格尔的辩证法。实际上，马克思根据辩证法的要求，更注重从"性质"与"质量"而不是单纯从量上来研究价值的内容和实体，并认为价值内容和实体是凝结在商品中的抽劳动。商品价值量决定既是理解资本主义社会的一个实体概念，同时也是一个具有经济关系性质的相对性的概念。为了理解马克思是如何把价值作为资本主义社会实体的内容，鲍特基维茨还是从定质和定量两个方面对价值实体与价值关系进行了卓有成效的研究。而美国纽约大学的莱伯门在 2002 年发表在《激进政治经济学》上的《价值与资本主义核心概念的寻求》①一文强调指出，国外学术界一百多年来对马克思的研究方法忽略了对价值论研究上的辩证法的应用，或者说马克思应用黑格尔的辩证法将价值作为实体和内容来研究。莱伯门从价值体系的表现形式出发，用定量的方法证明了利润和工资平均化以后价值体系的存在，指出过去那种证明价值、生产价格转型问题的研究是不必要的。法国《世界报》首席专栏作家法伯拉·保罗比较了古典的、李嘉图主义的和当代的各种经济思想，对自 19 世纪以来瓦尔拉和奥地利一些经济学创立的边际学派的主观经济论进行分析，对自李嘉图以来包括马克思的客观价值理论给予了肯定。总是，马克思价值理论在经历了近百年的争论后，近年来随着国外对马克思价值理论研究的日益深化，争论的角度不再是肯定或

---

① LaiBoman, David.VaLue and the Quest for the core of capitalism. Review of Radical Political Economics, 2002 (2), 159-178.

否定劳动价值论，而是用各种不同的方法来证明劳动的价值论，这表明赞成劳动价值论的人日益增多。

第三节　剩余价值发现：马克思实现了经济学研究对象与任务转变

　　1776 年古典经济学奠基性著作《国富论》出版，该书出版为西方经济学成为一门独立的学科奠定基础。《国富论》从现代分工理论开始讨论了工业文明财富生产的基本方式，并从资本视角第一次系统阐述了市场经济运行机制。由于该书提供了关于市场与自由贸易资本主义经济制度论的基本理论，因而成为自由主义经济学奠基性著作。不过，亚当·斯密在出版《国富论》之前还出版了《道德情操论》。今天看来，市场不过是一套市场交易的形式和规则，而真正平等有效的交易还取决于价值规律的作用及法制环境健全。

　　我们曾读过荷马的史诗，也读过费奥利特的论著，但只要读过《国富论》，就能知道一国如何富强，如何增加社会财富。《国富论》出版后，古典经济学家们这样赞颂其贡献。的确，《国富论》讨论了财富生产问题，并使其具有了经济学的经典意义。但不可否认的是，该著作也开启了经济学极端功利主义研究方向，并欲将其建立在"科学"的基础上，并试图独占"硬"科学的地位。该理论在历经 200 年的历史后，现如今已发展出新的古典自由主义经济学系统学说。然而，实践中的自由主义理论却不断演绎出社会两极分化、大众的贫困、经济危机与连绵不断的战争，尽管资本主义历史发展也伴随着科技和法制的不断进步与完善。马克思曾认为古典经济学功利主义发展方向偏离了科学经济学的方向，丢掉了古典经济学的科学成分，经济学的发展必须继承古典经济学科学传统。马克思对古典经济学的继承与发展，确立了社会主义立场和唯物主义历史观，并在此基础上发现并科学阐述抽象劳动范畴，继承和发展了古典经济学的劳动价值论传统，克服并纠正了古典经济学理论的矛盾与缺陷。在劳动价值论基础上，马克思首先正确区分了劳动力商品的价值与使用价值，进而在剩余价值一般理论的研究基础上形成关于科学社会主义未来趋势的理论。马克思在分析劳动力商品的价值与使用价值的差异上说明了剩余价值存在的逻辑基础，第一次提出了剩余价值范畴，并历史性地分析了剩余价值生产过程，形成了马克思经济学剩余价值规律理论核心内容。

在此基础上，马克思将经济学发展成为一门科学的且具有历史视野的政治经济学理论。

恩格斯指出："一门科学提出的每一种新见解都包含这门科学的术语的革命。"[①]当然，在术语革命的基础上，马克思应用辩证唯物主义方法，提出了基于人的生产方式考量的、关于物质资料生产过程全新的研究框架，并将关于剩余价值的分析贯彻于这个总过程，形成了关于剩余价值生产、分配、交换、消费的系统理论体系；形成了马克思经济学从现实到一般抽象，再由一般抽象到思维具体的逻辑与历史、实践相统一的方法。马克思通过剩余价值理论分析揭示了资本主义生产方式及其运动规律的秘密，进而"发现了现代资本主义生产方式和它所产生的资产阶级社会的特殊的运动规律"[②]，剩余价值的发现使马克思完成了政治经济学研究对象及任务的根本性革命与转变，使经济科学将社会生产方式、交往方式作为自己的研究的对象，并将探索适应社会生产力发展的社会生产方式及其变化规律作为政治经济学的研究根本任务。正是在这种意义上，可以说剩余价值理论是马克思经济学理论的基石与核心。马克思在劳动价值论基础上，对剩余价值理论的一般分析，揭示了资本主义基本矛盾及其经济危机的根本原因，形成了政治经济学理论对资本主义生产方式、社会形态、阶级关系的深刻认识。基于历史唯物主义方法论，马克思强调并揭示了资本主义历史暂时性，展示了社会主义发展的未来趋势。

20 世纪 60 年代，英国剑桥学派与美国伯克利剑桥学派展开了关于经济学研究对象与任务的争论，争论的焦点是政治经济学研究对象到底是以资源配置为重点，还是更注重研究分配问题，围绕该问题的争论形成两种不同观点，史称"两剑之争"。"两剑之争"延续了现代经济学研究对古典经济学不同观点的继承与批判。马克思经济学理论与西方经济学理论关于经济学研究对象、任务及其各自形成的经济范畴与问题的争论一直延续至今。事实上，作为科学社会主义经济理论重要的组成部分，马克思经济学在辩证唯物主义方法基础上，不仅研究分配问题，同时也从"分配"问题的辩证理性角度研究资源配置问题，形成了马克思经济学关于价值规律、资本主义劳动过程、资本积累与价值实现矛盾、资本周转循环、社会资本再生产及价值与生产价

---

①《马克思恩格斯文集》第 5 卷，北京：人民出版社，2009 年，第 32 页。

②《马克思恩格斯文集》第 5 卷，北京：人民出版社，2009 年，第 601 页。

格等理论体系。马克思经济学以研究生产关系为对象，以探索经济规律为己任，在分析商品经济规律基础上揭示生产关系及其结构运动的规律性；同时也在资本主义经济关系本质视角下进一步挖掘简单商品经济、资本主义及社会主义经济历史趋势与规律性。在历经 2008 年金融危机后，对西方经济学质疑声不断。当代中国立足新的发展实践与历史阶段，结合中国实际，推动和发展 21 世纪的马克思经济学，即具有中国特色的社会主义政治经济学新的理论成果。

2.3.1 剩余价值论的发现

作为一个理论体系，马克思剩余价值理论从萌芽到成熟经历了一个历史的发展过程。剩余价值一般理论最早反映在马克思的一系列手稿中，这些手稿是马克思对古典经济学理论长期研究的理论成果。第一，《〈政治经济学批判〉导言》和《1857—1858 年经济学手稿》中的"资本章"奠定了剩余价值理论的基础。1858 年 1 月，马克思正在写作该手稿的"资本章"，此时他在给恩格斯的信中写道："我取得了很好的进展，例如，我已经推翻了迄今存在的全部利润学说。"[①]这里提到的"很好的进展"和"推翻了迄今存在的全部利润学说"是指自己正在写作的"资本章"在剩余价值理论的研究上取得了重大突破，这就是"剩余价值"范畴正式的提出。当然，商品、货币章是马克思资本章的理论出发点与前提，该手稿的叙述逻辑突出体现这一特点。马克思对资本不等价占有关系的揭示完全是相对于商品、货币关系而言的，并以此作为理论前提和参照"标示"，体现了马克思理论体系历史与逻辑统一性方法。马克思首先提出并分析了资本总公式的矛盾，以此说明简单商品经济与资本主义经济本质的区别。该手稿"货币章"在货币转化为资本的论述中，马克思对劳动与劳动力作了初步的区分，并从逻辑与实证两个层面上讨论了资本的生产过程。马克思深刻阐述了资本运动首要的最一般的特征即是表现为资本和劳动能力相交换形成的历史规定，"劳动能力"作为一种雇佣劳动者的价值是价值增殖的"媒介"。因此，资本的生产过程表现出二重性：一方面表现为在一般生产过程中活劳动和它的物质对象之间的自然交互过程，也就是表现为一般"简单生产过程"或"劳动过程"；另一方面，与这一过程同时完成的是资本占有劳动实现价值增殖的特殊的社会关系。

---

① 《马克思恩格斯全集》第 29 卷，北京：人民出版社，1972 年，第 250 页。

"资本章"中马克思首次提出"剩余价值"范畴，并指出"价值之所以能够增加，只是由于获得了一种能够创造超过等价物的价值"。因此，"在资本方面表现为剩余价值的东西，正好在工人方面表现为超过他作为工人的需要，即超过他维持生命力的直接需要的剩余劳动"①。在这里马克思首次把"超过等价物的价值"称作"剩余价值"，并指明资本的使命即是不断地获得这种剩余劳动，并依此来攫取剩余价值。由此可见，马克思的劳动力商品理论，由于对劳动与劳动力的天才般的区分，已经揭示了资本运动过程价值增殖的秘密所在，形成了关于剩余价值生产过程、方法及性质的系统理论。不仅如此，"资本章"在提出"剩余价值"概念以后，又分别考察了绝对剩余价值和相对剩余价值问题。不过，马克思在这一历史时期还没有提出"超额剩余价值"概念，因而没有对相对剩余价值生产方法进行更充分的说明，同时也没有对剩余价值生产的这两种方法的历史的与逻辑的关系作出详细、系统的说明。

在"资本章"马克思还讨论了劳动生产力的变化对剩余价值绝对量和相对量相互影响问题。难能可贵的是，在"资本章"马克思提出了关于提高生产力和剩余价值量增加之间关系的三条意义重大的"规则"。这三条规则是：规则一，当劳动生产力提高后，之所以能够增加剩余价值量，是因为它改变了必要劳动和剩余劳动的比例关系，即"剩余价值恰好等于剩余劳动；剩余价值的增加可以用必要劳动的减少来准确地计量"②。规则二，生产力具有"乘数"作用，这种作用能够对剩余价值量的增长产生影响。规则三，由规则二可以推导出规则三，即在生产力提高以前，剩余劳动在全部工作日中所占的比例越大，由生产力提高而增加的剩余价值就越少，反之，则相反。这就是说，"资本已有的价值增殖程度越高，资本的自行增殖就越困难"③。这说明在资本主义经济中，生产力的提高和剩余价值的增加之间存在着一种内在的对立关系。也就是说伴随着社会生产力的发展与技术进步，劳动者的生存状况呈现恶化趋势，除非出现生产关系的重大调整。在"资本章"马克思还论述了不变资本和可变资本的划分，以及二者比例关系变动对剩余价值量变化的影响。在对不变资本和可变资本比例变化的动态关系研究的基础上，"资本章"进一步揭示了利润和剩余价值、利润率和剩余价值率之间内在的变动

---

① 《马克思恩格斯全集》第 46 卷第 1 册，北京：人民出版社，1979 年，第 287 页。

② 《马克思恩格斯全集》第 46 卷第 1 册，北京：人民出版社，1979 年，第 304 页。

③ 《马克思恩格斯全集》第 46 卷第 1 册，北京：人民出版社，1979 年，第 305 页。

关系，并在上述研究的基础上考察了资本生产过程。

"资本章"还提出了资本再生产和积累问题，认为基于资本的特殊社会性质及其所导致的社会基本矛盾，资本的加速扩张必然导致出现以"生产过剩"为基本特征的一系列自身的"限制"。"如果说创造资本的剩余价值是以创造剩余劳动为基础的，那么资本作为资本就必须不断增加积累，（如果没有积累，资本就不可能成为生产的基础……）而积累则取决于这种剩余产品的一部分转化为新资本。"①马克思指出剩余价值是资本积累的源泉，而积累的资本进入生产过程后，必须分为实现劳动所需的"劳动基金"和生产条件两部分，"劳动基金"则成为新剩余价值的源泉。"资本章"明确指出，作为资本主义扩大再生产基本源泉，资本积累的不断增长具有两重性质：一方面，资本积累是资本扩张的基础完成的，它可以直接表现为资本物质生产能力的不断增长，因而也包含着"进步的因素"；另一方面，资本积累也是资本主义生产关系再生产的过程。在这两重性质的积累中，资本积累的首要意义在于："资本和劳动的关系本身的，资本家和工人的关系本身的再生产和新生产。这种社会关系、生产关系，实际上是这个过程的比其物质结果更为重要的结果。"②"资本章"通过剩余价值生产和实现过程的分析，揭示了资本关系对生产力的持续发展存在着的四个方面的限制因素。从资本周转问题的研究切入，"资本"章还对资本流通过程进行了分析，并将资本再生产过程的历史方式归结为"价值增殖－价值丧失－价值增殖实现"的序列转化过程。显然，从"价值丧失"到价值增殖"实现"的转化对资本再生产有着极其重要的意义；而实现这一转化的关键，则是要求各资本应按照一定的限定比例关系进行交换。"资本章"最后从"生产和流通的统一"的角度对"资本的总运动"问题作了论述。

2.3.2 剩余价值论逐渐成熟

在《1861—1863 年经济学手稿》中，马克思以剩余价值生产为主线对经济思想史作了系统、深入的研究，形成了马克思经济学遗产中最辉煌的部分。在写作《1861—1863 年经济学手稿》期间，马克思已经清醒地认识到："所有经济学家都犯了一个错误：他们不是就剩余价值纯粹形式，不是就剩余价值本身，而是就利润和地租这些特殊形式上考察剩余价值。"③于是，在写作

---

① 《马克思恩格斯全集》第 46 卷第 1 册，北京：人民出版社，1979 年，第 438—439 页。
② 《马克思恩格斯全集》第 46 卷第 1 册，北京：人民出版社，1979 年，第 455 页。
③ 《马克思恩格斯全集》第 26 卷第 1 册，北京：人民出版社，1972 年，第 7 页。

《1861—1863 年经济学手稿》期间，马克思将原本计划写入《政治经济学批判》的六册计划中的"资本章"扩展为《资本论》体系结构。在这部手稿中，马克思在资本和雇佣劳动、剩余价值本质与生产形式、生产劳动与非生产劳动、剩余价值转化为平均利润和价值转化为生产价格、社会资本再生产等一系列重大的理论问题上都取得了重要进展，进一步完善了马克思经济学理论体系的内容。这样，《资本论》由三部分构成并形成三卷内容，分别从资本主义生产、生产与流通统一、资本竞争与剩余价值分割的角度，对剩余价值纯粹形式进行了论证，最终形成了马克思剩余价值理论体系。应该说《1863—1865 年经济学手稿》是马克思《资本论》的第三部草稿。在这部重要的经济学手稿中，剩余价值理论以体系的形式有了全面的发展。随后，马克思在 1865 年发表的《工资、价格和利润》文章中，第一次简明扼要地以公开的方式阐述了自己的剩余价值理论。

　　1867 年，马克思《资本论》第一卷终于问世。在这部划时代的科学巨著中，马克思严谨、精确地阐述了自己的剩余价值理论。以劳动二重性为核心，马克思完成了对劳动价值论的阐述，在此基础上马克思研究了资本的总公式，提出了劳动力商品价值与使用价值的区别，考察了作为劳动过程和价值增殖过程的统一的资本主义生产过程，揭示了在该过程隐藏着的价值增殖的秘密，阐明了剩余价值的来源和性质，指出了剩余价值是雇佣工人在生产过程中创造而被资本家无偿占有的超出劳动力价值的价值。接下来马克思在区分了不变资本和可变资本的基础上对增殖价值产生的源泉再一次强调，并指出剩余价值率即是表示资本对雇佣劳动者剥削程度的指标，分析了提高剥削程度的基本方法，即绝对剩余价值的生产和相对剩余价值的生产。马克思第一次将利润、利息、赢利，这些具体范畴转变为剩余价值一般形式，完成了对这些具体范畴本质揭示，尤其是在此基础上形成了对资本主义历史趋势的卓越分析。在《资本论》三卷，马克思又以资本竞争和剩余价值分割为前提下整合了剩余价值本质与各种具体形式统一性，并研究了从剩余价值到工业利润、商业利润、利息和地租的转化的具体形式。马克思发现了资本主义生产方式的基本经济规律，指明"生产剩余价值或赚钱，是这个生产方式的绝对规律"[1]。这样，马克思最终形成了完整的剩余价值理论体系，完成了自己第二个伟大的发现。

---

　　① 《马克思恩格斯文集》第 5 卷，北京：人民出版社，2009 年，第 714 页。

第四节　剩余价值论的本质：推动人类经济活动
实现合规律与合目的发展

19 世纪 50 年代，伴随唯物史观的确立，马克思成为劳动价值论的拥护者，该理论为剩余价值理论奠定的基础。马克思发现并阐述了劳动力商品理论，认为由于劳动力成为商品，货币就转化为资本，价值规律就转化为剩余价值规律。而在剩余价值规律作用下，资本主义再生产与积累不仅会导致相对过剩人口的存在，也加剧着社会分化，使社会再生产过程难以为继。剩余价值理论揭示了资本主义本质关系及未来趋势。

毋庸置疑，马克思剩余价值理论在揭示资本主义经济规律的同时也指出其存在的问题及其历史暂时性。马克思不仅分析了资本主导的市场及资本运动机制，还揭示了其自身存在着难以克服困难与内在矛盾，明确指出该生产方式运行在长期完全背离人类经济活动共同发展的目的，而人类经济活动的发展应该既合乎客观规律性同时也符合共同发展目的性，这是马克思《资本论》的根本方法，即历史与逻辑相统一的方法体现，同时也是辩证唯物主义、唯物主义历史观在方法论上的体现。马克思恩格斯指出："历史从哪里开始，思想进程也应该从哪里开始，而思想进程的进一步发展不过是历史过程在抽象的、理论上前后一贯的反映。"马克思剩余价值一般理论，从现实世界具体过程中完成了历史抽象，然后又从抽象一般发展到思维的具体，而思维的具体即是生动、高于现实的具体，具有丰富的主体目的和实践性特征。

2.4.1 从利润转向剩余价值一般分析，马克思完成了对问题本质及规律性认识和把握

马克思剩余价值一般理论的成功阐述最终将经济学的研究推向了更为抽象的本质分析与规律探索的理论高度。与古典经济学比较，马克思劳动价值论、剩余价值理论应用了"彻底、完备"的抽象方法，使政治经济学研究进入了对经济生活的生产与交换关系的一般研究领域，并科学探索了这一关系的历史走向。

马克思剩余价值理论体系的形成还依赖于科学抽象法应用，其在理论抽象过程中还应用了唯物辩证法，该方法使剩余价值理论在批判中显示其发展

的深刻意蕴：其一，应用辩证思维揭示抽象范畴与具体范畴的矛盾统一关系，在此基础上构成马克思经济学历史发展观的动力系统；与此同时，在揭示社会生产关系、交往关系的基础上，将对经济技术及社会生产力的研究与社会生产关系研究统一起来。其二，将辩证方法应用到该政治经济学的研究的方法中，即从现实的具体出发形成思维的抽象，再从一般抽象上升到思维的具体叙述方法，并依此形成了该政治经济学体系整体性的结构框架，彰显出了马克思经济学的价值趋向与实践性特点。其三，马克思经济学理论的科学抽象方法赋予该理论体系三个层次完整性、系统性分析特征。（1）以直接生产过程所有制关系为前提，分析了该所有制关系在物质资料生产总过程的体现，以及相互统一协调性。（2）以劳动价值理论为基础，揭示剩余价值一般理论。对简单商品经济的研究，使马克思不仅对商品、货币理论有了更为深入的了解，同时也通过对劳动价值论的坚持与发展，赋予其全新的内涵。在马克思看来，相对于市场价格范畴，马克思的价值的范畴不仅蕴含着生产关系"性质"意蕴，同时也意味着经济发展对"质量"与"品质"的要求。马克思阐述了价值、价格规律的运动规律及其历史趋势。（3）在对剩余价值理论阐述的基础上，阐述了资本积累及其历史趋势理论。

马克思推崇辩证法。他曾在自己的著作中阐述并说明了自己对这一方法的自觉应用。在《〈政治经济学批判〉导言》中，马克思指出，抽象即是思维运动的一般规律，即是从具体的事物开始，逐步向最简单、最一般的规定转化。抽象方法是从特殊、具体现象中抽出共同点，得出一般性的认识，再一步步地分解并加以阐述，"这就会在分析中达到越来越简单的概念；从表象中的具体达到越来越稀薄的抽象，直到我达到一些最简单的规定"[①]。经过抽象得出的规定，也可以称作抽象概念，它是从具体的表象得出的规定，它是其本质的反映，而本质的东西常常被现象所掩盖着的，但这却决定着规律形成及其发展趋势。马克思经济学正是从利润、利息、地租这些具体概念出发，通过高度的抽象概括分析进而发现了剩余价值一般，超越了传统经济学就现象研究的局限性。马克思对剩余价值一般抽象分析，不仅发现了制约经济生活更深刻、更本质的领域，使政治经济研究对象发生根本的改变，也使政治经济学的研究具备了高远的历史视野，可以发挥历史发展"路标"的作用，并将政治经济学理论推向了一个更抽象、更高层次的研究。在这个意义上，

---

① 《马克思恩格斯全集》第 46 卷第 1 册，北京：人民出版社，1979 年，第 37 页。

马克思获得了比传统经济理论更本质、更深刻的分析方法，是唯物史观与辩证法论的有机结合，让我们感受到历史的进步与发展。在马克思看来，剩余价值的生产既是现实的又是批判性的，并在批判中完成自己的历史性超越。

事实上，政治经济学从单纯对利润的研究转而到对剩余价值的一般性的抽象分析，极大地拓展和深化了政治经济学研究的目的与视野。马克思对剩余价值生产、实现的研究无疑拓展了传统经济学对利润问题的研究，使经济学的研究从纯粹功利主义目的进入真正科学的、完整的探索和揭示客观经济规律的研究阶段。在马克思看来，从生产力与生产关系的相互作用的视角观察经济生活与历史发展，这是唯一正确的、符合客观实际的研究方法。经济学的研究无论是撇开了由生产关系制约的物质利益关系及与此相应的制度形式，单纯研究财富问题、生产力的发展问题，还是撇开了技术及社会生产力的发展、财富生产，单纯研究生产关系都会导致脱离客观实际情况的，由此形成的经济学理论也易产生更大误导作用。当然，在马克思看来，就经济生活而言，生产关系是制约生产力发展，及财富持续、有效生产的重要因素，这一点在马克思生活的年代体现得更加充分、更加显著。将经济学对财富生产、生产技术的纯粹研究，发展到将对财富、生产力发展研究与生产关系的研究密切结合起来，这是马克思经济学突出特点。

自从配第把培根的归纳法引入政治经济学研究以后，科学抽象法就逐渐形成，但这一时期经济学研究还尚处在科学抽象法的初期阶段。在斯密之前，应用科学抽象法取得的最大成果即是重农学派代表作《经济表》，该表列举了社会生产的若干部门，强调了农业的基础地位和作用。斯密继承了配第以来政治经济学使用科学抽象法的成就，并进一步把这个方法提高到一个新的阶段，突出表现在他明确地提出并阐述了劳动价值论的基本观点，并初步探索了剩余价值的"纯粹形式"的认识上。尽管该成就与其关于利润、价格等具体的观点混杂在一起，但毕竟此时经济学对抽象法的应用还是有了某种程度的推进。古典经济学发展时期，斯密一方面使用了这种科学方法，但同时又经常把对经济现象的描述掺杂进来，导致形成了斯密方法的二重特点，包括其价值理论的冲突与矛盾。不过，李嘉图对抽象方法的应用与马克思的应用存在极大的差别。由于李嘉图体系不成熟、不系统，理论阐述常常是从抽象概念一下子"跳到"具体概念上去，理论阐述常常缺乏从现实的具体到思维具体的"中介"环节，主要表现即是该理论体系常常从对价值的理解跳到对工资、利润、地租的解释上，该体系的二重矛盾导致其体系的破产。而马克思对科学抽象法的应用则很好地避免了这一问题，马克思将利润、地租、利息这类经济现实与价值本质在逻辑上相区别，形成不同性质经济范畴联系的"中介"或过渡层面，并客观、合理地应用辩证方法，将本质层面内容与具体现实关系及范畴统一起来。这在更大程度上符合了客观实际及规律性，马克思对抽象方法的彻底应用，基本上克服了李嘉图体系存在的二重矛盾性。由于马克思经济学形成的科学抽象法，使其在克服李嘉图体系中的矛盾的基础上，为建立起新的科学的政治经济体系奠定了方法论基础。

2.4.2 从抽象一般到思维的具体：剩余价值理论的实践性质与现实基础

如果说在 19 世纪 40 年代，马克思对政治经济学研究还停留在方法论及其一般性原则阐述上，那么，到写作《〈政治经济学批判〉导言》时，他已经把研究的重点放在具体理论观点及内容阐述上，并试图以物质资料生产总过程及整体结构形式呈现其经济理论独特的"艺术性"。马克思曾说："无论我观点的内容如何，但它们都是一个艺术的整体。"

在该著作中，马克思应用了从具体到抽象，再由抽象上升到思维具体的方法论原则，即从一般理论原则走向生动而丰富的具体，该方法即是马克思唯物史观的生动体现，它揭示了历史深处的结构运动与发展。在马克思看来，"具体"也存在两个不同层面的意义：一是指研究对象的具体事物或现象；二是指在思维中对这些具体事物的把握，即具体概念或范畴。前一个具体是研究的出发点，但并不是论述的出发点；而后一个具体则是研究及其论述的结果，是思维的具体。这个具体结果既是对具体的摹写，又具有思维本身概括与升华，这种概括与升华赋予了理论应有的整体性结构、完整性、丰富性，并赋予其客观规律发展中主体能动性与实践特征，因此该层面的具体过程及其方法论更体现了马克思经济学方法论的本质。作为两个具体之间的媒介，则是抽象过程及其概念、范畴的形成过程。这样，研究过程就分为两个大的阶段，前一阶段是从现实的具体到思维的抽象，后一阶段则是从思维的抽象到思维的具体。马克思经济学首先从利润现象到剩余价值本质的一般分析，接下来又从本质分析再回到对平均利润、资本竞争、生产价格理论的整体性的具体阐述。这个具体已经是思维概括的具体，具有方法论的整体结构和价值功能的具体特征，而作为艺术整体的这个经历思维具体形成的整体，体现了一种经济学体系的价值追求与判断，体现着马克思经济学追求尊重客观规律与主体目的性的统一。当然，研究过程是这两个阶段的统一，即便叙述过程在总体上基本遵循由抽象到具体的原则，但也免不了展开具体的实证材料分析，也就是说即便是一般性抽象分析，也贯彻着马克思实证分析的基本方法。

马克思的历史观使其通过科学抽象法达到思维的一般，进而达到对事物本质层面的把握，形成关于生产方式发展趋势及规律性认识；而辩证法则促使马克思再从思维一般到思维具体，这样形成了关于剩余价值生产的系统性的理论，包括关于物质资料生产总过程剩余价值直接生产、分配、交换、消费环节内部结构关系及相互统一的正确认识。在这个过程及结构关系中既蕴含着马克思对经济活动"应然"性的理解与追求，也体现了其尊重客观事实规律性的科学精神。正如多布所说："为了得到整个体系的构造，就要求这些普遍原则不仅要达到一定综合的程度，而且要达到一定精确程度。一定层次的抽象是必需的。化学中的化学元素原子量的概念，物理学中牛顿万有引力定律，在这些学科中就起着这种普遍性原则的作用。在政治经济学中，能够起这种普遍性作用的理论，首先就是价值理论。"[1]多布认为，只有能够发挥描述和分类功能的价值理论，才是充分的价值理论，劳动价值论是唯一的、充分的价值理论。

唯物辩证法使马克思在一个普遍联系、相互作用的体系和框架下讨论价值与剩余价值理论，而不是在一个孤立的、机械的、片面的条件下讨论和理解剩余价值理论的本质。在《〈政治经济学批判〉导言》中，马克思在系统分析物质资料生产各环节协调统一性的要求同时，揭示了现实的资本主义经济再生产的运行无法实现这四个环节协调发展，并将其根本原因归结为剩余价值生产及其规律作用。在马克思看来，推动资本再生产实现顺利循环与周转的因素，即涉及生产的环节与交换环节，资本主义现实却完全遵循着相反的原则与规定。不仅如此，马克思讨论物质资料的这四个环节，也就将社会再生产过程纳入剩余价值实现的理论体系中，并且也将劳动者消费纳入剩余价值批判理论的视野中，说明了资本主义社会资本结构的不协调性是剩余价值生产与消费关系间不协调的必然结果。马克思剩余价值理论揭开了资本主义生产方式的秘密，进而"发现了现代资本主义生产方式和它所产生的资产阶级社会特殊的运动规律"[2]。正是在这种逻辑与历史意义上，剩余价值理论

① Dobb M. Political Economy and Capitalism. London: Routledge & Kegan Paul Lid, 1940, 4-5.
②《马克思恩格斯文集》第 5 卷，北京：人民出版社，2009 年，第 601 页。

在马克思经济学体系的核心地位得到彰显。

最后"资本章"从"资本总运动"来考察剩余价值的利润形式及其性质。而这种考察首先遇到剩余价值向利润转化的问题，即在"生产和流通的统一"的意义上认识剩余价值转化为利润的问题。在这里，马克思较为详细地讨论了利润与剩余价值的关系。马克思认为剩余价值是利息、利润的"纯粹"形式，而利润则是剩余价值第二级的派生形式，且也具有了某种程度的变形。这里的"第二级的"表述，不仅使利润具有了由原生生产关系转化而来的意义，还具有在形式上脱离原生的生产关系的意义，并形成更高层次的"非原生的生产关系"的意义。利润作为剩余价值的"第二级的"转化形式，不仅说明剩余价值是利润的源泉与本质，还说明在剩余价值转化为利润后，利润较剩余价值具有更复杂、更具体的规定性。一旦剩余价值表现为利润，剩余价值率也就转化为利润率。

循着这一研究的逻辑思路，"资本章"在以下两个重要问题上作了初步论述：一是通过对利润率形成过程的考察，提出了利润率"平均化"的规律问题。马克思指出"在各个不同的产业部门中，数量相等的各个资本的利润不相等，即利润率不相等，这是竞争的平均化作用的条件和前提。"[①]但是，总体上"资本章"对这两个理论问题并没作完全展开论述。因为此时马克思已制定了出版《政治经济学批判》分册的计划，并打算尽快出版关于商品和货币理论的第一分册。二是通过对利润率变化趋势的考察，提出了利润率下降趋势规律的基本内容。就利润率趋向下降规律而言，马克思写道："从每一方面来说都是现代政治经济学的最重要的规律，是理解最困难的关系的最本质的规律。从历史的观点来看，这是最重要的规律。这一规律虽然十分简单，可是直到现在还没有人能理解，更没有被自觉地表述出来。"[②]这样，许多关于"资本的总运动"应进一步阐述的问题，这里却只作了一些提示性的说明。这样，剩余价值理论体系的整体性还突出体现了马克思在揭示剩余价值生产本质的同时，也合乎逻辑地将其与具体形式的辩证分析统一起来。在《资本论》中体现为将一卷剩余价值生产与三卷平均利润、生产价格理论的统一。从这个意义上，马克思剩余价值理论是现实性与批判性、历史超越性的统一。基于这种基本方法，我们认为对利润率下降规律的认识也应该是利润率变动

① 《马克思恩格斯全集》第46卷第2册，北京：人民出版社，1980年，第283页。
② 《马克思恩格斯全集》第46卷第2册，北京：人民出版社，1980年，第267页。

规律与剩余价值规律共同作用的结果，是剩余价值率提高趋势与利润率下降规律、利润量增加规律共同作用的结果。

当然，一方面由于阶级斗争的作用，资本通过大幅度提升剩余价值率作用是极其有限的；另一方面资本竞争及平均利润率规律的作用又存在利润量长期增长的规律。尽管如此，资本积累规律的长期作用，并不能改变长期利润率下降规律的作用。尽管存在着许多抵消和克服利润率下降的因素，同时也不排除在许多时期存在着利润率的上升变化。从这个意义上讲，利润率下降规律也是剩余价值规律与平均利润率规律共同作用的结果。在技术加速进步的进程中，相对过剩人口规律成为利润率下降规律的佐证。马克思在《1857—1858 年经济学手稿》中讨论了该问题，指出在一般情况下，由于技术进步改变了必要劳动和剩余劳动的比例关系，资本有机构成提高趋势发挥重要作用。"剩余价值恰好等于剩余劳动；剩余价值的增加可以用必要劳动的减少来准确地计量。"①生产力的提高之所以能够增加剩余价值，还是因为生产力"乘数"对剩余价值量增长的影响。但同时由于劳动生产力越高，剩余劳动在全部工作日中所占的比例越大，由生产力提高而增加的剩余价值就越困难。这就是说，"资本已有的价值增殖程度越高，资本的自行增殖就越困难"②。这说明在资本主义经济中，生产力的提高和剩余价值的增加之间，存在着一种内在的对立关系。除非进行围绕生产关系的制度性调整。在生产力日新月异发展的时代，机器体系、智能技术发展必然带来更为严重的失业等一系列经济社会问题。

20 世纪 60 年代，国外一些马克思经济理论的研究者，例如塞顿、置盐信雄等人，分别论证了"正的剩余价值率是正的利润率的必要条件和充分条件"。进而论证剩余价值与利润之间存在确定的决定与被决定的正相关关系，这对于实现马克思经济学逻辑上的合理性是至关重要的。因此该理论被称为"基本的马克思主义定义"（FMT）。1977 年英国曼彻斯特大学斯蒂德曼发表了名为《斯拉法之后的马克思》的著作，提出在联合劳动的条件下，负的剩余价值可以与正的利润同时存在，由此拉开了围绕该问题是否存在展开的论战，并成为当时马克思理论研究一大热点。这一时期盛行单一体系学派理论，该学派认为 FMT 是以正的剩余价值与正的利润为条件的，一旦出现负的剩

---

① 《马克思恩格斯全集》第 46 卷第 1 册，北京：人民出版社，1979 年，第 304 页。
② 《马克思恩格斯全集》第 46 卷第 1 册，北京：人民出版社，1979 年，第 305 页。

余价值或负的利润，FMT 就不能成立得了。事实上，实物剩余产品向量中有某些元素为负的情况在现实生活中是可以发现的。在剩余价值与利润发生一正一负的情况下，剩余劳动被证明并不一定是利润存在的充分、必要的条件。与单一解释学派同时发展起来的还有"新解释"学派，它们都被称为同期解释学派。"新解释"学派通过分析论证后称：剩余价值与利润之间存在一定的对应关系，剩余劳动是正的利润存在的充分必要条件。但按照该学派方法，仔细分析该学派的一些论证过程，发现剩余劳动并不一定是利润存在的充分必要条件。除了不能很好地说明 FMT 之外，同期解释方法还遇到了许多其他的问题。而与上述两种方法不同，分析单一体系解释方法能够对 FMT 作出较好的论证。该学派的代表人物克列曼解释说："当马克思的价值理论被一种静态的方法解释时，不仅马克思所阐述的一些动态问题，例如利润率变化趋势看起来不能成立，而且他对利润来源的说明的静态分析也不能成立。相反，分期单一习题解释方法这个在其他各个方面证明了马克思价值理论内在一致性的解释方法，同样解释清楚了利润剥削理论的内在逻辑。"①

政治经济学方法所体现逻辑与历史的统一性，表现在研究方法上即是将逻辑抽象法与科学实证方法有机结合在一起。关于政治经济学批判，无论是《1857—1858 年经济学手稿》，还是《1861—1863 年经济学手稿》《资本论》，马克思都应用了大量的科学实证方法开展研究，尤其是对劳动力价值、工作日、剩余价值生产方法等问题的研究，马克思都忠实地记录了当时所发生的关于资本对劳动剥削关系大量的事实。马克思不仅引用了有大量的研究报告，还通过深入工人生活的实践活动获得的第一手资料及数据，这些以事实为依据的科学研究，夯实了剩余价值理论的基础，深刻说明剩余价值生产的本质及性质，即剩余价值体现着资本与劳动者之间不平等的交换关系，剩余价值是资本主义工厂不平等劳动交换关系的代名词。尽管该范畴也间接地受到劳动力生产力变化的影响，但在马克思那里该范畴是揭示资本主义经济关系的核心范畴。不仅如此，马克思还能够灵活地将逻辑演绎与科学实证方法有机地结合在一起，就大部分范畴而言，我们既看到当时劳动关系的真实情况，又能在分析的逻辑中体会出其辩证历史观特征；既将资本主义看作符合社会发展规律的进步历史，又揭示了当时资本对劳动的残酷剥削和压榨关系。

---

① Freeman, Alan, Kliman, et al. Capital & Class, London: SAGE Publications, 2008, 107-117.

2.4.3 剩余价值批判理论实质：实现经济活动合规律与合目性的统一

逻辑与历史的统一是马克思经济学基本方法，也是历史唯物主义的基本方法的体现。所谓逻辑与历史的统一要求人们思维的逻辑应当正确地概括和反映历史发展过程的内在必然性，并与之相一致。同时由于人的活动是历史与社会经济活动的主体，经济活动的合逻辑性自然也包含合历史主体的目的性。

尽管逻辑与历史的统一的方法首先是由黑格尔提出来的，但是与黑格尔全然不同，马克思接受并发展了劳动价值论，使历史主体及其目的性成为该方法的基本特征。从生产、生活的现实到剩余价值一般抽象，马克思从现实的历史出发考察了资本主义现实与历史发展，并使其与客观的历史过程相吻合；而马克思经济学的逻辑方法，既体现为与历史发展相吻合相一致的方法，也体现为以经济活动主体为目的所形成经济范畴广泛的联系整体，包括该体系以概念、范畴、理论体系、述语等系统范畴形成的整体性逻辑体系。而黑格尔把每一种哲学体系仅仅看作绝对理念发展的特殊阶段，其逻辑与历史的统一只是停留在纯粹思想的范围。马克思和恩格斯则从唯物主义的基本立场出发，批判改造了黑格尔的逻辑与历史的统一的方法，使之成为科学的辩证逻辑的方法。从辩证发展的历史观来看，历史发展的客观规律性是有历史主体充分参与的客观过程，在这个过程中历史主体的选择性发挥了重要作用。

不同于唯心主义对历史发展的认识，历史唯物主义认为如同自然界的客观过程一样，人类历史的发展过程也是一个遵循客观规律的"自然史"的过程。但是，由于社会历史发展又是以人为主体和发展目的的过程，因而该"自然史"过程同时也是人的活动，即人发挥主体能动性的历史过程。在这个意义上，历史发展规律的客观性也包含着主体发挥能动性的人的活动过程。人们在自己的活动中必须不断地认识与发现经济运行及发展的客观规律，并在尊重客观规律的基础上开展自己的活动。马克思在 1959 年出版的《政治经济学批判》一书中阐述了这一历史唯物主义观点：就人类的各种活动而言，物质资料的生产、生活实践是人类活动的基础，人类在经济生活中形成的以所有制关系为核心的生产关系、交往方式，必须与特定历史阶段的社会生产力相适应，推动人类历史的发展，生产力与生产关系的矛盾运动推动人类历史的发展；而由特定所有制关系构成的社会生产方式形成社会的经济基础。这是马克思对社会历史发展规律的深刻认识和总结。根据历史唯物主义的观点，人类经历从原始共产主义到未来共产主义五个发展阶段，而简单商品经济则是资本主义历史阶段的前提与基础，同时也是现代工业文明发展的前提。当劳动力成为商品后，简单商品经济就转化为资本主义经济，在这个历史阶段，简单商品经济规律就让位于剩余价值规律、资本积累一般规律。马克思全面分析了剩余价值规律，提出无产阶级是资本主义的掘墓人，是科学社会主义的建设者理论的系统理论。

经济规律的客观性表明它的存在和作用都不是以人的主观意志为转移的。但是，对于资本与市场作用规律的作用及其负面性，马克思认为既不能创造，更不能消灭规律，人们的活动必须在遵循客观规律基础上发挥主观能动性，以期达到趋利避害、扬长避短的积极效果。

第一，如何发挥好人的主观能动性，这既取决于人们发现、认识、把握客观经济规律程度，也决定于历史主体自身的积极性。人们在改造客观世界的同时，要努力认识客观世界的客观规律，并且这是一个不间断的过程。在马克思看来，"最重要的是这些现象变化的规律，这些现象发展的规律，即它们由一种形式过渡到另一种形式，由一种联系秩序过渡到另一种联系秩序。"[1]这就要求我们在安排和构建该理论体系的一系列概念、范畴的逻辑顺序时，应遵循考察对象历史发展本身的顺序。不仅如此，逻辑的方法还特别地要求从"完全成熟而具有典范形式的发展点上"考察对象。其一，只有当被考察的对象发展到成熟状态时、各种矛盾才能够充分暴露出来，才有可能看清研究对象的各个组成部分与各个环节的内在联系，以及它们在逻辑整体中的地位和作用，从而有利于建立科学理论体系。其二，获取研究对象发展到最高程度的知识，以便了解该对象的过去的历史。从成熟的程度看研究对象的过去历史，还可以比较清楚地认识研究对象发展的内在联系和逻辑进程，包括它们处于萌芽状态的模糊不清的东西。人们在改造自然界的同时发现自然规律，从而更好、更自觉地推动科技创新与社会生产力的发展；人们在改造社会和发展自身的同时，也必须不断地发现和总结社会发展的客观规律，尊重并更好地改造社会与自身。尊重客观规律，还必须在辩证思维指导下，具体问题具体对待，处理好历史与现实、理论与实践、多样与整体一致的关系。

第二，在改造客观世界过程中，人们发挥主观能动性还必须不断地总结

---

① 《马克思恩格斯文集》第 2 卷，北京：人民出版社，2009 年，第 20 页。

和认识自身发展客观规律，包括人类自身心理的、思维上的发展规律。事实上，人们在改造客观世界的同时，也在改造着自身的主观世界。因为在马克思看来，劳动者是社会生产力最具能动性的因素，而社会生产力的发展构成了全部历史发展的前提与基础。而人的自我改造、自我发展过程来自人们的各种实践活动。恩格斯曾高度评价了马克思的革命精神和实践活动，认为马克思首先是一个革命者，斗争是他生命的要素，他总是满腔热情、坚韧不拔和卓有成效地开展斗争。就经济生活而言，由客观规律导向的发展趋势与过程也包含着历史主体的目的性。人类社会各种改造自然活动、社会活动都充满了目的性，这是由人类的生存及发展需要决定的。这里也包括人类对自身发展规律的探索活动，其目的也是实现人自身的解放和自由、全面发展。在阶级与阶级分化的社会，人类经济活动的目的服务、服从于少数人的利益。马克思在《共产党宣言》中阐述历史唯物主义阶级、阶级斗争观。马克思指出："至今一切社会的历史都是阶级斗争的历史。""在过去的各个历史时代，我们几乎到处都可以看到社会完全划分为各个不同的等级，看到社会地位分成多种多样层次。在古罗马，有贵族、骑士、平民、奴隶；在中世纪，有封建主、臣仆、行会师傅、帮工、农奴，而且几乎在每一个阶级内部又有一些特殊的阶层。"[1]"但是，文明的时代，却有一个特点：阶级对立简单化了，整个社会分裂为两大对立的阵营，分裂为两大对立的阶级：无产阶级与资产阶级。"[2]在阶级社会里，人类经济活动的目的服务于极少数人的利益，经济社会活动直接导致社会不公平、不平等。而社会主义运动则以实现全体人的自由和全面发展为目的。

当然，历史主体发挥作用必须遵循客观规律：一是科学理论的逻辑进程与客观历史现实发展的进程相一致。恩格斯说："历史从哪里开始，思想进程也应当从哪里开始，而思想进程的进一步发展不过是历史过程在抽象的、理论上前后一贯的形式上的反映。"[3]二是科学理论的逻辑进程与人们对研究对象的认识发展进程相一致。各门科学的概念、范畴的发展与其理论的发展进程相一致。三是个体的思维规律与人类思维规律相一致；思维科学的理论与认识史、思想史相一致。一般而言，逻辑与历史相统一的方法是就总的发展趋势而言的。事实上，历史发展常常包含着无数的细节和偶然发生的因素，

---

① 《马克思恩格斯文集》第 2 卷，北京：人民出版社，2009 年，第 32 页。
② 《马克思恩格斯文集》第 2 卷，北京：人民出版社，2009 年，第 32 页。
③ 《马克思恩格斯选集》第 2 卷，北京：人民出版社，1995 年，第 122 页。

甚至通过迂回曲折的道路表现其客观规律性；而思维的逻辑则是对历史发展的总结和概括，它撇开历史发展过程中的许多细节和偶然因素。马克思剩余价值规律理论以"纯粹"的理论形态把握资本主义历史发展大趋势，这往往是"经过修正的"的历史。

经济学理论发展具有明确的阶级性。20 世纪 50—60 年代，伴随着凯恩斯主义在西方的发展，以美国麻省理工学院教授撒缪尔森、索罗、莫迪利安尼等人为代表的新古典综合派，和以英国剑桥大学经济学家琼·罗宾逊、卡尔多和斯拉法及意大利学者帕西内提为代表的新剑桥学派，分别就资本、分配、经济增长等相关问题展开激烈的争论，史称 "两个剑桥之争"或"剑桥资本争论"。一般认为，美国麻省剑桥学派将凯恩斯经济学与 19 世纪 70 年代"边际革命"以来的新古典联系起来，秉承新古典经济理论在技术关系基础上对供求均衡关系分析的传统，强调技术关系在经济变量中的重要作用；而以琼·罗宾逊为代表的英国剑桥学派则将凯恩斯与斯密的古典经济学关于生产关系研究传统结合起来，强调生产经济关系，尤其是收入分配关系对经济变量最终的决定作用。因此"两个剑桥之争"既是古典经济不同走向在当代经济学理论的反映，同时也是当代经济学理论重点分析对象，即经济学理论应该重视资本分析，还是应更重视收入分配理论的研究。而马克思经济学理论总是将市场供求关系分析作为现象形式，而将生产方式、生产关系的研究作为自己研究的重点和本质。

马克思经济学唯物辩证方法应用，将经济学研究以研究社会经济关系为研究对象，并将资本理论与社会关系理论有机统一起来。这也是由马克思经济学追求经济活动合规律与合共同体发展的统一性决定的。第一，马克思科学社会主义理论阐述了人类社会共同发展的愿景与历史趋势。马克思发现了历史唯物论与剩余价值理论为科学社会主义理论奠定了基础。剩余价值一般理论中，马克思发现了资本主义经济运行存在根本性缺陷，为说明社会主义的历史前景奠定基础。而科学社会主义理论中，马克思阐述了人的解放与每个人自由全面发展的愿景的必然性。与西方经济学所体现的科学主义方法和体系不同，马克思主义经济学则更多地体现为哲学本体论研究特征与方法。传统的本体论是一种以自然存在或"概念"为中心的实体主义，马克思主义哲学对传统本体论的批判集中体现为将传统本体论关注的重点转向人类的生存和发展，自觉地从人类生存和发展的实际来思考和探索世界与人类社会的终极存在和价值，并将其与人的现实的、社会的存在状况结合起来，在此基础上创建了一种关注人类现实生活世界的实践唯物主义和实践论思维方式，使之成为促进人类实践活动合理化的理论向导。正是这种以社会存在为基础的实践论思维方式开辟了马克思主义经济学研究的新领域和新内容。而马克思主义社会存在本体论是在扬弃传统本体论的基础上完成的。马克思哲学对传统本体论的批判和超越，不是出于纯粹的理论思辨和哲学遐想，而是深深根植于现实生活实践，体现着关注人类、寻求人类自由和解放途径的强烈的价值取向。马克思主义社会本体论在经济学领域的体现，使马克思主义经济学不仅成为卓越的经济学理论，更成为一种"改造世界"、寻求人类自由和解放途径的世界观和方法论。

第二，在尊重客观规律基础上，追求与其历史发展阶段相适应的共同富裕目标，努力实现现实的公平与效率的统一。社会生产力是人类生存的基础，同时也是人类发展的基础。生产力是人类在生产实践中形成的影响与改造自然并使其适合需要的物质力量，人们在改造自然的同时也在不断提升着自身的发展能力。首先，要在促进社会经济发展上尽力而为。劳动者是社会生产力最活跃、最积极因素，劳动及社会需求具有持续提升的必然性，社会生产力总是在科学技术作用下不断向前发展。但是，劳动者主体性作用发挥既受到劳动者自身主观因素的制约，同时也要受到特定历史阶段社会生产关系的制约与影响。只有在努力促进社会生产力发展基础上，实现人们的共同富裕，使大多数人都摆脱由于对物质的极度依赖形成的局限性时，才能使人得到真正全面的发展与进步。其次，实现共同富裕要量力而行。社会生产力发展遵循自身的发展规律，实现共同发展目标不能超越其所处历史阶段，必须遵守经济发展客观规律。在物的依赖阶段，通过发展物质文明实现共同富裕，推动精神文明的建设；同时又不失时机地利用精神文明成果推动物质文明进步与发展，促使人类一步步摆脱对物质的依赖程度与发展阶段，进一步达到全面发展与自由发展目标。

第三，在当代中国，更好发挥市场作用，更好发挥政府积极有为作用。中国特色社会主义体制下，要求更好发挥市场作用的同时，也要发挥好政府的作用。因为在市场机制运行过程中，常常是通过政府发挥积极作用达到对市场机制作用的调节，最终实现趋利避害、扬长避短的结果。这种主体性概括起来主要表现：（1）在经济规律自发作用过程中，发挥主体能动性所具有的市场消极性"对冲"作用。例如，通过主体作用克服价值规律作用消极性。为克服该规律的负面作用，就需要政府发挥总体规划，包括制定产业政策、适当实施收入分配关系调整政策，对竞争、供求、市场发挥某种程度的调节作用。当然，这种作用是极其有限的，以不过度干预市场作用为条件。（2）通过发挥经济主体战略规划作用，并构建好适应社会生产力发展的制度结构体系。坚持多种所有制结构，并使其发挥相互推动、促进的积极作用；在推动实现经济高效率发展的同时，努力实现技术发展、生产力进步、价值、货币增长与劳动关系的互利双赢结果，推动整个社会的共同富裕与发展。（3）发挥好上层建筑及社会意识形态对市场机制负面效应抵制作用。由于市场机制的作用，社会经济会弥漫拜物教意识形态，这就需要社会意识形态发挥对社会主义理想、信念的积极引导作用，克服市场、金钱追求对人的过度异化和戕害，在这种情况下，社会主义意识形态及相关制度形式会发挥极其重要作用。（4）在市场经济条件下，与市场相关诸多经济规律都存在着一定程度的盲目性。伴随大数据时代的到来，社会资源配置及市场发现就有可能通过某种程度的计划来完成，国家经济战略、地区规划及地区协调性将发挥更加重要的作用。

与自然界的客观变化规律不同，社会经济运行规律发挥作用常常与主体活动、主体能动性是分不开的。马克思对剩余价值规律的揭示与对无产阶级历史使命的阐述是分不开的；而资本主义向社会主义的历史趋势的演变也离不开工人阶级的觉悟与历史作用。无论是马克思劳动价值论奠定的一般劳动基础，还是其剩余价值理论对劳动力商品价值的科学阐述都体现了马克思政治经济学的根本任务与本质特征，这就是劳动主体在人类历史过程所发挥的主体作用。马克思劳动价值理论阐述了"劳动一般"所代表的最大的普遍性与最深刻的本源性，为劳动主体发展成为社会主体力量提供了理论基础，并强调了这一客观的历史趋势突出反映了马克思政治经济学研究的目的性与性质。马克思恩格斯还在不同地方都阐述了无产阶级实现历史使命的重要条件，这就是要求无产阶级必须将实现社会革命与自我革命紧密结合起来，在不断完善自我革命的基础上实现社会革命。

马克思经济学科学抽象法的应用，以及其所遵循的历史与逻辑相统一方法，主要与马克思对黑格尔辩证方法论的深入研究和应用直接相关。事实上，从抽象到具体的论述方法在黑格尔哲学体系中表现得最为突出。在 1858 年 1 月 14 日写给恩格斯的信中，马克思说："我又把黑格尔的《逻辑学》浏览了一遍，这在材料加工的方法上帮了我很大的忙。"①但马克思绝非简单地只是把黑格尔的逻辑学"运用"到政治经济学上，而是在逻辑学的意义上对黑格尔的抽象法在继承的基础上对其错误进行了批判。马克思指出，黑格尔完全陷入幻觉，把客观现实的东西理解为自我综合、自我深化和自我运动的思维结果。其实，从抽象上升到具体的方法，是思维用来掌握具体并将其当作精神上的具体再现出来，这个思维的具体不仅是现实具体的反映，更深刻地体现出研究对象整体性结构的特点。可以说，马克思的抽象法是辩证抽象法；马克思历史与逻辑相统一的方法，也是历史与辩证逻辑相统一的方法，而绝不是简单现实的具体过程。当然，斯密形成的政治经济学体系，除了以英国早期资本主义生产方式为社会历史条件外，政治经济学的研究抽象方法也发挥了重要作用。

基于历史与逻辑相统一的方法，既是在现实基础上的理论抽象，同时也是在理论指导下和实践主体努力下的新的发展。故马克思剩余价值理论存在多重的视野；一是工作日、绝对剩余价值生产与阶级斗争的过程；二是相对剩余价值生产、技术进步与资本主义生产方式矛盾运动；三是马克思为工人阶级的解放进行的政治斗争实践。

---

① 《马克思恩格斯文集》第 10 卷，北京：人民出版社，2009 年，第 143 页。

第三章　工作日、绝对剩余价值生产与阶级斗争

剩余价值理论是马克思经济学的基石。在《资本论》"剩余价值生产"章，马克思通过对劳动力商品价值理论的科学分析，为剩余价值一般理论奠定了基础，并在此基础上揭示了资本主义生产方式的本质及其历史趋势。基于历史唯物主义基本方法，马克思既将剩余价值生产看作一部阶级斗争的历史，同时又将其看作"自然史"，这也是"自然史"与"人类史"相统一的过程。

1867 年《资本论》一卷出版，正值资本主义从原始积累时期向垄断资本主义过渡时期。这一时期，马克思亲历了资本主义残酷的现实，并认为这也是封建社会内部生产力发展与生产关系一系列变革和矛盾运动的客观结果。事实上，马克思生活的年代，绝对剩余价值生产方式居于主导地位。尽管此时的大机器生产方式已经较为普遍。

第一节　马克思劳动力商品理论

剩余价值理论是马克思经济学的基石，而理解劳动商品理论是学习剩余价值理论的关键。在马克思看来，伴随简单商品经济的发展，劳动力成为商品是货币转化为资本的关键。劳动力商品化的过程既是商品经济长期发展的结果，同时也是把握资本主义生产方式、交往关系的关键，既现代雇佣劳动制度的形成。马克思在劳动二重性理论基础上，发展了自己独特的劳动力商品理论，既化解了古典经济学体系的矛盾，又为新的政治经济学理论体系形成打开了关键环节。

3.1.1　劳动力商品化是一个历史过程

从 15 世纪开始,西欧社会在经历了漫长的商品经济发展逐渐进入工业资

本主义。在马克思看来，实现这一历史转变关键因素是中世纪奴隶、农民转变成为一种特殊商品，即劳动力成为商品。劳动力成为商品是货币转化为资本的关键。而实现这一转变的历史条件，则是货币财富在少数人手里逐渐积累，以及圈地运动导致中世纪农民丧失长期赖以生存的土地。而资本原始积累则以暴力的方式加速了这一历史进程。

自 15 世纪开始，在西欧历史上，由于商业繁荣推动的大航海运动，美洲大陆发现加速了资本的原始积累进程。在当时，不断扩大的市场刺激着商人们的淘金活动，而北美白银和黄金的流入，推高了商品的价格，使收取实物地租的农业生产显得不合时宜。伴随着棉纺织业迅速繁荣与发展起来，推动当地大规模圈地运动兴起。而圈地运动造成大批失地农民，使封建经济结构得以解体。而此时国债制度也成为这一历史过程有力的推手，加速了货币财富在少数人手中的积累。中世纪以农业为主的经济结构解体了，大规模的劳动力涌向城市，以商品化的形式进入当时的工厂手工业，成为雇佣劳动者。正如马克思所指出："资本主义社会的经济结构是从封建经济结构中产生的。后者的解体使前者的要素得到解放。"①封建经济末期，正是由于劳动力商品化、雇佣化的持续发展，封建经济关系逐渐被解体，资本主义经济关系才得以孕育并最终形成。

在马克思看来，劳动力商品化发展是商品经济发展到一定历史阶段的必然产物，"我们把劳动力或劳动能力，理解为人的身体即活的人体中存在的、每当人生产某种使用价值时就运用的体力和智力的总和"②。马克思首先分析了劳动力商品化的两个历史条件：一是相对于奴隶社会的奴隶而言，此时的劳动力的所有者有了人身自由，即中世纪的农民一定程度地摆脱了人身依附关系，拥有人身自由；二是此时的劳动力所有者"自由的一无所有"，即成为无产者。劳动者从以人身依附为特征的劳动者转变为以自由交易为形式的雇佣工人，成为具有商品形式的生产要素。在马克思看来，劳动力成为商品的过程是商品经济长期发展的必然产物，经历了漫长的发展过程，马克思曾将此比喻为一个"蛹化"的过程。

然而，考察西欧的资本主义历史，劳动力商品化过程却是通过资本原始积累完成的，在马克思看来，这不仅是一个"自然史"的过程，更是资本残

---

① 《马克思恩格斯文集》第 5 卷，北京：人民出版社，2009 年，第 822 页。
② 《马克思恩格斯文集》第 5 卷，北京：人民出版社，2009 年，第 195 页。

酷掠夺的过程，是新兴资本通过暴力手段掠夺的过程。马克思写道："这一过程是用血和火的历史写入人类历史编年史的。……这种关系既不是自然史上的关系，也不是一切历史时期所共有的社会关系。它本身显然是已有历史发展结果，是许多次经济变革的产物，是一系列陈旧的社会生产形态灭亡的产物。"①马克思接着说："只有当生产资料和生活资料的所有者在市场上找到出卖自己劳动力的自由工人时候，资本才产生；而单是这一历史条件就包含着一部世界史。因此，资本一出现，就标志着社会生产过程的一个新时代。"②当然，劳动力商品化的过程同时也是资本主义生产方式及雇佣劳动关系确立的过程。资本原始积累成为我们理解近代世界历史的主线：北美大陆发现、淘金活动、圈地运动、国债制度、奴隶贸易，海上贸易、东印度公司强制贸易等。在这个过程中，中世纪农民失去土地，成为无产阶级，并被迫进入工厂做工。所以雇佣劳动制度是在奴隶制或农奴制关系逐渐消灭的情况下出现的，是劳动者与劳动的客观条件发生历史性变革的产物。传统所有权关系的彻底解体，从而奠定了资本所有权形成的现实基础。从这个意义上讲，劳动力成为商品是货币转化为资本的关键。

3.1.2 货币转化为资本：劳动力商品交换的现象与本质

马克思指出，劳动力成为商品是货币关系转化为资本主义经济关系的关键。在这里，马克思揭示了劳动力作为商品，其交易形式的"平等性"与实质内容交易不等价交换的本质区别，与此同时，揭示了剩余价值的来源。因此马克思说"资本并没有发明剩余劳动"③，资本主义剥削只是利用了商品交换的形式而已。

在马克思看来，与普通商品一样，劳动力商品的交易形式遵循着等价价值规律的基本原则。资本主义并没有破坏商品经济的基本原则，相反却是在商品经济基本原则基础上发展起来的。马克思首先通过对资本总公式的矛盾分析，揭示了劳动力商品交易事实上存在的等价交换规则与剩余价值规律即价值增殖的内在矛盾。然而，马克思提出并发现了劳动力商品的二重性理论，在严格区别了劳动力价值与使用价值的根本性差别基础上，不仅说明和化解了资本总公式的矛盾，同时也为剩余价值理论来源作了逻辑上的说明。马克

①《马克思恩格斯文集》第 5 卷，北京：人民出版社，2009 年，第 197 页。
②《马克思恩格斯文集》第 5 卷，北京：人民出版社，2009 年，第 198 页。
③《马克思恩格斯文集》第 5 卷，北京：人民出版社，2009 年，第 272 页。

思从分析资本总公式矛盾开始，与简单商品经济的流通公式，即商品（W）—货币（G）—商品（W）不同，资本运动则采取了货币（G）—商品（W）—货币（G'）的总公式。在这里，货币增殖成为整个流通过程的目的与本质，而商品生产、流通过程不过是资本实现增殖的手段。这样，便产生了资本总公式等价交换与价值增殖的矛盾。马克思坚持在商品经济基本规则基础上说明剩余价值的产生。马克思通过对资本总公式的分析，既提出资本总公式等价交换与价值增殖的矛盾。同时又分析了等价交换与价值增殖原则的内在联系。价值增殖是对等价交换原则的破坏，但同时也是商品经济发展的结果。而商品经济则遵循着"平等"交易的基本原则。在这里马克思强调了相对于封建社会的不平等性而言，商品经济等价交换原则以"天生平等派"的价值判断权力与地位，马克思肯定了其历史地位，尽管在马克思看来，这仅仅是形式上的。事实上，在马克思看来，就其受剥削的本质而言，资本主义条件下的劳动力商品与中世纪自然经济条件下劳动者没有本质的区别。不同的只是资本主义条件下的劳动力商品采取了以等价交换为特征的商品经济的形式而已。而劳动力真正使用却完全违反了商品经济等价交换的基本原则。马克思从生产、分配、交换、消费相协调的原则，指出了资本生产过程违背和破坏了商品经济的基本原则。

继而马克思提出解决资本总公式矛盾的原则："价值增殖不在流通领域，但又离不开流通。它必须在流通中同时又不在流通中发生。"[①]"商品流通是资本流通的起点"，而价值增殖却是实实在在发生在生产领域。马克思明确价值增殖发生在生产领域，而不是流通领域，但流通领域基本规则是其形成的前提条件，并坚持剩余价值生产是商品经济发展的必然结果的历史唯物主义解释。如果遵循该基本原则，解决资本总公式等价交换与价值增殖的内在矛盾解决，关键是要找到一种特殊的商品，即劳动力。

3.1.3 劳动力商品的价值与使用价值

古典经济学理论对劳动力商品价值的解释既矛盾又混乱，有人认为劳动力价值决定为劳动力所需要的生活资料的价值，而又有人认为其决定于劳动本身。而马克思关于劳动力商品二重性理论的提出，则克服了古典经济学在该问题上的矛盾与混乱解释，这是马克思对剩余价值学说最重要贡献。马

---

①《马克思恩格斯文集》第 5 卷，北京：人民出版社，2009 年，第 193 页。

克思也严格地区分了劳动力商品的价值与使用价值，并认为在通常情况下，由于劳动力商品的使用价值即劳动创造的价值会大于该商品的价值，二者之间的差距便是剩余价值。工资是劳动力的价值价格，而不是劳动的价值价格。

马克思正是由于看到了劳动力商品的价值与使用价值在量上的差别，才正确地发现和说明了剩余价值产生的源泉。在这里，马克思首先考察和说明了劳动力商品的价值决定。马克思认为，由于商品价值量决定于生产商品所需要的必要劳动时间，那么劳动力商品的价值也是由生产与再生产劳动力所必需的社会必要劳动时间决定。由于劳动力是一个特殊商品，劳动力的生产与再生产决定于维持劳动者正常生存所必需的生活资料价值，所以决定劳动力商品价值量的社会必要劳动时间又可以转化为由生产和再生产劳动力所必需生活资料的价值决定。"就劳动力代表的价值来说，它本身只代表在它身上物化的一定量的社会平均劳动。劳动力只是作为活的个体的能力而存在。"①劳动力的价值"可以归结为一定量的生活资料的价值"，而决定生产劳动力商品所耗费的社会必要劳动时间，又可以还原为生产为维持工人及其家属、子女正常生存所必需的生活资料价值决定。具体包括以下三个部分：（1）维持劳动者自身生存所必需的生活资料的价值；（2）维持劳动者家属、子女生存所必需的生活资料的价值，用于延续劳动力的供给和再生产；（3）劳动者接受教育和培训的费用。总之，劳动力商品的价值是由生产、维持和延续劳动力所必需的生活资料的价值决定的。

不仅如此，劳动力商品的价值量决定还要受劳动生产率的变化和特殊地区生活习俗的影响，马克思称这是"历史与道德"的因素。这种一来，劳动力价值决定内涵是一个可变的、相对的量，它们会随着劳动生产率的变化以及工人所需生活资料的数量、种类和范围的变化而变化。如此一来劳动力商品的价值构成在不同的国家或同一个国家的不同历史时期是不同的。"因此，和其他商品不同，劳动力的价值规定包含着一个历史的和道德的因素。但是，在一定的国家，在一定的时期，必要生活资料的平均范围是一定的。""所谓必不可少的需要范围，和满足这些需要的方式一样，本身是历史的产物，因此多半取决于一个国家的文化水平，其中主要取决于自由工人阶级是在生产条件下形成的，从而它有哪些习惯和生活水平。"②为了进一步说明"维持工

①《马克思恩格斯文集》第5卷，北京：人民出版社，2009年，第198页。
②《马克思恩格斯文集》第5卷，北京：人民出版社，2009年，第199页。

人生存所必需的生活资料"客观的标准，马克思详尽讨论了维持劳动力再生产的底线原则。马克思指出："劳动力价值的最低限度或最小限度，是劳动力的承担者即人每天得不到更新的生命过程的那个商品量的价值，也就是维持身体所必不可少的生活资料的价值。假如劳动力的价格降到这个最低限度，那就降到劳动力的价值以下，因为这样一来，劳动力就只能在萎缩的状态下维持和发挥，但是，每种的价值都是由提供标准质量的该商品所需要的劳动时间决定的。"马克思对劳动力商品价值内涵的科学说明，其意义在于：其一，这是劳动力生产、再生产所必然需要的，是维持社会再生产过程所必需的；如果劳动力的生产与再生产出现问题，社会的生产与再生产也无法持续。其二，这也是实现社会文明进步所必需的；劳动收入若不能满足这个需要，社会就不可能杜绝各种犯罪行为，社会发展无法进入文明状态。

尽管马克思十分明确地阐述了劳动力商品的价值决定，但他并没有离开市场机制作用来谈论该问题，并认为在现实生活中价格价值在短期会影响劳动力商品价值决定。就劳动力价值的决定问题，一方面马克思从规范经济学的角度讨论了劳动价值力商品的价值决定的基本内容，即认为工资应该决定于劳动者正常生存所必需的生活资料，承认劳动力价值决定的社会历史性标准；另一方面马克思也在《资本论》中多处谈到了劳动力价值决定的市场机制作用，即在价值、价格两个不同层次的分别讨论该问题，认为由于劳动力商品的价格受到市场供求关系的影响，也会时常低于其价值或价格，时而又会高于该商品的价值、价格，但从总体或长期看，价值与价格还是一致的。当然，马克思也尖锐地指出，由于资本主义条件下劳动力市场供求关系的长期不均衡发展，市场机制自发力量作用常常导致劳动力价格低于劳动力价值，进而形成买方市场，马克思对该情况给予尖锐的批判。

在马克思看来，劳动力商品价值决定虽然具有特殊性，但与其他普通商品价值决定一样，其价格也要受到市场规律的支配。尽管，在马克思早期著作中对该问题认识并不十分明确，但还是有所体现的。譬如，在《哲学的贫困》中，马克思谈到李嘉图与同时代人道主义批评家之间的对立时，并没有非难李嘉图的关于市场规律的解释，反而选择赞成李嘉图的观点，他写道："李嘉图的话是极为刻薄的。把帽子的生产费用和人的生活费用混为一谈，这就是把人变成帽子。但是用不着对刻薄大声叫嚷！刻薄在于事实本身，而不在于表明事实的字句！法国的作家像德罗兹、布郎基、罗西等先生用遵守'人道的'语言的礼节来证明他们比英国的经济学家们高明，从而得到天真的满足；如果他们责难李嘉图和他的学派言词刻薄，那是由于他们不乐意看到把现代经济关系赤裸裸地揭露，把资产阶级最大秘密戳穿。"[①]对劳动力商品价值决定的这种"矛盾"论述，反映了此时马克思对劳动力价值决定的"自然史"观与社会观的矛盾认识。在《资本论》中，马克思关于"劳动力价值决定于劳动者正常生存所必需的生活资料的价值"的观点则将这双重价值通过价值价格分析视角统一起来。不过，《资本论》中马克思关于工资的分析还存在着"最低"工资标准与"正常"标准的两种说法，这也反映了在经济发展不同时期，马克思对劳动力商品价值量决定的不同看法。基于现实的、历史的视野考察，在经济繁荣期，劳动力标准应该遵循正常标准；而基于经济衰退期，该标准就有可能降为最低标准。不过，劳动力价值一旦突破了这一标准，资本主义体系也就难以维持了。

在马克思看来，劳动力价值不仅是其生存性收入，同时还是实现其劳动能力发展的收入。劳动力价值决定还包括促进劳动力发展、劳动能力积累的需要和满足劳动力精神成长需要。一百多年前，马克思关于劳动力价值决定的内涵构成不仅强调满足其养活家属、子女的需要，还强调劳动力价值决定还应包括劳动者受教育和训练的费用的内容；强调了伴随资本的积累，劳动者能力不断成长，精神持续发展的需要，并认为这些费用理所当然包含在劳动者的基本存在工资中。当然，从资本的角度看，长期工人阶级能力的提升与积累有利于实现扩大再生产和资本积累。不过，马克思认为多数情况下，工资收入的提升除了劳动力价值决定的理论探索外，在现实生活则取决于阶级斗争与市场结构。因为工人工资的决定具有社会历史性，且资本总是倾向于将其压到最低。因此围绕提高工资、减低劳动强度的斗争总是绵延不断。

在对劳动力商品的价值决定完成科学说明后，马克思讨论了劳动力商品的使用价值即劳动创造的价值进行说明，并发现通常情况下，劳动力商品的使用价值，即劳动创造的价值，总是大于劳动力的价值，两者之间的差额便是剩余价值。马克思强调指出，劳动力商品最大的特点即是它的使用价值能够创造出大于自身价值的价值，从而创造出剩余价值。因此劳动力商品化，即雇佣劳动制度的形成，是我们理解资本与剩余价值生产的前提。普通商品在被消费后其使用价值即刻就消失了。而劳动力这种特殊商品的使用价值，不仅能创造出自身的价值即劳动力的价值，同时还能够创造出比自身价值更

[①]《马克思恩格斯全集》第4卷，北京：人民出版社，1958年，第94页。

大的价值，即产生增殖的价值，这也正是资本家购买和使用劳动力的根本原因所在。

　　基于以上逻辑分析，我们可以准确地说，在资本主义生产条件下，资本家在市场上购买的不是工人的劳动，而是工人的劳动力，亦即可以基本胜任生产与再生产过程的劳动者。因为劳动本身在使用之前是不能够独立存在的，所以也不可能作为商品被自由交易。但是，资本却在实际的生产过程中收获了劳动力的使用即劳动创造的价值，进而获得了剩余价值。在这个意义上，马克思认为工资的本质是劳动力的价值价格，而不是劳动的价值与价格。对此，马克思不无讽刺地指出，劳动力的买与卖是在流通领域或商品交换领域内进行的，这个领域确实是"天赋人权"的真正乐园。一旦离开商品交换领域："原来的货币所有者成了资本家，昂首前行；劳动力所有者成了他的工人，尾随于后。一个笑容满面，雄心勃勃；一个战战兢兢，畏缩不前，像在市场上出卖了自己的皮一样，只有一个前途——让人来揉。"①不过，马克思也认为劳动力的商品化是商品经济发展的必然结果。尽管，劳动力商品化后商品生产的所有权规律转变为资本所有权规律。

　　在《1857—1858年经济学手稿》和《资本论》的文本中，马克思就商品生产所有权规律向资本主义占有规律转变作了说明。根据马克思的论述，所谓商品生产的所有权规律有两重含义：其一，特指洛克式的以劳动为基础的财产所有权；第二，指基于这种所有权所实现等价交换的规律。而所谓资本主义占有规律，则是指资本家凭借其对生产资料占有，便拥有了占有劳动力在一定时间内的使用与支配权，进而依次占有工人创造的剩余价值的权利。马克思进一步分析指出："资本主义占有规律"是在"商品生产所有权规律"的基础上发生的，并且"商品生产发展到一定的时候，必然成为'资本主义'的商品生产"，按照商品生产中占统治地位的价值规律，"剩余价值归资本家，而不归工人"②。但是，马克思接着又指出，商品生产的所有权规律向资本主义占有规律的转变源于这样一个基本前提：在生产过程中，资本家可以不经过交换就占有他人的劳动；而且在再生产的过程中，资本家则用没有支付任何等价物的积累资本去占有过去的物化劳动，并能够继续交换他人的活劳动，交换中的平等形式在此完全变成了一种假象。资本同劳动力之间的等价

---

①《马克思恩格斯文集》第1卷，北京：人民出版社，2009年，第205页。
②《马克思恩格斯全集》第19卷，北京：人民出版社，1963年，第428页。

交换，其实只是"在形式上"的交换，或者"只是表面上进行了交换"。"在这里，交换的关系完全不存在了，或者说只是成了一种纯粹的假象。"①

从经济思想史的角度看，在《资本论》中马克思对劳动力的概念规定已较《政治经济学批判》第二分册有了进一步明确。在分析劳动力商品价值与使用价值之后，马克思又对购买劳动力的可变资本进行了特别规定，并且这种规定是在考察劳动过程和价值增殖过程时完成的。我们看到有关的内容在《政治经济学批判》第二分册手稿中已经得到论述，这里则不仅更加明确，而且各方面的关系也得到了清楚的说明。比如，关于不变资本和可变资本的说明更为明确。在这里，马克思不仅对剩余价值概念作了规定，而且规定了剩余价值率以及影响剩余价值率的各种因素，使剩余价值范畴更加成熟。

马克思生活的时代，无论是简单手工业还是大机器工业，资本竞争以及剩余价值生产都具有鲜明的掠夺性，故阶级斗争不仅是必要的也是不可避免。伴随阶级斗争以其激烈方式持续爆发，推动了各个层次劳工利益保障制度的逐渐建立。随着第二次工业革命的到来及垄断势力的形成，社会生产力获得极大的发展，资本主义生产关系发生新的变革，在资本主义的历史发展过程中，生产关系、生产方式的调整伴随始终。而马克思关于相对剩余价值生产方法分析，既讨论了资本主义技术进步与生产力历史发展，也深刻揭示了其不可克服的内在矛盾。这就为讨论资本主义历史趋势以及对其的扬弃与超越的构建了基本条件与基础。

《资本论》中唯物辩证法下严谨的逻辑与唯物史观下的开拓视野，展示了强大而深邃思想力，而其卓越的文字力量以及所引述的大量经济的文献与历史资料，都反映出马克思作为科学巨匠的理论魅力和作为革命者顽强的意志、品质。《资本论》不仅使我们认识了现代社会本质，同时也使我们触摸到了未来。

第二节　剩余价值生产一般与现实形式

剩余价值理论是马克思经济学的基石。该理论在系统地研究了 17 世纪中叶至 19 世纪 50 年代资产阶级政治经济学思想史的基础上，将古典经济学对

---

① 《马克思恩格斯全集》第 46 卷第 1 册，北京：人民出版社，第 455 页。

利润、赢利等问题的研究推到一个新的高度，即将剩余价值各种具体形式抽象成为剩余价值一般理论。该理论在揭示资本主义生产方式本质的同时，昭示了社会主义的未来。古典经济学理论对价值增殖问题的分析矛盾重重，马克思在新的劳动力商品理论基础上，将该问题的分析锁定在资本主义生产过程，即价值增殖来源于生产过程，来源于雇佣工人在剩余劳动时间里支出的剩余劳动，雇佣工人的剩余劳动是剩余价值的唯一源泉。

3.2.1 剩余价值生产

所有权、所有制关系是马克思经济学研究的立足点与出发点。与资产阶级唯心史观不同，马克思经济学剩余价值理论的创立是以对资本主义生产资料所有制关系的批判为出发点的，因此明确资本主义社会的所有权、所有制关系及其本质是阐述马克思剩余价值理论的出发点。相对于以自己劳动为特征的简单商品经济而言，资本主义私有制属于私人"大资本"性质的所有制关系。该所有制关系的确立依赖于工业革命形成的工业化生产体系，并在简单商品经济的价值规律、竞争规律的长期作用下逐渐形成。

当然，在马克思看来，所有制关系是分析其资本主义生产过程的前提。而资本主义所有制是指资本家凭借对生产资料的占有，并在等价交换形式下，雇佣工人从事劳动，并占有雇佣工人创造的剩余价值形成的经济关系。与奴隶与封建社会的剥削制度不同，资本家与雇佣工人的关系不是完全占有，也不是人身依附，而是以劳动者人身自由为前提的雇佣劳动关系。其特点是资本家以"自由契约关系"的形式购买到劳动力，并将劳动者与生产资料结合在一起进行剩余价值的生产关系。而在这种所有制关系下，生产资料和货币采取了资本的形式，生产资料的所有者成为人格化的资本家。"这种具有契约形式的法的关系，是一种反映着经济关系的意志关系。这种法的关系或意志关系的内容是由这种经济关系本身决定的。"①科学实证、资本积累的不同形式及性质以及将剩余价值本质与利润现实分析的整体一致，形成一般性的特点。

在《资本论》"资本章"中，马克思讨论了剩余价值的生产过程。基于对政治经济学特殊的研究对象的考量，马克思认为，资本主义生产过程具有双重性：一方面该生产过程是纯粹的使用价值的生产，形成一种劳动过程；而

①《马克思恩格斯文集》第1卷，北京：人民出版社，2009年，第103页。

另一方面则是价值或剩余价值的生产过程，该过程反映着资本主义生产关系本质。简单商品经济是劳动过程与价值形成过程的统一，而资本主义生产过程则是生产使用价值的劳动过程与价值增殖，即剩余价值的生产过程的统一。尽管资本主义生产过程是劳动过程与价值增殖过程，但是逻辑进程必须从劳动过程与价值形成过程开始。

马克思十分重视对劳动过程的分析，毕竟该过程构成社会生产力一般内容和基本方式，同时也是分析资本主义经济关系的基础。马克思经济学的独特之处就在于不仅分析了劳动过程一般，同时也分析了资本主义生产关系下该劳动过程的历史性特征。由于资本主义所有制决定了其劳动过程基本要素归资本家所有，故而资本主义劳动过程具有不同于以往历史过程劳动过程的两个基本特点：其一，工人是在资本家的监督下进行劳动，他们的劳动自然隶属于资本家；其二，劳动成果或产品全部归资本家所有。资本主义所有制关系决定了其劳动过程所具有的这两个特点。由于劳动过程既反映着特定历史阶段社会生产力的发展，又决定和影响着社会生产关系的变化和历史走向，因此政治经济学也必须重视对劳动过程的研究。

资本主义劳动过程发展的本质就是劳动隶属于资本的动态演变过程，而马克思对劳动过程的研究既关注一般，也阐明了资本主义劳动过程的特征。20世纪初期，资本主义在经历了福特主义、熊彼特生产方式后进入信息、智能经济的到来。在信息技术条件下，全球网络化劳动过程形成了精制生产、弹性专业化、虚拟企业和第三方平台四种模式将不同形式的剩余价值生产通过资本循环过程联系起来，这个变革过程在促使新技术发展的同时，也使雇佣劳动者处于不稳定、碎片化的就业过程中；虽然整体的经济获得的更新换代的升级发展，但倘若有经济危机袭来，雇佣工人生存基础还是极其脆弱的。伴随新技术革命的发生与发展，以及劳动过程、劳动方式的根本性改变，雇佣劳动者处于更加不稳定的生存状态，同时智能经济下的劳动过程也孕育着新的问题与矛盾：一方面伴随劳动生产率的提高，提升劳动力价值决定的底线和"绝对标准"，要求新的资本积累与再生产方式与此相适应，资本主义必须构建新的积累模式；另一方面也加剧了劳动者就业的不稳定性与脆弱性，这也要求国家对再生产过程进行深度干预。马克思经济学非凡的预见能力使其在《资本论》不同部分都较为详细地说明与研究资本主义的劳动过程。

尽管，资本主义生产过程的本质是实现价值增殖，但是对价值形成过程的分析构成过程的逻辑前提，尽管这仅仅是一种抽象。因为简单商品经济是资本主义生产方式的基础和前提。恩格斯曾说："劳动决定商品价值，劳动产品按照这个价值尺度在权利平等的商品所有者之间自由交换，这是马克思已经证明了的，并构成现代资产阶级全部政治的、法律的和这些的意识形态建立于其上的现实基础。"①马克思用劳动二重性理论说明了价值的形成过程。马克思写道："在简单商品经济条件下，雇佣工人的劳动，一方面是非常具体的劳动，并且他用自己的具体劳动转移了生产资料的价值，与此同时付出了抽象劳动，这个抽象劳动创造新价值，并且这个新价值刚好等于劳动力价值，在这里还没有剩余劳动出现。在这个场合，由于劳动者创造的新价值刚好等于工人的'工资'，即工人拿回来自己全部的劳动付出，我们姑且将此称为工人在'必要劳动时间'里付出的'必要劳动'，此种情形下并没有剩余劳动发生。"这既是一个简单商品经济生产过程，同时又是价值形成过程。正是由于工人的劳动只创造了相当于自己劳动力的价值，工人付出的劳动时间则被称为必要劳动时间，在这个必要劳动时间里付出的劳动就是必要劳动。这里遵循着价值规律的基本原则。

资本主义生产过程即是劳动过程与价值增殖过程的统一，剩余价值形成于价值增殖过程。在马克思看来，真正的价值增殖既不可能产生于简单的贸易过程，也不纯粹是技术手段进步的结果，尽管它们都是实现价值增殖的重要的条件。而真正的价值增殖是资本与劳动在生产过程中实际上不等价交换的结果。事实上，价值的增殖过程是超过一定点的价值形成过程，只要资本将工人的劳动时间延长到必要劳动时间以上，工人的劳动就有了剩余劳动时间，而在剩余劳动时间里支出的劳动即是剩余劳动。在剩余劳动时间里创造的价值则是剩余价值。在马克思看来，剩余劳动是剩余价值的唯一源泉。所以，剩余价值（M）是雇佣工人创造的被资本家获得的超过劳动力价值的价值，体现着资本主义雇佣劳动关系。在一定技术函数约束条件下，劳动创造的价值必然要大于劳动力的价值与价格，其差额便是剩余价值。

$$Ql（V+M）>Q（lv）$$

（QI：劳动创造价值；V：劳动力价值；M：剩余价值；Q：劳动力价值）

这样一来，在剩余价值生产过程中，工人的劳动时间包括两部分：必要劳动时间和剩余劳动时间。在必要劳动时间（ln），工人付出的是必要劳动

① 《马克思恩格斯文集》第7卷，北京：人民出版社，2009年，第318页。

（ln），而在剩余劳动时间（ts），工人付出的是剩余劳动（ts）。毋庸置疑，马克思剩余价值理论揭示了资本主义雇佣劳动剥削关系。在这里商品经济规律转变为剩余价值规律，即剩余价值生产决定着资本主义生产、分配、交换、消费"总过程"。对于剩余价值生产及其剥削性质的分析，马克思至少有两个分析角度：在资本原始积累阶段的分析与在唯物史观基础上的分析。在资本原始积累阶段，马克思认为这绝不只是一个"自然史"过程，其充满了残酷的剥削与压迫，比中世纪有过之而无不及；从唯物史观的角度，马克思又认为，它是商品经济发展必然结果，存在着与社会生产力发展相适应的历史阶段，该阶段既是一个"自然史"的阶段，同时也是一个"人类史"的阶段，是"自然史"与"人类史"的统一；前者是绝对剩余价值的生产过程，而后者则更多具有相对剩余价值生产的特点。事实上，在马克思经典著作中，关于劳动力价值决定也存在两个不同角度表述，即认为劳动力价值决定于"满足基本生活需要的最低标准"和"决定于劳动力正常生存所必需的生活资料价值"。在绝对剩余价值生产下，工人阶级为争取自己基本生存权力采取了阶级斗争的方式。在世界历史这个阶段，阶级斗争自然构成早期社会史、"人类史"的主题。

当然，如果将剩余价值生产仅仅看作一个单纯的"应然"问题，那也是不对的，马克思总是将该过程看作社会生产力发展必然阶段，一个客观的历史过程。萨缪尔森曾指出，马克思正是通过剩余价值概念，"企图揭露资本家剥削劳动者的规律性质，以及说明经济发展和垂死的资本主义的运动规律"。19世纪英国李嘉图空想社会主义者曾将剩余价值论作为正义理论来看待，而马克思则明确地拒绝将剩余价值理论作为简单的正义理论来看待，并认为："这是被'蠢汉'（指阿·瓦格纳）偷偷塞给我这样的论断。"按照马克思的观点，占有剩余价值的基础在于：第一，资本家不仅"剥取"和"掠夺"，而且帮助、创造可以剥取的东西。第二，"资本家只要付给工人以劳动力的实际价值，就完全有权利，也就是符合这种生产方式的权利，获取剩余价值"[①]。在这个意义上，马克思指出了剩余价值生产存在着历史的适应性发展阶段，尽管马克思证明了该阶段的历史过渡性。当然，资本家付给工人劳动力的实际价值，不仅存在"历史与道德"因素，应该还存在现实的政治、文化因素，这些因素不仅与经济生活有关，还与社会政治、"正义"有关。

---

① 《马克思恩格斯全集》第19卷，北京：人民出版社1965年版，401页。

从资本主义发展历史看，在资本原始积累时期存在的野蛮竞争与残酷剥削，不仅导致尖锐的社会矛盾，也严重制约了生产技术与生产力的快速发展。这一历史时期，一方面由于新技术还没有达到低成本、高效率的广泛应用，技术进步与社会生产力发展对经济的作用还十分有限；另一方面又由于劳动法、工厂法的不健全，资本的原始贪婪使其根本看不到工人阶级作为新生产力主体对现代生产力发展的重要性，此时资本对劳动的剥削与奴役不仅使社会劳动力再生产无法进行，更是践踏了建立文明社会基本原则，触动了社会文明发展的底线。资本将工人仅仅看作简单生产要素，而劳动力价值的确定与实现则完全屈从于市场与资本的逻辑，缺乏基本的劳动保护制度。此时由于劳动关系的极度不合理加剧了市场供求关系的严重失衡，也破坏了经济活动的"总体性"的基本平衡，导致出现一系列经济关系的失衡，包括经济危机的频繁发生。

从现实关系出发对资本主义剥削关系的考察不仅要考虑劳动力价值实现问题，还需要考察多种因素的影响。事实上，资本在资本原始积累时期采取的绝对剩余价值基本生产方法还涉及多个方面内容，包括工作日、劳动强度、劳动保障条件以及劳动力价值的实现，甚至包括资本积累与相对人口过剩问题，可以用数学公式表示：$ASV(L,Ts)=WD \cdot WI \cdot LC \cdot W \cdot CA$。19 世纪的资本主义，绝对剩余价值生产方法成为资本完成原始积累所普遍采取的榨取方式，且该方式具有极端的强制性与剥削性的特点。在当时，劳动时间大多达到 10 小时至 12 小时，最长的劳动时间达到 16 小时，且与超强劳动程度相结合；大量童工、女工加入劳动大军，而劳动保障条件极差。我国改革开放初期，在沿海代工厂中也出现过类似的情况。近年来，随着劳动法的出台及经济快速发展，坚决摒弃血汗式工作方式，这种情况的普遍性得到某种程度的克服和遏制。我国走上了一条以技术进步带动产品、产业创新，并努力实现集约式、智能劳动方式的转变的途径路径；我们鼓励资本进行战略性、基于劳动者复杂劳动积累的投资，推动和鼓励劳动者实现由简单劳动要素向知识、技术复杂劳动者的转变，并能参与剩余价值分享，以促进劳动者能力。

事实上，在资本主义经济运行过程中，讨论以传统私有制关系为核心的资本主义生产关系还需要结合直接生产关系中的资本关系和供求交换关系来说明。在《1857—1858 年经济学手稿》中，马克思详尽地讨论了生产、分配、交换、消费的相互关系，全面、系统地阐述了它们之间的相互作用、相互影响关系。在资本主义条件下，剩余价值规律决定作用还表现为其对交换关系、直接生产的资本关系的影响。当然，市场交换关系、直接生产的资本关系也会对劳动关系的状况产生影响，由此形成了关于剩余价值生产、分配、交换、消费的理论体系。由于涉及竞争关系的影响，进入 19 世纪末—20 世纪，垄断市场结构的形成对劳动关系长期发展具有更为复杂的影响。此时，由于资本输出和金融垄断资本主导，使剩余价值规律作用有了新的表现形式，但是可以肯定地说，剩余价值规律依然发挥决定作用。如图 3-1 所示。

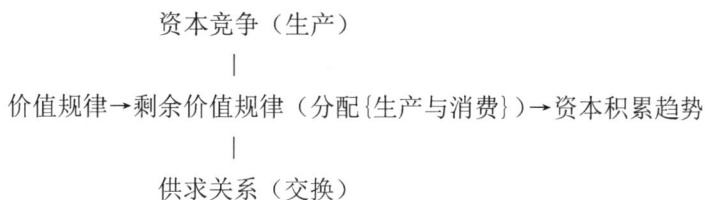

资本竞争（生产）

|

价值规律→剩余价值规律（分配{生产与消费}）→资本积累趋势

|

供求关系（交换）

图 3-1 生产竞争与供求关系

在资本原始积累阶段，剩余价值生产往往以绝对形式存在。但是，伴随资本主义进入垄断发展新阶段，剩余价值生产进入历史"适应性发展阶段"。所谓剩余价值生产方式的历史"适应性"阶段，即是指在该历史阶段，尽管是剩余价值生产方式，但还能容纳社会生产力及科学技术加速发展；此时，尽管科学技术保持进步态势，但其带来的可能是劳动关系的改善，但也可能导致该关系变得更坏抑或不变。但是，无论劳动关系怎样改善，都必须是在生产力发展基础上，伴随着生产关系的各种变革，否则这种改变绝不会发生。尽管此时劳动关系也进入适应性的合作博弈与相对稳定发展状态，但剩余价值规律依然发生作用。此历史阶段的劳动关系，或得到暂时改善，或加速阶级加速分化，阶级对立加剧，劳动关系变得更坏，但在总体上取决于资本主义生产关系调整、变革的程度，甚至取决于资本主义社会政治的、文化的、意识形态的改变。

与社会生产力发展阶段相"适应"的资本生产方式，劳动关系虽然具有"合作博弈"性特点，但这需要前提条件。劳动关系合作博弈关系的存在与稳定发展前提条件：一是由于在经营业绩和宏观经济现实良好，企业存着基于劳动者长期发展考虑的利益结构的调整和变革的意愿，进而使劳动关系出现"合作博弈"状态；二是在经济形式严峻的情况下，企业为生存发展考虑，动员或促使劳动者作出某些放弃暂时性利益的需求，进而相互之间达成某种程度合作状态，但这种情况是极其不稳定的。一般来讲，实现剩余价值生产与生产力发展某种程度的"适应性"，既要求社会生产力加速奔跑，又要求企业各种关系有所变革与调整。这些要求包括：（1）基于长期发展的需要，要求企业完善各项管理制度规范各种管理方式，尤其应具备某种程度的人性化管理的基本要求，包括劳动协商与劳动保障制度的完善与有效实施。摒弃与克服早期剩余价值生产方式所采取的野蛮的、血汗式残酷剥削方式。（2）当经济增长向好时，基于长期发展考虑，微观企业或宏观管理都必须推出符合劳动共享关系发展的"适应性"调整。伴随劳动生产率的加速进步及整个社会劳动生产力的提高，劳动分配率应逐渐提高，劳动者的实际生活水平应趋向改善。（3）要求企业能够进行资本的有效性的积累，尤其是通过生产性资本积累在扩大再生产基础上不断扩充就业，保障劳动者岗位的相对稳定性。因为这既是实现社会和谐稳定的基本要求，也是保障市场均衡发展的前提条件。在数字经济条件下，充分就业对于改善劳动关系，促进社会稳定更为重要。

而剩余价值生产的适应性，在宏观层面则是指一个国家特定的历史发展阶段，社会存在着驱动发展社会生产力加速发展的巨大潜能和劳动关系改善的制度变革条件。在长期，形成稳定的劳动关系所需条件：

$$CP（l，ts）=（LM \cdot LP \cdot CA \cdot SR）$$

（l，ts：长期；LM：人性化管理；LP：可分享性；CA：有效积累；SR：制度调节）

剩余价值生产，由于必然导致的社会阶层分化、经济结构失衡，以及生产的无政府秩序，其"不适应性"客观存在，这种不适应性使该生产方式的运行过程充满危机与波动性。事实上，在商品经济发展阶段，价值实体与其货币形式的分离本身就潜藏着经济活动的金融化发展趋势的风险。一是由于货币本身的稀缺性；二是因为价值形式本身直接成为价值的代表，具有天然的独占性、垄断性。在垄断资本主义时期，倘若不进行制度性的改造与创新，生产制造与金融业不平衡关系就取代了商品与货币之间的关系。而伴随信息经济、智能经济的到来，由于资源共享特征的加强，垄断势力得到削弱；但也由于知识、技术本身垄断性的加强，使垄断势力得到加强，这两种可能性都是存在的，而制度及生产关系的调整决定其能走多远。

$$CP（s，ts）=（Sf \cdot N0e \cdot N0r \cdot Mp）$$

（CP：不适应性；Sf：血汗工资制；Noe：缺乏机会；Nor：缺乏调节；Mp：垄断）

马克思在他生前的最后一篇经济学著作——《评阿·瓦格纳的政治经济学教科书》中也正视了剩余价值生产作为"自然史"性质。他写道："这个蠢汉（指阿·瓦格纳——引者按）偷偷塞给我这样一个论断：只是由工人生产的'剩余价值不合理地为资本主义企业主所得'。然而，我的论断完全相反：商品生产发展到一定的时候，必然成为'资本主义'的商品生产，按照商品生产中占统治地位的价值规律，剩余价值归资本家，而不归工人。"①当然，在马克思看来，剩余价值生产如果能够进行持续的、生产性的、旨在促进技术进步的资本积累，从而能够更好地解决商品经济基本矛盾，并推动社会资本再生产的宏观协调进行，那么在人类历史特定阶段，该生产方式无疑具有"人类史"的进步性一面。当然，这需要在社会生产力发展过程中对资本主义生产关系及制度形式进行不断调整、变革。即便如此，由于该生产方式自身存在的深刻矛盾，经济的周期性波动甚至是长期的衰退都不可避免。不过，唯物史观及辩证认识方法告诉我们，人类经济活动最终会趋向合规律与合目的相统一的方向发展。

3.2.2 资本本质、不变资本与可变资本

上述分析可知，在剩余价值生产过程中，其所需要的机器、厂房、各种设备、雇佣工人、货币等各种物质要素，只有在它们能够为资本家带来增殖价值的时候，才具有了资本的性质。从这个意义上讲，资本虽然表现为各种生产要素，但本质上反映的是资本家与工人之间的不平等的占有关系。马克思指出，黑人就是黑人，机器就是机器，只有在他们为资本家带来剩余价值时，才会以资本的形式存在。而根据资本的不同组成部分在价值增殖过程中的作用不同，我们又将其区分为可变资本与不变资本。我们知道，由于雇佣工人的剩余劳动是剩余价值的唯一源泉，那么，资本家用于购买劳动力的资本则可称之为可变资本，因为增殖的价值是由这部分资本带来的（V）。而资本家用于购买生产资料的资本，只转移自己的价值并不创造新价值，故称其为不变资本（C）。这样，商品的价值便由不变资本、可变资本、剩余价值（M）三部分组成。马克思划分不变资本与可变资本的意义就在于：为了进一步说明剩余价值产生的源泉，强调指出购买劳动力的可变资本才是剩余价值的唯一源泉，而购买生产资料的不变资本只是生产剩余价值的客观条件。与此同

---

① 《马克思恩格斯全集》第 19 卷，北京：人民出版社，1963 年，第 428 页。

时，对资本不同部分的划分还可以帮助我们了解资本的剥削程度，即对剩余价值率计算。

马克思经济学对不变资本、可变资本的划分，其重要的意义就在于，它可以直接计算资本对劳动者的剥削程度。剩余价值与可变资本的比率便是剩余价值率，该比例表示资本对劳动者剥削的程度。其比例关系即是：

$$M' = \frac{M}{V} = \frac{ls}{ln} = \frac{lt}{tn}$$

由于可变资本是剩余价值的唯一源泉，那么可变资本的多少对剩余价值量、剩余价值率产生直接的影响。但是，资本主义所有制关系又使劳动力与资本之间处于对立的、此消彼长的关系。但是，无论如何只要增加工人的剩余劳动（时间）便可以增加剩余价值。

一般而言，增加剩余劳动时间的基本方法有两种：一是在必要劳动时间不变的情况下，通过绝对延长工人的劳动时间或增加工人的劳动强度，进而可以获得更多的剩余价值量，包括提高剩余价值率，该方法称为绝对剩余价值的生产方法。二是在工作日总长度不变，甚至缩短的情况下，通过提高社会劳动生产力以改变工作日两部分的比例关系，即缩短必要劳动时间，进而相应地增加剩余劳动时间的方法，这便可获得相对剩余价值的生产方法。而这种方法是通过个别企业基于自己的利益追逐超额剩余价值，进而带动整个社会的竞争，导致整个社会劳动生产力的提高实现的。因为，伴随整个社会劳动生产力的提高，导致生活资料价值的降低，使必要劳动时间缩短，使剩余劳动时间相对地延长。在马克思生活的年代，绝对剩余价值生产方法占主导地位，这是由当时还不成熟的大机器生产方式导致的。不成熟的大机器工业导致劳动者的劳动强度不但没有减轻反而更加具有了奴役的劳动形式。正如马克思所说，在大机器体系下的剩余价值生产，其劳动强度之高、工作日之长是前所未有的，达到历史上最残酷剥削的程度。只有当资本主义生产方式实现了真正的依靠技术进步获得社会生产力的快速发展时，剩余价值生产方式才过渡到"相对剩余价值"生产时期。马克思分析了相对剩余价值生产发展的三个阶段，讨论了该方法所实现的社会生产力的发展。

从资本主义再生产过程来看，"当我们说到不变资本和可变资本时，指的是资本最初的划分为活劳动和物化劳动，而不是流通过程中或流通过程对再生产的影响所引起的这种比例的变化"①。应该说，正确区分两种不同的资本构成，是马克思对资本理论探索的重大贡献。因为在马克思以前的古典经济学家曾把由两种性质不同的资本形成的价值创造与价值增殖的经济后果，与由固定资本和流动资本构成导致的价值转移和价值补偿的经济后果混为一谈。马克思说这是古典经济学理论失误的表现之一。而在"资本章"马克思则进一步详尽地论述了不变资本和可变资本之间比例关系变动及其对剩余价值量变化产生的影响。不仅如此，马克思还从动态的角度分析了不变资本和可变资本比例变化情况，揭示了利润和剩余价值、利润率和剩余价值率之间的内在联系及规律性，这些分析主要包括：（1）不变资本和可变资本的划分及其对利润率和剩余价值率的影响；（2）不变价值和可变价值比例变化的趋势及对利润和剩余价值的影响；（3）工作日变动对剩余价值量的变化的影响等。

3.2.3 剩余价值再生产与资本积累趋势的现实路径

资本积累理论是马克思剩余价值理论的落脚点。该理论通过对资本积累本质与一般规律的揭示，进而阐述了资本主义的历史趋势。由于资本主义再生产的特点是扩大再生产，而要进行扩大再生产就必须进行资本的积累，这说明剩余价值是资本积累的唯一源泉。于是，在剩余价值率最大化诉求及竞争压力下，资本家不断用新增剩余价值来继续不断扩大对剩余价值的占有，这便是资本积累的本质。当然，资本只有不断增加剩余价值生产，并不断提高剩余价值率才能实现持续、有效的资本积累。

然而，伴随着资本积累、积聚与企业规模的扩张，随之而来的是技术持续进步与劳动生产率的提高，进而导致出现资本有机构成的提高，即在总资本中，不变资本的比重绝对或相对下降，而可变资本出现绝对或相对下降。而可变资本的绝对或相对减少，一方面会导致相对过剩人口与相对过剩的资本，而不断加剧的社会两极分化使无产阶级日益贫困化；另一方面出现利润率的长期下降趋势，这在一定程度上阻碍市场扩大与资本积累。于是，资本主义再生产周期性形成并伴随经济危机、经济衰退。资本积累出现的问题根深蒂固。马克思资本积累理论揭示了资本主义内部深刻矛盾与社会危机。

马克思资本积累理论揭示了资本主义资本积累的阶级对抗性质，阐述了

---

① 《马克思恩格斯全集》第 26 卷第 3 册，北京：人民出版社，1974 年，第 429 页。

资本主义积累过程中社会分化与无产阶级贫困化过程，尽管资本主义也存在着迅速发展的可能性。这说明资本主义的发展需要在社会生产力发展基础上，对生产关系进行不断调整与变革，并使之与社会生产力发展相适应。在分析资本积累内在矛盾基础上，马克思指出了社会主义未来的历史趋势。当代资本主义，通过产业与市场的不断扩张来解决相对过剩人口问题。然而，却带来了金融资本不断扩张与虚拟经济发展；而为了扩张市场过剩资本又推动了资本输出与海外市场扩大，推动经济全球化化发展。进入新世纪，发达国家的资本积累使发达国家经济一方面出现制造业空心化，而另一方面则导致金融危机的爆发。而资本的海外扩张带来地区经济关系紧张，导致地区性战争的爆发。资本主义经济发展进入低速增长与停滞交替出现的历史时期。

马克思资本积累理论认为，伴随着资本积累与再生产的扩大发展，以及相对过剩人口和社会阶层极端分化，资本主义未来崩溃不可避免。然而，当代资本主义，由于社会生产力的加速发展及各种相反因素的作用，资本主义发展有时出现加速发展趋势。在这一历史过程中，资本主义生产关系进行了各种"适应性"的调整，使这一趋势发展呈现出渐进变革的历史特征。尽管资本主义矛盾依然顽固地存在。这些相反作用的因素包括：第一，新的产业革命、科技革命的发生。事实上，每一次产业革命与科技革命的发生都能催生出一大批新的产业部门与新兴生产领域，尤其是伴随新产业部门的增加及服务业产值的攀升，使深陷萧条中的经济得到恢复，就业得以增加，极大地缓解了经济衰退与危机，也一定程度地缓解了社会矛盾。尽管每一次的工业革命使资本的收益率都得到更大的提升，但同时也导致新的社会阶层的两极分化加剧，进而潜藏新的社会矛盾与危机。也就是说在资本主义体制下发生的工业革命，在推动社会生产力迅速发展的同时，社会也酝酿着新的危机与更大的矛盾。

而新科技革命与产业的拓展促进新的就业和领域发展，而在紧接着的危机中，这些工人与社会各阶层的劳动者又被抛向街头。在第一次工业革命中最终资本主义生产方式得以确立后；19世纪末20世纪初期发生了第二次产业革命，在促进生产制造的重化工业发展的同时，资本主义制造业部门得到迅速扩张，生产制造能力在大规模的生产中得到极大提升。在整个19世纪末20世纪初期，资本主义进入专利发明与科技创新的时代。自此几乎每隔20年，资本主义就有一个新的产业出现并由此带来一次新的发展机遇。与此同时，这一历史时期垄断资本主义形成也导致新的社会阶层的分化不断加剧，生产过剩趋势加剧了产业部门发展的不平衡性，因而也酝酿着新的危机的爆发。1929 年至 1933 年爆发的资本主义经济危机既是产业革命导致经济不平衡发展矛盾的爆发，也是大垄断资本崛起造成阶级分化、社会矛盾尖锐的结果。一次次产业革命的发生表明，剩余价值生产严重依赖于创新导致的生产部门和市场的不断扩张；一旦产业和产品创新出现枯竭、利润率呈现下降趋势时，生产性的资本积累停止，资本主义经济就将陷入停滞或危机。当然，危机也使经济不平衡得到强制性的调节，伴随固定资本的更新，经济将逐渐得到新的恢复。

第二，发现新的重要资源或通过殖民地获得新的资源支持。如果说美洲大陆金银产地的发现，以及欧洲人的淘金活动成为资本原始积累的一个重要来源，并为第一次科技革命的发生贮备了重要的资本支持。那么，在资本主义历史上，不仅因多次重要资源的发现使其最终从危机的困扰摆脱出来，同时也由于在整个 19 世纪西方列强在殖民地的占有中获得了大量廉价的生产与生活资源而重获新生。在战争与殖民地的掠夺过程中，相当多的重要生产与生活资源源源不断输入西方资本主义生产体系，进而大大缓解了其体制导致的尖锐的社会矛盾和经济的无政府主义导致的严重衰退。这些重要资源的发现及世界范围的殖民地体制，一次又一次拯救了濒临崩溃的资本主义。从资本原始积累时期欧洲列强和东印度公司对中国丝绸、茶叶、精美瓷器的掠夺，到 20 世纪上半期西方国家对中东地区石油资源的控制；从整个 19 世纪西方国家阶段性持续发生的危机中，到旧金山、日本等地新金矿的发现与被开采。资本主义在体制外的资源发现和全球性的掠夺过程中，克服了一次次重大的社会与经济危机，从而使其得以获得新生存与发展。

20 世纪后半期，美国经济出现制造业空心化是资本追逐与利用全球廉价资源的结果，信息技术革命带来的新的不平衡与社会分化加剧，不仅是金融危机爆发的重要因素，进而也严重削弱了美国经济长期发展的潜能。资本积累与相对剩余价值生产一定程度地满足了资本扩张性发展的需要。新的科技革命及经济加速发展也会带来新的不平衡，技术、产品部门垄断现象和"赢者通吃"也会导致新的社会不平衡与阶层分化出现。剩余价值的生产依赖于经济技术的扩张性积累与发展，而在金融资本操纵下的资本积累与扩张，难以缓解资本主义的各种矛盾，导致资本不得不依赖非生产性投资与积累结构。

第三，在危机与经济周期中进行生产关系的调整与制度重建。在资本主义的历史发展过程中，每一次新的科技革命大多是生产关系调整，即体制、机制变革的结果，尽管这种调整不可能是根本性的。早在资本原始积累时期，在资本主义的大航海时期，为了克服各种行业的风险，资本股份制度应运而生，为早期的资本积累与产业革命奠定了制度的基础。19世纪末20世纪初期，伴随着第二次产业革命的发生，各种形式的垄断公司发挥了重要的企业组织制度作用；而此时的银行业在集中与相互融合的过程中，其职能与作用发生了重大的变化。正如后来列宁所说，银行由原来生产的中介者，变成了万能的垄断者。银行业功能的变化，使其与产业部门组织形成了千丝万缕的关系。生产与银行业这种关系的变革，为产业直接融资开辟了新的通道，对企业的创新发展和扩大再生产起到了积极的助推作用，使整个20世纪成为创新发展的世纪。当然，金融垄断资本的发展也为新的危机形式，以及经济的金融化趋势发展埋下伏笔。而为了缓解1929—1933年的经济危机，在罗斯福新政的基础上，资本主义开启了宏观经济需求关系的发展模式调整，到第二次世界大战后，该项变革与生产关系调整步入了系统化、制度化的历程。在此后的若干年里，针对国家干预模式存在不同认识，应用财政政策、货币政策应对经济周期一直成为资本主义各国不变的经济工具。与此同时，各种社会保证制度不断地完善与调整。总之，资本主义发展过程中，伴随工业革命与科技革命展开的生产关系的调整与制度的变革也不同程度地缓解了资本主义的各种矛盾，使其得以摆脱各种危机与风险。当然，这也使资本主义的矛盾与危机更加复杂了。

由上述相反因素导致的资本积累趋势出现的多样化发展路径，尤其出现了渐进变革的发展路径。尽管如此，制约资本主义持续发展的因素是没有改变的。事实上，马克思剩余价值理论从根本上分析了资本主义存在的不可克服的问题。当代资本主义采取各种改良和调节措施无法克服其根本性问题，也不可能改变资本积累的历史趋势。

3.2.4 剩余价值的现实形式——利润及其关系体系

马克思在完成了对剩余价值一般的研究后转而研究其具体存在形式及相互之间的关系，这种从抽象到思维具体的研究方法，马克思称其为"科学上正确的方法"，而利润作为剩余价值具体存在形式的必然进入马克思的研究视野。在马克思看来，当我们不再把剩余价值看作可变资本的产物，而看作资本甚至是全部预付资本产物时，剩余价值就取得了"利润"这种第二级的存在形式。剩余价值是利润的本质，而利润不过是剩余价值的表现形式。显然，利润掩盖了剩余价值的本质，并代表着劳动关系客观的、现实的、可预期的合作博弈发展的方面。在利润范畴下，本质关系转变为现实的、具体关系。在成本价格、利润关系下我们回到了资本主导的具体、现实层面，在这个层面人们看到的是劳动关系和博弈关系种种现实性的表现。该关系体系既是历史的，更是现实的。

剩余价值与利润实为"表里一体"的相互关系。诚然，《资本论》第一卷具有它的独特性，并且可以独立存在。但是，对一般人来说，如果仅仅阅读《资本论》第一卷不仅难以理解剩余价值是如何转化为利润，利润又是如何转化为平均利润的，且也无法理解剩余价值关系现实性，这在很大程度上也弱化了剩余价值理论的实践价值与意义。理解剩余价值理论离不开对现实利润形式的认识，二者形成本质与形式的认识整体。尽管剩余价值是利润的本质，对利润及工资走向起着决定性的作用。但是，利润作为成本价格观念的产物，在取得了"利润"这种表现形式的同时，也具有了更为复杂、具体、独立的内容。因为促成利润形成的因素是多元的，不仅包括了资本有机构成、周转速度，还包括决定成本价格和剩余价值生产的各种技术性因素。我们可以通过进一步了解利润率的范畴及其影响因素来认识其相对的独立性。

$$P' = \frac{M}{C+V} \qquad M' = \frac{M}{V}$$

既然利润是"成本价格"观念上的产物，利润率则是剩余价值与成本价格的比率，在性质上与剩余价值率反映剥削程度不同，利润率则只反映了资本增殖的程度。由此可知：（1）如果用同一剩余价值计算，利润率比剩余价值率低得多，剩余价值关系被抹去或掩盖。（2）利润率与剩余价值率之间可以存在多重相互影响变化关系，二者并非简单线性的，即在剩余价值率不变的情况下，利润率则可以由于成本价格的降低而提高，亦可由成本价格的提升而降低；当剩余价值率提高时，若剩余价值量的增长赶不上成本价格提高的程度，利润率可能是下降的；反之，则相反。而当剩余价值率降低时，剩余价值量就会减少，利润率自然会随之降低；但只要资本量与剩余价值量保持不变，利润率与利润量也会保持不变。同时，只有在成本价格的下降幅度大于剩余价值率的下降幅度时，利润率就有提高趋势。总之，利润关系受剩余价值关系的影响（可能是正的，也可能是负相关的）。（3）利润率下降趋势及其复杂性需要研究与分析。

利润关系还涉及资本竞争问题。在马克思看来，在部门资本竞争的过程中，利润率会转化为平均利润率，各部门只获得平均利润，这以部门间充分竞争为条件。在马克思看来，随着有机构成的提升及剩余价值量的减少，将长期存在利润率下降趋势，尽管利润量随着资本量的增加而增长。马克思指出，利润率下降趋势是政治经济学最重要最难懂的经济规律。由于该规律在现实生活中的表现是极其复杂的，常常也将此规律称为利润率下降与利润量增长规律。因为现实生活中存在很多抵消利润率下降趋势因素，包括剩余价值率提高、生产率提高导致的资本贬值、劳动力过剩出现的对手工劳动者的使用、外贸与股份公司的发展等。由于这些因素的存在延缓和阻碍了平均利润率的下降趋势，使该规律的表现呈现极其复杂的情形，其作用需要经历一个相当长的时间才能明显地表现出来。马克思说："一般来说，我们已经看到引起利润率下降的同一些原因，又会产生相反作用，阻碍、延缓并且部分抵消这种下降。但这些原因不会取消这个规律，而是会减弱它的作用。否则，不能理解的就不是一般利润率的下降，反而是这种下降相对缓慢了。所以，这个规律只是作为一种趋势发生作用，只是在一定情况下，并且经过一个长期，才会清楚地显示出来。"①

讨论剩余价值生产与利润、价值与生产价格是否相等涉及所谓关于"总计一致二命题"问题的争论，在东、西方对该问题的探索长达一个世纪。西方经济家们以该马克思的命题无法用"科学方法"论证为由否认马克思经济学价值理论的科学性，而各路马克思经济家则迎头回击。在旷日持久的三次国际转型问题的争论中，东、西方马克思主义经济学家予以坚决的回应，在深入的讨论与争议中取得的有益的成果。本书在坚持马克思"总计一致二命题"科学性同时，提出以下两点辩证认识观：一是尽管剩余价值是利润的本质，利润是剩余价值的表现形式，但利润本身既相对独立又与剩余价值生产存在千丝万缕的关系，利润更多受到供给、需求及成本各复杂因素的影响。在现实层面上，利润不光来自可变资本，而不变资本中能够推动和促进劳动者复杂劳动能力积累的各种物质因素也会构成利润的重要来源，即成本价格中的能够实现劳动者复杂劳动积累的不变资本部分对于增加剩余价值的生产也发挥重要作用。尽管剩余价值对利润具有根本性的决定作用，但这也不是绝对的。这样一来，应用形式逻辑的方法对价值、生产价格总量上的一致性进行数学论证就存在一定偏差。

---

① 《马克思恩格斯文集》第 7 卷，北京：人民出版社，2009 年，第 249 页。

二是在资本主义条件下，由于经济利益关系本质上的不平衡性，经济运行就具有了非均衡性本质特征，由于利润更多受到供求关系的影响，而供求关系均衡是暂时的，非均衡是长期和本质性的，故价值、生产价格完全的对等性就无法在短期采用计量方法来验证，也没有必要采用短期数据方法来证明。也就是说在长期，剩余价值、利润、价值与生产价格在理论上是可以说明其对等性；但其短期在非均衡运行的现实生活中是不存在的。在长期，利润走向还是决定于剩余价值，生产价格决定于价值。更何况，相对于短期价格机制运行而言，马克思价值关系更多体现着一种商品、货币生产的"质"的规定性。

剩余价值与利润之间既相互联系又相互独立，它们互为表里、相互作用。资本如果为实现长期利润的最大化，当然会理性选择劳动与资本关系的合作博弈发展。在资本主义早期阶段，当资本占有关系践踏了文明社会底线时，不仅会遭到文明社会的抵抗，也会导致社会化生产力停滞与严重倒退。伴随着历史的发展与社会生产力的进步，从"自然史"与"人类史"相统一性的角度去理解剩余价值生产，其本身也存在对自身的扬弃与内在矛盾克服的内在规定性，不过这种克服需要对"总体性"关系的变革与调整。马克思从历史唯物主义观点出发在讨论了它的剥削性质同时，也阐述了它实现超越性的社会历史条件，这构成了马克思经济学的广义剩余价值论。剩余价值生产还处于"适应性"历史阶段，努力实现劳动关系的长期合作博弈与协调性发展至关重要。有学者在实证分析基础上深入讨论的该问题，形成有益的成果。

推动劳动关系向合作博弈方向转化，在资本关系约束条件下，还应重视以下因素：（1）资本能够不断地将积累的资本投入再生产过程中，实现可持续的积累与再生产，形成有效且合结构的社会资本积累组成部分。（2）伴随着劳动生产力的提高，合理提高劳动分配率，使劳动收入与资本收益形成合理的比例。营造和谐的劳动关系，并不断扩大需要，创造新的市场与需要。（3）基于资本积累和社会生产力发展的考虑，适时调整和变革以所有制关系为基础的生产关系体系，使其适应不断发展着的社会化生产力发展。（4）适时推动生产方式、社会形态的变革与调整。事实上，劳动关系体系，在资本主义生存发展阶段与资本主义发展、成熟阶段，其表现形式是不同的。在《德意志意识形态》这部经典著作中，马克思强调应该从实践的角度认识人类历史，将历史发展过程看作"自然史"与"人类史"的统一过程，这个过程既是一个自我形成、自我发展过程，同时又是在客观上剩余价值生产关系不断被改造与变革的过程。马克思剩余价值生产理论，在世界观和方法论上都体现着科学探索与价值目标诉求的统一性。

利润关系体系是剩余价值规律的一种表现形式。尽管这种表现形式是不稳定和现象性质的，在本质上决定于剩余价值规律。但是，在其"适应性"的历史阶段，这种表现形式是相对稳定存在的，但是需要确立。通过剩余价值生产过程分析，马克思在揭示了制约资本主义的发展的本质性问题的同时，也揭示了超越其历史阶段的现实路径。

第三节　剩余价值规律、资本主义基本矛盾与经济危机

基本规律是由事物的本质决定的，因而决定着事物长期发展的趋势。剩余价值生产是资本主义生产方式的绝对规律，决定着资本主义生产，决定和影响着资本主义生产、分配、交换、消费的方方面面，决定着该生产方式的基本矛盾及根本性问题。尽管该规律常常受到各种因素的干扰，甚至相反因素的作用表现出更为复杂的形式，但由于其具有根深蒂固的特点，故而剩余价值规律具有决定性影响。资本对剩余价值的绝对追求是这一规律的核心，而利润率下降规律则是这一规律作用的必然结果。繁荣与持续衰退，资本主义总是挣扎在其中。

3.3.1 剩余价值规律

马克思指出，"赚钱，攫取更多的增值价值是这个生产方式的绝对规律"。①也就是说，剩余价值的生产是资本主义生产的实质与根本目的，资本不断增殖才能实现自身利益的最大化，剩余价值生产决定着资本主义生产的一切主要方面和一切主要过程。也就是说，剩余价值生产决定和影响着资本主义经济方方面面。

首先，剩余价值生产是资本主义生产方式得以运行的根本驱动力。在生产过程中获取增殖的价值并在流通领域实现是资本主义经济运行的基础。在资本主义社会，私人资本对增殖价值的追求构成资本积累和扩大再生产的根本动力，还伴随着残酷的市场竞争。然而，该动力性质在驱动资本不断积累

---

① 《马克思恩格斯文集》第5卷，北京：人民出版社，2009年，第714页。

扩大再生产的同时，也为此行为形成的固有的限制，那就是该体系的生产与分配、消费关系的在本质上的不平衡性，违反和破坏了商品经济基本规则。同时，伴随着金融垄断市场结构的出现，使生产投资形成利润率下降趋势更加显著，高额的垄断利润在直接意义上削弱资本的生产性积累与扩大再生产性，这还不包括边际资本生产率下降趋势。马克思在《资本论》中指出："作为资本家，他只是人格化的资本。他的灵魂就是资本的灵魂。而资本只有一种生活本能，这就是增值自身，获得剩余价值，用自己的不变部分即生产资料吮吸尽可能多的剩余劳动。资本是私劳动，它像吸血鬼一样，只有吮吸活劳动才能有生命，吮吸的活劳动越多，它的生命就越旺盛。工人劳动时间就是资本家消费他所购买的劳动力的时间。"①

其次，剩余价值生产决定着资本主义生产方式的产生、发展及其历史趋势。资本主义经济运行还会遇到私人劳动社会性协调巨大障碍。一方面是由资本主义基本矛盾决定的生产无限扩张性，另一方面则是支付能力需求不足，尽管存在宏观资本管理制度，但这仍然不能克服其所固有的需求约束性质。与此同时，创新经济发展需要的有机产业支撑体系难以形成，导致创新经济发展踟蹰不前。而创新经济的持续停滞，使得资本主义经济必然通过所谓的金融创新刺激其发展，但在其产业支撑体系不健全的情况下，金融刺激只能导致经济走向加速虚拟化与经济衰退。当然，由剩余价值规律及各种作用形式引发资本主义经济危机的频繁爆发，这既表明资本主义制度的历史局限性，也昭示着伴随资本主义社会生产力的发展将必然推动资本主义经济关系的自我扬弃的历史过程与趋势。

当然，剩余价值规律也是资本主义一切问题的根源，并从根本上制约着资本主义的长期、稳定的发展。利润率下降规律是剩余价值规律最主要的表现，而利润率的下降也是资本主义各种问题、矛盾作用的结果。资本之间竞争加剧导致出现过剩资本与相对过剩人口，利润率下降规律与剩余价值规律存在内在深刻矛盾，垄断资本的出现难以避免。当大资本发展为垄断势力后，一方面市场配置资源的效率被严重削弱，另一方面社会分化有可能加剧，社会公平遭到更大戕害。

如果说剩余价值反映了劳动关系的对立本质，而利润关系则反映了劳动关系合作发展的常态形式。在现实生活中，剩余价值规律常常通过各种矛盾

---

① 《马克思恩格斯文集》第 5 卷，北京：人民出版社，2009 年，第 269—270 页。

激化反映出来。此时常态化的利润关系也会被颠覆，使劳动关系的矛盾不断升级，并呈现出劳动合作、劳动对立，甚至对抗发展的交错复杂形式。这都构成剩余价值规律作用的复杂形式。所以，剩余价值规律，在揭示其不等价占有本质的同时，在长期也以资本与劳动利益的共生合作方式存在。

3.3.2 资本主义基本矛盾及其经济危机

经济危机是剩余价值规律作用的结果，常常也是资本主义基本矛盾的总爆发时刻。在马克思看来，生产的相对过剩是资本主义经济危机最主要的特征，这是由资本主义基本矛盾决定的，即生产的社会化发展与私人资本发展的尖锐矛盾成为资本主义的基本矛盾。该矛盾表现为：（1）由于价格机制发挥配置资源的作用，虽然个别企业生产的有组织性，但整个社会生产长期发展的无政府状态不可避免,故资本主义经济发展存在着宏观协调性根本障碍,即资源配置的无政府问题。（2）在市场竞争机制的刺激下，生产会呈现无限扩张趋势，但由于受到资本关系的制约及劳动收入分配额的根本性限制，劳动者有消费能力，支付需求却相对不足。当这一矛盾达到某种程度时，尤其是市场需求严重萎缩时，生产过剩性质的危机就会爆发。另外，还由于垄断、投资领域减少，以及替代劳动的生产技术的进步等因素都会导致市场供求关系严重失衡，将激化或加剧社会基本矛盾。危机爆发期间，常常是大量商品过剩、资本过剩，经济陷入严重的瘫痪。同时，也由于基本矛盾的固有性质，经济危机会周期性发生，进而使资本主义再生产也呈现出危机、萧条、复苏、高涨的周期性。早期危机是典型的生产过剩的危机。

固定资本的更新是资本走出危机的必备条件和标志。当危机中消耗了过剩的商品后，资本开始更新固定资本，进而形成新的市场需求，生产、消费逐渐活跃，经济进入复苏阶段，就业也开始增加，经济的高涨阶段变得可以预期。事实上，经济危机与相对过剩人口相互影响。经济危机必然伴随着工人的失业，马克思称其为相对过剩人口。所谓相对过剩人口，是指在经济危机和有机构成提高趋势的作用下，劳动者相对于资本的需要，即资本追逐利润预期而言，变成了过剩人口。相对过剩人口不仅是资本主义发展的结果，还是资本主义再生产周期性存在的前提条件。在周期性的经济波动中，过剩人口扮演着适应资本周期发展需要的角色。在危机中，大批的劳动者被甩出再生产过程；而在经济高涨时，失业工人又可以弥补生产过程的劳动力的不足。马克思还概括了他那个时代相对过剩人口的存在形式，即流动的过剩人口、潜在的过剩人口及停滞的过剩人口。在马克思看来，在资本主义条件下，由于基本矛盾的存在，以及技术的不断进步发展，相对过剩人口的出现是难以避免的，这构成制约资本主义长期、稳定发展的最主要问题。固定资本的更新是资本走出危机的必备条件和标志。当危机中消耗了过剩的商品后，资本开始更新固定资本，进而形成新的市场需求，生产、消费逐渐活跃，经济进入复苏阶段，就业也开始增加。

1825 年在英国爆发了第一次资本主义经济危机。这次危机几乎波及所有的工业行业和欧洲各个国家，但没有对世界其他国家和地区造成重大影响，没有形成世界性的危机。在此危机之前，荷兰发生过"郁金香狂热"，英国还出现过"南海泡沫"，这两次危机基本局限在某个行业或领域。1857 年美国爆发了学界公认的第一次的世界性的经济危机，其直接原因是超规模铁路建设，根本原因是资本主义基本矛盾。此时由于美国在第二次科技革命的推动下，机械化技术得到迅速普及与使用推动了生产的大规模扩张，出现产能严重过剩现象，但此时工人的工资增速依然缓慢。在当时由于铁轨、机车、轮船及其他制成品充斥着美国市场，并严重阻碍着美国冶金、棉纺织业等部门的发展，致使美国部分企业生产经营陷入困境，工人失业，出现了整个社会有效需求的不足。危机最初发生在实体经济，而后开始向金融领域蔓延，大量的银行与金融机构破产，引发了一轮又一轮的破产风潮。危机还蔓延至英国，引发了英国制造业的破产风潮，成为真正意义上的世界性的经济危机。1873 年 5 月危机由奥地利开始并逐渐遍及整个欧洲大陆及美国，这次危机是在农业危机持续 20 年后爆发的，英国农业危机比其他欧洲国家表现得更尖锐。美国在 1873 年 9 月也爆发了危机，铁路企业倒闭，工人失业。1929 年—1933 年，由美国汽车业生产严重过剩导致最大的一次世界性的经济危机。1908 年美国福特发明了工业生产流水线使汽车产量迅速上升，而较长的汽车生产线推动钢铁、石油、玻璃橡胶等其他行业也迅速得到发展，伴随汽车产业的迅速发展，银行信用业也得到空前的扩张。过度的经济繁荣导致盲目投资、经济结构比例失调，房地产过度投资。陷入危机后的世界经济平均下降了 40%，工业、农业生产不景气，企业破产，生产大幅度下降，大量工人失业，生活陷入困境。资本主义的发展定期地被生产过剩的经济危机所中断。

进入 20 世纪，爆发了 1929 年至 1933 年的大危机。此次危机导致世界生产总值下降了近 40%，资本主义世界几乎陷入瘫痪与崩溃。此后，资本主义世界逐渐建立和完善了宏观关系政策调控体系以对抗经济的波动与危机。二战后，西方国家的宏观管理步入了制度化、系统化的历程。与此同时，资本主义的再生产周期也发生了变化，即出现了经济的繁荣、衰退、萧条或萧条与复苏交替出现，呈现了新的周期形式与趋势。2008年，在美国由于次级贷款链条的突然崩溃，导致爆发了前所未有的金融危机。之前虚拟经济的过度发展，为此次危机埋下伏笔。而货币形式的新发展，则为该次危机创造的条件。

第四节　工作日、绝对剩余价值生产与阶级斗争

在19世纪初、中期的工业革命过程中，资本主义工厂制与既有的雇佣劳动关系初步确立。但是，由于当时劳动保护制度不健全以及资本野蛮竞争，雇佣劳动者一直处于与资本谈判的绝对弱势地位。资本贪婪地压榨雇佣劳动者的剩余劳动，雇佣工人生产劳动强度带有鲜明的奴隶制色彩。马克思在《资本论》中深刻揭示道："那些还在奴役劳动或徭役劳动等较低形式上从事生产的民族，一旦卷入资本主义生产方式所统治的世界市场，而这个市场又使它们的产品外销成为首要利益，那就会在奴隶制、农奴制等野蛮灾祸之上，再加上一层过度劳动的文明灾祸。"①

3.4.1 突破人性底线的工作日与劳动强度

19世纪初、中期，虽然新技术革命初露曙光，但这却被资本的贪婪与赤裸裸的掠夺吞噬并掩盖着。这一时期资本对雇佣工人剩余劳动的掠夺以前所未有的方式出现，在马克思看来，早期资本主义工厂制生产与奴隶制没有本质的区别。当时，不仅工人的收入低于工人正常生存线以下，且技术发展新方式成了奴役工人的新形式，工人成为流水线上高度运转的机器附属品。虽然具有相对剩余价值生产形式，但资本对工人的剥削变本加厉。资本主义社会生产方式处在极不相适应的状态中，阶级斗争不可避免。

这是一段充满奴役、压迫与残酷剥削的历史。处于生存发展阶段的资本主义，资本对剩余价值的剥削是残酷的。工作日与劳动强度都超过了工人的生理、心理的底线，践踏着人类社会文明。马克思在《资本论》中用相当的篇幅讨论了绝对剩余价值生产问题，强调了绝对剩余价值生产突破了劳动者

---

① 《马克思恩格斯文集》第1卷，北京：人民出版社，2009年，第273页。

生理与道德界限。但在马克思生活的年代，通过延长工作日和提升劳动强度，资本对工人剩余劳动的占有已达到某种极限，远远超过了马克思提出的这两个界限，工人阶级在逐渐萎缩的状态中生存。当时，工作日被普遍地延长到超过生理界限的，一般达到 12—14 个小时，更有胜者达到 16—17 小时，且有大批妇女、儿童加入雇佣劳动大军。针对超长的工作日制度，马克思在《资本论》中愤怒地指出，工作日的这两个界限有着极大的弹性，它可以是 8 小时、10 小时，也可以是 14 小时、16 小时、18 小时，如果没有法律的限制，资本家会无限制地延长工作日，恨不得在一天里用掉工人三天还恢复不过来的劳动力。而工人却只想在自己正常耐力和健康发展的限度内使用它。所以，早期资本主义经历了一个围绕工作日立法的过程，最初是通过立法的形式延长工作日，后来又通过立法的形式一步步缩短工作日，包括降低劳动强度、禁止使用童工等内容。

　　然而，当时这些立法也是通过工人阶级展开各种形式阶级斗争推动和促进的，否则，绝不可能实现。马克思在《资本论》中写道，资本家尽可能延长工人的劳动时间，甚至极力把一个工作日变成两个工作日。而工人则希望将自己的工作日限定一定的正常的范围内。于是，劳资关系的矛盾不断升级，在权利与权利对抗中，力量往往发挥决定作用。所以，在资本主义发展的历史过程中，工作日的正常化过程是通过规定工作日的斗争实现的，这是全体资本家阶级与全体工人阶级的斗争。马克思在《资本论》中指出，工人劳动时间、劳动强度的增加远远超出了工作日的正常界限，当时工厂制对工人的掠夺"极其贪婪"，甚至成为一部"野蛮奴隶史"。超长的工作日及无法忍受的劳动强度使雇佣工人的再生产处在萎缩发展的过程中。马克思在《资本论》中用很大的篇幅展示了资本的这种"暴行"。事实上，由于这种残酷剥削是建立在大机器工业技术条件的基础上，资本对工人剩余劳动时间的占有既存在相对剩余价值生产，又存在剩余劳动时间的绝对的延长、劳动强度的绝对的增加等形式。

　　但是，当时的资产阶级政治经济学家对此却极力维护，百般阻挠维护工人合理利益的法律出台与实施。不仅如此，资产阶级经济学家还以所谓符合科学、自然规律的面貌出现，千方百计地诋毁马克思剩余价值批判理论。在《资本论》绝对剩余价值生产篇，记录了马克思就缩短工作日问题与资本及其辩护者展开的论战。马克思明确指出，劳动力的使用与劳动力的劫掠完全是两回事。工人必要劳动时间和剩余劳动时间之和，也就是工人生产用于劳动力价值补偿和生产剩余价值的时间之和，这构成了劳动时间的绝对量——工作日。但工作日即劳动力的使用，按照合规律的要求应该存在着"社会的""生理的"界限的。但是，在当时资本对劳动力的使用完全是一种劫掠的方式。马克思指出，"资本并没有发明剩余劳动"①。在古代社会，只有存在谋取交换价值形式即货币的地方，即在金银生产上，才会有骇人听闻的过度劳动。在那里，累死人的强迫劳动是过度劳动的公开形式。但是，在古代，这只是一种例外。但一旦卷入资本主义生产方式所统治的世界市场，这不仅成为一种普遍形式，"还会在奴隶制、农奴制等等野蛮灾祸之上，再加上过度劳动的文明灾祸""问题已经不再是从黑人身上榨取一定量的有用产品，现在的问题是要生产剩余价值本身了"②。并且，在英国这种剥削当时不受任何法律的限制。

围绕缩短工作时间，马克思与西尼尔展开争论。西尼尔坚持反对新颁布的工厂法和工人争取十小时工作日的运动。新颁布的工厂法规定，凡雇佣不满 18 岁的工人的工厂，每天劳动时间不得超过 11 个半小时。西尼尔却认为，工厂获得的纯利润是在 12 小时的最后一小时提供的，如果工作日缩短一小时，工厂的纯利润就会消失了。马克思批判道："按照你们的说法，工人的劳动时间是每天 11 个半小时。他用这 11 个半小时的一部分来生产或补偿自己的工资，用另一部分来生产你们的纯利润。在这个工作日他也没有干别的事情。按照你们的说法，工人工资和他提供的剩余价值是同样大的价值，那么工人显然是在 5 个多小时内生产自己的工资，在其余 5 个多小时内生产你们的纯利润。"③而不是最后一小时。事实上，由于资本对剩余劳动的贪婪，一般工厂工人的劳动时间不止 12 个小时，而是超过 12 小时的，有的甚至达到 16、18 小时。远远超过劳动力正常再生产所需的劳动时间。马克思认为，这也是资本主义自然史的一部分。一个社会的生产只要不是以使用价值为目的，而是以交换价值为目的，社会对剩余劳动的占有就可以是无限的、极大化的。

资本还大量使用童工，并以轮班制的名义掠夺工人的剩余劳动。资本的存在就是为了吮吸劳动，并且是按照一定的比例一滴一滴地吮吸，否则它们就会变成无用的预付资本。"把工作日延长到自然日的界限以外，延长到夜间，只是一种缓和的方法，只能大致满足一下吸血鬼吮吸劳动鲜血的欲望。"因此，

---

① 《马克思恩格斯文集》第 5 卷，北京：人民出版社，2009 年，第 272 页。
② 《马克思恩格斯文集》第 5 卷，北京：人民出版社，2009 年，第 273 页。
③ 《马克思恩格斯文集》第 5 卷，北京：人民出版社，2009 年，第 261 页。

"在一昼夜 24 小时占有劳动，是资本主义的内在要求"。但是日夜不停地榨取同一劳动力，从身体上来说是不可能的，因此，"要克服身体上的障碍，就得使白天被吸尽的劳动力和夜里被吸尽的劳动力换班工作"①。在马克思生活的年代，工人昼夜 24 小时不间断的生产过程，为打破名义上的工作日界限提供了极大的方便。在劳动极其繁重的行业里，每个工人平均的工作日为 12 小时，无论是白天还是黑夜都是如此。

　　马克思接着写道：但是在很多场合，那种超过这一界限的过度劳动，"实在可怕"，因为在这样残酷剥削方式下工作的，还有大量的童工。《资本论》引述了官方的报告："任何有感情的人想到证词中提到的 9—12 岁儿童所担负的劳动量，都不能不得出结论说，再也不能容许父母和雇主这种滥用权利。"在当时有许多夜工少年，在白天也不能睡觉，不能得到必要的休息，他们只好在第二天不停地到处乱跑。一个雇佣童工的钢厂主说："看来是很自然的事。"而对于将这种制度滥用到极端形式的资本，马克思愤怒地批判道：有些工厂甚至将工作日延长到"骇人听闻和令人难以置信的程度"，而官方只谈这种形式的"正常"形式。有些 9 岁儿童，有时一连做 3 个班，每个班达到 12 小时。有一些在铸铁场工作的儿童年仅 12 岁，他们一连 14 天，每天都是夜里 6 点起床，一直劳动到夜里 12 点。不过，在当时的工厂里，工人大多是 6 点钟上班工作一直到下午 6、7 点。而未满 18 岁的未成年人在 24 小时内则必须劳动 12 小时以上。生产资料的存在是为了吸取剩余劳动，而 24 小时吸取的剩余劳动当然要比 12 个小时的要多。剩余价值生产本质残酷的一面，在这种形式下暴露无遗，呈现出血淋淋的一面。不仅有大批的童工加入到雇佣劳动者的队伍，无产阶级生活境况也极其悲惨。他们工作时间极长，工资却非常低，"甚至在某些方面比旧制度造成的农村悲剧更加悲惨，让人震惊"②。恩格斯在 1845 年出版的《英国工人阶级状况》中描写了当时肮脏的事实。针对当时如此残酷的剥削，马克思应用实证分析方法记录了当时的历史真实。这部分内容成为《资本论》最宝贵的研究成果。

　　在《资本论》的注释里，马克思还大量记述了当时的工厂报告披露的情况：譬如，1865 年，在制造玻璃瓶的工厂做工的儿童，他们不停地做工，6 小时就得走 15—20 英里的路，而劳动往往长达 14—15 小时！且不说他们从

　　① 《马克思恩格斯文集》第 5 卷，北京：人民出版社，2009 年，第 297 页。

　　② 托马斯·皮凯蒂：《21 世纪资本论》，北京：中信出版集团，2014 年，第 8 页。

事着多么费力的搬运工作。在许多这样的玻璃厂，除了吃饭、睡觉、往返交通，6 小时是最长的休息时间了。工人从事其他活动的时间都没有了。当时，过剩的人口，即相对于资本增值所需的过剩人口是常态。马克思指出，经验表明虽然从历史的观点看，"资本主义生产几乎是昨天才诞生的，但是它已经多么迅速多么深刻地摧残了人民的生命根源"①。在当时，由于不断从农村吸收自然生命要素，工业人口的衰退才得以缓慢；并且，农业工人，尽管他们可以吸到新鲜的空气，并遵循自然选择的规律发挥无限的作用，但他们也已经开始衰退了。马克思接着写道：资本根本不关心工人的健康和寿命，除非社会以某种方式迫使他们去关心。这一时期人们都在为工人体力和智力的衰退、夭折、过度劳动的折磨而愤愤不平，而资本却无耻地辩护说：既然这种痛苦可以增加我们的快乐和利润，我们又何必为此苦恼呢？当然，在马克思看来，这并不取决于个别资本的善与恶意。自由竞争使资本主义生产的内在规律作为外在的强制力量对每个资本家发挥着作用。

在马克思生活的年代，由于劳动保护法的不健全，缩短工作日劳动法的真正实施其实是阶级斗争的结果。即便在当时是如此残酷的剥削，剩余价值生产也还是存在两种方式。马克思指出："资本在它的萌芽时期，由于刚刚出世，不能单独依靠经济关系的力量，还要依靠国家政权的帮助才能确保自己的剩余劳动的权利，它在那时提出的要求，同它在成年时期不得不忍痛做出的让步比较起来，诚然是很有限的。只是过了几个世纪以后，自由工人由于资本主义生产方式的发展才自愿地，也就是说才在社会条件下的逼迫下，按照自己的日常生活资料的价格出卖自己一生全部能动时间，出卖自己的劳动能力本身，为了一碗红豆汤出卖自己的长子权。"②马克思指出，正常工作日的规定，是几个世纪以来资本家和工人之间斗争的结果。在这个斗争的历史中，出现了延长与缩短工作日的两种倾向。现代的工厂法强制地缩短工作日，而当时的劳工法则力图延长工作日。

《资本论》"剩余价值篇"还转述了当时出版的《论手工业和商业》中的叙述："他们的劳动总是紧张到极点，他们的生活总是坏得不能再坏，他们的劳动重得不能再重。"③直到 1850 年法国才颁布了十二小时工作日时间限制令，针对此马克思写道："资本经历了几个世纪后，才使工作日延长到正常的

①《马克思恩格斯文集》第 5 卷，北京：人民出版社，2009 年，第 311 页。
②《资本论》第 1 卷，北京：人民出版社，1975 年，第 301 页。
③《资本论》第 1 卷，北京：人民出版社，1975 年，第 212 页。

最大极限，然后这个极限，越过延长到 12 小时自然日的界限。在这项法令颁布之前，法国工作日是不受限制的，工人的工作日长达 14—15 小时或者更多一些。"1833 年法令规定，工厂普通工作日应从早晨 5 点开始，到晚上 8 点半结束。马克思指出，当时的立法者根本不想触犯资本榨取成年劳动力的自由。接下来，工人为争取十小时工作日而展开阶级斗争，但很快失败了。而在此之前，工人虽然顽强地进行着不屈不挠的斗争，当这种斗争和反抗一直处在守势，直到他们通过更加声势浩大的方式表示抗议，阶级对抗与斗争已经达到了难以置信的程度。而资本却轻描淡写地认为："平等地剥削劳动力，是资本首要的人权。在这种激烈的反抗下，工厂主与工人才取得了某种程度的妥协，最后这种妥协在议会中被固定下来。"[①]在这一历史时期，资产阶级宣传的"自由""平等"即是对雇佣工人赤裸裸的奴役与剥夺。

3.4.2 大机器工业下的绝对剩余价值生产

从 18 世纪末到 19 世纪初、中期，尽管伴随技术进步剩余价值生产的相对方式逐渐形成，但其绝对剥削方式仍然占主导地位。不过，此时即便是以技术方式推动的剩余价值生产，也是以绝对占有方式实现的。大机器化的工业生产极大地增强了工人的劳动强度，并且也极大地发展了劳动的片面性，正是由于资本主义发展了劳动的片面性，使工人阶级真正隶属于资本主义方式。

在研究过程中，马克思在逻辑上区分了剩余价值生产的这两种方法，这种区分既符合逻辑同时也是历史发展的结果，体现了逻辑与历史的统一性。事实上，在整个 19 世纪这两种方式都是相伴而行的，即资本在大机器工业的技术条件下，仍然进行着绝对剩余价值的生产。此时资本对劳动奴役既存在原始的压榨、掠夺方式，也存在着新世纪技术掩盖下的复杂方式，并且由于新技术的使用使这种方式具有了更大的奴役和不平等的性质。这正是在马克思生活的年代，资本残酷剥削的重要特征。当然，这也是资本原始积累重要的来源。在大机器工业技术条件下，绝对剩余价值生产，其残酷性就表现在大机器体系及其流水线的应用，造成了工人的技术能力极端片面性，使雇佣工人最终真正隶属于现代大工业体系，隶属于资本剥削体系。

劳动对资本的隶属关系是一个不断发展的历史过程。而在此时劳动对资

---

① 《资本论》第 1 卷，北京：人民出版社，1975 年，第 325 页。

本的隶属关系成为不可逆转的事实了。早在手工协作历史阶段，劳动对资本只存在形式上的隶属。随着资本主义机器大工业的出现，劳动对资本则从形式上的隶属关系转变为实际隶属关系，即劳动对以客观实体方式存在的资本形成实际的隶属关系。而这种隶属关系是资本主义生产方式存在的前提。这主要表现为：（1）在资本主义工厂里，劳动者由工具的实际操纵者变为机器的服侍者，机器体系作为客观存在的资本实体与工人相对立，工人完全变成从属于机器体系的附属物，劳动者在生产过程中完全失去了主动性。而工人作为有意识的器官与机器体系的无意识的器官并列。（2）劳动者在资本主义生产体系中，伴随劳动过程的是智力和体力的进一步分离，劳动能力的极端片面性发展。而科学技术体现在机器体系中并与机器体系一起构成资本对劳动的支配权力。（3）技术的发展迫使工人完全服从机器系统机械性运动，资本对劳动的监督和管理得到了充分的体现，并形成了一种"兵营式的纪律"，从而进一步加强了资本对劳动的支配和统治。（4）在资本主义工厂里，由于机器体系成为生产的主要驱动力使资本雇佣女工和童工成为可能，而大量使用女工和童工又进一步压低了成年男工工资，使资本加深了对雇佣劳动者的剥削。（5）资本利用机器大工业的物质生产方式不断地提升与改造着整个社会生产的一切领域，并把生产过程完全置于资本的统治之下。于是，无产阶级不仅在经济关系上同时也在实际的生产技术上隶属于了资本，在这种条件下，劳动者想要脱离资本已经无可能了，机器体系使劳动真正实现了劳动对资本的隶属。[①]

　　针对上述绝对剩余价值的生产的极端情况，马克思在《资本论》中作了进一步的说明。马克思说，在劳动生产力和劳动强度不变的条件下，假如工作日的长度可变，那么极有可能朝着缩短或延长两个方向改变。（1）假如在劳动生产力和劳动强度不变的条件下，如果缩短工作日，使必要劳动时间发生变化。那么也会缩减剩余劳动和剩余价值。而随着剩余价值绝对量的下降，资本家必然将劳动力价格压低到它的价值以下，才能避免损失。针对此种状况，马克思批判道："一切反对缩短工作日的陈词滥调，都认定这种现象是在这里所假设的这种条件下发生的。然而实际上正好相反：在工作日缩短以前或紧随着工作日缩短以后，劳动生产率和劳动强度会发生变化。"[②]（2）工

　　① 王述英、张彤玉：《政治经济学原理》，天津：南开大学出版社，2002年，第121页。

　　②《资本论》第1卷，北京：人民出版社，1975年，第545页。

作日的延长。假定延长工作日，虽然劳动力价值按其绝对量来说没有变化，甚至有所提高，但就其相对量来说却是降低了。在这里，劳动力价值相对量的降低是其绝对量的提升的结果。马克思指出，这是因为工作日借以表现的价值产品会随着工作日的延长而增加。但无论工作日是绝对延长，还是没有变化，劳动强度都会增加的。

在工作日和劳动生产力不变，劳动强度不断提升的情况下，劳动强度的提高是以在同一时间内劳动消耗的增加为前提的。"因此，一个强度较大的工作日比一个时数相同但强度较小的工作体现为更多的产品。"①"如果劳动时数不变，强度较大的工作日就体现为较多的价值产品，因而，在货币的价值不变的情况下，也就体现为较多的货币。在这种情况下，同一个工作日不再像以前那样表现为一个不变的价值产品，而是表现为一个可变的价值产品。"②马克思继续写道："显然，如果能使一个工作日的价值产品发生变化，那么这个价值产品的两个组成部分，即劳动力的价格和剩余价值则可以同时按照相同的或不同的程度增加。"如此一来，劳动力价格虽然有所提高，但不一定要超过它的价值。相反地，当劳动力价格提高时，还有可能低于劳动力的价值。当劳动力价格的提高不能补偿劳动力的加速损耗增加的价值产品。"如果一切产业部门的劳动强度都同时相等地提高，新的提高了的强度就成为普通的社会的正常强度，因而不再被算作外延量。但是，甚至在这种情况下，平均的劳动强度在不同的国家仍然是不同的，因而，会使价值规律在不同国家的工作日应用上有所变化。一个国家的强度较大的工作日，比另一个国家的强度较小的工作日，表现为更大的货币额。"③

马克思继续写道："随着工作日的延长，劳动力的价格尽管名义上不变，甚至有所提高，还是可能降到它的价值以下。我们记得劳动力的日价值是根据劳动力的正常的平均持续时间或工人的正常的寿命来计算的，并且是根据从生命物质到运动的相应的、正常的、适合人体性质的转化来计算的。与工作日的延长密不可分的劳动力的更大损耗，在一定点内，可以用增多的报酬来补偿。超过这一点，损耗便以几何级数增加，同时劳动力再生产和发挥作用的一切正常条件就遭到破坏。劳动力的价格和劳动力的剥削程度就不再是

---

①《资本论》第 1 卷，北京：人民出版社，1975 年，第 325 页。

②《资本论》第 1 卷，北京：人民出版社，1975 年，第 167 页。

③《资本论》第 1 卷，北京：人民出版社，1975 年，第 363 页。

可通约的量了。"①总之，绝对剩余价值生产，即便是劳动力的价格提高了，如果提高的程度赶不上劳动力消耗的程度，劳动力的价格还会低于劳动力的价值。

3.4.3 普遍低于劳动力价值的工资及其工人阶级的斗争

19世纪初、中期，一方面是工业制度和新职业发展以前所未有的速度贪婪地吸纳劳动力，另一方面是劳动者基本生存的权利难以得到保障，劳动工资大多低于劳动力价值。马克思在《资本论》中指出，基本工资低于劳动力价值是资本规律的必然倾向。而古典经济学家认为，由于人口增长速度大大高于流动资本增长的速度，超过了用于工资基金的现金形成了供给的界限。在农业中，人口增长导致土地报酬不断下降，也就是说，越来越多的人口对实际上保持不变的土地面积的压力不断增加，实际工资因此而降低了——尽管反过来说，它本应促使社会对原来依靠土地生存的劳动力形成巨大需求，然而，这种情况显然没有发生。事实上，在有关长期人口增长的影响这一问题上，无论过去还是现在，研究者及观察家都没有达成任何一致意见。鉴于此，当英格兰南部群众要求增加工资时，由于对来自人口数量过多的政治灾难的恐惧，驱使英格兰政府成立了一个移民署。当时，拓展殖民化的一个主要目的就是要阻止骚乱、保卫和平、维持秩序、维护对财产安全的信心和防止工人罢工。

事实上，当时人口的巨大增长，虽然有助于提供"充裕的"劳动供给，但随着人口的增长，对劳动的潜在的需求也在增加，甚至还会出现暂时劳动力短缺现象。当时有学者认为，这样一种人口增长因素，只是方便了劳动力在一种工作与另一种工作之间发生转移，而这种转移为工业革命所必需。正因如此，当时只要农业劳动力从土地上移出相当少部分人，就能大大增加工业中的就业人数。与此同时，考虑到劳动力需求的不规则性及其变化的多方向性，劳动力似乎只会存在暂时和局部的短缺，这种短缺应部分地通过有吸引力的工资报酬来解决。但也有学者认为，不断增长的劳动力供给总量势必引起劳动力的全面流动，又会使其有利于工资的作用比它们本来可能发挥的作用要少要弱一些；由此，人们也无需非常看重劳动力的这种工作转换、流动和反流动的意义，并且这些变动都主要是通过经济环境的推动而很少通过

①《资本论》第1卷，北京：人民出版社，1975年，第346页。

人为设计的拉引来达到的。

在人口迅速增长、劳动力供给暴增和低工资的时代条件下，当局自然确立不利于劳工利益保障的劳动立法制度，使阶级矛盾不断加剧。资本原始积累遗留下来的不规则竞争，以及社会保障制度的不健全，使得劳动者生存随时会遇到极大的威胁。而此时资本却激发出的极大的财富贪欲：短期利润生产经营目标、对局部利益的极端追求，都使社会矛盾不断尖锐化。针对此情形，马克思认为，在你是资本价值的增值，在我则是劳动力的过多的支出。"我每天只想在它的正常耐力和健康发展所容许的限度内使用它，使它运转，变为劳动。你无限地延长工作日，就能在一天内使用掉我三天还恢复不过来的劳动力。你在劳动上这样赚的，正是我在劳动实体上损失的。使用我的劳动力和劫掠我的劳动力完全是两回事。"[1] "在实践中，关于经济与非经济的压迫，并非总能很容易地区分开。比如说，传统的学徒期中固有的相互关系观念（包括了权利和义务）被当权者盗换，尤其是棉纺厂主滥用教区学徒期，把童工当作温顺而廉价的劳动力，其中的压迫就明显包含经济与非经济两方面因素。在《新济贫法》通过之后，当劳动力短缺时，代理人援用《新济贫法》规定，帮助棉纺厂主获取劳动力也是如此。具有同样作用的还有税收制度，这种税收制度对穷人课的税要比富人重得多，并且把许多征来的国家税收转移给富人。与此同时，有时使用残酷的法律力量则明显地占优势，许多无耻的用于损害劳动力谈判力量的阶级立法活动出现在历史舞台上，这些立法活动包括：1799 年和 1800 年通过的《结社法》（Combination Acts），1813年法令取消司法部门决定工资的权力，1814 年法令废除学徒条款，以及 1834年《济贫法修正案》（Poor Law Amendment Act）的通过。"[2]

"《新济贫法》实际上赋予了资本一种对劳动群众绝对的专制力量……这个法律剥夺了穷人的反抗权，而正是凭借这种反抗权劳动者才有可能同雇主讲条件，因此，这一法律对受雇者强加了一种约束……《新济贫法》赋予雇主一种对工人来说不可能接受的力量。总而言之，雇主有权对工人说，你必须接受我提供的工资，因为不管这些工资对你的劳动力价值来说多么不相称，如果你胆敢拒绝，《新济贫法》将保证你会挨饿。"[3]马克思接着说，"以上出

---

[1]《资本论》第 1 卷，北京：人民出版社，1975 年，第 261 页。

[2] 彼得·马赛厄斯、M. M. 波斯坦：《剑桥欧洲经济史第七卷工业经济：资本、劳动力和企业（上册）》，北京：经济科学出版社，2004 年，第 182 页。

[3]《资本论》第 1 卷，北京：人民出版社，1975 年，第 321 页。

自《标准》（Standard）和《先驱晨报》（Morning Herald）的评判令我们难以反驳，不管法律被通过时立法者表达的感情多么虔诚，但以上评判却恰当地揭示了新法律背后所隐藏的当事人的意图，以及它的主要社会影响。还有许多倾向相似的其他措施也被通过了，而许多倾向相反的法案却被否决。但是，以下情况也值得我们注意，1799—1800 年和 1813—1814 年的每一次立法，都在没有遭到太多公开抗议的情况下获得通过，但都伴随着工人组织的暂时复苏；与 19 世纪的其他议会法案通过时的情况有所不同，1834 年的《新济贫法》通过时几乎引发了一场英国内战。"①

　　就对劳动者的影响来说，除了法令全书中的现行法律外，起作用的还有司法管理机关。但奇怪的是，当法律条文的实施如此不利于工资拥有者时，司法机关仍有滥用法律的余地，并借此滥用他们剥夺贫穷者在法律面前的平等地位，即便是名义上的。事实上，他们既有此动机，同时也是这么做的。通常情况下，农村和矿区的地方行政长官，在遇到诸如偷偷违反合同或出现工资纠纷等情况时，总是简单地运用警察强制力量粗暴干涉，强制地推行他们的利己偏见，而不顾其他阶级自然公正的要求。而再翻一下如《穷人指南》（Poorman Guardiaa）之类的杂志就会发现，对于城市地方法院或农村的高级法庭，情况也没有什么不同。"矿工的辩护律师" W.P.罗伯茨尽管面临着有偏见的法官、身份为行政长官的煤矿主、资金缺乏、疾病、过度工作等各种困难，但他仅仅凭借着"法律需要以它本来的面目加以应用"这一持久信念，在 19 世纪 40 年代取得了令人难以置信的成功。

　　与此类似，这个时期工会之所以有影响力，很大程度上要归功于它们锲而不舍地将过去一个世纪中所取得的成就之一发扬光大，即坚持法律涉及的不是②。从另一方面看，《结社法》于 1824 年被废除，这一事件和《工厂法令》于 1825 年被修改并于 1833 年被废除一样，这些都是最早的有利于劳动者谈判地位的重要立法活动，也是城镇中劳动者力量用新方式组织起来的最初成果。但是，在当时都被当局废除了，其理由是 1824 年《结社法》（的支持者），经常被说成是那些认为工会失效的激进主义者群体。这些立法的被废除据说也是对他们没有多大怀疑态度的下议院那里进行吵嚷的意外收获。还

---

① 彼得·马赛厄斯、M. M. 波斯坦：《剑桥欧洲经济史第七卷工业经济：资本、劳动力和企业（上册）》，北京：经济科学出版社，2004 年，第 180-194 页。

② 彼得·马赛厄斯、M. M. 波斯坦：《剑桥欧洲经济史第七卷工业经济：资本、劳动力和企业（上册）》，北京：经济科学出版社，2004 年，第 180-194 页。

有人认为，1833 年《工厂法令》的废除至少要部分地归功于大工厂主的支持，他们想要由此废除一些有利于小工厂主的不公平竞争条件。实际上，出于同样的原因，大工厂主（也像小工厂主一样）是不可能支持工会的。而且，在这些让步的背后，还隐藏着工厂主对起义的无名恐惧，正如爱德华·吉本·韦克菲尔德（Edward Gibboo Wakefield）在 1833 年所说的，就"英格兰的新的统治阶级"而言，"最近的事件，使他们成为英格兰最伟大的人"①。

这一时期，资本主义经济关系不适应性还表现在劳工组织及其工会斗争处在初期阶段，工人自己争取基本权利的斗争不够成熟。在当时，劳工立法没有进入法令全书，而反劳工立法却进入了法令全书。在这种情况下，工人的基本生存条件根本没有办法得到保障。不过，据记载，在当时只要有慈善地主的支持，这种尝试对劳动者和社会就是非常有好处的。然而，这种努力最终归于失败。社会现实是：农场主、地主和雇主都有选举权，而工人却没有。其实，工会有助于稳定劳动力市场，并能实现那种以自身为终极目标的品性（包括节俭、保险、实现自尊）。但当局却采取各种方式来那种对付工会的努力。但在当时的当权者看来，工会有一个致命缺点：它们都倾向于提高工资。在这个时期，有许多立法或法律提案，涉及储蓄银行、互助会及类似机构，通过这些机构的活动，可以减轻中间阶层的济贫捐负担，但却可以并不强化劳动者的谈判地位。

在这类立法建议中，最引人注目的是由怀着这种减轻负担目的的"下议院关于制造商雇佣活动特别工作委员会"所提出的"就业基金互助会（Employment Fund Society）"，它所许诺的保险互助基数比工会提出的互助条件显得更合理。不过，立法设想中的最天才者，要数"穷人生活条件改善与生活水平提高协会（Society for Bettering the Conditions and Increasing the Comforts Of the Poor）"提出的一组建议，这些建议试图在不对劳动力市场产生任何有利于劳动者一方的影响的情况下改善低收入者的命运。它包括以下内容：把每先令的便士数减到 8—10，从而在不提高物价或不影响其他收入的情况下使低收入者——他们的工资通常是用先令计算的——实际收入增加；废除《结社法》；放松《定居法》，建造"方便、可拆卸的房子"，以使得"一群流动人口得以产生，当工资上升时，他们也能迅速地使自己转移，这样，

---

① 彼得·马赛厄斯、M. M. 波斯坦：《剑桥欧洲经济史第七卷工业经济：资本、劳动力和企业（上册）》，北京：经济科学出版社，2004 年，第 180-196 页。

在全国范围内，他们的流动使社会持续处于一个自然、稳定的劳动力价格环境之中"①；削减食物税；为老年人和体弱者改善医疗条件；创造更好的互助会；创建家庭经济的全国教师系统。然而，除了在20多年后《结社法》被废除之外，在以后的几十年中，这些建议并没有一条付诸实施，其中几条在改头换面后变得更为不利于劳动者基本利益的保障。

这一历史阶段，由于国家保护劳动的法律体系没有建立起来，这也使资本所有权转变为对工人的变本加厉的剥削与压迫。而此时的西方社会，为适应该生产力的所有制建设与上层建筑都不具备。马克思极其深刻地揭示："凡是社会上一部分人享有生产资料垄断权的地方，劳动者，无论是自由的或不自由的，都必须在维持自身生活所必需的劳动时间以外，追加超额的劳动时间来为生产资料的所有者生产生活资料。"②无论这些所有者是现代的地主，还是资本。马克思在《资本论》中专门揭露与批判了在剥削上不受法律限制的英国工业部门。马克思指责道："我们在考察一些部门延长工作日的情况，发现资本对剩余劳动的获取像狼一般贪婪，在这些部门中，存在着无限度的压榨，正如一个英国资产阶级经济学家所说的，他们的行为比西班牙人对美洲红种人的暴虐有过之而无不及，因此没有资本终于受到法律的约束。现在我们看看另外一些生产部门，在那里，直到不久以前，还是毫无拘束地压榨劳动力。即便在有劳动法律的地方，资本的贪婪也将劳动者的劳动强度发展到极致。"③

第五节　资本积累、过剩人口及其历史趋势

随着资本积累与资本主义再生产发展，从资本主义生产产生了资本主义占有方式，从而资本主义私有制是对以个人劳动为基础私有制的第一个否定。但是由于资本主义是一个"自然史"的历史过程，"资本必然会造成对自身的又一个否定"。这种否定不是重新建立私有制，而是在实现对生产资料共同占

---

① 彼得·马赛厄斯、M. M. 波斯坦：《剑桥欧洲经济史第七卷工业经济：资本、劳动力和企业（上册）》，北京：经济科学出版社，2004年，第180-198页。

②《资本论》第1卷，北京：人民出版社，1975年，第263页。

③《资本论》第1卷，北京：人民出版社，1975年，第274页。

有的基础上，重新建立个人所有制。^①

3.5.1 扩大再生产、资本积累与资本主义相对过剩人口

与传统社会不同，由于资本对剩余价值的内在追求及外在的竞争压力，资本主义再生产的特点必然是扩大再生产。"资本主义生产的发展，使投入到工业企业的资本有不断增长的必要，而竞争使资本主义生产方式的内在规律作为外在强制地支配着每一个资本家。竞争迫使资本家不断扩大自己的资本来维持自己，而他扩大只能靠累进积累。"^②因此，剩余价值是资本积累的唯一源泉，而资本积累又是扩大再生产的重要源泉。

就资本积累与再生产理论而言，资本主义生产关系的再生产与扩大再生产是马克思经济学重点关注的，即资本主义经济关系如何在再生产过程中再生产出来的，尤其是在资本积累与再生产过程中不断地改造与变革。就生产关系的再生产而言，马克思认为资本积累的实质，是资本家用不断占有的剩余价值来继续扩大对工人的剥削，从而使资本主义经济关系得到再生产。"把资本主义生产过程联系起来考察，或作为再生产过程来考察，它不仅生产商品，不仅生产剩余价值，而且再生产出资本关系本身，即一方面是资本家阶级，另一方面是雇佣工人。"^③"积累是对财富世界的征服，它在扩大被剥削的人身数量的同时，也扩大了资本家直接和间接的统治"。^④在马克思看来，在规模扩大的资本主义生产过程中，商品生产所有权规律才真正转变为资本主义占有规律。当然，这一规律在内涵式扩大再生产的条件下也是适用的，即以不增加物质资本只是通过技术进步的方式实现再生产规模的扩大。

这样，资本积累与扩大再生产存在两种形式，即内涵式扩大再生产与外延式扩大再生产。一般情况下，即便是内涵式扩大再生产也必须在增加物质资本的条件下实现。马克思资本积累与再生产理论，虽然没有强调物质资本的积累对于扩大再生产的重要性，但物质资本的积累与扩大无疑是资本主义生产关系再生产的基础与前提。甚至有学者认为传统资本主义与现代资本主义的最大区别就在于：工业文明相对于传统社会而言，富人将赚来的钱继续投入新建更多的厂房、雇佣新的员工，而不是将利润放在无生产能力的活动

①《资本论》第 1 卷，北京：人民出版社，1975 年，第 660 页。
②《资本论》第 1 卷，北京：人民出版社，1975 年，第 651 页。
③《资本论》第 1 卷，北京：人民出版社，1975 年，第 635 页。
④《资本论》第 1 卷，北京：人民出版社，1975 年，第 651 页。

上。"把利润拿出来，继续投资生产"①，并认为只要资本在积累过程中不断将资本本身做大做强，资本主义经济关系就有可能得到改善，劳动与资本就可以实现互利双赢。其实，真实的结果未必如此，要使经济增长与劳动分配率保持同步增长，必须进行相应的生产关系调整与制度建设。在资本积累过程中，伴随着资本实力的增强，总资本及规模的扩大，是否能够真正实现劳动与资本的共赢，还是取决于生产关系的调整与改善，取决于资本对市场本质力量的深刻认识与再生产理性的形成。

　　资本主义的扩大再生产以单个资本的增大为前提条件。而资本积聚与资本集中是单个资本增大的两种基本途径。资本积聚是资本积累的结果，是单个资本依靠自身剩余价值的不断积累并逐渐扩大资本总量；而资本集中则是指多个单个资本合并为一个大资本，而竞争和信用是实现资本集中的两个有力的杠杆。在资本的竞争过程中，通过竞争兼并的方式，在大企业吞并小企业的过程中实现资本的集中。与此同时，企业也可以借助于信用杠杆的方式，即在直接融资的过程中迅速扩大企业的规模。一般来讲，单纯依靠单个资本积累、积聚的方式扩大单个资本速度比较慢的，而通过组建股份公司的方式实现单个资本的增大速度是比较快的。在 20 世纪，美国经历了四次大的资本兼并浪潮。每一次都推动了资本规模的扩大与企业技术水平突飞猛进发展。也就是说在单个资本规模增大的过程中，同时又伴随着企业资本有机构成的不断提高。资本有机构成是标志着企业技术水平的资本结构性指标，该范畴不仅能够反映企业技术水平，并决定于企业的技术构成，是技术构成的价值表现形式。倘若企业的有机构成的提高，即是表明企业的不变资本在总资本中的比例不断提升，而可变资本在总资本中的比重绝对地、相对地下降。伴随着企业技术水平的提高，在总趋势上有机构成呈现不断提高的趋势。

　　在资本积累与资本有机构成的提高过程中，在社会资本总量中，不变资本会相对地、绝对地增加，而可变资本则会相对地甚至是绝对地减少。这样，伴随着资本积累和企业总规模的不断扩大，总资本的投入就会出现对劳动力需求相对减少，有时甚至出现绝对减少的情况。不过，由于技术进步与有机构成的提高常常也伴随着资本总量规模的扩大和增加，所以，资本有机构成的提高并不排斥可变资本绝对量的增加。事实上，随着资本积累，社会资本总额中的可变资本也在不断增长。但是，这种增长无论是与不变资本相比还

---

① 尤瓦尔·赫拉利：《未来简史》，北京：中信出版集团，2017 年，第 263 页。

是与资本总额相比，其相对量趋向于减少并形成一种有机构成的提高趋势。因此，对于无产阶级来说，资本积累过程实际上是"机器排斥工人"，导致出现相对过剩人口的过程。尽管可变资本的绝对量提高了，但总的趋势是资本对劳动力的需求相对减少了。

当然，在资本有机构成不变的情况下，增加资本积累，可以使工人就业人数的绝对量得到同比例增加的。与此同时，工资总额也会与资本总额同比例地获得增长。这是因为"资本的增长包含它的可变资本部分，即转化为劳动力的部分的增长；转化为追加资本的剩余价值总要有一部分再转化为可变资本，或追加的劳动基金"。①资本积累得越多，执行职能的资本规模扩大得越快，作为可变资本部分也越会随之同比例增加，进而导致资本积累的速度只能加快。一定意义上，是资本积累的变动的程度调节着工资的变动，而不是相反。如果资本总额保持不变，资本有机构成提高，自然会出现更为明显的机器排斥工人的现象。当资本积累速度达不到有机构成提高的程度时，其结果必然出现资本对工人的需求绝对地减少。在激烈的资本角逐中，资本家为了追求利润必须这样做。于是，资本积累一般趋势不会受到实质性的影响。事实上，当资本对劳动力需求出现相对减少的情况时，有机构成的提高还会造成劳动力供给增加的趋势。这样，一方面，资本对劳动力的需求相对减少；另一方面，劳动力的供给绝对增加，结果必然形成相对过剩人口。因此，马克思说："工人人口本身在生产出资本积累的同时，也以日益扩大的规模使他们自身成为相对过剩人口的手段。这就是资本主义生产方式所特有的人口规律。"②

所谓相对过剩人口就是指劳动力的供给超过资本对它的需求。也就是说，并不是劳动力供给绝对过剩了，而是相对于资本的需要劳动力成为多余的了。因此在马克思看来，出现相对过剩人口的问题不是人口增长的结果，而是资本积累及经济增长服从资本利益的产物。从这个意义上讲，相对过剩人口的根源在于资本主义生产方式本身。马克思在分析当时英国人口状况时，就看到："如果明天把劳动普遍限制在合理的程度，并且把工人阶级的各个阶层再按年龄和性别进行适当安排，那么，要依照现有的规模继续国民生产，目前的工人人口是绝对不够的。"③相对过剩人口是资本积累与资本主义经济增长

---

① 《资本论》第 1 卷，北京：人民出版社，1975 年，第 342 页。

② 《资本论》第 1 卷，北京：人民出版社，1975 年，第 472 页。

③ 《资本论》第 1 卷，北京：人民出版社，1975 年，第 496 页。

规律的结果，但过剩人口反过来又成为加速资本积累的杠杆。资本家总是利用劳动力日益严重的供大于求的市场条件，尽量压低在职工人的工资，以便进一步加强对工人的剥削，以提高剩余价值率。此外，由于劳动力相对便宜，同样数量的可变资本能够买到更多的劳动力，可以使原有资本支配劳动力的数量绝对增加，从而以此方式增加了资本积累。在马克思经典著作中还把相对过剩人口称为产业后备军，认为这不仅是资本积累的结果，同时又是资本主义扩大再生产的重要条件。因为在每一次周期性经济危机过后，推动经济的复苏和高涨都需要及时增加大量的工人。而这种产业后备军也必然以下三种方式存在：（1）流动的过剩人口，即在现代工业的中心——大城市存在着时而被雇佣、时而被解雇的那些工人，以适应经济周期变化的需要。（2）潜在的过剩人口，即农业中的剩余劳动力。这些过剩人口由于还拥有维持基本生存的土地，故而只是处于潜在状态。但他们随时可以进入劳动大军，可以成为产业后备军。（3）停滞的过剩人口，即指那些没有固定职业、完全依靠从事家庭劳动和打短工生活的劳动力。由于他们的生活没有保障，工资更低，处于生活停滞状态。在马克思看来，这三种相对过剩人口的存在成为资本主义存在、发展的重要条件。

由于马克思经济学将失业问题与资本主义制度相联系，伴随着资本主义危机与经济周期，也会出现周期性的过剩人口，并成为一种客观必然性。进入 20 世纪，资本主义在一轮又一轮科技革命的推动下，尤其是服务业的大力发展，依靠新兴产业的不断崛起，一定程度地缓解了失业问题的严重性。但这不可能从根本上克服资本主义的失业问题。相对于凯恩斯关于失业问题的论述，马克思相对过剩人口理论的透彻性是不言而喻的。由于凯恩斯完全将资本主义就业问题看作自然永恒性的问题，因而这就从根本上排除了对该问题进行社会改造的可能性与必要性。在西方经济学理论看来，结构性失业与自然失业是正常的，是维持经济正常运行而存在着的。真正的失业人口是指伴随经济的周期性波动而出现的失业人口，而这是由资本投资、劳动者消费等心理原因导致的，完全将经济周期与经济危机看作自然原因造成的。马克思经济危机理论并不完全排斥对导致经济危机、经济波动周期性乃至失业问题的直接的现象原因的分析。但马克思经济学更强调这是资本主义制度历史局限性的结果。马克思经济学相对过剩人口理论，更接近历史的真实，更具有积极的社会改造意义。

失业问题的确是困扰当代资本主义最主要的问题，尽管在技术革命的高潮中新产业层出不穷。当代资本主义，由于新兴产业部门层出不穷和经济结构的升级调整，尤其是服务业的快速发展，工人的就业状况有了很大的改善。但是，伴随着新技术革命导致的产业结构的升级发展，资本对劳动力的需求越来越不仅仅是单纯的数量需求，同时有了更高的质量、专业上的新要求。一次次的技术革命化浪潮，使当代资本主义各国出现了"结构性失业"问题。据统计，二战后这种结构性失业的规模和程度得到极大提高，远远超过了二战前，更成为制约资本主义各国战后发展的新问题。大批失业和半失业者的经常性存在成为当代资本主义国家实现宏观经济稳定的最棘手的问题。即使在最发达的国家和高度增长时期，失业问题也难以克服。如果是在经济衰退时期，失业问题就更加严重了。根据经济合作与发展组织 1994 年 2 月 19 日报告，经合组织 25 个成员国，1993 年平均失业率是 8.5%，其中还不包括半失业人数。而且失业率还有持续上升的趋势。例如，欧盟各成员国平均失业率，在 20 世纪 80 年代初是 7.9%，到 1993 年达到 10.5%。毋庸置疑，工人在失业期间，断绝了收入来源，基本生活得不到保障，常常陷入极度贫困境地。[1]

3.5.2　资本积累、扩大再生产与社会两极分化

基于对资本关系本质特征的分析，马克思经济学还认为，伴随着资本积累与再生产的持续扩大，资本主义各国在遭受失业问题困扰的同时也会面临严重的两极分化问题，尤其当相对过剩的经济危机来临时，无产阶级将陷入相对的、绝对的贫困化状态。

既然剩余价值是资本积累的唯一源泉，那么，在任何情况下资本提高剩余价值率都是加速资本积累的首要因素。在《资本论》"资本积累"章，马克思首先讨论了提高剩余价值率对于资本积累的重要作用。他指出："剩余价值率取决于剥削程度，政治经济学非常重视剥削程度这种作用。……在论述剩余价值生产那几章里，我们假定工资至少和劳动力价值相等。但是，把工资强行压低到劳动力价值以下，在实际运动中起着极为重要的作用，这实际上是把工人必要的消费基金转变为积累基金。"[2]因此，在资本的不可逆转的无限积累过程中，无论是提高剩余价值率或增加剩余劳动总量都会导致工人收

---

① 王述英、张彤玉：《政治经济学原理》，天津：南开大学出版社，2002 年，第 169 页。

② 《资本论》第 1 卷，北京：人民出版社，1975 年，第 669 页。

入水平相对的、绝对的下降，从而加剧社会的两极分化。马克思说，资本无限制积累的结果是："在一极是财富的积累，同时在另一极即在把自己的产品作为资本来生产的阶级方面，是贫困、劳动折磨、受奴役、无知、粗野和道德堕落的积累。"①伴随着资本的积累，如果生产关系不作调整，社会财富就会越来越集中于少数大资本手中，而越来越多的工人则成为一无所有的无产者。社会出现加速的分化问题，致使市场供求关系出现严重失衡，而持续出现的供给过剩问题又会导致新一轮危机发生。

然而，自由主义经济理论并不这样认为，在亚当·斯密看来，资本赚了多余的利润后，自然会用来雇佣更多劳动力，推动投入更多的资本，这样一来，增加的利润就能有效地促进了生产的持续发展，并最终促进全人类福利的增长。因为，在资本积累过程中，贪婪的资本如果降低工人的工资并增加工时，一方面自由工会就会保护工人，另一方面资本在优质工人大量离去导致短缺的情况下，会改变管理方式，"资本的贪婪会逼他善待自己的员工"。这个理论看起来十分完美，但实际上却是漏洞百出。"如果真是自由市场，没有国王或神职人员的监督，贪婪的资本家就能够通过垄断或串通来打击劳工。例如，假设某个国家只有一家制鞋厂或是所有制鞋厂都合谋同时减低工资，劳工就无法用换工作方式来保护自己。"②"更可怕的是，老板还可能用劳动偿债奴隶制度来限制劳工的自由。"③

资本通过提高剩余价值率加快资本的积累，并不断地推动再生产扩大发展，由此导致出现两极分化趋势，即便在技术进步的情况下也会如此。但是，马克思经济学认为，即便在技术加速进步经济快速增长的时期，由于对工人剩余劳动及剩余价值的贪婪，资本仍然以各种方式提高剩余价值率，使工人的收入增长赶不上资本积累实现的经济增长的速度，而由于资本收益率的增长却高于经济增长和劳动分配率增长，社会两极分化趋势不可避免。在分析提高劳动生产率对资本积累的影响时，马克思认为，随着劳动生产力的提高，体现一定价值量从而一定剩余价值量的产品量也会增加。即便在剩余价值率不变，甚至下降的情况下，体现更多价值量的剩余产品仍然是会增加的。只要剩余价值率下降的程度赶不上劳动生产率提高的程度。"但是我们已经知道，工人变得更加便宜，从而剩余价值率的增加，是同劳动生产力的

① 《资本论》第 1 卷，北京：人民出版社，1975 年，第 662 页。
② 尤瓦尔·赫拉利：《未来简史》，北京：中信出版集团，2017 年，第 313 页。
③ 尤瓦尔·赫拉利：《未来简史》，北京：中信出版集团，2017 年，第 313 页。

提高携手并进的，即使在实际工资提高的情况下仍然是如此。实际工资从来都不会与劳动生产力按一个比例增加。"

在这种情况下，同一可变资本的价值就可以推动更多的劳动力，从而可以推动更多的劳动，同一不变资本价值也可以体现在更多的生产资料上，从而提供了更多的形成产品价值的要素，或者说提供了更多吸收劳动要素的能力。因此，在追加资本价值不变甚至下降的情况下，积累仍然可以加快进行。这样，不仅使再生产的物质规模扩大了，而且剩余价值生产也比追加资本价值增长得更快。在这种情况下，科学技术使职能资本具有了一种不以人的意志为转移的扩张能力。但是，生产力的这种扩张也会同时导致正在执行职能的资本部分的贬值。但这种贬值产生的负担最终会落到工人身上，而资本家总是极力通过加强剥削来弥补自己的损失。事实上，在马克思生活的 19 世纪初、中期，由于资本主义社会形态的不成熟及劳动保障制度的不健全，伴随着资本的积累，不仅存在无产阶级的相对贫困化现象，无产阶级的绝对贫困化现象也普遍存在。在当时，在中世纪已经消失的奴隶制又以工厂制的方式恢复起来。当时尽管经济发展较快，工业利润增长，但无产阶级工作时间长，劳动收入停滞不前，生活状况悲惨。甚至在某些方面比旧制度造就的农村悲剧更加悲惨，"从 19 世纪的第一到第六个十年中，工人的工资一直停滞在非常低的水平——接近，甚至不如 8 世纪的水平。据我们的观察，英国和法国在这漫长的工资停滞阶段停留得更久，因为这一时期他们的经济增长正在加速。……两国的资本收入占国民收入的比重在 19 世纪上半叶大大增加了。"

随着工资部分赶上经济增长，这一比重在 19 世纪最后几十年略有减少。"借助历史分析与远景预测，我们现在可以将这些冲击视为自工业革命以来减少社会不平等的唯一力量。"[1]经历了半个世纪的工业发展，人民群众的生活状况居然还是和以前的生活状态一样悲惨，而立法者唯一能做的就是禁止工厂雇佣八岁以下的儿童，那么工业发展的好处在哪里？如果资本收益率减低，或是资本收入在国民收入中的比重无限制地增长，社会经济均衡与政治稳定都将成为奢望。于是，马克思在《共产党宣言》中指出："随着大业的发展，无产阶级赖以生存的生产和占有产品的基础本身也就从它的脚下被挖掉了。它首先生产的是它自身的掘墓人。资产阶级的灭亡和无产阶级的胜利都是不

---

① 托马斯·皮凯蒂：《21 世纪资本论》，北京：中信出版集团，2014 年，第 8 页。

可避免的。"[1]现代资本主义历史发展证明，尽管在个别历史时期会出现劳动工资增加比较快的历史阶段，包括 20 世纪初期出现的资本利润增长较慢的时期，但从整个资本主义的历史发展过程看，收入分配关系两极分化趋势仍然以不同的方式存在。事实上，由于技术革命与经济的稳定增长，在 19 世纪最后 30 年，工人阶级的购买力显著上升，范围不断扩大。

正如《21 世纪资本论》作者皮凯蒂写道："在 1870 年—1914 年看到的充其量是稳定在一个非常高水平的不平等，以及在某些方面不平等程度的螺旋上升，尤其是财富的集中度越来越高。很难说如果没有战争引发重大的经济与政治冲击，这个轨迹将会向何处发展。"[2]当然，整个 20 世纪，资本主义经历了企业制度与宏观管理制度的重大变革与调整。到二次世界大战后的 20 世纪五六十年代，西方国家工人的工资虽然有了较大幅度的提升，但两极分化现象依然存在。而且这种趋势不仅表现在工人工资持续下降时期，甚至在工人工资不变甚至上升时期也依然存在。例如，1950—1977 年美国纳税后利润增长和平均周工资的增长速度得到的实际统计数据就是这样。从 1950 年到 1977 年，资本利润增长了 4.46 倍，而工人的工资却只增长了 2.89 倍。尽管工人的收入的绝对量提高了，但远远赶不上他们为社会创造的财富增长的速度。通过这一组统计数字我们可以看出，伴随着经济的高度增长，虽然这一时期劳动与资本的收入都在增加，但资产阶级利润收入的增长快于工人工资的增长。马克思说："工人可以得到的享受纵然增长了，但是，比起资本家的那些为工人所得不到的大为增加的享受来，比起一般社会发展水平来，工人所得到的社会满足的程度反而降低了。"[3]这表明社会财富在工人和资本家之间的分配越来越不平衡，两大阶级的对立仍然存在。

事实上，在资本主义经济的实际运行过程中，分配关系导致的两极分化总是伴随着通货膨胀、失业及经济危机的出现。既然经济危机、失业与资本主义经济如影随形，那么分配关系的两极化趋势也就不可避免。因为在经济危机与通货膨胀中，工人的实际收入总是要受到影响。在整个 20 世纪，虽然工人的货币工资在总体上趋于上涨，但实际工资还是在下降，其原因在于：（1）由于失业人口的大量存在，导致劳动力市场出现供过于求的基本状态，而失业工人为了避免失业不得不接受被压低的工资。（2）频繁发生的通货膨

---

① 《马克思恩格斯文集》第 2 卷，北京：人民出版社，2009 年，第 43 页。

② 托马斯·皮凯蒂：《21 世纪资本论》，北京：中信出版集团，2014 年，第 9 页。

③ 《资本论》第 1 卷，北京：人民出版社，1975 年，第 256 页。

胀引起物价上涨，引起工人消费资料价格和税收提高，以至于使工人的实际工资也下降。例如，美国 20 世纪 70 年代消费价格上涨了 13.3%，而工人的实际工资却从 1970 年到 1977 年基本保持不变。特别是在经济危机期间，工人的实际工资反而下降得更多了。在 1973 年到 1975 年的危机中，美国实际周工资下降了 11%。[①]20 世纪 70 年代以来，收入不平等在发达国家更为显著，劳动者遭受失业的困扰。"21 世纪头 10 年，收入不平等集中度回到了 20 世纪第二个十年"。时至今日，发达国家为了摆脱经济的滞胀与衰退，当代资本主义发展，必须以递增的速度加快技术进步与产品、产业的开发，才有可能保持新的经济平衡。即便如此，为刺激高技术部门的发展，又导致出现了新的经济结构的不平衡发展，即为防止创新经济结束后经济进入过度的衰退，虚拟经济过度发展又引起新的经济结构的不平衡发展，并形成了虚拟经济部门、新兴技术部门的垄断发展现象，导致出现新的部门发展的不平衡，以及由此形成的收入分配关系两极分化的新形式。

这一趋势至今仍然困扰着资本主义国家经济的恢复与发展。近年来，西方发达国家通过直接投资方式以跨国公司为介质不断进行全球性生产扩张与布局，为了提高其国际竞争力，把发展中国家变成它们廉价的生产基地，不断地将劳动密集型产业和资本，包括一部分技术密集型产业中的劳动密集型生产环节大量转移到发展中国家，布局以发达国家为核心的新的国际产业链条，形成了一种国际产业转移的浪潮。与此同时，引发了发达国家出现了新的规模更大的失业形式，即由于制造业空心化导致出现大批蓝领及低技术领域工人的失业，使西方社会的两极分化进一步加剧。而在新世纪出现的这种新的失业仍然是由资本逐利的本性导致的，是相对过剩的人口新的、更加复杂的表现形式。从这个意义上讲，近半个世纪来，劳动败给资本是经济危机与一切经济问题的根源。马克思资本积累理论及两极分化理论对于认识 21 世纪世界经济的意义也毫不逊色于 19 世纪。

"现代经济学家应该以他为榜样并从中获得启发，更为重要的是，马克思提出的无限积累原则表现出其深邃的洞察力，它对 21 世纪的意义毫不逊色于其 19 世纪的影响。"[②]最后，由于在资本积累过程中出现的社会两极化趋势，发达国家至今还存在着贫困线以下人口的增加趋势上。而且人数还有上升的

---

① 王述英、张彤玉：《政治经济学原理》，天津：南开大学出版社，2002 年，第 161 页。

② 托马斯·皮凯蒂：《21 世纪资本论》，北京：中信出版集团，2014 年，第 11 页。

趋势。长期以来,美国生活在"贫困线"以下的人口一直在 2000 万人以上,1989 年—1990 年分别达到 3150 万、3360 万人,近年来仍有所增加。总之,尽管资本主义经济经历了近 200 年的技术发展,在经济实力上已经相当发达了,但是资本主义积累的规律仍然没有变。随着资本积累,"社会财富在积累的同时贫困也在积累"①。"要使资本主义生产方式的'永恒的自然规律'充分表现出来,必须完成劳动同劳动条件的分离过程,一极是社会的生产资料生活资料转化资本,而另一极则是人民群众转化为雇佣工人,转化为自由的'劳动贫民'②资本主义,这一现代历史的杰作,需要经受这种苦难。按照奥日埃的说法,货币来到世间,在一边脸上带着天然的血迹。那么,资本来到世间,从头到脚,每个毛孔都滴着血和肮脏的东西。"③

---

① 王述英、张彤玉:《政治经济学原理》,天津:南开大学出版社,2002 年,第 169 页。

② 《资本论》第 1 卷,北京:人民出版社,1975 年,第 829 页。

③ 《资本论》第 1 卷,北京:人民出版社,1975 年,第 829 页。

第四章 相对剩余价值生产、技术进步与资本主义生产方式矛盾运动

相对剩余价值生产，马克思以技术进步与社会生产力发展为前提，讨论剩余价值生产另一基本方法。在这里，马克思系统阐述了技术进步、相对剩余价值生产、社会生产力发展，以及与此相伴随的资本主义经济体系内部存在的深刻矛盾及其发展趋势。在马克思看来，伴随社会生产力发展实现的生产关系的变革是不可避免的，正如马克思指出，剩余价值生产是"已有历史发展结果，是一系列陈旧的社会生产形态灭亡的产物"①。这个过程既是一个纯粹的"自然史"的过程，同时也是历史主体发挥作用的"人类史"过程。在这个历史过程中，社会生产力的加速发展是资本实现历史性超越的基本条件。

资本主义固有的缺陷在根本上限制了其经济持续、稳定的发展进程，除非对其生产方式、交换方式进行不断变革与调整。与西方经济学讨论经济问题的方法不同，《资本论》及其相对剩余价值理论，不仅揭示了资本主义社会形式下的技术进步与社会生产力的发展机理与机制，同时也深刻揭示了该生产方式的矛盾运动过程及其历史趋势。资本主义，只有在相对剩余价值生产方式上使科学技术和社会生产力不断加速奔跑，才能暂时缓解自身存在的各种深刻的矛盾与问题。

---

① 《马克思恩格斯文集》第 5 卷，北京：人民出版社，2009 年，第 197 页。

第一节 工业革命与相对剩余价值生产

考察剩余价值生产性质及其作用，我们既要看到它客观存在的不平等、剥削性的一面，也要看到它在加快社会生产力发展及在此基础上形成的推动资本主义变革与实现历史性超越的社会条件。从历史发展的角度看，这是一个"自然史"与"人类史"相统一的过程。恩格斯在《卡尔·马克思〈资本论〉第一卷书评》中曾指出："拉萨尔的全部社会主义在于辱骂资本家，……在这里（指《资本论》——引者）我们看到的情况恰恰相反。马克思先生明白地指出了资本主义生产方式（他对现代社会阶段就是这样称呼的）的历史必然性。"[①]因此，马克思只用理论逻辑的语言揭示资本主义经济关系和经济规律。据此，我们坚持认为剩余价值生产本身即是以往历史变革的结果，同时也是新的生产方式的开始。

4.1.1 相对剩余价值生产及其基本特征

早期剩余价值生产方法主要是通过延长劳动时间、增加劳动强度的野蛮方式完成，随着大机器工业革命的完成，以机器体系为特征的技术进步方法逐渐成为剩余价值生产的主要方法。"我把通过延长工作日而生产的剩余价值，叫做绝对剩余价值；相反，我把通过缩短必要劳动时间、相应地改变工作日的两个组成部分的量的比例而生产的剩余价值，叫做相对剩余价值。"[②]该方法由于在工作日不变甚至缩短的情况下，在劳动强度减轻时仍然可以增加剩余价值，扩大剩余价值的生产，故称其为相对剩余价值生产方法。"在这里，剩余劳动时间的延长，只是由于打破剩余劳动的正常界限，剩余劳动的范围的扩大，只是由于侵占了必要劳动时间的范围。虽然这种方法在工资的实际运动中起着重要的作用，但是在这里它应该被排除，因为我们假定，一切商品包括劳动力在内，都是按其十足的价值买卖的。在工作日长度已定的情况下，剩余劳动的延长必然是由于必要劳动时间的缩短，而不是相反，必要劳动时间的缩短是由于剩余劳动的延长。"[③]

---

① 《马克思恩格斯全集》第 16 卷，北京：人民出版社，1964 年，第 255-256 页。
② 《资本论》第 1 卷，北京：人民出版社，1975 年，第 232 页。
③ 《资本论》第 1 卷，北京：人民出版社，1975 年，第 454 页。

　　而缩短必要劳动时间必须以全社会劳动生产力提高为前提，而社会劳动生产力的持续提高又是建立在单个企业对"超额剩余价值"的持续追逐基础上。"超额剩余价值"即是在部门内部资本竞争的基础上由少数先进企业获得的，由于这些企业生产采用了更为先进的工艺生产技术和创意产品，故这些企业产品的个别价值低于社会价值，可以获得超过一般企业的更多的剩余价值。如此一来，"超额剩余价值"刺激着部门内部展开以降低成本为目的的技术竞赛，进而导致整个社会生产技术的进步，使工业化生产的产品变得日益便宜，使劳动力价值下降，必要劳动时间缩短，剩余价值时间延长，使整个社会获得相对剩余价值。不过，相对剩余价值生产，在推动了整个社会技术进步同时，必然导致商品社会价值标准趋向下降，这不仅在客观上助推了资本竞争，也加速了利润率下降趋势。

　　相对于绝对剩余价值生产方法，相对剩余价值生产则更多地体现了市场运行的内生性质，尽管如此，以资本形式推进着生产技术进步与社会生产力的发展，剩余价值规律发挥着主导的作用，这在根本上限制了资本主义社会生产力稳步、持续发展。即便如此，该方法具有以下特征：第一，该方式虽然是剩余价值生产的一种基本方法，但由于其具有了资本竞争形式，因而也更多地具有了某种程度的市场运行内生性、动力机制的自发性。相对剩余价值生产导致整个社会生产技术的进步，其最初的驱动力与机制来自单个企业对"超额剩余价值"特殊利益的追逐，正是由于单个企业对获取"超额剩余价值"的利益要求，导致形成的部门内部企业间的技术竞赛。这一竞争机制的作用，激励少数先进企业必须展开持续的技术竞赛，并不断登上新技术竞争平台，并由此才可维持其获得的"超额剩余价值"特殊、个别利益，否则就会被技术更为先进的企业所取代。这说明该竞争方法不仅具有自发性，同时也具有持久推进机制。也就是说由于相对剩余价值的生产根植于单个资本对超额剩余价值的追逐上，而超额剩余价值获得并不取决于单个企业技术的绝对优势，而是决定于其所具备相对优势即竞争优势，因此单个资本对相对剩余价值的追逐又是绝对的、无止境的；而快速适应市场需求变化不断转变技术发路径变化，则使企业保持持久性相对技术优势成为其绝对原则。这表现为技术选择路径的非线性的变化，尤其对市场需要适应性能力不断提升。从微观企业来讲，相对剩余价值生产方法对技术进步的驱动作用既是自发的，又是长期的、绝对性的。

　　第二，相对剩余价值生产，其动力来自微观单个（少数）企业或行业，但其最终获得却依赖于整个社会的技术进步，这就形成了技术进步以"点"带"面"的"传导"效应，并形成社会面的覆盖与整体推进效应。在这个意义上，相对剩余价值实现常常具有工业革命的性质。也就是说相对剩余价值生产虽然其动力来源于微观领域个别企业或领域，但资本获得相对剩余价值则取决于整个社会各个行业尤其是生活资料部门劳动生产力的提高，相对剩余价值生产是社会劳动生产力进步的结果。从这个意义上讲，相对剩余价值生产，其所涉及的技术进步程度不仅仅是局部的技术进步和改造，而是指具有"工业革命"性质的全新产业性质的技术跃升，即具有突破性特征的技术创新意义的、全产业链覆盖性质的社会生产力发展。目前正在发力的智能技术革命就具有着这样的性质。不过当代资本主义，由于垄断势力的存在，使相对剩余价值发生、发展的"串联"机制受阻，其结果必然是产业链层面的多部门、多领域技术进步由于其协调性不够导致出现新技术发展缓慢、迟滞，甚至是停滞，无法形成规律性、传导性发展态势。当然，自然机制发力也会导致行业龙头企业带动塑造新的产业链，但这也有可能由于垄断市场结构的形成或垄断势力的出现使重大的技术革命"传导效应"中断。总之，资本通过相对剩余价值生产方式获得剩余价值生产，其新技术应该具备全产业链覆盖的基本特征。当然，无论是"工业革命"还是"智能技术革命"都是无数小的技术改进组成的，是无数小的新技术"集成"结果。

根据相对剩余价值竞争原则，可以知道真正可以使社会普遍获得相对剩余价值的技术进步的约束条件：其一，涉及生产工具或生产资料性质等领域的技术变革与技术进步。因为只有在这些领域的技术进步才有可能实现对传统生产资料的根本改进，进而使生活资料生产成本降低，以及价格变革更加便宜，劳动力价值出现相对下降，提高生产价值率。根据马克思对相对剩余价值的论述，可以导致生产资料、生活资料价格普遍降低的其实是真正意义上的产业革命所实现的技术革命。从这个意义上讲，产业革命发生发展的几个阶段就是相对剩余价值生产发生、发展的阶段；其二，相对剩余价值的生产必须以某种生产技术在整个社会取得支配地位后，且该新技术的成本必须降低到能够替代廉价劳动力的程度，该项技术路线的发展从专利、专有技术的垄断逐渐发展为普遍扩散并被普遍使用。当然，重大技术创新离不开流水线上细微的技术的改进与改革，只有存在着日常技术的改进过程，才有可能出现重大的技术创新。

第三，相对剩余价值生产，形成于人类专利、专有技术制度的形成与完善，并以此为重要的前提条件。正如上述所说，"超额剩余价值"，作为特殊利益杠杆对微观组织创新积极性的驱动依赖于人类专利、专有技术制度的建立与完善，专利、专有技术保障了技术发明人技术发明特殊利益所得，并以此推动先进企业开展技术竞赛。如果先进技术企业完成了技术改造，其新创技术或产品被轻易模仿或仿制，而技术扩散就会导致新创企业无法获得其预期的特殊利益，这就会极大地削弱先进企业开展技术竞赛的动力与积极性，进而放弃其技术改造的积极性；反之，倘若创新技术不可能被轻易模仿，创新产品可以依靠其产品的稀缺性建立起企业的市场需求偏好与价格优势，则企业可以依靠该独特的偏好及其形成的特殊的市场价格获得"超额剩余价值"。所以，以专利、专有技术形式形成的技术保护制度是相对剩余价值生产发挥技术进步与社会生产力发展驱动机制形成的关键性制度建设因素，专利、专有技术是市场经济条件下科技进步与社会生产力自发机制形成的根本性制度保障。只有在技术先进企业可以获得其预期的特殊利益时，创新和技术竞赛活动才能在此激励下得到激励与保护，重大创新活动才能得到保护，并形成新的产业革命与产业链。

第四，相对剩余价值生产必然导致部门之间的竞争，以及产品、产业开拓式技术创新活动，在此基础上实现经济结构持续升级，并推动经济结构改变基础上的社会生产力持续发展。伴随着部门内资本竞争和社会生产力发展，单个商品社会价值将趋向降低，资本利得趋向越来越困难，部门内资本竞争面临难以克服的困境，由此形成"社会价值"与"超额剩余价值"矛盾运动。企业追求"超额剩余价值"是绝对的，而"社会价值"却是相对的，由此导致二者的悖论与相对剩余价值生产的内在矛盾运动。该矛盾运动虽然能够带动技术发展持续进行，但由于剩余价值规律的作用，在长期无法克服利润率长期下降规律的作用。

相对剩余价值生产伴随着经济结构的变动，但由于各种不平衡关系的发生随之而来的是经济危机、衰退与周期发生。而随后发展起来的部门之间的竞争及新产品、产业的出现将成为企业获得"超额剩余价值"的主要形式。而在新产品、产业创新情形下，获得"超额剩余价值"可能是全新产业部门，而这些新部门不仅可以获得"超额剩余价值"，还可以获得新技术、新产品的市场垄断利润。在智能技术时代，由于新兴产业技术门槛越来越高，由此形成了新产业的市场垄断现象，一方面推动和促进创新技术的发展，另一方面也加剧了以部门、平台垄断为特征的社会阶层分化，并且该情形在新技术部门出现赢者通吃情况下不断得到加强，由此形成部门之间的竞争困局，即创新风险的增加与垄断性收益下降。

相对剩余价值生产条件下，资本在利益驱动机制与强大竞争压力下，资本还是会加快产品的更新换代，不断登上技术专利竞赛的新台阶，突破部门内的工艺过程的创新，实现产品、产业的创新。马克思写道："例如，由于生产力提高一倍，以前需要使用 100 资本的地方，现在只需要使用 50 资本。于是就有 50 资本和相应的必要劳动游离出来；因此必须为游离出来的资本和劳动创造一个在质上不同的新的生产部门，这个部门会满足并引起新的需要。"①在上述观点的基础上，马克思进而指出，资本为此必须从各个方面探索地球，把自然科学发展到极致。马克思继续写道："于是，就要探索整个自然界，以便发现物的新的有用属性；普遍地交换各种不同气候条件下的产品和各种不同国家的产品；采用新的方式（人工的）加工自然物，以便赋予它们新的使用价值；要从一切方面去探索地球，以便发现新的有用物体和原有物体的新的使用属性，如原有物体作为原料等新的属性；因此，要把自然科学发展到它的顶点。"②正是在此意义上，我们可以理解马克思的"生产力中也包括科学"，以及科学知识"变成了直接的生产力"的观点。与上述过程相伴随的，是劳动的社会分工体系的不断扩张，以及"需要的一个不断扩大和日益丰富的体系"的形成，而这又为具有广泛、丰富的个性需求创造出物质要素。马克思继续写道："同样要发现、创造和满足由社会本身产生的新的需要。培养社会的人的一切属性，并且把他作为具有尽可能丰富的属性和联系的人，因而具有尽可能广泛需要的人生产出来——把他作为尽可能完整和全面的社会产品生产出来（因为要多方面享受，他就必须具有享受的能力，因此他必须是具有高度文明的人）——这同样是以资本为基础的生产的一个条件。"③

第五，相对剩余价值生产是生产力发展的一种资本方式，由于剩余价值规律的主导作用，其在根本上制约着资本主义技术进步与发展的潜在赋予能力。相对剩余价值生产，一定程度上实现了科技与经济的紧密结合，科技进步与社会生产力发展构成其实质性内容，而劳动与资本竞争关系形成其社会形式，并由此形成了剩余价值规律主导下的技术进步与发展格局。与绝对剩

---

① 《马克思恩格斯全集》第 46 卷第 1 册，北京：人民出版社，1979 年，第 391-392 页。

② 《马克思恩格斯全集》第 46 卷第 1 册，北京：人民出版社，1979 年，第 392 页。

③ 《马克思恩格斯全集》第 46 卷第 1 册，北京：人民出版社，1979 年，第 392 页。

余价值生产导致劳动关系的零和博弈性质不同,在相对剩余价值生产条件下,存在着实现劳动关系双赢的机会和机遇,但这需要生产关系的变革为约束条件。如果单纯从社会生产力发展的角度,我们更多看到相对剩余价值生产方式带来的日新月异的科技进步与发展,而剩余价值规律作用却从根本上制约着资本主义社会生产力的发展与进步,资本主义基本矛盾导致的各种危机与其相对剩余价值生产如影随形,相伴相随。

相对剩余价值生产方式下实现的技术进步使资本主义经济增长可能面临如下三种局面:一是伴随着资本竞争,创新技术极大地推动并改变了现有的经济结构,促进了产业与经济发展,大大地降低了生产、生活的成本,提升了劳动生产率,进而使技术进步实现的收入效应大于剩余价值规律作用导致的社会分化,出现劳动关系暂时得到改善的机会和条件。技术进步的收入效应跑赢了剩余价值规律作用,此时经济社会处在持续上升的技术革命阶段,经济发展阶段处在繁荣发展的高峰时期。二是技术创新对经济、社会、产业、市场产生的积极效应,但此时资本关系及剩余价值规律导致各种矛盾不断干扰、激化经济发展,包括资本运作导致的生产与市场矛盾、人口过剩与资本过剩等问题不断激化,利润率下降规律作用显著等。此时,相对剩余价值生产方式对技术与社会生产力所发挥的积极作用常常被剩余价值规律所激化的各种矛盾中断,各种社会矛盾与经济增长相互干扰、共同发力,经济发展呈现缓慢增长。三是剩余价值规律及其各种矛盾不断激化导致经济结构失衡,进而使相对剩余价值生产方式产生技术进步的效应受到资本不可持续积累的困扰,社会经济发展出现于相对停滞或危机时期。一般情况下,第三种情形与资本主义发展如影随形,使资本主义经济技术发展经常在创新技术奔腾时期或新创技术呼之欲出阶段突然陷入停滞或衰退时期,进入了严重的经济社会发展极不平衡阶段。而第一种繁荣阶段则往往比较短暂,不可持续,但也有其客观存在的基础。当然,第二种情形也是资本主义发展的一种常态,宏观经济的刺激与剩余价值规律交互作用,经济社会处在焦灼状态,使资本主义经济呈现周期波动与危机状态,即由于剩余价值规律的作用,新的产业竞争与部门发展仍然以新的形式出现阻碍着创新经济的持续、稳定发展。

除此而外,剩余价值规律作用还会在其他方面制约着资本主义的技术进步和社会生产力的发展。这主要体现在:一是在长期,由于利润率下降规律的作用,导致资本预期收益下降,这从根本上削弱了资本对创新技术开发的投入与生产。(1)表现为部门内部资本的竞争必然导致商品社会价值持续下降，而由于资本预期收益下降及创新活动减缓必然导致资本有效积累出现递减趋势。（2）表现为部门之间的竞争即便会遇到产业间协调发展的障碍，也会遭遇行业垄断势力发展的阻碍，进而使重大创新活动难以形成相互合作的产业链与创新链集群，产业革命越来越受到资本的社会性协调困难导致停滞与减缓发展趋势。

二是资本主义基本矛盾制约着资本竞争与经济技术的持续发展与进步。第一、二次工业革命时期，由于技术进步使同质产品生产能力得到极大的提高，生产过剩成为制约资本主义经济发展最主要的问题。不仅如此，该问题在资本主义基本矛盾的作用下，演变为社会需要与市场实现尖锐问题，并导致了多次经济危机的发生。在重大的创新活动后，经济失衡问题更为严重，市场与相对过剩人口成为制约资本积累、经济持续发展的更为严重问题。经济危机的发生在加剧生产与市场矛盾的同时也使销售成为制约经济增长的主要问题。

三是通过重大创新促使全新产业崛起几乎是资本主义摆脱经济衰退、危机的唯一出路。而为促进重大创新活动的出现，金融资本异常活跃起来，伴随新创资本的出现，经济的金融化、虚拟化趋势逐渐形成，而缺乏制度监管机制的创新资本，其过度运行必然导致系统性金融危机的发生。马克思在说明生产力发展与剩余价值生产相互促进、携手发展的同时，也分析了资本形式下现代技术进步的历史局限性。马克思在讨论完资本加速生产力发展的同时，也洞悉了资本、技术发展停滞趋势，并称这也是资本自掘坟墓的过程。

尽管资本关系及剩余价值规律作用在根本上掣肘着科技进步与社会生产力发展，但是，相对剩余价值生产还是在资本主义的经济停滞、周期波动及危机中顽强地推动着技术进步与社会生产力发展。马克思曾这样写道："一方面，直接从科学中得出的对力学规律和化学规律的分析和应用，使机器能够完成以前工人完成的同样的劳动。然而，只有在大工业已经达到较高的阶段，一切科学都被用来为资本服务的时候，机器体系才开始在这条道路上发展。另一方面，现有的机器体系本身已经提供大量的手段。在这种情况下，发明就将成为一种职业，而科学在直接生产上的应用本身就成为对科学具有决定性的和推动作用的要素。"①在这段话里，马克思总结了科学知识和工业发展的内生关系，以及科学技术推动生产发展，包括生产技术发展及相对剩余价

---

① 《资本论》第1卷，北京：人民出版社，1975年，第226页。

值生产占主导地位的必然性。马克思敏锐地发现，在他所处的时代，资本主义生产本身将成为推动技术进步的最为关键的因素，技术进步成为内生力量。但是，马克思没有考虑到下述情况，即科学技术知识存量的增长，有可能赶不上资本积累——或过剩资本增长——的速度，如果出现这种情况，相对剩余价值生产就处在停滞、不发展状态。除非资本积累的制度条件发生改变。

在当代，发达资本主义国家几乎每隔 20 年就有新的产品、产业出现，这说明资本主义只有通过推动重大的技术创新、市场开拓的方式使经济增长不断加速奔跑，才能克服其内在停滞与衰退趋势。这里有几种情况：一是在相对剩余价值方式下，由于整个社会劳动生产力的进步与发展，导致劳动力价值下降、必要劳动缩短产生的收入效应大于剩余价值率提高资本效应。这种情况多出现在由于产品、产业创新带来的消费者对消费品满足程度与消费水平效应大于其实际工资提升的效应情况下。二是在专利和专有技术垄断制度保证技术进步激励效应前提下，技术传播与扩散、使用的技术溢出效应大于技术垄断制度保护作用。在这种情况下，由于新产品、新技术扩散传播零成本效应大于其产生的风险效应，从而可以不同程度改善剩余价值关系，形成共享技术发展关系。这在不影响技术发明人、公司应得利益的同时，可以让新技术更多惠及社会，使其产生更大的分配效应。三是相对剩余价值生产导致的技术进步常常伴随着劳动者劳动复杂程度提高和劳动强度的增加，包括工作厌恶程度的提升。但是，如果新创技术、产品、产业本身可以某种程度地减轻劳动者劳动强度和复杂程度，甚至可以增加劳动愉快自由程度，劳动者的收入效应应该大于实际收入效应，劳动关系也可以得到某种程度的改善。但是，劳动关系的改善并不等于资本主义生产方式发生改变，持久、健康的正比技术关系的建立需要与其相适应的生产关系的变革与调整，这个过程既是社会结构关系的变革的量变过程，同时也意味着部分"质变"的过程。

不过，在资本主义发展的历史过程中，当经济发展出现停滞或衰退的趋向时，推动剩余价值生产持续前行的机遇与条件也是有可能存在的，这就表现为：其一，偶发性的外部因素改变。比如某种特殊资源的开发与发现等使必要劳动时间大大缩短，劳动力价值下降的幅度大于社会价值下降的幅度，以保持企业超额利润存在，促使资本开始持久性、生产性积累与相对剩余价值再生产；当经济发展进入生活质量改善阶段，或企业产权关系发生社会化变革，降低资本预期利润追求，使企业转向制定长期发展战略，包括追求更大的社会效益；其二，在经济进入衰退及利润率下降阶段，由于生产成本的上升或产品实现的困难，迫使资本寻求垄断发展，以保证其技术创新投入风险与成本不断降低。即便如此由于实现长期发展的均衡条件被破坏，其技术发展带动经济发展作用也是极其有限的；其三，当出现重大的产品、产业创新，从而带动整个社会经济结构发生一次变革。但根据产业变革的历史经验，这种变革的出现在当代往往需要政府发挥相应的作用，或企业加速走向垄断或企业内部产权结构发生基于社会性变革，进而降低创新的成本与风险的结果。其四，对现有资本主导生产关系进行面向社会主义的调节与变革，推动实现价值增殖与劳动力价值同步增长；实现技术发展与社会和谐、合作协调发展，实现经济社会、长期、稳定的发展，而这需要生产力一定发展程度、社会富裕程度的提高，以及社会、政治、文化的制度支持。如此一来，资本可实现一定程度的历史性超越。

4.1.2 马克思对超额剩余价值两种来源的说明

由于社会价值与"超额剩余价值"的对立运动制约着相对剩余价值的生产，探索"超额剩余价值"来源显得十分重要。超额剩余价值的来源问题，始终是学术界争论不休的问题。引起这些分歧的原因是马克思本人有两种超额剩余价值源泉的理论：第一种理论认为超额剩余价值是本企业通过改进生产技术，提高劳动生产率，自己创造的；第二种理论认为超额剩余价值来源于其他部门的价值转移。针对超额剩余价值来源的第二种理论，国内外学者从超额剩余价值的来源与两种市场价值理论的关系出发对其进行系统剖析，从而推动了超额剩余价值来源的第二种理论在当代的发展。深入探究超额剩余价值来源的两种理论，对于更好地坚持马克思科学的剩余价值论和劳动价值论及发展社会主义市场经济都具有十分重要的意义。

（1）解释超额剩余价值来源的第一种理论。马克思在《1861—1863年经济学手稿》中，提出并阐释了超额剩余价值来源的第一种理论。他指出："商品价值取决于它所包含的社会必要劳动时间。"[①]在现实生活中，个别资本家通过提高本企业的劳动生产率，使它生产商品的个别价值低于社会价值，而在出售商品时以低于它的社会价值、高于它的个别价值的价格出售，这样，资本家就可以获得超额剩余价值。具体说来，产生超额剩余价值的原因主要

---

① 《马克思恩格斯全集》第 47 卷，北京：人民出版社，1979 年，第 361 页。

有两点：一是劳动"已成为比平均劳动高的劳动"[①]，是多倍的简单劳动。假定商品的价值量是由简单劳动的社会必要劳动时间决定的，则复杂劳动还原为简单劳动计算其价值量时，就表现为在同一劳动时间里复杂劳动者创造的价值量多倍于简单劳动者。二是工资率不变，"资本家仍按平均劳动付给工资"[②]。由于个别企业劳动生产率的提高，工人只需付出比平均工人更少的劳动时间，就能再生产出劳动力本身所必需的生活资料的价值，即工资。因而在劳动时间不变的条件下，随着工人必要劳动时间的缩短，工人的剩余劳动时间相对延长，资本家就得到了更多的剩余价值。此外，由于"工资并非按照这种劳动超过平均劳动的比例增加"[③]，所以工人的剩余劳动时间总是在相对增加，即使工资率有所提高，资本家仍然能获取超额剩余价值。

在解释超额剩余价值来源的第一种理论中，理解的难点不在于资本家为何以低于商品的社会价值出售，而在于资本家为何以高于商品的个别价值出售。下面将举例加以阐释。首先作以下假设：（1）率先采用新技术的企业 1 小时劳动等于 1.5 小时的平均劳动；（2）不变资本为活劳动物化形成的新价值，等于单位商品的个别价值；（3）由于率先采用新技术，企业的劳动生产率提高了一倍（原来每小时平均劳动生产 10 件产品，现在每小时劳动生产 20 件产品）。根据以上假定，可得表 4-1。

表 4-1[④]　马克思解释超额剩余价值来源的第一种理论（单位：平均劳动小时）

（以单位商品为准）	（1）社会价值	（2）出售价值	（3）个别价值	（4）超额剩余价值（4）＝（2）－（3）
未采用新技术的企业	1/10 件	1/10 件	1/10 件	0
采用新技术的企业	1/10 件	1.5/20 件	1/20 件	0.5/20

从表 4-1 中可以看出，$\frac{1}{10} > \frac{1.5}{20} > \frac{1}{20}$，即单位商品的社会价值＞出售价值＞个别价值。在采用新技术的企业每小时工资率不变的前提下，其将增加 0.5 小时的剩余价值，即超额剩余价值，它等于单位商品的个别价值与出售价值的差额。

---

① 《马克思恩格斯全集》第 47 卷，北京：人民出版社，1979 年，第 361 页。
② 《马克思恩格斯全集》第 47 卷，北京：人民出版社，1979 年，第 361 页。
③ 《马克思恩格斯全集》第 47 卷，北京：人民出版社，1979 年，第 362 页。
④ 张宇：《高级政治经济学》，北京：中国人民大学出版社，2009 年，第 229 页。

（2）解释超额剩余价值来源的第二种理论。在《资本论》第三卷的资本主义地租理论中，马克思认为土地产品的个别生产价格与市场生产价格的差额形成级差地租的那部分超额剩余价值。由于构成超额剩余价值的这部分价值不是农业部门本身剩余劳动物化的产物，因此马克思将其称为"虚假的社会价值"。关于如何确定"虚假的社会价值"和土地产品的市场价值，马克思曾作出深刻的评论，他指出二者"是由在资本主义生产方式基础上通过竞争而实现的市场价值所决定的"[①]，这种决定导致了虚拟的社会价值的产生。就其实质而言，上述情况是市场价值规律作用的结果，土地产品同样受这个规律支配。虽然土地产品市场价值的确定是一种不自觉的社会行为，但其必然以土地产品的交换价值为依据。原来被看作"对社会劳动时间在农业生产上的实现来说原来是负数的东西"[②]，现在对于"土地所有者来说竟然成为正数的东西了"[③]。

马克思的上述论述表明，他已提出了与第一种理论不同的超额剩余价值的理论，该理论并不局限于阐释农业超额剩余价值。如曼德尔不仅提出"马克思的级差地租理论实际上是更一般的超额利润理论的一种特殊情况"[④]，还用这一理论剖析了现代资本主义经济中出现的"技术租金"现象。他认为超额剩余价值的源泉现在是在"技术租金"中发现的，晚近资本主义大企业的典型特征就是对超额剩余价值与技术创新的制度性的持续的渴求。曼德尔指出，由于转化为级差地租的超额利润与"技术租金"都以市场上的结构性稀缺为前提，因此二者可以进行类比（所谓结构性稀缺，就是某一种新出现的产品的供给长期小于需求）。一方面，本行业劳动生产率最低的企业决定了新出现的产品的市场价格，以此为基础，本行业都能得到超额剩余价值，假如这种情况可以维持一段时间，则超额剩余价值就具有"技术租金"的特性。另一方面，随着时间的推移，新技术得到广泛应用，市场上的结构性稀缺将渐渐消失。此时，新产品的市场价格不再由本行业劳动生产率最低的企业决定，整个行业的超额剩余价值将逐渐下降，剩余价值量将不再增加。伴随着市场上结构性稀缺的消失，"技术租金"也将不复存在。

通过对超额剩余价值来源的两种理论进行深入分析，本书较支持解释超

---

① 《马克思恩格斯全集》第 26 卷第 2 册，北京：人民出版社，1973 年，第 744-745 页。
② 《马克思恩格斯全集》第 26 卷第 2 册，北京：人民出版社，1973 年，第 745 页。
③ 《马克思恩格斯全集》第 26 卷第 2 册，北京：人民出版社，1973 年，第 745 页。
④ 曼德尔：《〈资本论〉新英译本导言》，北京：中央党校出版社，1991 年，第 189 页。

额剩余价值来源的第一种理论。资本家提高企业的劳动生产率是为了达到获得超额剩余价值的目的,而个别或少数资本家获得超额剩余价值只是暂时的,其他资本家为了追逐超额剩余价值,也会竞相采用新技术,与之进行激烈的竞争。当先进技术得到普及后,整个生产部门的劳动生产率就会提高,生产该商品的社会必要劳动时间随之降低,单位商品的价值量也相应下降,从而使商品的社会价值和个别价值的差额,即超额剩余价值消失了。资本家要想继续获得超额剩余价值,就必须不断改进生产技术,提高劳动生产率,以在激烈的市场竞争中取得优势地位。由此可见,追求超额剩余价值是个别或少数资本家努力提高劳动生产率的直接动机,而其结果却是相对剩余价值的形成。因此,超额剩余价值是本企业通过改进生产技术,提高劳动生产率,自己创造的。

探索超额剩余价值来源的学术与实践意义:第一,深入探究超额剩余价值的来源,具有十分重要的学术意义。一是有利于加深对资本主义的绝对规律,即剩余价值规律的认识。在资本主义生产方式下,"生产剩余价值或赚钱,是这个生产方式的绝对规律"[①]。因为"剩余价值的生产是资本主义生产的决定的目的"[②],所以资本家才不断地应用先进技术和设备,提高本企业的劳动生产率,以获取更多的剩余价值及超额剩余价值,这是剩余价值规律作用的结果。可以说,剩余价值规律决定了资本主义生产的实质,决定了资本主义生产发展的主要过程和主要方面,也决定了资本主义生产方式的历史趋势。二是有利于系统地理解与把握马克思的剩余价值理论和劳动价值论。明确超额剩余价值的来源,有助于我们理解商品的价值量是由生产商品的社会必要劳动时间决定的这一观点。价值的社会性是它的本质规定性,这就决定了商品的价值量既不是李嘉图所说的,由劳动生产率最低的企业的劳动时间决定,也不是由劳动生产率最高的企业的劳动时间决定,而是由社会必要劳动时间来决定。在流通和交换环节不可能产生价值和剩余价值,二者只能在生产过程中产生。三是有利于更深刻地把握相对剩余价值形成及其实现的途径。资本主义生产的实质就是实现资本的价值增殖,资本家进行生产经营活动的根本动机,就是为了榨取尽可能多的剩余价值。在这一动机的推动下,个别企业率先采用新技术和机器设备,提高劳动生产率,从而创造了更多的

---

① 《马克思恩格斯文集》第 5 卷,北京:人民出版社,2009 年,第 714 页。
② 《马克思恩格斯文集》第 5 卷,北京:人民出版社,2009 年,第 714 页。

价值与剩余价值，进而获取了超额剩余价值。面对这一情况，其他资本家也会竞相采用新技术，从而极大地提高了整个社会的劳动生产率，最终资本家阶级都得到相对剩余价值。正如马克思指出的：个别资本家通过采用先进技术，"可以在一个工作日中占有更大的部分作为剩余劳动"[①]，从而获得超额剩余价值。但随着新技术的普遍采用，"商品的个别价值和它的社会价值之间的差额消失"[②]，超额剩余价值也就消失了，整个资本家阶级都得到了相对剩余价值。

第二，深入探究超额剩余价值的来源，对于我国进一步发展社会主义市场经济也具有十分重要的现实意义。在社会主义市场经济条件下，企业之间同样存在着激烈的竞争，劳动生产率高的企业比劳动生产率低的企业无疑能创造出更多的价值与利润，能为社会创造出更多的财富。因此，为了实现社会主义市场经济更好更快发展，我国应当鼓励、支持、引导企业采用先进技术和机器设备，以提高企业的劳动生产率，进而提高整个社会的劳动生产率。对于生产技术条件先进的企业，政府应当予以政策和资金方面的大力支持，充分发挥先进企业的示范作用；对于生产技术条件落后的企业，我国应对其实行关闭、停产、并购、转让等，采取有效措施淘汰低效益、低盈利、高亏损的企业，实行企业破产、组建企业集团等措施，以实现社会资源的有效配置。在社会主义市场经济条件下，必须合理配置生产资料和劳动力，使各种社会资源能够流向生产技术条件先进的企业。此外，还要对企业实行科学管理，以充分发掘企业潜力，鼓励企业实行技术改造和技术创新，应用最先进的生产技术和机器设备，提升企业员工的综合素质，从而提高企业的劳动生产率，增强企业自身实力和竞争能力。既然劳动生产率高的企业能够创造更多的价值和利润，我国就应按照社会主义物质利益原则和按劳分配原则，给予劳动生产率高的企业及其员工较多的好处，以充分发挥先进企业对于提高劳动生产率的模范带头作用。在社会劳动生产率提高、社会主义市场经济发展的基础上，实现社会主义生产的目的及共同富裕的目标。

4.1.3 相对剩余价值生产的现实路径与制度条件

相对剩余价值生产的制度条件是指：在特定历史阶段和特定国家是否存

---

① 《马克思恩格斯文集》第 5 卷，北京：人民出版社，2009 年，第 370 页。
② 《马克思恩格斯文集》第 5 卷，北京：人民出版社，2009 年，第 370 页。

在促进或妨碍了资本积累尤其是增加技术积累的制度、机制。这在很大程度上直接决定着一国是否能够通过相对剩余价值生产方法，实现社会技术持续进步①。这里包括以专利、专有技术保护制度形式存在的各种知识产权保护制度等。

首先，相对剩余价值生产实现取决于企业之间开展有效竞争的程度。资本主义生产的发展，使投入工业企业的资本有不断增长的必要，而竞争使资本主义生产方式的内在规律作为外在的强制规律支配着每个资本家。竞争迫使资本家不断扩大自己的资本来维持自己的资本，而他扩大资本只能靠累进的积累。在马克思所处的时代，这种竞争的压力是如此巨大，资本家为此必须尽可能地将剩余价值用于生产性投资，并使生产过程不断地革命化。问题是：一方面，过度的竞争有可能使企业无法得到投入创新过程的高收益，即超额利润的收益；另一方面相对剩余价值生产的有效竞争并不总是无条件地存在的。这两个方面的平衡关系，无论是哪个方面受到影响都会导致以技术进步为特征的相对剩余价值生产的停滞。在进入垄断资本主义之后，资本之间的竞争及价格的调整，往往受到垄断势力的妨碍，这使得技术进步的速度无法得到充分的保障。在垄断资本主义时代流行的垄断竞争，往往造成大量剩余在广告、产品差别化等非生产性用途上的浪费，这些现象都阻碍了真正的技术进步。更何况在世界市场上竞争还会受到国家权力的干扰，后者表现为各种形式的贸易战，甚至是真正的战争②。

相对剩余价值生产需要一个"有效竞争"的市场环境，形成这个环境既需要以专利、专有技术形式有效地保护创新技术的知识产权，保证企业能够获得创新收入，同时也需要保证行业和部门形成必要的竞争压力。现代产业组织理论将垄断厂商的创新动力归结为"利润激励"和"竞争威胁"，在经济学文献中，"竞争威胁"又被称为"取代效应"（replacement effect），即是说在激烈的竞争中厂商如果不能保持现有的市场份额，就会被获胜的对手所"取代"。相反，如果厂商的市场份额不断扩大，就意味着不断地取代和战胜竞争对手，意味着厂商拥有较强的市场竞争力。市场份额的扩张，不仅意味着厂商可以最大限度地排挤和淘汰其他企业，获得现实的和潜在的市场，而且还意味着厂商能够最大限度地使技术扩散的收益内部化，降低创新的风险和成

---

① 孟捷：《〈资本论〉的当代价值》，《光明日报》，2018 年，6 月 5 日。
② 孟捷：《〈资本论〉的当代价值》，《光明日报》，2018 年，6 月 5 日。

本，提高创新的收益率，因而对技术垄断企业有着特别重要的意义。在这个过程中，垄断厂商不仅获得盈利性优势，同时也获得了策略性优势。

其次，相对剩余价值生产方法对技术进步的推动需要形成有效的制度结构与制度合力。美国经济学家莫尔顿·卡曼和南塞·施瓦茨在研究技术创新与市场结构的关系时指出，竞争程度、厂商规模和市场垄断力量是决定和影响技术进步的重要的三个主要力量。他们认为，垄断与竞争有机结合的市场结构有利于促进厂商的技术创新。因为在这种市场结构条件下，企业技术进步既拥有了"利润激励"的内在动力，同时又有了"竞争威胁"的外在竞争压力动力，内、外动力的结合则可以有效地推动企业的技术进步。卡曼和施瓦茨把技术创新从动力机制的角度分为两类：一类是垄断前景促进的技术创新，另一类则是竞争压力推动的技术创新。倘若只有垄断利润的诱导力而没有竞争力量的推动，创新活动只能以等待的方式存在，在这种情况下，即便创新活动已经开启到一定阶段也会停止，创新活动缺乏持续性；但如果只有外在的竞争压力推动，而缺乏垄断利润的诱导力量，创新活动也很难出现。而经济势力，一方面以其优越的议价能力和市场扩张能力形成"利润激励"的内在动力，另一方面又以"有效竞争"方式形成强大的外在"竞争威胁"压力。这种，经济势力则可以把市场需求对技术进步的拉动力量转变成一种矢量，一种现实的利益驱动力量，从而实现了企业动态的技术进步。

相对剩余价值生产需要垄断与竞争有机结合的市场结构条件。事实上，完全的竞争或完全垄断都不利于企业的技术创新。创新企业倘若能够凭借着自身的技术和产品优势拥有一定的市场控制力，则会形成持续的创新动力，同时又由于市场势力控制市场能力的有限性，以及竞争压力的存在，该市场则是有效竞争的市场，而创新企业也会在竞争过程中拥有有限的市场控制力。微观经济学理论认为，与完全竞争的市场结构相比，垄断会造成效率的损失，包括垄断造成资源配置失当和消费者剩余的损失，但在经济势力存在的条件下，效率损失会减少，经济势力导致了动态的技术进步，这主要表现在：其一，差异化产品的竞争使人们拥有了选择性消费的能力，这样，消费的质量就会得到提高。如果多样化生产的范围与成本是合理的，其所产生的潜在的社会收益就会抵消垄断造成的社会福利净损失。其二，在外部"竞争威胁"存在的情况下，企业会把更多的转移支付用于技术开发活动，以提高其技术开发的效率。"即使在主导厂商没有被他人所代替的条件下，进入的威胁也使它不敢松懈。……厂商对如何使用利润只有有限的处置权：如果它希望维持现有的地位，那么，它就必须把这些利润投资于研制新产品和开发新管部分，转移支付使用的效率提高了，但整体的社会成本增加了，这往往又导致出现了某种程度的公平的损失，进而进一步强化社会阶层、国家、地区发展的不平衡。"

第二节　相对剩余价值生产发展的历史阶段及其内在矛盾

与传统社会相比，大机器工业发展初期的相对剩余价值的生产，资本在携手技术进步的同时，也发展了压榨劳动的新形式。在这一时期，相对剩余价值的生产方法同时又具有绝对性。在劳工制度不健全的历史时期，资本统治下的机器生产方式，不仅加深了劳动的强度与苦难程度，也加剧该生产方式的内在矛盾与冲突，并导致经济危机、战争频繁发生。因此，相对剩余价值的生产方式，在其发展过程中，一方面促进技术进步和社会生产力发展，另一方面也不断加剧社会矛盾，导致经济危机频繁发生。这就要求资本主义在其发生过程中，推动组织、制度的变革及经济关系的调整。

4.2.1 18—19 世纪相对剩余价值生产

从 16 世纪中叶到 18 世纪末，大机器工业发展的前身是工场手工业发展时期，在近 200 年的历史过程中，工厂手工业的发展为大机器工业奠定了基础与前提。马克思认为，以分工协作为基础的手工业在工场手工业阶段取得了自己的典型形态。这种分工与协作关系的充分发展为大机器工业的产生奠定了基础。19 世纪末到 20 世纪初期，资本主义经历了第二次工业革命，相对剩余生产方式有了新变革。而 20 世纪中期发生的信息技术革命则凸显了当代资本主义相对剩余价值生产方式的诸多特点。

一、工场手工业的形成阶段。工场手工业是指在资本主义大机器工业形成之前发展起来的、以手工劳动为基础、以劳动过程初步的社会协作为特征的人类工业发展初级阶段。该阶段从 16 世纪中叶到 18 世纪末，经历了 100 多年时间，并在当时的欧洲占据了统治地位。工业文明这个阶段的萌芽与发展，为大机器工业的形成奠定了技术与制度的基础。一般来讲，工场手工业包括两种基本形式，即不同工种与同工种的不同组合。这两种方式都在简单分工与协作的过程中推动了更为专业化的分工与协作关系，并为大机器工业的产生创造了条件。首先，工场手工业产生的一种方式是将不同工种的独立手工业者组织起来并让他们进行简单的协作化生产。因为这些手工业工种的独立性是相对的，其专业化程度并不显著，极易使生产的各个环节、局部操作相互补充，并因此而提高生产效率。例如，马车匠、马具匠、裁缝、钳工、铜匠、旋工、饰绦匠、玻璃匠、彩画匠、油漆匠、描金匠等，将这些不同的工种组合在一个工厂内使其相互协作生产以提高生产效率。马克思指出："马车生产逐渐地分成了各种特殊的操作，其中每一种操作都形成为一个工人的专门职能，全部操作由这些局部工人联合体来完成。同样，织物工场手工业以及一系列其他工场手工业，也是由不同的手工业在同一个资本的指挥下结合起来而产生的。"①而以同种手工业者的协作为出发点形成的社会生产是工场手工业产生的另一种方式。这种组织起来的社会化生产，在简单协作中发展它们各自不同的特殊操作，使之进一步孤立化、专业化发展，并使每一种操作都成为特殊工人的专门职能。因此，工厂手工业的发展，一方面把过去分开的手工业结合在一起，另一方面又在工场手工业生产中引进了精细化的分工，发展了分工协作的生产方式。无论怎样的合作方式，它们最终都实现了生产形态的模式化、专业化、协作化，形成并发展了一个以人与人之间的协作为主体的生产机构，这就为机器体系的产生奠定了基础。

与上述两种工场手工业组成形式相适应，工场手工业也形成了两种基本组织形式，即混成的工场手工业和有机的工场手工业。马克思认为："第二类工场手工业，是工场手工业的完成形式，它生产的制成品要经过相互联系的发展阶段，要顺序地经过一系列的相互衔接过程，例如，制针手工工场的针条要经过72个甚至92个专门的局部工人之手。"马克思继续写道："这两种形式虽然有时交错在一起，但仍然是两个本质上不同的类别，而且特别在工场手工业后来转化为使用机器的大工业时起着完全不同的作用。当然，这种早期分工协作关系的二重性特点起源于制成品本身的性质。制成品或者是由各个独立的局部产品纯粹机械地组合而成，或者是依次经过一系列互相关联的过程和操作而取得完成的形态。"②特别是由于总体工人的职能存在着简单和复杂、低级和高级的差别时，分工后各个工人所受教育的程度是极不相同

①《资本论》第1卷，北京：人民出版社，1975年，第534页。
②《马克思恩格斯文集》第5卷，北京：人民出版社，2009年，第396-397页。

的，他们的劳动具有完全不同的价值。

工场手工业之所以比简单协作更能提高劳动生产率，主要是因为"在局部劳动独立化为一个人的专门职能之后，局部劳动的方法也逐渐完善起来"①。由于工匠们长期从事同样的操纵行为，就可以把注意力集中在这个操作环节上，并从长期的经验中积累了更有效率的方式。而工匠们相互协作的方式也使他们可以在技术技能上相互学习，可以进行技术知识积累。但是，在资本主义条件下，各种劳动协作产生的生产力都表现为资本的生产力，执行各种职能的劳动体系是资本的存在形式。尽管劳动分工协作形成的社会性会提高劳动生产率，但是，工场手工业的发展也使单个工人逐渐发展了专业的片面性，最后使他们只适应于一种片面的职能，并终生从事这种职能；而他们的劳动操作，也必须适应这种无论是由先天决定的抑或是由后天决定的技能，包括由此形成的等级制度。然而，生产过程事实上需要一些任何人都能胜任的简单操作。

毋庸置疑，工场手工业在发展劳动力的专业性的同时也发展了社会的等级制度，同时也发展了与此相适应的工资的等级制度。马克思指出："工场手工业靠牺牲整个劳动能力使非常片面的专长发展成技艺，同时它又使没有任何发展成为专长。"②正因为手工业所要求的熟练操作仍旧是生产过程的基础，所以每一个工人只适合或需要从事一种局部职能，他们的劳动力从此就变成了终身从事的只具有局部职能的器官。而专业化的劳动技能在等级制度的阶梯发展中，常常由于学习费用的减少进而引起劳动力的相对贬值。当然，也包含着资本获得更大的增殖，因为凡是缩短劳动力再生产必要时间的事情，必然会增加剩余劳动的生产。然而，在马克思看来，无论工场手工业的分工协作关系发展到何种复杂的程度，但其毕竟还是手工业生产阶段，这在根本上对其生产效率的提高形成了限制。在这里，生产过程被分解成各个不同的特殊阶段，无论其操作多么复杂，它仍然以手工业技术为基础，生产过程依然取决于每个工人所使用工具的熟练程度、速度和技术的准确性。这种低层次的技术基础使生产过程得不到科学的、深度的分解，产品生产所经过的每一个局部过程都必须通过特殊的手工业劳动来完成，它们的许多优越性都是由分工协作的一般性质，而不是由其特殊性质或形式产生的。

---

① 《马克思恩格斯文集》第 5 卷，北京：人民出版社，2009 年，第 393 页。
② 《马克思恩格斯文集》第 5 卷，北京：人民出版社，2009 年，第 406 页。

二、工厂手工业发展阶段。在马克思看来，工厂内部的这种分工首先是社会分工发展到一定阶段的产物。人类社会经历了畜牧业、农业、商业、工业等社会分工过程，而工场手工业内部的分工即个别分工是这种社会一般分工发展到一定阶段的产物，是简单商品经济发展到一定阶段的产物。但是，尽管社会分工与个别分工具有本质上的区别，它们都是从两个相反的起点，即家庭内部、氏族公社内部和家庭、氏族公社出发。在氏族公社时期，家庭内部常常在纯生理差别的基础上形成了一种自然的分工，譬如由于性别和年龄的差别产生的分工。一般情况下，凡是以生理差别为特点形成自然分工的地方，本来相互联系的整体则会由于特殊器官的发展出现互相分开或分离的趋势——而这个分离过程则主要是需要与其他公社交换商品产生的——伴随着交换的发展这些不断分离并且独立发展起来的生产组织，最后发展成为一个独立的生产单位，只有在通过商品交换的时候才能将它们连接起来。而另一起点是伴随产品交换分工发生在不同的家庭、氏族、公社互相接触的地方。由于自然条件的差别，在公社间互相接触时引起了产品的互通有无和互相交换，从而使这些产品逐渐变成商品。而交换使它们成为互相依赖的部门。在这里，社会分工是由原来不同而又互不依赖的生产领域之间的交换产生的。社会分工，在一种场合使原本独立的存在丧失了独立，而在另一种场合则使原本非独立的东西获得了真正的独立。

社会分工的发展促进了工厂内部的分工，而工厂内部分工发展反过来又促进了社会分工的发展。马克思写道，随着劳动工具的专业化要求，生产这些工具的行业也日益分化和专业化发展。一旦工场手工业的生产扩展到某种商品的特殊生产阶段，该种商品的各个特殊的生产阶段都会变成一个个独立的行业。再制成品发展为由局部零部件纯粹机械地组合生产的产品，局部劳动又可以独立化为特殊的手工业，向专业化方向发展。为了使工场手工业内部的分工更加完善，就同一个生产部门而言，可以根据其原料，以及同一种原料可能具有的不同形式，分成不同形式的、适应性更强的工场手工业。把生产部门固定在特殊地区的特色部门，由于可以充分利用各种手工特点的工场手工业部门的出现，从而使生产发展获得了新的推动力。在工场手工业时期，世界市场通过殖民地形式得到迅速扩大，并为全社会内部的分工提供了更为丰富的材料。事实上，分工不仅还会扩展到经济领域以外，甚至可以扩展到全社会一切领域，随处可见的专业化与分工协作发展，为生产进一步细分奠定基础，以至于连亚当·斯密的老师亚·弗格森都曾说过："我们成了奴隶民族，我们中间没有自由人"

　　针对手工业分工的对社会生产、生活带来的深刻变化。马克思进一步指出，社会分工和工场内部的分工，尽管存在许多相似之处，但二者还是有着本质性的差别。这些差别表现为：（一）局部工人生产不了完整的商品是工场手工业分工的最鲜明特点。商品是局部工人分工协作的共同产品；而社会内部的不同部门的分工以不同产业的产品买卖为媒介；工场手工业内部局部劳动尽管存在紧密的联系，但分散在各个局部的劳动力都为一个资本家劳动，劳动成果也归同一个资本家。（二）工场手工业分工以生产资料积聚在一个资本家手中为前提；社会分工则以生产资料分散在众多的相互之间并不依赖的商品生产者中间为前提。在工场手工业中，生产具有高度的组织性，各个局部之间必须保持一定的比例，以及拥有像铁一般规律的工作职能。（三）就社会分工而言，社会劳动总量在各个部门之间的分配常常是杂乱无章和零乱的，经常被必然的、偶然的因素所干预和影响。尽管，众多不同的生产领域需要保持经常性的平衡；而在工场内部的分工中则可以预先地、有计划地、有条理地安排和调节各个局部之间的比例关系。社会内部的分工中只具有事后才能协调的可能性，这种协调可以作为一种内在的无声的必然性发挥作用，这种必然性经常地可以在市场价格的晴雨表的变动中觉察出来，而价格机制则只能后知后觉地根据这个晴雨表来调节。（四）工场手工业分工以资本对工人的绝对权威为前提，工人只是资本家所拥有资本的一部分；而社会分工则使独立的商品生产者之间互相对立，他们不认同任何别的权威，只承认竞争与市场的权威。因此，资产阶级一方面把工人终生固定从事某种局部操作岗位，使局部工人绝对服从资本，以提高资本的劳动生产力；另一方面又大声责骂对生产过程的任何社会监督和调节，并认为社会调节侵犯资本家的不可侵犯的财产权、自由和自决的"独创性"。而在古典经济学家亚当·斯密看来，社会各产业部门的分工和工场手工业内部分工的区别是主观的，并认为实际上当局部劳动分散后，每个特殊部门所雇用工人的相互联系实际上是模糊不清的。事实上，在资本主义生产方式中，社会分工导致的无政府状态和工场手工业分工的组织、纪律性，甚至专制性是互相制约的。而在职业的精细化分工的自然发展过程中，最终是由法律对这些经济运行规则加以确立并逐渐巩固起来的。一方面，我们看到的是一幅有计划和组织的社会生产图画；另一方面，工场内部的分工只是在一个很狭小的范围内，只是间或和偶然地形成了自己的分工。

三、大机器工业发展阶段。18世纪末19世纪起始于英国的产业革命标志着资本主义进入大机器工业主导的发展时期，它以大规模使用机器为特征，并在此基础上发展部门内部新的分工体系。事实上，工场手工业是以劳动力的使用为基础的，而真正的大机器工业却是以劳动资料的使用为起点的，尽管机器生产的出现是在手工技术基础上自然兴起的。当大工业的发展还依靠个人发达的肌肉、灵敏的技巧和敏锐的视觉时，大机器工业是不可能得到充分发展的。所以，要想推动使用机器的工业部门日益增加，并使机器体系向全新的生产部门渗入，这完全取决于可以驾驭机器体系的工人增加，即带有半艺术性职业工人数量的增加。伴随着发动机、传动机构和工具机规模的日益扩大，机器体系的各个组成部分就必须摆脱先前的手工业的构造形式而获得由力学原理决定的自由运动形式，随之而来的是工具机的各个组成部分日益复杂、多样化起来，生产过程也逐渐有了严格的纪律；自动体系效率和功能得到发挥；曾经认为是难于加工的材料不可避免地被完全应用起来，而技术的发展也逐渐突破人身限制，其发展速度及效率是手工业根本无法比拟的。但就第一次工业革命的机械技术而言，更为复杂、高级的技术还不能从根本上突破。大机器工业发展也要受到自身技术发展的制约。

在资本主义的生产方式下，机器体系进入生产领域并成为主导的生产形式，这是由机器体系的生产效率决定的。对于资本来说，由于其不支付所使用劳动的价值，只支付劳动力的价值，所以只有在机器体系代替劳动力的价值大于机器的价值的情况下，资本才选择使用机器体系。因此，"机器的生产率是由它代替人类劳动力的程度来衡量的"。如果制造出一台机器所花费的劳动等于使用这台机器节约的劳动，那并不能提高劳动生产率。但是，只要机器生产所花费的劳动"小于工人用自己的工具加到劳动对象上的价值"①，那么就可以通过使用机器节约的人类劳动量来提高劳动生产率。这样，人们可以通过机器所费的劳动和它所节省的劳动之间的差额测量出机器的生产效率，只要机器生产的效率高于工具使用的效率，使用机器体系就可以大幅度提高劳动生产率。换句话说，只要这种差别存在机器体系生产效率就高于使用工具的效率，使用机器则能够相应地减少劳动力的使用，不仅可以提高劳动生产率，同时由于使用价值的大幅度增加也提升了资本获得利润的总量。在18世纪末期，伴随工具机改造的成功及生产成本大幅度下降，机器体系在

---

① 《马克思恩格斯文集》第5卷，北京：人民出版社，2009年，第449页。

欧洲各国被广泛使用起来。而在通货膨胀的情形下，由于货币工资上涨加速导致资本使用机器体系来替代工人。同时，由于机器体系的大规模应用，工业机械化的生产已经凸显出社会化生产的整体性，当一个工业部门发生变革时自然也会引起其他部门的变革，大机器生产体系终于形成。

一般而言，生产方式的变革首先发生在那些因分工而相对孤立的、作为价值链的重要环节紧密联系起来的那些部门。如果这些部门具备了机器纺纱的条件，就必然产生出机器织布的产业，而这二者又催生出漂白业、印花业和染色业，进而完成力学和化学革命。同理，棉纺织业的革命引发棉花纤维和棉籽的轧棉机的发明，正是由于这一发明，棉花生产才有可能按目前所需要的巨大规模进行。随着工农业生产方式的革命，尤其是制约社会生产一般条件逐渐成熟，交通运输工具的革命势在必行。工场手工业时期遗留下来的交通运输工具，经常把大量的资本和工人由一个生产领域投入另一个生产领域。毫无疑问，生产过程机器体系的应用，一方面使企业内部分工体系在手工业分工基础上按照机械运动的内在要求更加专业化、规范化、组织化了，并使生产呈现出一幅有计划和有组织的社会劳动的图画；另一方面又由于机器体系在各个部门的广泛推广，促使部门之间的分工体系不断扩张与拓展。在机器生产方式体系中，部门分工不断深入、专业化，部门之间的社会分工也就不断发展。机械技术体系虽具有较强的专业性，但这种专业性也是建立在基本技术通用性基础上的。

马克思认为，资本主义生产方式，社会分工的无政府状态和工场手工业分工的专制是互相制约的，最后使工场内部的分工模糊起来，或者分工只是在很狭小的范围内，或者只是有时偶然地发展起来。在马克思看来，剩余价值生产只有在制度方式发生真正变革时，新的分工体系才有可能从根本上得到新的推动扩张和发展。伴随着"劳动资料取得机器这种物质存在形式"主导生产领域，机器便取代了手工劳动，资本主义生产组织形式也发生了重大的变化。在手工劳动阶段，生产组织形式更多是由工匠之间"自然"合作因素决定的，但当机器被普遍使用后，"劳动过程本身的协作性质，现在成了由劳动资料本身的性质所决定的技术上的必要了"。客观的机器体系取代了工人主观局部的联合与协作。大机器工业的发展也导致了阶级关系的新变化。恩格斯早在1847年就曾指出，正是由于机器体系的生产与使用，压迫阶级为了维护他们共同的利益而彼此联合起来，组成了资产阶级；而被压迫阶级也因为共同的利益联合起来，组成了无产阶级。无产阶级是大机器工业的产物，与先进的社会生产力相联系，是最先进、最革命、最有前途的阶级，这个阶级必将以阶级斗争的方式推动社会形态向更高层次发展。马克思也指出："随着资产阶级即资本的发展，无产阶级即现代工人阶级也在同一程度上得到发展。"①尽管在当时还存在着与前资本主义生产方式相联系的"中间阶层"，但是，马克思认为这些"中间等级"必将随着大工业的发展趋于消亡，并最终"站到无产阶级的立场上来"，成为无产阶级的成员，其余的阶级也都会随着大工业的发展而日趋没落和灭亡。而随着工业革命的深入发展，在社会生产力加速发展的同时，资本主义基本矛盾也日趋激化，无产阶级与资产阶级的矛盾尖锐起来了，阶级斗争频繁发生。

4.2.2 相对剩余价值内在矛盾与利润率下降规律

一、剩余价值规律作用下，社会价值、"超额剩余价值"之间存在对立运动。在相对剩余价值生产条件下，单个资本对"超额剩余价值"的追逐是绝对的，但社会价值却是不断下降的，由此形成的对立运动形成经济结构的变动与创新持续性，但剩余价值规律与资本竞争规律相互作用使劳动和资本的矛盾与冲突不断加剧，技术发展路线不断替代劳动使相对过剩人口问题凸显，与此同时导致出现利润率下降趋势。除非技术进步路线有利于缓解相对过剩人口问题并保持市场规模不断扩大，否则，经济会出现停滞与衰退，利润率下降规律发挥作用凸显。当然，由于社会价值与"超额剩余价值"对立运动，利润率下降规律在长期是由无数个具有递减趋势特征的小的上升曲线构成的。马克思认为利润率下降规律"对资本主义生产极其重要"②，因此他在《资本论》中专门用了三章的篇幅来阐述这个规律。

二、利润率下降规律及影响利润率变动的四个方面因素：随着资本积累与扩大再生产进行，出现有机构成提高趋势，即单个厂商资本构成出现不变资本绝对、相对的增加，而可变资本呈现绝对、相对下降，由于可变资本相对下降，出现利润率下降趋势。而利润率下降趋势表现为：第一，在剩余价值率不变的情况下，利润率随着资本有机构成的提高而逐渐下降。马克思指出，就本质而言，一般利润率下降规律是"劳动的社会生产力日益发展在资本主义生产方式下所特有的表现"③。因为该规律是用来表示资本主义生产

---

① 《马克思恩格斯文集》第2卷，北京：人民出版社，2009年，第38页。
② 《马克思恩格斯文集》第7卷，北京：人民出版社，2009年，第237页。
③ 《马克思恩格斯文集》第7卷，北京：人民出版社，2009年，第237页。

过程中所需的活劳动量的，与其所推动的物化劳动量及生产中所消耗的生产资料量相比，呈现出不断减少的趋势。所以，活劳动所代表的价值量与所用总资本的价值量相比，所占比例必然不断下降。由于剩余价值是由可变资本购买的劳动力创造的，因此活劳动量的下降将引起剩余价值量的减少。剩余价值量与所用总资本价值量的比率就是利润率，因而利润率也必然呈下降趋势。

这一规律也可以用数学公式来表示，即：

$$p = \frac{m}{c+v}$$

$$p = \frac{\dfrac{m}{v}}{1+\dfrac{c}{v}}$$

其中，p 表示利润率，m 表示剩余价值，c 表示不变资本，v 表示可变资本。

在上述公式中，前式代表资本有机构成没有发生变化之前的利润率；后式表示在假定 $\dfrac{m}{v}$ 即剩余价值率不变的前提下，随着 $\dfrac{c}{v}$ 即资本有机构成不断增加，利润率将会逐渐下降。

第二，不能把一般利润率下降规律与利润的绝对量下降混为一谈。马克思指出，随着资本主义积累与生产的发展，"要求劳动过程的范围及其规模日益扩大，要求每一个企业的预付资本相应地日益增加"[1]。所以，一般利润率下降规律并不排斥资本家用所占有的资本支配更多的劳动量，从而使其占有更多的剩余劳动量；同样也不排斥社会资本所剥削的活劳动绝对量的增大，从而使其所支配的剩余劳动绝对量不断增大。因此，资本主义社会劳动生产力的发展具有两重性：一方面表现为"可变资本同总资本相比相对减少和积累由此加速"[2]；另一方面又表现为"所使用的总劳动力越来越多，剩余价值的从而利润的绝对量越来越多"[3]。

第三，马克思强调指出，由于阻碍利润率下降因素的存在，一般利润率

---

[1]《马克思恩格斯文集》第 7 卷，北京：人民出版社，2009 年，第 244 页。
[2]《马克思恩格斯文集》第 7 卷，北京：人民出版社，2009 年，第 244 页。
[3]《马克思恩格斯文集》第 7 卷，北京：人民出版社，2009 年，第 244 页。

下降规律仅作为一种趋势而存在。他这样写道："同以往的任何时期相比，仅最近三十年间社会劳动生产力就有了巨大的发展。"①尤其是"除了真正的机器，又有大量的固定资本加入社会生产过程的总体"②，这就促使经济学家研究为何利润率不以更快的速度下降。其中必然有一些起反作用的因素在阻止利润率的下降，从而使这种下降"只有趋势的性质，因此，我们也就把一般利润率的下降叫作趋向下降"③。马克思指出，阻碍利润率下降的因素主要有工资低于劳动力价值、剩余价值率的提高、不变资本相关要素变得更便宜、对外贸易、相对过剩人口及股份资本的增加等。马克思之所以把股份资本的增加也列入其中，是因为其与生息资本类似，在扣除相关费用之后，这种资本也能提供一定的利息，即股息。由于股份资本提供的利润率要低于平均利润率，所以他们不参加利润率的平均化过程；如果股份资本也参加这个过程，那么平均利润率将下降得更多。而"对一般利润率来说，利润＝利息＋各种利润＋地租"④，所以从理论上可以把股息计算在内，"这样得到的利润率小于表面上存在的并且实际上对资本家起决定作用的利润率"⑤，因为对企业而言，这样计算时不变资本与可变资本相比是最大的。

三、相对剩余价值生产条件下利润率下降规律存在相关争议。马克思剩余价值批判理论所揭示的资本主义深刻矛盾，不仅仅表现在失业与经济危机等现象上，在长期则表现在利润率下降趋势上。也就是说在纯粹以资本为动力的经济体系中，倘若推动劳动关系实现和谐与共同发展，其经济增长与发展就会遇到障碍。一旦触动到这个边界与障碍，资本主义长期发展与积累也会出现停滞，除非进行生产关系包括国家干预机制的变革与调整。正是在这个意义上，马克思指出，一般利润率下降规律是"政治经济学最重要的规律，是理解最困难的关系的最本质规律"。由于利润率下降趋势规律是马克思劳动价值论、剩余价值批判理论的集中体现。一个多世纪以来该理论不断受到质疑，尤其是在技术进步条件下一般利润率是下降还是上升，这历来是国内外学者争论最热烈的问题。当然，马克思主义经济学家也不断回应这种挑战。在多次的理论交锋中，马克思利润率下降规律理论一再得到证明与坚持。

---

① 《马克思恩格斯文集》第7卷，北京：人民出版社，2009年，第258页。
② 《马克思恩格斯文集》第7卷，北京：人民出版社，2009年，第258页。
③ 《马克思恩格斯文集》第7卷，北京：人民出版社，2009年，第258页。
④ 《马克思恩格斯文集》第7卷，北京：人民出版社，2009年，第267页。
⑤ 《马克思恩格斯文集》第7卷，北京：人民出版社，2009年，第268页。

马克思在《资本论》第三卷对一般利润率进行过详细的论述。马克思认为，在资本主义发展的"机器制造"阶段或"现代工业阶段"，资本有机构成倾向于比剩余价值率更快地增长。尽管一些反作用的力量在起作用，甚至有时剩余价值率增长得更快，但由于有机构成的提高趋势导致一般利润率一定会逐渐下降，并形成一种基本趋势。这一结论被称为"马克思利润率下降规律"。这一规律直接印证了马克思劳动价值论、剩余价值理论及资本积累理论的正确性，因而该发展趋势是马克思经济学一个极其重要的规律。然而，马克思关于一般利润率下降理论，一直是其整个理论体系中争议较多的内容。早期的争论主要集中在对利润率下降长期趋势的判定在逻辑上是否成立，即马克思的推理中有机构成提高和剩余价值率的关系问题；以及利润率下降是否会导致资本主义危机或"崩溃"，这些争议大多基于经验数据的研究。尤其是在日本经济学家置盐信雄的著名的"置盐定理"提出后，学术界的热议绵延至今。不过，从现在看来，这些争议与其说是对马克思利润率下降理论的诘难，不如说是对该理论的深入认识与发展。

在一般利润率的估算方面，不同学者的研究视角和方法存在较大的差别。有学者将马克思的利润率公式中的成本价格具体拆分为利润份额、产能利用率和潜在产出资本这三者的乘积。也有学者对战后美国实体经济，尤其是对1975—1980年的利润率进行了考察，但得出的结论都不一样。同时，不同学者对构成成本价格的不变资本与可变资本的推算不一样，结果也不一样。在利润率下降规律考察的范围及研究结果方面，不同研究者的认识也不同。有的学者将利润率研究的范围限定在非金融部门，有人则将其锁定在非农业非金融部门，也有学者主张利润率变动问题应该在生产和流通、生产和现实相结合的基础上来讨论。在研究的结果方面，有人研究发现一般利润率在英国制造业下降了，却在服务业乃至整个私人等领域上升了。也有学者应用模型方法验证了从1948年至2007年一般利润率符合下降趋势，大致每年下降3%左右。总之，学者们对该问题认识差别较大。当然，也存在对马克思该理论的曲解和否定性理解。

围绕利润率下降规律展开的争论。20世纪中、后期，美国经济学家迪帕克和帕纳约提斯考察了美国1948年至2007年的一般利润率数据，并分析了影响剩余价值率的多重因素，结果证实了马克思利润率下降规律的存在，同时还发现了相对过剩人口的增加似乎对利润率有着滞后的积极影响。此外他们还认为剥削程度、剩余价值率越高，利润率高；而工资与劳动力的偏差影响是负的，也就是说工人工资的增加会降低剩余价值率，并对利润率产生负面影响。并且这些负面因素发挥作用足以抵消甚至扭转利润率趋势时，利润率可能会出现上升趋势。而我国学者上海财经大学冯金华教授近年撰文强调，马克思利润率下降规律内含着以有机构成提高条件下剩余价值率的提高为前置条件，并指出美国教授的数据分析模型没有考虑到生产函数的作用和利润最大化要求，因而不能全面揭示利润率下降规律。冯教授认为在利润最大化及各种约束条件下，比如产品与生产要素价格不变的情况下，利润率下降情况更大程度上是由生产函数的性质决定的，也就是说在该情况下，利润率的变化是由生产函数的形式决定的，从而进一步证实了马克思利润率下降规律。

在围绕马克思经济学利润率下降规律的争论过程中，越来越多的学者将斯拉法的价格体系直接作为马克思的"生产价格体系"对待，并将其与劳动价值论下得出的各种结论进行检验。有的学者还利用新古典生产函数的边际产出递减规律论为一般利润率下降辩护，而日本学者柴田敬早在二战之前就提出了一系列数值例子对相关问题进行了讨论，但最后并没有引起学界足够的关注。直至日本学者置盐信雄提出了所谓资本主义竞争条件下技术变革导致平均利润率上升规律的一般性证明，该问题才引起国际政治经济学界的极大关注，后来这个结论也被称为"置盐定理"。在当时，该定理也引起各国学者们的巨大争议，相关的论战便围绕着"置盐定理"展开。这场争论至今已经积累了大量的文献，起初在国内鲜见关于此类问题的研究。近年来，国内也有多位学者参与到这个问题的争论中，成绩斐然。针对置盐理论对利润率下降规律的否定性说明，我国学者骆侦近年撰文参与讨论，澄清了"置盐定理"和马克思"一般利润率下降理论"的本质区别，说明了前者并不能真正构成对后者的挑战。同时还依据"置盐定理"的思想，构造了一个能使利润率下降的"反例"，以说明"置盐定理"在理解资本主义竞争上的局限性。该文还对马克思原有理论框架之下所隐含着的对"一般利润率下降"的内在约束条件进行了分析，明确提出"置盐定理"是在三个基本假设前提基础上提出来的，这三个前提是：（1）用成本原则代替劳动生产率原则，作为资本主义技术进步的条件；（2）采纳了斯拉法的均衡价格体系，并以此定义生产价格；（3）假设实际工资不变。

文章进一步指出，这三个假设与马克思的思想都相去甚远，并不符合马克思所揭示的资本主义经济制度的本质特点。其一，资本主义企业推进技术进步的动机，是追逐超额利润。尽管马克思的经典论述明确区分了劳动节约型和资本节约型两种技术进步，但在马克思的理论中，技术进步通常是指节约劳动的技术进步，而不是节约资本。也就是说在马克思看来，节约劳动的技术进步发挥着主导作用。原因是节约劳动或提高劳动生产率的技术进步，不仅可以降低单位产品价格，还可以增加超额剩余价值的总量。因此，贬弃劳动生产率准则，只采纳成本准则，并不符合资本主义技术进步的特点。其次，置盐所采纳的斯拉法的价格体系蕴含着"市场自动出清"的均衡思想，无法分析"价值实现"上存在的困难及非均衡运行的现实特征，并且作为相对价格体系，置盐分析范式无法说明在总量层次上的动态状况与存在的矛盾。事实上，分析资本主义企业的技术进步还必然在总量层次上、在资本积累矛盾中展开，并进一步分析技术进步对利润率本身产生真实影响。最后，"置盐定理"假定"实际工资不变"，全然将实际工资作为一个独立的自变量"孤立"起来，也是不恰当的。在马克思那里，技术进步和相对剩余价值率的提高，同时可以伴随工人实际工资的增长。而实际工资的增长与马克思在《资本论》第三卷所分析的利润率下降原因的分析是并行不悖的。"置盐定理"刻意假设实际工资不变，并无理论上的必要。总之，在其三个假设条件的限制下，"置盐定理"事实上回避了资本主义经济中技术进步的制度特征。

该文章还指出，可以将"置盐定理"看作在给定条件下进行的"思想实验"。事实上，如果是一种合理的"思想实验"则完全可以为进一步具体的理论分析奠定基础。但是，由于该定理在假设前提上就出现了明显的失误，完全堵塞了由抽象到具体的思维重建现实利润率的动态发展道路。该文章最后对"利润率下降规律"的内在约束的分析还表明马克思的各个理论之间是具有内在联系的。而这些联系往往对某些结论的成立施加一些限制，因此，澄清这些结论的限制条件，使得马克思的各个理论部分逻辑能够一致就显得更为重要。事实上，现实的经济体系是一个整体，劳动力市场、要素市场、商品市场、资本市场相互影响，而经典理论对每个问题的论述往往是相对独立的，在利用理论指导实践的时候有必要考虑各个部分的综合影响。2018年我国学者孙小雨撰文进一步讨论了该问题，对谢克教授提出的真实竞争理论质疑置盐定理提出自己的看法。文章指出谢克提出真实竞争理论，强调真实竞争中企业主动的价格削减行为。他认为置盐定理只适用于价格不变的假设，而在真实竞争中并不成立。文章还认为谢克对价格削减的强调实质是从非均衡角度考察置盐定理，但他的理论缺乏一般化的模型。

我国孟捷和冯金华教授也从非均衡角度出发对置盐定理进行了深入考

察，并构建了 MF 模型，运用技术进步、实际工资和产品实现率这三种因素解释平均利润率的变动，虽然没有包含固定资本和微观分析，但颇有道理。孙小雨还认为可以通过比较谢克的真实竞争理论和 MF 模型，发现 MF 模型的非均衡宏观分析具有微观的技术选择基础：真实竞争强调的价格削减对应于 MF 模型中产品实现率变化的一个方面——价格调整。孙小雨的文章借鉴真实竞争理论的数例分析将 MF 模型拓展至包含固定资本的情况，形成了更一般的模型发现引入固定资本对技术选择和利润率波动有重要影响，如果技术进步导致产品实现率下降，那么具有较高固定资本、较低生产成本的生产方法更有可能成为主导性生产方法，这会进一步降低产品实现率，对利润率产生下行压力。

我们认为在资本主义生产方式、生产关系处于锁定的状态下，利润率下降规律是一个客观趋势，是剩余价值规律、基本积累规律的集中体现。但是，它也会受到各种其他因素的干扰，并以其他形式表现出来。另外，当代资本主义，由于生产关系的调整，经济的扩张性导致新型产业、新型业态的出现，该规律的表现形式更为复杂。

4.2.3 利润率下降规律与相对剩余价值生产的深刻矛盾

无论工业革命如何推动了社会生产力的发展，但机器体系的使用以剩余价值生产为其社会形式，这虽然是一个"自然史"的历史过程，但由于该生产方式存在着深刻的矛盾，因此会制约资本主义生产技术的长期发展。马克思阐释了一般利润率下降规律所包含的一系列矛盾，并认为该矛盾本质上也是相对剩余价值生产方式的内在矛盾体现。

第一，利润率下降规律与资本积累规律。在资本主义条件下，为了克服利率润下降趋势，"资本量必须不断增加以保证利润量上升或不变，当然，相反的因素也会存在，即伴随资本量的增加现有资本可能会不断贬值，这种贬值一定程度地阻碍利润率的下降，刺激资本价值的加速积累"[①]。因此，这种发展就意味着活劳动与总资本之比越来越小，资本有机构成越来越高。后者表示无论资本主义社会生产借以进行的社会关系如何，资本主义生产方式都具有"绝对发展生产力的趋势"[②]，因为在竞争的作用下，资本家"必须

---

① 《马克思恩格斯文集》第 7 卷，北京：人民出版社，2009 年，第 277 页。
② 《马克思恩格斯文集》第 7 卷，北京：人民出版社，2009 年，第 278 页。

采用使可变资本同不变资本相比已经相对减少的新的生产方法"①，从而促进社会生产力不断向前发展。因此，资本主义生产方式的"独特性质是把现有的资本价值用作最大可能地增殖这个价值的手段"②。而要达到这个目的，通常采取以下方法："降低利润率，使现有资本贬值，靠牺牲已经生产出来的生产力来发展劳动生产力。"③但是，资本积累基本矛盾又限制了资本量、利润量持续增长，导致形成利润率下降规律与资本积累规律存在深刻的矛盾。

　　第二，相对剩余价值生产的绝对性质及其矛盾。早期相对剩余价值生产，是以工作日的绝对延长、劳动强度增加的绝对方式呈现的。马克思指出："机器的资本主义应用，一方面创造了无限度延长工作日的新的强大动机，并且使劳动方式本身和社会劳动的性质发生这样的变革，以致打破对这种趋势的抵抗；另一方面，部分地由于使资本过去无法染指的那些工人阶层受资本的支配，部分地由于使那些被机器排挤的工人失业，制造了过剩的劳动人口。"④"由此产生了近代工业史上一种值得注意的现象，即机器消灭了工作日的一切道德界限和自然界限。由此产生了一种经济上的反常现象，即缩短劳动时间的最有力的手段，竟成为把工人及其家属的全部生活时间变成受资本支配的增殖资本价值的劳动时间的最可靠的手段。古代最伟大的思想家亚里士多德曾经幻想过。"⑤在这种情况下，机器体现的应用只有在其所导致的必要劳动时间的缩短所增加的剩余价值大于机器替代劳动力的减少时，资本依靠机器来增加剩余价值的生产才有可能存在，资本积累才可能持续发生，这就构成了相对剩余价值再生产可持续发展重要的约束条件。这样一来，资本利用机器体系的门槛提升了，也就是说不是任何一种技术进步和机器体系都可以被资本体系所接纳。

　　但是，资本也许并不能自主地意识到这一矛盾的存在，而为了克服这一矛盾资本便会拼命延长工人的工作日，或增加工人的劳动强度，以便能够增加相对剩余劳动时间。这样，相对剩余价值生产便转变成了一种绝对剩余价值生产，并以此来弥补被剥削的工人人数的相对减少导致的总剩余劳动的减少。在《资本论》中，马克思分别从两个方面讨论了这个矛盾的表现形式，

①《马克思恩格斯文集》第 7 卷，北京：人民出版社，2009 年，第 205 页。
②《马克思恩格斯文集》第 7 卷，北京：人民出版社，2009 年，第 278 页。
③《马克思恩格斯文集》第 7 卷，北京：人民出版社，2009 年，第 278 页。
④《马克思恩格斯文集》第 5 卷，北京：人民出版社，2009 年，第 469 页。
⑤《马克思恩格斯文集》第 5 卷，北京：人民出版社，2009 年，第 469 页。

即相对剩余价值生产的发展如何自行破坏了其实现的经济条件：（1）马克思指出，技术进步在长期内推动资本有机构成的提高，从而带来一般利润率的下降。由于利润率水平的变动决定了资本积累的意愿，因此伴随利润率下降，积累率也会随之下降，进而出现了资本和人口双重过剩的趋势。这样一来，相对剩余价值生产方法在长期发展过程中，其内在机制也就遭到破坏。（2）马克思对资本积累基本矛盾即剩余价值生产与实现的矛盾进行了考察。马克思写道："直接剥削的条件和实现这种剥削的条件，不是一回事。二者不仅在时间和空间上是分开的，而且在概念上也是分开的。前者只受社会生产力的限制，后者则受不同生产部门的比例和社会消费力的限制。但是社会消费力既不取决于绝对的生产力，也不取决于绝对的消费力，而是取决于以对抗性分配关系为基础的消费力；这种分配关系使社会上大多数人的消费缩小到只能在相当狭小的界限内变动的最低限度。这个消费力还受到追求积累的欲望的限制，受到扩大资本和扩大剩余价值生产规模的欲望的限制。"①

第三，劳动生产率与单位商品价值量反比关系及相对剩余价值生产与价值实现的内在矛盾。讨论制约相对剩余价值生产的长期因素，涉及社会价值与"超额剩余价值"对立运动关系，以及该对立运动与剩余价值规律相互作用导致并日益加深的社会分化及其深化。由于剩余价值规律作用，导致其经济运行具有需求约束性特征。在短期则可以从产品实现困难即生产与实现这一矛盾的恶化来解释。②从劳动生产率与价值量变化规律来讲，部门商品使用价值生产得越多，单位商品的价值量却越是减少，此时，商品价值和使用价值的矛盾凸显出来，使原本相互统一的关系逐步发展为彼此对立的关系，这是由商品经济基本矛盾决定的。这就意味着随着产出量的增长，价值实现将日甚一日地依赖于产出，即特殊使用价值的市场需求，当部门单一使用价值保持长期不变时，价值实现与增值将面临极大的困境。当然，部门内部的竞争迟早将突破部门既有使用价值的生产，从而带来新的、更丰裕的产品、产业，此时如果排除垄断或对落后国家的贸易，那么产品创新——也就是创造一种新的稀缺——就是摆脱这一困境的唯一出路。可见，利用机器生产剩余价值包含着一个内在的矛盾：由于工人的剩余劳动是剩余价值的唯一源泉，但使用机器以缩短必要劳动时间，却是以工人人数的不断减少来实现的。机

---

① 《马克思恩格斯文集》第 7 卷，北京：人民出版社，2009 年，第 273 页。
② 孟捷：《〈资本论〉的当代价值》，《光明日报》，2018 年，6 月 5 日。

器体系的剩余价值生产方式似乎包藏着相互否定的内在矛盾，除非复杂劳动不断以线性方式提升。

马克思经济学证明了在技术进步条件下，利润率下降趋势客观存在，而日本学者置盐信雄却证明：在技术进步条件下，除非提高工人工资，否则资本利得即利润率不会出现下降趋势。实际情况并不尽然，只要工人工资提高的程度低于由于社会劳动生产力提高导致劳动力价值下降的程度，利润率也还是会下降的；也就是说伴随社会劳动生产力的普遍提高，劳动力价值相应提升，但是，劳动力价值提升的程度大都低于由此导致的消费品价格下降幅度，利润率下降趋势还是会存在的。当然，现实经济生活存在着许多抵消利润率下降的因素，并且现实经济生活客观存在着许多制约技术进步的约束因素。

第三节　技术进步、相对剩余价值生产与 生产力社会化发展

第二次工业革命后，科技进步与经济发展更加紧密地联系在一起，推动经济进入产业、产品扩张的新阶段。此时的相对剩余价值生产，也具备了"发展社会生产力重要的关系"的特点，科技的进步将摧毁一切阻碍生产力发展的限制，与社会需要相适应的是生产多样化发展，打破了生产组织利用和交换自然力量，也包括精神力量。此时，相对剩余价值的生产成为主导性方法，社会经济发展具有了鲜明的产业、产品周期动态扩张特性，马克思将其概括为所谓资本伟大的"文明作用"。

4.3.1 科技与经济结合推动社会生产力加速发展与结构改变

尽管相对剩余价值生产存在着自身否定的因素，但资本间的竞争，尤其跨部门、跨地区的竞争仍然是驱动生产力发展的强大动力。当科学技术被嵌入现代工业体系并使科技与经济形成互动机制时，必将成就现代工业体系。第二次工业革命标志着资本主义进入部门迅速扩张的新时代，这一时期，新技术革命推动社会生产力日新月异发展的同时，也导致了垄断势力的崛起。伴随市场集中度的提高，寡头企业日益执经济发展的牛耳，自由竞争受到限制，社会分化加剧，经济危机频繁爆发。资本主义进入私人垄断主导的发展

阶段。

第一，此一时期的相对剩余价值生产实现了真正意义上的社会化劳动分工和社会化生产。马克思在论述相对剩余生产时首先讨论了工场手工业时期的分工与协作状况，认为工场手工业时期的生产力还没有真正成为一种结合的社会力量而存在，分工也只是在极狭隘的家庭范围内发生的自然分工，因此它还不是一种完全社会化的生产力。马克思指出："（小私有制的社会生产力）这种生产方式是以土地及其他生产资料的分散为前提的。它既排斥生产资料的积聚，也排斥协作，排斥同一生产过程内部的分工，排斥社会对自然的统治和支配，排斥社会生产力的自由发展。它只同生产和社会的狭隘的自然产生的界限相容。……它发展到一定的程度，就造成了消灭它自身的物质手段。"①而资本主义生产从一开始就以货币与财富的集聚为前提，它将社会生产资料与劳动力都集结起来，组织社会化生产过程，进而非常成功地将传统社会的生产力转化为社会生产力。经济活动在实现规模化发展的同时，也推动了资本竞争在部门之间的扩张与结构变革。

在马克思看来，如果不是资本关系内在矛盾的制约，以剩余价值生产方法的竞争机制为目的的资本主义生产过程应该是一个价值无限增殖的过程，毕竟对增殖价值的追求是这一历史时期发展社会生产力的社会条件。带有增殖目的的资本可以调动一切科学和自然界的力量，同样也开创着全新的社会组织结合和社会交往的力量，在提高生产力的基础上增加剩余价值生产。马克思指出："资本的文明面之一是，它榨取剩余劳动的方式和条件，同以前的奴隶制、农奴制等形式相比都更有利于生产力的发展，有利于社会关系的发展，有利于更高级形态的各种要素的创造。"②而在封建社会，与直接强制性劳动相对立的权力不是资本，而是直接的统治关系。因而在直接的强制性的劳动基础上再生产出来的只能是这种统治关系。而对于这种关系来说，财富本身只具有使用价值性质的享乐意义，而没有作为价值本身的资本意义，因而这种强制关系决不能产生出普遍的具有社会特征的产业。从这个意义上讲，资本主义生产方式的发展首先意味着伴随资本对增殖价值追求带来的社会分工发展与社会生产力的极大发展。马克思指出："这种为了价值和剩余价值而进行的生产，包含着一种不断发生作用的趋势，要把生产商品所必需的劳动

---

① 《马克思恩格斯文集》第 5 卷，北京：人民出版社，2009 年，第 872-873 页。
② 《马克思恩格斯文集》第 7 卷，北京：人民出版社，2009 年，第 927-928 页。

时间，也就是把商品的价值，缩减到当时的社会平均水平以下。力求将成本价格缩减到它的最低限度的努力，成了提高劳动社会生产力的最有力的杠杆，不过在这里，劳动社会生产力的提高只表现为资本生产力的不断提高。"①

第二，在相对剩余价值生产下，由于不断加剧部门内资本竞争，在推动以降低成本为特征的工艺创新及技术进步的同时，也驱动了新产品、产业拓展与结构升级变化。也就是说相对剩余价值生产不仅以部门内部工艺性质生产率进步为推手，同时它由于生产过剩进而推动资本不断投资于新部门和新产品的趋向，这在一定程度上加速了资本的生产性积累并在一定程度上缓解了资本主义基本矛盾。《资本论》在讨论手工业协作时，马克思强调了部门内部分工与部门之间分工的相互关系。马克思指出，工厂内部的分工与技术发展首先是社会分工发展到一定阶段的产物，也就是说只有在农业、工业等这些大类的社会分工有了一定程度的发展，才会出现工厂内部的分工与技术发展；而工厂内部分工与技术的发展又反作用于社会内部的分工与发展，推动部门结构的扩张与升级发展。正因如此，马克思恩格斯在《共产党宣言》中指出："资产阶级在它的不到一百年的阶级统治中所创造的生产力，比过去一切时代创造的全部生产力还要多，还要大。自然力的征服，机器的使用，化学在工业和农业中的应用，轮船的行驶，铁路的通行，电报的使用，整个大陆的开垦，河川的通航，仿佛用法术从地下呼唤出来的大量的人口，——过去哪个世纪料想到在社会化劳动里蕴藏有这样的生产力呢？"②

马克思指出，在工场手工业时期，资本通过殖民地扩张建立了自己的世界市场，社会分工甚至扩展到经济领域以外的其他一切领域，随处可见的专业化生产方式为生产的进一步细分化发展奠定基础。以 18 世纪末至 19 世纪初的大机器工业发展为例，展望资本主义技术革命带来社会革命及其变革，马克思认为工业革命不仅体现在机器体系的发展、部门内分工体系的形成，还突出体现在资本在部门之间的迅速扩张。一个工业部门生产方式的变革，必然引起其他部门生产方式的变革，工业革命排山倒海式渗入产业链的各个部门。为此，马克思写道，如果撇开已经发生巨变的帆船制造业，交通运输业的发展则逐渐地完全依靠新型的内河轮船，铁路、远洋轮船和电报的体系获得发展，并逐渐适应了大工业的生产方式。但是，这些涉及钢铁部门的工

---

① 《马克思恩格斯文集》第 7 卷，北京：人民出版社，2009 年，第 997 页。
② 《马克思恩格斯文集》第 7 卷，北京：人民出版社，2009 年，第 36 页。

艺生产过程，如锻冶、锻接，切削、穿凿和铸造过程，又需要更庞大的机器体系，而要生产这样的机器体系是工场手工业生产力所不能胜任的，由此推动了工业机械化生产的进一步发展。现代工业革命开启征程不能止步，它将必然不断推进与发展，直到带来新一轮产业革命的发生。特别是由于基础技术发展路径的触类旁通及市场需求的变化莫测，使全新部门技术及产业发展成为可能和现实。而部门之间分工协作关系的发展，对于相对剩余价值的生产的可持久性发展具有特殊的意义。然而，现代机器体系的发展是以剩余价值生产方式推进的，部门内部技术的深化与部门之间产业扩张都要受到剩余价值生产关系体系的制约。在这种情况下，剩余价值生产只有在制度方式发生变革时，新的分工体系才可以推动新的扩张和发展。

正是基于此，马克思继续写道："例如，由于生产力提高一倍，以前需要使用 100 资本的地方，现在只需要使用 50 资本。于是就有 50 资本和相应的必要劳动游离出来；因此必须为游离出来的资本和劳动创造一个在质上不同的新的生产部门，这个部门会满足并引起新的需要。"马克思指出，资本为此必须从各个方面探索地球的开发，并把自然科学发展到极致。而与上述过程相伴随的，是劳动的社会分工体系的进一步发展，以及"需要一个不断扩大和日益丰富的体系"①的形成，而这又为具有更为广泛的需要、丰富的个性创造出物质要素。马克思写道："同样要发现、创造和满足由社会本身产生的新的需要。培养社会的人的一切属性，并且把他作为具有尽可能丰富的属性和联系的人，因而具有尽可能广泛需要的人生产出来——把他作为尽可能完整和全面的社会产品生产出来（因为要多方面享受，他就必须具有享受的能力，因此他必须是具有高度文明的人），——这同样是以资本为基础的生产的一个条件。"②但是，制约部门技术扩张的因素很多，包括基础科学的发展、产学研结合情况、技术专利，尤其是市场完善的程度等因素。从这个意义上讲，一次真正意义上的产业技术革命是产权、竞争制度、法律制度完善的结果。

第三，相对剩余价值生产造成劳动力价值再生产所需必要劳动时间递减，使剩余劳动时间的不断增长，这也将使人类社会物质生活的基本面貌得到改变。马克思提出，"资本的伟大历史方面就是创造这种剩余劳动，即从单纯的使用价值的观点，从单纯生存的观点来看的多余劳动"③。从社会角度来看，

①《马克思恩格斯全集》第 46 卷第 1 册，北京：人民出版社，1979 年，第 392 页。
②《马克思恩格斯全集》第 46 卷第 1 册，北京：人民出版社，1979 年，第 392 页。
③《马克思恩格斯全集》第 46 卷第 1 册，北京：人民出版社，1979 年，第 287 页。

剩余劳动不断增长的意义首先在于，它使"整个社会只需要较少的劳动时间就能占有并保持普遍财富"。重要的是马克思还由此进一步预见到与人的解放相关联的未来趋势。他指出："（在相对剩余价值生产条件下）生产某种物品的必要劳动量会缩减到最低限度，但只是为了在最大限度的这类物品中实现最大限度的剩余劳动。第一个方面所以重要，是因为资本在这里——完全是无意的——使人的劳动，使力量的支出缩减到最低限度。这将有利于解放劳动，也是使劳动力获得解放的条件。"①由此就引申出一个重要观点，即相对剩余价值生产的发展为生产的自动化、智能化发展铺就了道路。"劳动的社会将科学地对待自己的不断发展的再生产过程，对待自己的越来越丰富的再生产过程，人不再从事那种可以让物来替人从事的劳动——一旦到了那样的时候，资本的历史使命就完成了。"②当然，技术发展的自动化、智能化要想真正实现人的解放，在本质上需要对资本主义生产方式进行不断变革。马克思指出："资本的不变趋势一方面是创造可以自由支配的时间，另一方面是把这些可以自由支配的时间变成剩余劳动。如果它在第一个方面太成功了，那么，它就要吃到生产过剩的苦头，这时必要劳动就会中断，因为资本无法实现剩余劳动。"③资本主义市场经济试图摆脱这一困境的办法是发展和物质生产相脱离的服务业。可以设想，伴随自动化的发展，劳动人口最终有一天只能在服务业里就业。但问题是，在此条件下，主要生活必需品的供给能力已到达潜在丰裕的程度，这时要单独在服务业里继续维持雇佣劳动关系，就变得十分困难乃至不可能了。④

第四，以技术进步为特征的相对剩余价值生产，一方面存在着促使工人实际工资增长趋势，包括工人消费丰富性的增加及消费质量的提高趋势，但另一方面工人工资增长的程度总是比不上资本增殖的程度，存在社会分化程度不断加剧趋势。除非国家加大转移支付，扩大再分配手段及作用，推动中产阶级的发展，否则，经济社会均衡发展的条件难以形成，危机与衰退在所难免。一般情况而言，相对剩余价值生产，由于生产率的提高实现了消费品的单位价值的普遍下降，在货币工资率和物价没有任何变动的情形下，工人的实际工资率是上涨的，短期情况更是如此。但是，工人实际消费提高程度

①《马克思恩格斯全集》第46卷第2册，北京：人民出版社，1979年，第214页。
②《马克思恩格斯全集》第46卷第1册，北京：人民出版社，1979年，第287页。
③《马克思格斯全集》第46卷第2册，北京：人民出版社，1979年，第221页。
④ 孟捷：《〈资本论〉的当代价值》，《光明日报》，2018年，6月5日。

往往跟不上新产业、新产品所需要的市场，用马克思的话来说，资本家又会"寻求一切办法刺激工人的消费，使自己的商品具有新的诱惑力，并使工人有新的需求等"[①]。这一矛盾的解决最终要求商品流通范围的扩大，马克思就此写道："生产相对剩余价值，即以提高和发展生产力为基础来生产剩余价值，要求生产出新的消费；要求在流通内部扩大消费范围，就像以前在生产绝对剩余价值时扩大生产范围一样。第一，要求扩大现有的消费量；第二，要求把现有的消费推广到更大的范围，以便造成新的需要；第三，要求生产出新的需要，发现和创造出新的使用价值。"[②]

在资本主义发展的历史进程中，资本一旦跨越了生存发展阶段后，后工业革命时代不仅带来技术加速进步、生产率的提高，以及新产品、产业的不断扩张，同时也为社会提供了源源不断的、相对丰富完善的生活必需品、生活享受及奢侈品，使人们摆脱了基本生存消费需要的各种束缚与制约。在这种情况下，一方面资本的"创造性破坏"作用更为显著，另一方面劳动阶层开始从简单劳动向复杂劳动转变，他们劳动的质与量在直接意义上形成价值增殖的源泉与创新发展不竭的动力。尽管，发展过程中的资本主义既难以避免经济失衡导致的危机的发生，同时也难以克服资本利益集团抵抗与顽固性。不过，我们更愿意相信，资本发展的历史过程是一个"自然史"与"人类史"相统一的过程。

4.3.2 相对剩余价值生产、部门内的竞争困境与产业扩张、结构变动

在马克思看来，在相对剩余价值再生产过程中，伴随资本有机构成的提高，在长期则会出现利润率的下降趋势。为了克服利润率下降趋势，资本必须通过不断扩大资本量方式来增加利润总量，以便对冲利润率下降趋势。而资本量的扩张必然伴随着产业、市场的不断扩大。因此相对剩余价值生产既包括部门内的资本竞争，同时也包括部门之间的竞争。只有部门扩张的速度使新增利润量的增加跑赢部门内竞争导致的社会价值下降造成的利润损失，资本主义经济才能在正常速度上继续发展。但是，剩余价值规律的作用，致使资本主义经济通过创新发展实现的部门扩张常常无法抵消由于部门竞争导致的价值损失，进而使资本主义经济增长存在潜在下降趋势。相对剩余价值

①《马克思恩格斯全集》第46卷第1册，北京：人民出版社，1979年，第247页。
②《马克思恩格斯全集》第46卷第1册，北京：人民出版社，1979年，第247页。

生产,社会价值与"超额剩余价值"的对立运动,使资本的部门扩张成为必然。

但是,部门内部竞争是部门之间竞争的基础。部门内的竞争是以工艺或差异技术为基础的竞争,这种竞争由于建立在价值实现与使用价值生产对立运动基础上,在长期随着产量的增长,生产者价值实现与利润量的增长也会遇到自身的限制,出现同行同质竞争的困境。在这种情况下,实现更大程度的差异化竞争,推动实现产品、产业创新、商品模式创新势在必行。企业围绕差异产品、新产业展开竞争,在推动技术进步创新发展的同时,虽然能够一定程度地缓解各种矛盾,但从根本上讲,剩余价值规律发挥着根本性制约作用,部门之间的竞争障碍会通过其他形式表现出来。尽管,马克思相对剩余价值理论仅以工艺技术创新为前提条件,但是,从马克思经济学方法及其体系看,该经济学理论涉及并讨论了该问题。

首先,以价值与使用价值辩证关系分析为出发点,马克思劳动价值理论某种程度上奠定了关于产品、产业创新的基础。如前所述,在单一工艺创新技术条件下,由于价值生产与使用价值生产的对立运动,导致部门内部的竞争困境并由此催生了产品、产业创新活动。而伴随着创新活动蓬勃发展,由于一定程度地实现了市场供需之间的零距离对接,改善了市场供求关系与资源配置效用,从而推动并促进了价值生产与使用价值生产的统一性,并由此获得新的生产方式与新的劳动生产力。

马克思劳动价值论不仅强调价值创新的劳动源泉,也强调价值创造的使用价值基础,即认为千差万别的"使用价值是价值的物质承担者"与基础,没有符合市场需求的使用价值,没有不断开拓的潜在需要与市场,便不可能实现新创造的价值,马克思经济学关于商品经济基本矛盾的分析进一步揭示了该问题的本质。所以,就马克思劳动价值论而言,价值形成不是简单的生产问题而是复杂劳动的积累过程,即价值是通过创造性劳动得来的。接下来分析,马克思在阐述简单劳动作为价值生产一般基础的同时,提出并着重分析了复杂劳动的特性,指出复杂劳动是倍加的简单劳动,并且复杂劳动的价值实现是在交换实践中完成的,马克思提出并分析了创新性生产劳动的基本概念与范畴。在该理论基础上,马克思实现了对资本主义经济关系的说明。当然,马克思剩余价值与资本积累理论都是建立在科技进步与社会劳动生产力提高的理论基础上的。而资本积累与扩大再生产理论不仅阐述了实现技术进步和扩大再生产的必要条件与内在规律,还奠定了马克思经济学关于垄断竞争理论的基础。当然,马克思深刻阐述了技术进步导致的失业陷阱与资本主义的制度性改进障碍。

其次，马克思再生产理论提出了产品、产业创新问题，并形成了"产品创新致命说"和"产品创新升级说"的观点。第一，马克思在讨论了单个资本"连续"运行问题的时，提出了"产品创新致命说"的观点。马克思经济学资本循环理论在强调资本的顺利循环是其连续运行与快速周转的基础与出发点同时，指出了制约资本顺利循环关键环节是商品资本职能的实现，即资本完成由商品资本到货币资本的转换，并将这个阶段的资本职能称描述为是一种"惊险的跳跃"，指出了产品实现环节是资本运行的生命所在，是资本连续运行的前提，提出"产品创新生命"说。因此，促使资本要顺利循环，维持其运行的连续性，除了生产关系及其经济结构的调整外，通过产品、产业创新实现生产与市场的零距离对接是根本。在接下来的关于固定资本价值损耗补偿问题的讨论中，马克思提出并分析了产品、产业创新基本范畴。马克思认为固定资本的更新必须考虑到劳动生产率提高的两种形式：一是随着劳动生产率的提高，现有产品会变得更便宜导致的价值损耗；二是由于生产出了功能更多、效能更高的新产品导致现有价值的损耗。在这里，马克思明确区分了提高劳动生产率的两种形式，即工艺创新与产品创新的内涵。第二，马克思在社会资本再生产理论中提出了"产品创新升级说"。众所周知，马克思关于社会资本再生产理论认为，制约社会资本再生产的根本问题也是两大部门的价值实现与实物替换问题，而核心是实物的替换问题。由于两大部门的实物替换比例与结构问题不是固定不变的，而是随劳动生产率的提高而不断变化的，因此，无论是生产资料的生产还是生活资料的生产，其使用价值的创新不可避免。尤其是随着劳动生产率的提高，劳动者收入的增加，消费资料的结构与层次不断提高，消费资料需要的范围、结构都会不断变化，进而对生产资料种类、品种的需要也会发生变化，生产资料生产创新发展也是不可避免的。

最后，马克思经济学的竞争理论，包括部门内的竞争与部门之间的竞争构成了社会生产力发展与创新驱动理论重要的组成部分。马克思经济学关于社会生产力的发展与技术进步的研究还集中体现在其竞争理论上，该理论从部门内部到部门之间，阐述了马克思经济学充分竞争与创新发展之间的内在关系。第一，马克思经济学在相对剩余价值生产方法的基础上，提出了部门内部竞争的分析模型。该模型以工艺与差异创新为技术生产方式，分析了一个部门内众多企业围绕先进技术展开的群雄逐鹿式竞争，由于单纯工艺创新在价值实现与使用价值生产上的对立运动，一定程度反映出部门内部竞争的边界与困境。当然，马克思对超额剩余价值范畴的卓越分析，反映出马克思经济学已经对市场结构理论有了初步的探讨，垄断与竞争市场结构理论构成了马克思竞争理论的组成部分。在此竞争理论基础上，马克思还说明了在劳动时间与强度都缩减的情况下，价值增殖的剩余劳动源泉。在笔者看来，若是以单纯工艺技术创新为基础的相对剩余价值生产，则新创技术实现的价值应来源于其他企业的转移；若是以差异创新为技术基础，则新增价值应来源于本企业职工创造性的劳动。第二，从价值实现的角度看，由于部门内竞争的局限性，使部门间的竞争成为经济发展常态。而部门间的竞争在假定劳动生产率提高的情况下，自然是围绕新产品、新产业展开的开放式的竞争。尽管，马克思经济学关于部门间竞争理论重点分析了剩余价值分割问题，并且以物质资料生产部门、商业部门与货币资本部门的关系为分析对象。但该理论说明了部门间充分竞争的必要性与基本要求，这就是资本在部门间资本转投的无障碍特性及平均利润率的形成前提。当然，马克思经济学平均利润理论也分析了部门竞争的结构特征，即部门之间的竞争应该是以实体经济的发展为基础。而平均利润率的下降趋势，也反映了部门竞争的局限性，以及资本主义条件下技术进步与产品创新的局限性。

在马克思再生产理论看来，微观经济运行的"连续性""持久性"，既是微观经济运行质量的集中体现，也是宏观结构合理性、经济可持续发展的基础。但是，马克思经济学社会资本再生产理论却认为，由于资本主义经济关系，以及社会基本矛盾造成的障碍，现实的单个资本运动总是呈现一种"非连续"与"不可持久性"。然而，社会基本矛盾运行，尤其是部门内部竞争困境导致的经济非均衡运行，可以通过产品、产业创新及与此相伴随的生产关系调整，推动实现微观经济相对持久、稳定的经济运行。当然，这种调整没有改变资本主义本质。

第四节　技术、产品的市场垄断与资本主义发展趋势

从 19 世纪 70 年代开始，资本主义逐渐进入垄断时代，20 世纪初期垄断已经成为西方发达国家经济生活中最重要的特征。20 世纪初期，列宁在《帝国主义是资本主义的最高阶段》一文中，阐述了垄断问题的马克思主义观点。

列宁集中分析了垄断组织的形成和发展，概括了帝国主义五大特征，并在此基础上揭示了资本主义的发展趋势。列宁认为，资本主义新变化在生产和技术方面将会导致其出现迅速发展与停滞腐朽"两种趋势"。列宁指出："整体说来，资本主义的发展比以前要快得多，但是这种发展不仅一般地更加不平衡了，而且这种不平衡还特别表现在某些资本最雄厚的国家的腐朽上。"①

4.4.1 列宁关于帝国主义时代理论

19 世纪末 20 世纪初，第二国际的理论家们围绕着垄断出现的新情况，进行了长期的激烈争论，形成了三派力量：以卢森堡等人为代表，主张从"消费不足"的角度来寻找垄断资本主义对外扩张的根源；以希法亭等人为代表，主张从流通和金融领域发生的变化角度来寻找垄断资本主义对外扩张的根源；以拉法格等人为代表，则主张从生产领域发生的变化来探寻帝国主义产生的根源和实质。列宁在深入研究了资本主义的新变化基础上，批判地吸收了第二国际理论家们关于帝国主义理论的研究成果，创立了科学的马克思主义的帝国主义理论。

列宁运用马克思的分析方法和立场对垄断资本主义作了四个方面的科学分析。第一，分析了垄断的形成、发展及其表现。在资本主义经济发展的过程中，当资本的积聚和生产集中达到一定程度，资本主义经济就自然而然地走向了垄断。列宁分析了垄断形成的四种主要表现形式：（1）由生产集中生长起来的资本家的垄断组织卡特尔、辛迪加、托拉斯已在主要资本主义国家取得了完全的优势；（2）垄断已占据了资本主义社会最重要的工业部门，特别是其基础工业部门；（3）为数不多的最大银行实行银行资本与工业资本的"人事结合"，支配着全国根本部分货币资本和货币收入，控制着资本主义社会中一切机构和政府机构，银行成为金融资本的垄断者，并形成寡头势力；金融资本在原有动机的基础上增加了争夺原料产地、资本输出加剧争夺"势力范围"，以及争夺一般经济领土的新动机，这就是殖民地的获得。列宁阐述了垄断与竞争的辩证关系。垄断虽然从竞争中产生，但垄断消除不了竞争，而是凌驾于竞争之上，与之并存。垄断与竞争的交织产生了许多特别尖锐激烈的矛盾、摩擦和冲突，并使资本主义的各种矛盾更加激烈、复杂。总之，垄断是帝国主义最深厚的基础。

---

① 《列宁选集》第 2 卷，北京：人民出版社，1975 年，第 685 页。

第二，分析了垄断的金融统治本质及其金融寡头结构。列宁认为，帝国主义时期是金融资本和金融寡头的统治，银行的作用发生了新的变化，"由中介的角色发展成为势力极大的垄断者"[①]。银行作用的这一转变，使"银行和工业日益融合或者说长合在一起"[②]，出现了金融资本和金融寡头。这时，金融资本、金融寡头对整个社会经济和政治的统治成为不可避免的了。在国内，它们不仅利用"参与制"控制远远超过自己几倍甚至是几十倍的资本，而且还通过创办企业、发行有价证券、办理公债等业务获得大量的利润；它们不仅利用"人事渗透"与企业实行联合，而且还通过与政府实行"个人联合"实现垄断资本与国家政权的结合。在国际范围内，它们之间联合形成国际垄断同盟，通过世界领土和市场的瓜分实行对世界的统治。

第三，阐述了资本输出必然性及其经济全球化的实质。列宁认为："对自由竞争占完全统治地位的旧资本主义来说，典型的是商品输出。对垄断占统治地位的最新资本主义来说，典型的则是资本输出。"[③]资本输出成为垄断资本主义的重要新现象。资本输出的必要性，是因为国内"有利可图"的投资场所已经不够了，过剩资本要到国外去赚取高额利润；而资本输出到落后国家的可能性，一方面是"因为那里资本少，地价比较贱，工资低，原料也便宜"[④]，能够获取高额利润；另一方面也是"因为许多落伍的国家已经卷入世界资本主义的流转，主要的基础设施已经建成或已经开始兴建，发展工业的起码条件已具备等"[⑤]。资本输出给垄断资本带来惊人的利润，使金融资本的密网遍布全世界。资本输出加深了资本主义在全世界的扩展，因而它是金融资本统治全世界坚实的基础，是帝国主义压迫和剥削世界上大多数民族和国家的坚实基础。

第四，分析了垄断统治下发展不平衡加剧及其地区性战争。垄断资本在国内建立了自己的统治后，必然要将其统治势力扩展至国外，建立国际垄断统治。垄断资本建立国际垄断统治，其目的在于输出国内过剩资本，获得国际市场并确保廉价的原材料来源。垄断资本通过借贷、直接资本输出等多种方式建立国际统治。从 20 世纪末至 21 世纪初期，一方面发达国家通过各种

① 《列宁选集》第 2 卷，北京：人民出版社，1975 年，第 607 页。
② 《列宁选集》第 2 卷，北京：人民出版社，1975 年，第 613 页。
③ 《列宁选集》第 2 卷，北京：人民出版社，1975 年，第 626 页。
④ 《列宁选集》第 2 卷，北京：人民出版社，1975 年，第 627 页。
⑤ 《列宁选集》第 2 卷，北京：人民出版社，1975 年，第 629 页。

形式对外投资获得新的发展；另一方面发展中国家在市场化改革过程中迅速崛起，推动了全球化时代到来，尤其是中国在短短几十年中发展成为世界第二大经济体，落后国家的加速发展使世界经济的不平衡性加剧，因而也导致资本国际垄断势力的日益加强和地区战争不断。

第五，阐述了发展新变化及其基本趋势。列宁在分析了垄断资本主义基本特征的基础上，对寄生性和腐朽性的基本趋势作了深刻的揭示。他认为，资本主义新变化在生产和技术方面会导致"两种趋势"：一方面，资本主义垄断的存在必然会形成垄断价格，资本家可以通过垄断价格获得高额垄断利润，在这种情况下，资本家发展生产、改进技术的动因消失了；资本主义垄断的存在，必然会使垄断资本家为了某种经济上的利益，人为地阻碍技术改进或采用新技术，金融资本在世界范围的统治，可以使其在不改进技术的条件下获取高额垄断利润。这样就出现了帝国主义生产和技术停滞的趋势。另一方面，在资本主义制度下，垄断绝不可能完全地、长久地排除世界市场上的竞争，竞争必然导致技术创新，导致新产品新工艺的出现，并可以降低生产成本提高利润，这样就出现了帝国主义生产和技术迅速发展的趋势。垄断资本主义时代发展变化趋势的主要特征是这两种趋势交替出现。列宁还认为，资本主义时代新变化并没有改变资本主义社会向社会主义社会过渡的基本趋势。

4.4.2 垄断学派与原教旨主义的争论

马克思主义的垄断理论在战后西方有了新的发展。20 世纪 60 年代，美国经济学家保罗·巴兰和保罗·斯威齐合著的《垄断资本》出版了，在该书中他们阐述了垄断新阶段理论。围绕该理论以塞姆勒和威克斯为代表的原教旨主义与以巴兰、斯威齐为代表的垄断资本学派展开争论，垄断利润和平均利润率规律成为争论的焦点。

垄断学派夸大垄断的作用，否认部门之间的竞争和平均利润率的形成。这个学派的大多数学者认为，在现代资本主义社会，由于垄断势力取代了自由竞争，利润率平均化趋势已经让位于垄断部门和竞争部门之间利润率的长期不一致。在他们看来，垄断部门的特征是高集中率、高进入壁垒和主要大企业之间公开的或暗地的勾结，这会阻止和限制竞争，提高商品价格和产生垄断利润，其他竞争部门则被迫接受普通的利润率。斯威齐认为，"竞争转变为垄断导致了利润的增长和利润率的部门差别"，而不再是"曾经作为竞争资本主义特征的利润率的平均化趋势"①。在垄断时期存在着部门之间利润率的等级差别，即利润率在垄断部门或接近垄断部门较高，而在非垄断部门最低，整个社会平均利润率规律是不存在的。

另一种观点与上述看法针锋相对，如美国的原教旨主义学派的代表人物塞姆勒和威克斯等，他们从20世纪80年代初期开始对传统的马克思主义垄断资本理论发起了全面的挑战，对以斯威齐为代表的垄断资本家派进行了严厉的批评。他们认为，现代大公司的经济权力并不能形成垄断势力，也不能废除利润率的平均化规律。从长期看垄断部门的进入壁垒不能从根本上限制外部资本的流入，各部门的利润率仍然存在平均化的趋势。部门利润率的差别不是由垄断形成的，而是由部门技术水平的差异和发展不平衡造成的。塞姆勒指出："这种利润率的差别可以很容易地用马克思主义的竞争理论来说明。按照这一理论，供给和需求从来不会相等。各个部门由于劳动生产率、资本产出率、工资份额和经济增长率等方面的差异所引起的利润率的差别，可以由调节供给使之适应需求的时间上的差异来说明。这就是说，需要时间在利润率高的部门集结新的生产能力以生产和周转商品，同时从利润低的部门撤出资本和减少生产能力。"②"部门内部厂商之间以及集中部门和非集中部门厂商之间利润率的差别，也同马克思主义关于竞争和生产价格是波动中心的理论不矛盾。在部门内部不同厂商使用的技术是不一样的，因而总会有些资本生产成本较低，而有些资本生产成本较高，按照相同的市场价格或者生产价格出售产品，各个厂商由于成本价格不同，利润率也必然不同。因此，厂商之间利润率的差别并不必然是垄断势力的一种象征。"③

原教旨主义还认为，一些经验研究虽然揭示了高利润存在于高集中或与高度集中相联系的部门，但要用这些经验研究来支持垄断资本的假定时应当受到质疑：首先，这些研究结果并不意味从长期看存在着一种稳定的持续的利润率的等级差别，20世纪70年代的研究解释了进入壁垒在停滞和需求下降时期也会成为撤除的壁垒。如果这时的生产能力必须进行调整以适应下降了的需求，大资本会出现亏损，因此，"不是集中和进入壁垒，而是资本的流动壁垒，似乎是造成利润率差别的原因"④。这种流动壁垒在各个部门中是

① P. M. 斯威齐：《资本主义发展的理论》（1968年英文版），第272页。
② W. 塞姆勒：《竞争，垄断和利润率差别》，《激进政治经济学评论》，1982年冬季号，第47页。
③ W. 塞姆勒：《竞争，垄断和利润率差别》，《激进政治经济学评论》，1982年冬季号，第48页。
④ W. 塞姆勒：《竞争，垄断和利润率差别》，《激进政治经济学评论》，1982年冬季号，第47页。

不同的。其次，更重要的是集中和进入壁垒不可能消除资本之间在剩余价值生产和分配方面的竞争，而部门之间的竞争与剩余价值的分配相联系。再次，进入壁垒和撤除壁垒作为物质资本不易流动的表现，也不必然意味着货币资本的流动性下降。由于一些部门固定资本的增长，物质资本的流动性已经减弱。但是，多厂和多公司的巨大规模则伴随着大量货币资本的增长。从历史上看，随着企业资本的越来越大，货币资本的流动性实际上提高了。这种货币资本流动性的加强不仅被希法亭所忽视，而且在关于垄断起源的后马克思主义讨论中也被忽视了。[①]最后，大多数现代马克思主义者错误地认为，当代资本主义社会是非竞争性的。塞姆勒强调：在关于资本主义垄断阶段的后马克思主义的讨论中，可以看到两股不同的思潮。一种以希法亭为代表，强调竞争的消失。另一种思潮以列宁为代表，认为集中和勾结并没有废除竞争，只是使竞争在一个更高的水平上展开。许多后马克思主义经济学家的观点主要来自资产阶级新古典派的理论，它以一种"竞争的数量理论"为特征，过分强调市场集中的问题，认为竞争只是一个竞争者的数量多少和规模大小的问题。如果有"大量"的竞争者，就存在着竞争；如果只有"少数"竞争者，就存在"有限"的竞争。"这样看待竞争一般说来体现了资产阶级政治经济学的方法，认为竞争是一种非历史的现象，仅仅是一种交换中的关系。"[②]

应该怎样来评价这两种对立的观点呢？高锋教授认为："从基本的方面看，垄断资本学派的观点可能包含着较多的真理。这个学派的学者肯定了现代大公司的垄断势力，肯定了垄断价格和垄断利润的存在，肯定了当代资本主义垄断的实质。"但是，垄断部门和非垄断部门利润率的差别是否就意味着利润率平均化规律已不再起作用，这一点还值得进一步研究和讨论。他提出并一步论证了一种平均利润率二重化的观点，认为："（在垄断资本主义条件下）社会统一的平均利润率已经难以形成，垄断部门的利润率大多经常高于非垄断部门的利润率；但在垄断部门之间和非垄断部门之间，分别存在着利润率的平均化趋势，从而形成两种不同水平的利润率。平均利润率的二重化，正是利润率平均化规律在垄断资本主义条件下的具体作用形式。"第一，平均利润率二重化的基础在于垄断竞争和自由竞争并存。垄断与竞争并存，垄断竞争与自由竞争并存，是垄断资本主义时期资本相互关系中最根本的经济现

---

① W. 塞姆勒：《竞争，垄断和利润率差别》，《激进政治经济学评论》，1982 年冬季号，第 48 页。

② J. 威克斯：《资本与剥削》（1981 年英文版），第 153 页。

象。这时，社会统一的利润率自然难以形成。但是，既然垄断竞争和竞争仍然存在，部门之间的资本流动就不可能完全停止，利润率平均化规律也一定会继续起作用。第二，垄断部门的进入壁垒促进了利润率的二重化趋势。"大垄断企业依靠自身的巨大规模、巨额的内部资本积累和大银行的金融支持，往往能够打破进入堡壁垒，侵入其他某些利润更高的垄断部门。因此一般来说，垄断部门的进入壁垒并不能完全阻止大企业的资本在垄断部门之间的转移。与此同时，由于中小企业不具有大垄断公司的经济实力，它们的资本流动大多限于以自由竞争为主要特征的非垄断部门。这样，垄断部门之间以大企业为主的资本流动和非垄断部门之间以中小企业为主的资本流动，就不可避免地形成了两重不同水平的利润率平均化过程。"[①]第三，大垄断企业的生产多样化和跨部门经营在二重利润率平均化过程中具有重要作用。在这样的条件下，部门之间的资本转移在某种程度上变成了大企业内部的资本流动和分配，这就便利了大企业在不同部门的资本转移。

关于两重利润率平均化的论点，国内外早已有经济学家提出，例如西方激进派经济学家曼德尔在他 1962 年发表的《论马克思主义经济学》一书中就提出这样的观点。美国经济学博士鲍林依据二元经济理论的假定，也提出了核心企业和边缘企业利润率二重平均化的论点。鲍林还对他的理论分析进行了经验证明，结果发现核心企业果然比边缘企业获得较高的利润率，同时核心企业之间的利润率差别也确实比边缘企业之间的利润率差别小得多。[②]在我国，也有学者提出了二重利润率平均化的思想，例如魏埙教授在肯定垄断部门的利润高于非垄断部门的利润时指出："这两大类内部的部门间竞争是很激烈的，因而各自会有利润率的平均化。"[②]

但是，上述经济学家在提出二重利润率平均化论点的同时，认为从长期看仍然会形成社会统一的平均利润率。高峰教授认为这种看法缺乏足够的理论根据和事实根据。第一，如果承认经过较长的时间最后会形成社会统一的平均利润率，这就在实际上否定了垄断利润和非垄断利润的差别，而把这种差别归之于经济运行的某种暂时不均衡的状态。第二，如果社会范围内的利润率平均化趋势表现为垄断利润率与非垄断利润率逐渐接近的趋势，那么，即使这两类利润率的差别趋于接近又趋于扩大的长期波动现象的确存在，这

① 高峰：《发达资本主义经济中的垄断与竞争》，天津：南开大学出版社，1998 年，第 298 页。

② 高峰：《发达资本主义经济中的垄断与竞争》，天津：南开大学出版社，1998 年，第 283-290 页。

② 魏埙：《关于垄断价格问题》，《南开学报》，1986 年第五期，第 57 页。

正好是全社会利润率平均化受阻碍的表现。第三，垄断部门与非垄断部门的利润率差别在某些时候的缩小，并不一定是这两类部门竞争加剧和资本转移的结果，而可能是其他经济因素的影响。最后，高峰教授还列举了某些经验材料来论证平均利润率二重化的命题。③

4.4.3 技术、产品的市场垄断与垄断资本主义发展趋势

在《帝国主义是资本主义高级阶段》中，列宁明确阐述了垄断资本主义的发展两种趋势，他指出：垄断资本主义发展，一方面，资本主义垄断的存在必然会形成垄断价格，资本家可以通过垄断价格获得高额垄断利润，在这种情况下，垄断资本发展技术动因会减弱，与此同时，由于金融资本在世界范围的统治会进一步导致停滞趋势。另一方面，由于垄断决不会完全、长期地排除竞争，这样帝国主义时期也会出现生产和技术进步与迅速发展，并且两种趋势交替出现。列宁指出："如果以为这一腐朽趋势排除了资本主义的迅速发展，那就错了。不，在帝国主义时代，某些工业部门、某些资产阶层、某些国家，不同程度地时而表现出这种趋势，时而又表现出那种趋势。整个说来，资本主义的发展比从前要快得多，但是这种发展不仅更不平衡了，而且这种不平衡还特别表现在某些资本最雄厚的国家的腐朽上面。"①列宁还认为，资本主义时代新变化并没有改变资本主义社会向社会主义社会过渡的基本趋势。

（1）技术、产品市场垄断与经济势力的形成。一般来讲，规模结构与产品差异是厂商寻求市场控制力的两个基本手段，但是，当生产和市场的发展使产品的差异性、产品的技术品质在限制竞争形成垄断控制力方面发挥决定作用时，当厂商的规模结构优势必须以其拥有的技术和产品优势为先导和支撑时，规模垄断主导的市场结构关系就让位于技术、产品市场垄断主导的市场结构关系，由此导致经济势力的崛起和技术、产品市场垄断主导趋势的形成。经济势力即是依靠技术、产品优势获得一定程度的市场控制力的厂商。与传统的规模结构性垄断势力不同，经济势力则以其产品独特的技术、品质及规格优势获得了对价格、产量的自由决策权及扩张市场份额的能力。并且，这种能力是建立在产品、销售条件或购买者偏好某种特性基础上，并通过优

---

③ 高峰：《发达资本主义经济中的垄断与竞争》，天津：南开大学出版社，1998年，第292-300页。
① 《列宁选集》第2卷，北京：人民出版社，1975年，第685页。

越的议价能力体现出来的。"如果一个销售者能够凭借其生产和销售上的某种优势迫使交易对方作出某种让步,它就很可能具有经济势力。"企业的优势议价能力使其面对一条向下倾斜的需求曲线,并拥有一定程度的市场控制力。而厂商拥有的专利、专有技术、品牌版权等技术垄断方式是其获得经济势力的前提和基础。

与规模结构性垄断的价格操纵与勾结行为的非市场性质的行为不同,经济势力的市场控制行为是内生的,即厂商完全采用市场调节和市场竞争手段获得对价格和产量的自由决定权,并且具有单个企业控制的特征。一般来讲,经济势力的市场化控制行为包括:技术创新行为、风险投资行为、技术垄断行为、产品开发和品牌经营行为等。与垄断势力的防御性行为不同,经济势力的这些竞争行为是进攻性、开放性的。同时,由于经济势力的形成是由厂商的产品差异化竞争行为引起的,各厂商在产品与差异创新中的成本和需求曲线上的巨大差异,使他们价格行为的依赖性大大减弱,独立性明显加强,并通过单个企业的市场化控制行为反映出来,厂商之间的战略互动关系在减弱。经济势力作为单个厂商的市场控制效应表现为:①厂商通过改变需求曲线的斜率,提高其对市场的垄断控制程度;②厂商通过移动消费者的需求曲线位置,在价格不变的情况下增加销售量,提高厂商对市场的控制力。③由于技术因素导致成本下降,厂商获得经济势力。在差异产品竞争条件下,需求弹性的大小决定着厂商的市场垄断的强度。近年来,产业组织理论关于企业力量和自由决定权的丰富证据充分证明企业是一个具有市场力量的实体,在一定程度上其业绩与产业的整体表现无关,人们更多地从单个企业的角度考察其行为。从这个意义上讲,在经济势力主导的竞争中,市场结构的决定性在下降,单个厂商市场行动的决定性在上升。

在经济势力主导下,资本主义有时会呈现加速发展趋势。与规模结构性垄断势力相比,经济势力只拥有有限的自由决策权和市场控制力,主要表现在:①在控制的范围上,市场势力只限于单个市场上的购买者,控制范围只限于部门内部,部门外的竞争只涉及相关部门和相关产品;②在控制的变量上,市场势力的作用只限于单个企业出售商品的价格和产量以及企业拥有的市场份额;③在控制的强度上,由于产品的差异不大,需求的价格弹性较大,企业仅拥有有限的自由决定权。由于经济势力赋予厂商有限的市场控制力,在以经济势力为主体的市场上,市场既是垄断的又是竞争的,常常呈现出垄断竞争并存的局面,垄断与竞争相互渗透、相互影响、互为条件。同时,该类市场在导致竞争更为复杂激烈的同时，也导致出现"有效竞争"的局面。美国经济学家克拉克在对生产者行为、垄断竞争关系进行研究后认为，不论市场结构如何、参与竞争的企业的多少，也不论生产替代品的企业之间差别是否显著，只要这些组织积极改进生产技术，提供新产品，完善生产体系，这些企业组织的行为和绩效就是良好的，是"有效竞争"的企业。自20世纪60年代以来，美国有效竞争的产业的比重不断上升，到20世纪80年代，有效竞争的产业占70%—75%，包括汽车、钢铁、照相机、飞机制造、银行、电话、法律服务，甚至包括职业体育运动在内的许多产业都趋于更强的竞争性，公共事业也引入了市场竞争。而经济势力有限的市场控制力是由技术垄断方式的易扩散、外溢性，尤其是由突破性技术的非线性等特点决定的。

（2）技术、产品市场垄断的主导性形成。从19世纪70年代到20世纪中期，由于在第二次工业革命推动下的重化工业发展，规模结构性垄断一直占主导地位，列宁的《帝国主义是资本主义的最高阶段》系统阐述了规模结构性垄断的基本特征，并强调市场结构的重要性。20世纪中期后，随着信息技术的出现和知识经济的到来，当代资本主义的产业组织关系实现了由规模结构性垄断主导阶段向技术、产品市场垄断主导阶段的转变，形成了技术、产品市场垄断的主导性趋势。相对于厂商依靠规模结构寻求市场垄断力而言，技术和产品优势成为一种更本源的、更具决定性的、占支配地位的垄断控制方式，企业拥有的特殊技术和优势产品成为其保持规模结构优势和垄断势力的先决条件。这一趋势主要体现在以下三方面：①在同一部门内部，以特殊技术为基础的差异产品的厂商，由于其在市场份额、垄断利润方面都具有竞争优势，因而拥有市场垄断优势。②就不同的部门和产业而言，技术、知识含量高的产业和部门，尤其是高技术产业部门，在部门收益和利润率方面具有明显的优势，因而具有产业的市场垄断优势。③在传统产业领域，工艺领域的差异创新仍然是厂商获得竞争优势的关键。一般来讲，传统产业的竞争优势大多体现在规模经济和低成本上，但从长期的发展趋势看，这些产业发展的根本出路还是在于高技术对其产品和技术的渗透与改造上。近年来，国际范围传统产业的发展趋势证实了这一点。

迄今为止，人类工业社会经济增长方式经历了由福特式向熊彼特式的转变，这种转变是技术和产品市场垄断主导性形成的根本原因。自17世纪英国工业革命开始，人类社会就进入了以大规模机器生产为特征的工业时代。而大规模经济增长方式的效率是由分工和资本深化两方面的因素决定的。然而，大规模增长方式在使工业品生产能力得到极大提高的同时，其经济增长方式面临市场与资源两种新的约束和限制。在这种情况下，福特生产方式向熊彼特生产方式转变就成为必要和可能。熊彼特增长方式即是在技术积累的基础上，依靠技术创新和组织创新提高资源利用效率，实现经济增长。罗默认为，生产新知识所需要的固定成本随社会知识存量的增加而降低，因此知识的不断积累将导致分工的演进和经济的增长。在熊彼特增长方式下，市场上商品的品种与数量大大丰富了，产品的寿命周期大大缩短了，产品更新换代的速度不断加快了。随着消费者平均收入水平的提高，他们对商品品种和质量有更高的要求。

（3）经济势力向垄断势力的蜕变及其停滞趋势。在技术、产品市场垄断主导条件下，经济势力的技术积累能力与其所具有的资本、体制优势成为垄断势力产生的必要条件。一般情况下，如果厂商在拥有专利、专有技术垄断方式的同时，又拥有技术积累能力和企业体制优势时，厂商拥有的技术垄断性质的壁垒就会得到空前的加强，在这种条件下，经济势力就可能蜕变为垄断势力。近年来，在国际技术经济的竞争过程中，当经济势力的行为发生改变，不仅长期操纵市场与垄断价格，并以技术的兼容性为理由对行业的技术标准进行控制公开排斥竞争者，而厂商自身的经济技术行为趋于保守和竞争克制时，经济势力就会转变为垄断力量，并且，在知识经济时期，这种建立在经济势力基础上的垄断势力正在成为垄断势力的主要形式。

资本主义基本矛盾、资本积累矛盾及利润率长期下降趋势是经济势力蜕变为垄断势力的根本原因。资本主义生产与实现的矛盾决定其经济周期性、衰退出现的必然性，为抵御经济下行压力抑或身处经济衰退周期，垄断势力就会出现。而"干中学"和"领先时间"也是决定经济势力转变为垄断势力的充分条件，这些因素无疑在很大程度上克服了技术壁垒的脆弱性，对行业竞争形成长期限制。"干中学"是指最先进入该行业的厂商由于积累了丰富的经验和掌握了相关的知识，其边际成本随着厂商产量的不断积累（经验的积累可由产量的积累来衡量）而下降。20 世纪 60 年代，阿罗把技术进步看作知识和经验积累的结果，在这种条件下，最先进入市场的企业便拥有市场垄断势力。然而，"干中学"在不同行业的重要程度是不同的，对于"干中学"十分明显的部门来说，其市场的不完全性是明显的。第一个进入这类行业的企业，由于拥有知识和经验积累的优势，其成本必然低于潜在竞争对手。就像为最先获得专利而展开竞赛一样，众多企业也会抢先进入"干中学"具有重要作用的行业和领域，以便获得技术垄断优势。高新技术领域即是一个"干中学"较重要的领域，少数发达国家在高新技术领域的领先优势会形成一种技术垄断优势。

在专利竞赛中，"领先时间"对于厂商获得有效的技术垄断至关重要。因为垄断企业与竞争企业的报酬是非对称的。如果垄断企业的发明领先于竞争企业，垄断企业可以维持自己的垄断地位并获得垄断利润。如果潜在竞争对手的发明取得领先地位，它必须与先前的垄断厂商竞争以赚取双寡头垄断利润。但是，垄断企业若不能首先发明，其损失比其他竞争对手还要大，对手仅损失研究和开发的投入，而垄断企业则不仅损失研发投入的成本，还在损失一部分垄断利润。因此，"在专利竞赛中，专利对垄断厂商的价值高于它对竞争厂商的价值"。要想获得市场控制力，垄断厂商就必须在技术创新上远远领先于竞争者，使所有的潜在竞争对手退出竞赛，并且要保持持久的技术上的先动优势。所以，技术创新上的"时间领先"等于一种强化的市场控制力。其实，技术壁垒的坚固性除了与上述因素相联系外，还与以下因素有关：①创新产品特定的生命周期。②厂商采取的技术垄断的具体形式。③创新技术本身的性质。④竞争厂商在技术积累能力及体制方面的同质性。发达国家企业之间的竞争，由于其技术积累能力差别不大，技术壁垒具有脆弱性，而发达国家与发展中国家企业之间的竞争，由于技术积累能力及体制的差别较大，技术壁垒具有坚固性，发达国家技术先进的厂商在发展中国家市场上易形成垄断势力。然而，由于突破性技术的不断出现及新技术的溢出效应，技术垄断壁垒在根本上是脆弱的，据此建立在经济势力基础上的垄断势力是极不稳定的。

事实上，建立在技术、产品优势基础上的垄断势力，其经济绩效具有双重性质：一方面由于其对产品价格与技术标准的垄断控制，从而戕害市场竞争与技术发展，存在着停滞和消极趋势；另一方面由于其发挥着行业技术的引领和先动作用，本身又对实现行业和部门的有效竞争发挥一定作用。从这个意义上讲，技术和产品的市场垄断是动态的、开放的，即是说厂商只有不断地获得特殊技术和产品，才能保持其长期的市场垄断优势。但这类厂商的经济绩效最终是由其市场垄断行为程度决定的，克服该类垄断势力的垄断行为应本着制裁与保护并举的原则，而制裁与保护的程度又取决于厂商在技术上的先动优势与垄断行为的相互替代效应。2002 年 11 月 12 日，美国华盛顿地区联邦法院对微软公司作出裁决，对微软与美国政府及 9 个州达成的和解协议的主要内容表示认可，同时驳回另外 9 个州要求对微软进行更严厉处罚的要求。根据和解协议，微软将接受至少为期 5 年的惩罚性措施。这些措施包括微软不能达成有害于其他竞争者的垄断交易，应允许电脑制造商自由选择视窗桌面，向其他软件商开发商开放部分内核技术，使软件的竞争者也能够在视窗操作系统上编写应用程序。虽然微软已经而且正在为美国作出巨大的贡献，但也酝酿了潜在的危机，那就是长期的垄断会导致竞争的消失。微软正是由于它对电脑软件开发、销售、使用等强大的垄断而遭到诉讼和严厉的处罚。

　　一般来讲，由于技术、产品市场垄断形式的种种特征，建立在经济势力之上的垄断势力，即一种与国家垄断资本主义结合的强势垄断资本，但同时也具有不稳定性、阶段性和局部性的特点。这主要表现在：第一，垄断势力易产生于经济衰退时期。在经济衰退时期，技术创新处于低潮，市场萧条购买力不旺，厂商的利润会大量减少，在这种情况下，企业倾向于采取保守性、防御性的行为参与竞争，它们之间极易形成战略互动和默契勾结关系。而当周期性的景气回升到来的时候，技术创新活动活跃起来，厂商采取进攻性、主动性行为的可能性提高了，这时，经济势力居主导地位，竞争加剧，垄断势力不易产生。第二，垄断势力易产生于利润率低的部门。与非合谋企业相比，合谋企业趋向于具有更低的利润率，特别是消费品生产部门。在很多情况下，合谋是对低盈利性的反应。一般情况下，具有合谋倾向的企业包括：①大或者分散化的不盈利的企业；②集中度高的部门中消费品生产的企业；③集中度高而进入壁垒低的部门中的企业，如商业和流通部门。"抵抗"合谋的企业的特点是：规模小、专业化、成长快，处于广告密集的部门。盈利企业趋向于不合谋，但这些企业间的合谋范围却会随着进入壁垒的提高而扩大。

　　（4）垄断资本主义在当代的发展。当代资本主义，尽管其市场垄断方式发生了改变，但其仍以政治、经济、军事方式维持其垄断本质，并不断演变并强化其国家、国际垄断势力，正如列宁指出的：帝国主义本质没有改变，虽然存在加速发展阶段，但其无法克服其腐朽、停滞的历史趋势。列宁帝国主义时代理论阐述了帝国主义五大基本特征，并在此基础上深刻分析了其发展趋势。第二次世界大战后至 20 世纪 80 年代，伴随世界历史进入全球化时代，帝国主义五大特征更加显著了，并且有了新的特点：①在资本、生产集中的基础上，出现了高技术部门集中与垄断的情形，导致少数新型行业出现赢者通吃情形，使社会阶级、阶层分化加剧，并且这些部门经济发展更加不平衡了。近年来，由于数字技术、智能技术的发展，使拥有技术、产品市场控制权的经济势力在短期内拥有较高垄断性收入，并且其进入壁垒也不断加固，这些行业与部门在发展过程中逐渐蜕变为垄断势力，这些部门与行业不仅存在着技术、产品的进出障碍，还存在着规模、结构、体制性竞争障碍。进入 21 世纪，世界各国不同国家与地区经济社会分化加剧，社会矛盾不断积聚。②资本输出不仅有了特殊意义，也成为西方国家经济发展的根本性制约性因素；新兴国家的崛起使中心国与外围国家经济、政治的矛盾、冲突不断加剧；地区发展的不平衡加剧，地区冲突、全球冲突加剧。20 世纪 80 年代开启的经济全球化过程中，资本试图通过经济全球化、资本外包形式获得垄断利润，但这在一定程度上也导致资本主义体系内部出现某种程度的停滞与衰朽势头。近年来，尽管出现了逆全球化趋势，但西方国家国际垄断势力不断得到加强，经济全球化助推了资本主义各种矛盾与经济问题向全球蔓延，导致经济停滞与通货膨胀，地区性矛盾冲突不断升级导致战争爆发。③为应对经济下滑趋势，金融资本对经济的统治不断加强，这不仅使全球经济面临通货膨胀压力，也使实体经济发展遭受打击。20 世纪 70 年代以来，垄断资本通过金融资本统治导致经济虚拟化趋势难以扭转。发端于 2008 年的金融危机，其核心是通过债务杠杆化解需求不足、以金融投机利润补充实体经济投资利润不足，资本积累的重心由物质生产领域转向了金融领域，庞大的债务取代了物质生产和流通，成为资本主义经济运行的基础。经济虚拟化发展为金融大鳄炒作提供了机会，而这种炒作不仅极大地加剧了财富分配的两极分化，也使整个世界经济增添了更浓的寄生性、腐朽性色彩。

潜在抑或是新型部门的出现，使垄断与竞争两种趋势都得到加强，世界政治与经济发展更加不平衡了，发达国家基于经济势力基础上的国际垄断诉求不断加强，且霸权面貌更加凸显。首先是垄断趋势得到加强。进入 21 世纪，随着经济全球化的发展，国际垄断进入了一个新的阶段：①在这个阶段，发达国家跨国公司不仅垄断了世界上绝大部分的创新资源和专利产品，还垄断控制了世界高科技高价值的生产环节和部门，控制了具有战略意义的生产领域和部门。由于垄断控制了世界科技与创新的绝大部分资源，发达国家为数不多的巨型公司，凭借其技术和产品的市场垄断优势，在世界经济中拥有举足轻重的地位。②发达国家的跨国公司通过对工艺过程和零部件生产的"解构"控制和垄断了具有高技术性质的生产环节与零部件的生产和销售；通过对经营价值链的"解构"，控制和垄断高价值性质的生产环节及产品的生产和销售，以及特种产品的生产和销售。③发达国家的跨国公司垄断控制了最具盈利能力的金融和服务业。金融资本创新与金融资本垄断势力不断加强，导致部门和国家经济发展的不平衡和金融危机的频繁发生。④在资源类的产业领域，规模结构性垄断在跨国兼并和跨国经营的过程中得到加强。在劳动密集与某些资本密集的产业领域，由于厂商的规模结构在全球范围的扩大且拥有绝对的市场份额，某些资源性厂商获得了操控市场的垄断力量，导致全球性资源产品的阶段性涨价，对国际市场造成巨大压力。发达国家的国际技术垄断导致地区冲突加剧，使世界经济面临新地挑战。

第五节　商品经济的历史超越性与
资本主义变革的社会条件

社会生产力的极大发展为资本实现历史性超越提供了基础和社会条件。在《共产党宣言》中，马克思不仅指出了资本主义社会生产力的加速发展趋势，同时还指出："必须变革劳动过程的技术条件和社会条件，从而变革生产方式本身，以提高劳动生产力，通过提高生产力来降低劳动力的价值，从而缩短再生产劳动力价值所必要的工作日部分。"①在这里，马克思不仅讨论了变革生产过程的技术条件，更提到伴随生产力发展所需要的社会变革条件。在当代，国家垄断资本主义的发展与微观企业制度的改造都意味着资本在性质不变的前提下朝着社会化方向某种程度改变。

4.5.1 商品经济的历史超越性

事实上，科技进步和社会生产力发展为资本主义生产关系变革提供可能性。第一，社会生产力的加速发展，尤其是高技术经济发展就有可能为劳动生产率提高与价值量正比增长关系形成创造现实的条件，而这就意味着在剩余价值生产条件下合作、共享关系可能性、现实性的出现，尽管这需要以制度变革与调整为前提。马克思在《1857—1858 年经济学手稿》中讨论劳动生产率与商品价值量关系时，阐述了劳动生产率所具有的"倍增"价值的作用，并认为劳动生产力的提高有可能导致商品价值的提升。《资本论》劳动价值论

---

① 《资本论》第 1 卷，北京：人民出版社，1975 年，第 342 页。

篇中，马克思又以复杂劳动能够创造倍增价值的思想阐述了劳动生产率变动
与价值量之间的关系。诚然，马克思劳动价值论曾经典地表达了劳动生产率
与价值量变动的反比关系，但是，这是以简单劳动和现有生产关系保持不变
为约束条件的。假如考虑到资本主义经济关系存在着量变的可能性，尤其是
在劳动者复杂劳动程度不断提升并推动共享经济关系形成的条件下，伴随资
本主义社会生产力的发展及生产关系、分配关系调整，劳动生产率提高与价
值量正比关系的存在应该是客观、现实的。

尽管，马克思经典理论讨论了劳动生产率、技术进步与价值量变动的负
相关关系，即明确提出在一定条件下，技术进步与社会生产关系变化无涉。
但是，由于商品价值量既决定于部门生产的客观条件，也决定于劳动者劳动
熟练程度、复杂程度、强度的主观条件，倘若由于资本主义交往关系、生产
关系发生部分调整和变革，使劳动者劳动的质量发生改变，这里也并不排除
劳动生产率提高与价值量增加呈现正比关系变动趋向出现。也就是说，可以
通过制度性调整来促进劳动者劳动的熟练、复杂程度与强度提高，进而促进
劳动生产率的提高，则可以一定程度地增加商品价值总量。"简单平均劳动虽
然在不同的国家和不同的文化时代具有不同的性质，但在一定的社会里是一
定的。比较复杂的劳动只是自乘的或不如说多倍的简单劳动，因此，少量的
复杂劳动等于多量的简单劳动。"[1]这就为实现劳动关系从对立与对抗向合作
博弈方向的改善提供了技术条件和可能性。而这完全是由马克思劳动价值论
关于价值实体的客观性与价值本质的相对性理论决定的。当然，相对剩余价
值生产方式及其所带来的资本主义技术进步与社会生产力的发展，并不必然
意味着其生产关系、社会交往关系的根本性改变，而只是为其社会生产关系
的变革创造了可能性的条件。

4.5.2 资本主义的结构变动与调整

资本主义生产方式变革的经济技术条件与社会主义因素。在马克思看来，
商品价值量的变化既决定于其所包含社会必要劳动时间的客观量，也决定于
社会经济关系调整与变革，这两者的辩证统一性共同决定着价值量的变动。
事实上，相对于市场及其价格理论，马克思经济学对价值实体、价值本质的
分析是一种关于劳动"性质"与"质量"的表达，即一种关于创造商品价值

---

[1]《资本论》第 1 卷，北京：人民出版社，1975 年，第 58 页。

劳动的"性质""质量"的规定，当然其内部也蕴含着矛盾运动的驱动力量，马克思对价值规律要求和表现形式的阐述充分揭示了这一驱动力量的运动规律。"但是，形成价值实体的劳动是相同的人类劳动，是同一的人类劳动力的消费。体现在商品全部价值中的社会全部劳动力，在这里是一个同一的人类劳动力，虽然它是由无数单个劳动力构成的。"①正是因为价值实体所具有劳动的"性质""质量"的内涵，才使其具有了长期决定着商品的价格与劳动工资的走向的客观必然性，并导致其形成价值规律的不可抗拒的运动趋势。在创造价值劳动的熟练程度、强度质量不变的前提下，劳动生产率与价值量呈现出反比关系的变动；但当由于社会交往关系、生产关系的变革导致创造价值的社会劳动的熟练程度、复杂程度及质量得到提升时，劳动生产率与商品价值量正比关系就是一种客观存在。

　　在资本主义条件下，当相对剩余价值生产方法成为重要的生产方式时，一方面伴随着部门资本竞争，产品、产业创新将成为提高劳动生产率的重要方式，由于复杂劳动的增加，虽然在"价值实体"意义上的劳动生产率与价值量会出现正比关系变动趋向，因为此时由于"复杂劳动等于倍加的简单劳动"机制作用更加显著，劳动生产率与价值量正比关系也更加显著；另一方面又由于剩余价值关系及剩余价值规律的作用使劳动生产率与价值量在"价值关系"社会性层面更为突出，即在该阶段由于价值关系完全转变为剩余价值关系，从而使劳动生产率与价值量反比社会性意义更突出了，并通过资本竞争破坏性关系方式表现出来。这样，在资本主义条件下，我们必须要从"价值实体"技术层面与价值关系"社会"层面的辩证统一来考察劳动生产率与价值量变动关系。依据该方法考察劳动生产率与价值量关系的变动关系，就有可能存在以下三种情况：一是当剩余价值规律作用机理明显大于"价值实体"形成的正向技术关系时，劳动生产率与价值量变动关系多呈现出的反比关系变动；二是当剩余价值规律及其作用与客观存在"价值实体"正向技术关系发生平衡时，劳动生产率变动与价值量关系保持不变；三是"价值实体"的技术性正比关系作用大于剩余价值规律的作用，则可称存在劳动生产率与价值量正相关关系趋向。当然，资本主义条件下，无论该价值关系所体现的"社会关系"如何改善都没有超出资本主义经济关系基本性质。

　　这样一来，相对剩余价值生产方式下技术进步存在三种情形，即劳动力

---

① 《资本论》第 1 卷，北京：人民出版社，1975 年，第 53 页。

掠夺式的技术进步、劳动力维持式的技术进步和劳动力发展式的技术进步。
通常情况下，资本主义条件下，劳动力的掠夺和维持方式呈现常态化形势。
但是，资本主义在不同时期也不同程度地蕴藏着"劳动力发展"被动式技术
进步，并且该方式体现着伴随社会生产力进步该体制所具有的某种程度的社
会主义的增量因素。这里有以下几种情况：①在相对剩余价值方式下，由于
社会劳动生产力的进步与发展，导致劳动力价值下降、必要劳动缩短产生的
收入效应大于剩余价值率提高资本效应。这种情况多出现在由于产品、产业
创新带来的消费者对消费品满足程度与消费水平效应大于其实际工资提升的
效应情况下。②在专利和专有技术垄断制度保证技术进步激励效应前提下，
技术传播与扩散、使用的技术溢出效应大于技术垄断制度保护作用。在这种
情况下，由于新产品、新技术扩散传播零成本效应大于其产生风险效应，从
而可以不同程度改善剩余价值关系，形成共享技术发展关系。当然，这也意
味技术发展在不影响技术发明人、公司应得利益的同时，可以让新技术更多
惠及社会，使其产生更大的分配效应。③相对剩余价值生产导致的技术进步
常常伴随着劳动者劳动复杂程度提高和劳动强度的增加，包括工作厌恶程度
的提升。但是，如果新创技术、产品、产业本身可以某种程度地减轻劳动者
劳动强度和复杂程度，甚至可以增加劳动愉快自由程度，劳动者的收入效应
应该大于实际收入效应，劳动关系也可以得到改善。但是，劳动关系的改善
并不等于资本主义生产方式发生改变，持久、健康的正比技术关系建立需要
与其相适应生产关系的变革和调整，这个过程既是社会结构关系的变革的量
变过程，同时也意味着部分"质变"的过程。

　　而这种正比关系的存在既创造了新的价值增量，同时又为劳动关系合作
博弈关系构建提供技术基础。事实上，在相对剩余价值生产条件下，伴随劳
动生产率的提高，劳动者必要劳动时间的绝对缩短与剩余劳动时间的相对、
绝对的延长，客观上存在着两种结果：一是伴随技术进步与新创价值量的增
加，劳动与资本利益实现双赢，劳动关系向着合作博弈方向发展；二是技术
进步资本收益增加了，而劳动者的处境不变或变得更差，劳动关系对立程度
提高。事实证明，在资本主义条件下，伴随技术的进步与社会生产力提升，
并不必然意味着社会经济关系调整与改革，即便有短期的变化，但该情形也
不具有长期性、规律性。相反，社会主义市场经济则可以为这种正相关关系
的实现及规律性发展创造了制度性条件，即这是一种劳动共赢关系下实现的
技术进步，抑或是在技术进步下推动实现的劳动共赢关系。当然，这也为实

现劳动关系的合作共赢、共同富裕与经济高质量发展的同步完成创造了现实基础与可能性条件。从这个意义上讲，马克思劳动价值理论包含着关于社会主义运动"性质""质量"和驱动力量必然性、规律性的阐述。

4.5.3 资本主义制度变革的社会条件

由于方法论的缘由，马克思主义对历史发展与进步的认识常常是基于社会变革与调整考量的。也就是说，在马克思主义看来，资本主义经济矛盾并非只是市场现象，而是更广泛受到各种社会制度的制约。资本主义经济积累及危机问题不仅受到货币制度、劳动关系、竞争、国家、国际关系等各种制度的影响，同时也受到个体与各个社会利益集团意识与行为的影响。资本主义发展，伴随生产关系的调整与变革，不仅仅是经济领域的，更涉及各种领域的制度形式，甚至包括意识形态领域变革。形成于 20 世纪美国积累时期的社会结构学派，认为实施对资本主义中观领域的调整，不仅涉及资本积累主体、动力，包括阶级斗争，更涉及货币体系结构与国家结构、自然资源结构、劳动市场结构、管理结构、最终消费结构、金融结构、家庭结构等。所以对当代资本主义生产关系的调整与变革的理解应该是社会性的。资本主义调整还需在以下四方面有新的变革。

第一，劳动者在劳动过程中作用改变及复杂劳动积累。智能经济时期技术的进步与发展对劳动关系影响是双重的。但是，就其积极方面而言，劳动者在生产过程中地位的改变为雇佣劳动关系改进提供了技术基础。伴随着知识经济、智能经济的到来，知识型劳动者队伍增加，在生产过程中劳动者不再是简单的体力付出者、资本的附属物和简单的劳动工具，而是具有创新知识和能力的贡献者、创造价值重要的源泉和贡献者，有时甚至是比资本更为重要的资源。知识劳动者、创意劳动者在生产过程中地位发生改变，由原来单纯的被动劳动的雇佣劳动者转变为兼具雇佣劳动者与资本合作者、同盟者，从而使知识劳动者、中产阶级崛起，使资本主义阶级结构发展改变。与此同时，在生产过程中，劳动者复杂劳动的积累、存量的增加及专业化发展，使复杂劳动具有了某种程度的"专有性"，体现出了劳动力所有权与资本所有权的平等性质，具备了与资本博弈的能力，劳动者有了更多具有与资本平等谈判的能力，进而推动了资本关系的改变。

专利、专有技术等技术垄断形式成为相对剩余价值生产极其重要的条件，而劳动者在生产过程中通过"干中学"所实现的技术、经验、能力的积累能够有效地发展劳动力自身的这种"专有性",增强了他们与资本谈判的能力。除此而外,在体力劳动仍然为主的产业领域,在长期的专业化的劳动实践中,劳动者形成的经验常常无法言说的,形成他们具有竞争力的"专有性",他们拥有难得的"谙默知识体系",形成了自己的无法替代和复制的专有性。20世纪,在美国新经济发展、繁荣时期,知识和智能性产业领域劳动者的收入急剧增加,中产阶级崛起,极大提升了广大劳动者的社会地位,使阶级结构发生了根本性的改变。当时,中产阶级的比例达到了60%以上,无产阶级的比重急剧下降,资本与劳动者之间形成了合作性的同盟关系。当然,在2008年的金融危机后,美国白领阶层的收入水平有所下降,由于行业垄断发展,社会阶层分化加剧,使美国制造业与金融垄断业关系紧张。《21世纪资本论》分析了自20世纪80年代以来,西方世界劳动分配率低于GDP增长率的事实。资本主义生产方式深刻矛盾有了新的表现。

第二,现代企业产权关系形式的社会化发展,标志着资本主义经济关系在其本质没有改变的基础上进行了某种程度的社会化转变。伴随新技术的发展,劳动者就业弹性化、碎片化现象增加,这在事实上强化了资本的统治,但其新技术形式同时也导致就业方式多样化、社会化发展,为职工提供了多渠道、多领域的学习平台,促进劳动者、企业知识、技术存在的增长,推动劳动与资本合作同盟关系的建立。一是现代企业均建立了符合本部门技术发展要求的职工学习平台与途径,职工可以通过网络和手机接受各种职业的学习与培训,使员工可以在第一时间里掌握最新、最实用的工作技能,紧跟知识经济、智能经济的步伐。不仅如此,多数企业还组建起战略预备队,并通过此组织模式激活员工进入新的学习地带,帮助员工完成知识和能力的转型。二是建立员工持股计划将公司的长远目标和员工个人贡献有机结合起来,形成了员工与企业长期共同奋斗、共同分享的机制与分配制度。公司秉持推动实现个人价值与奋斗目标的"奋斗者与共分享"的理念,在充分鼓励员工发挥个人专长的基础上,推动与个人业绩、贡献紧密联系的薪酬制度,促使更多员工能够分享企业的剩余价值。为员工提供基于个人兴趣的自由成长空间。三是完善与建立工会与监事会两会制度,并使其真正发挥维护职工利益及监督企业重大经营活动的作用。一般情况下,大公司都建立了绩效管理机制,持续鼓励各级管理者关心员工的成长与发展,提高绩效管理的实效性,形成劳动与资本之间长期的合作同盟关系。这样,企业在兼顾公平与效率现实性统一基础上,通过股权激励方式扩大员工持股比例,将员工个人的贡献与企业业绩增长联系起来，尤其伴随公司法人治理结构的完善，现代工资的分配理念和方式都发生着改变，使劳动与资本长期合作关系得以相对稳定发展。

第三，在相对剩余价值生产条件下，新技术推动共享经济关系的出现使资本主义经济关系得到一定程度的调整。伴随着第三次科技革命及劳动生产率的极大提高，整个社会新创价值增量提速的同时，使用价值的质量与丰富性得到极大提升，新技术的溢出效应推动共享经济关系出现，并推动社会的慈善与捐赠事业发展起来，进而形成了第三次收入分配关系体系。这在部门垄断加剧和社会阶层分化加剧情况下，一定程度地缓解了尖锐的社会矛盾，并为当代资本关系调整创造了条件。在当代，社会慈善及捐赠体系的形成在缩小财富差距和推动劳动关系合作、和谐发展方面发挥重要作用。一般来讲，初次分配重视效率，要让那些有知识、善于创新并努力工作的人得到更多的劳务报酬；而二次收入分配在促进效率提升的基础上，实现了社会公平，政府应利用财政手段帮助社会的弱势群体，建立全面、系统、适度、公平和有效的社会保障体系，真正做到老有所养、病有所医、少有所教、定有所居。而第三次分配则是建立在自愿的基础上的，以募捐、自愿捐赠和自主等慈善公益方式对社会资源和社会财富进行再分配，它依靠"精神力量"，奉行"道德原则"推进，是对前两重分配关系的有益补充。①通过对低收入群体技术要素的补给，提供慈善培训增强其技能以弥补市场经济的失灵。②通过第三次分配可以增加政府税收和政府转移支付，进而更好地达到保低限高的目的，弥补市场失灵。③通过募捐资金使其在教育上发挥重要作用，一方面减少低收入家庭的教育支出，另一方面为家庭成员获得教育发展提供物质保证，从长期看，这是一种智力扶贫的好方式，从根本上发挥了缩小收入差距的作用。

20世纪在社会生产力加速发展的基础上，资本主义各国资本关系完成了主动调整与变革。在整个社会商品量和价值量都持续增加的情况下，在新经济条件下的劳动者地位不断得到改变的情况下，资本主义经济关系得到新的变革与调整。20世纪70年代开始，美国颁布了三个职工持股的法令，推动了广泛的职工持股运动，使绝大部分劳动者不仅拥有了劳动性的工资收入，也有了可以分享剩余价值的资本收入，也包括政府提供的保障性的收入。职工收入结构的改变有力地推动了劳动关系的改善和劳动合作关系的形成。与此同时，从20世纪开始资本主义家族私有制逐渐向法人资本所有制过渡，法人资本所有制成为资本主义生产资料所有制发展的新形式。

第四，实行法人资本所有制意味着各类法人包括机构法人与企业法人将取代个人或家族股权成为企业主要的出资人。这一股权结构的重大变革，一方面是股权社会化发展的重要表现，促使企业推进了各项旨在推动经济民主事业的发展，包括职工参与决策制度的建立与完善、终身持股运动和职工持股运动的开展。另一方面则在曾经的股权分散的基础上，使所有权与经营权相对集中，更好地保障了公司治理结构、治理体系的完善与实施，在使公司业务部或一线工作进一步分散化发展的同时，也促进公司运行的高效决策与科学管理基础上的发展，将创新生产一线劳动的分散性与组织协调性有机结合起来，极大地适应了知识经济发展。而在公司治理体系下所实施的各种经济民主化运动则有效配合和推进了劳动合作、和谐关系的发展。当然，正如马克思深刻指出了，剩余价值生产反映了资本与劳动之间存在着的深刻矛盾与本质。由"自然史"推动的剩余价值生产，导致生产力发展及生产关系的改变也是极其有限的。

伴随着知识经济的到来及经济的全球化发展，资本主义各国阶级结构发生变化。20世纪80年代，中产阶级的崛起使阶级结构也发生了改变，并通过产权关系参与收入分配的阶层有所增加。整个20世纪，资本主义生产在经历了四次大的购并高潮后，企业规模、市场范围得到前所未有的扩张，与此相适应的是资本主义生产关系也得到某种程度的调整。适应于企业规模的扩张，当代资本主义微观企业产权制度经历了家族私有制、股份制到法人资本所有制的改造。尽管法人资本所有制改造仍然具有资本的性质，但已经具有了社会化投资与资本积累的决策的社会形式。该资本所有制形式将产权激励的贴身性与资本积累决定的社会性、民主监督相互制衡关系，包括劳资分配相互博弈制度形式有机结合起来，使资本主义产权制度有了适应社会化的发展与进步。同时由于部门发展的不断拓展及资本内部的固有矛盾与冲突、经济的周期性波动，促使国家宏观经济调控从罗斯福时期发展到二战后，逐渐确立了系统化、制度化、常态化成熟形态，且伴随着国家宏观调控理论的不断成熟，国家调节经济发展的政策手段、制度形式及法律、法规更为完善，政策应用更具有灵活性。在所有这些宏观政策颁布和实施中，社会政策也越来越完善，为协调劳动关系发挥了良好的激励作用。与此同时，伴随知识经济的到来，中产阶级崛起使资本主义各国阶级结构发生了改变。尽管在2008年经济危机后，中产阶级占比下降，社会分化加剧，但与早期资本主义相比，整个社会阶级结构还是发生的变化。这种变化既是社会生产力发展的结果，也是生产关系、管理关系调整的结果。

　　尽管当代资本主义生产关系出现某些调整，但其政策结构安排的不彻底性，使改革结果并不理想。自 2008 年经济危机以来，发达主义国家深陷危机与经济衰退难以自拔；新技术革命带来的聚峰效应难以出现，社会分化加剧，振兴制造业乏力，逆全球化趋势、新技术领域垄断势力及经济增长依赖经济虚拟化发展、长期量化宽松政策导致通货膨胀和新的经济停滞，世界经济复苏乏力。资本主义曾经采取的各种制度性调整对社会的治理并没有完全奏效。意识形态过度相信自由主义社会政策、变革与调整政策的不彻底性及缺乏结构性社会政策安排都成为其主要原因。在世界范围内新冠疫情蔓延之时，国家放弃积极作为，在经济、政治、军事上的错误政策都是导致其经济难以恢复的重要原因。

第五章　马克思恩格斯社会主义理想及其斗争实践

　　尽管政治经济学理论构成马克思全部理论的主体，但科学社会主义理论则是其理论发展的最终目标与本质追求。西欧社会从16世纪至18世纪，空想社会主义理论及影响不断扩大，并成为马克思主义重要的理论来源。在经历了艰难的理论探索后，马克思奉献给人类社会的唯物史观和剩余价值两大的学说，最终为科学社会主义的理论奠定基础。马克思在《资本论》中所阐发的剩余价值学说是对唯物史观的运用和证明，科学揭示了资本主义生产方式不可调和的基本矛盾，并探索了人类历史发展的过程及趋势。从这个意义上讲，马克思剩余价值理论为科学社会主义学说奠定了理论基石。而科学社会主义学说成为马克思剩余价值理论的最终归宿。

第一节　马克思所有制理论及其对社会主义历史趋势的分析

　　就资本而言，剩余价值是其存在的充分必要条件。马克思将剩余价值理解为一种以私人"大资本"所有权为前提的、具有剥削性质的雇佣劳动关系。以剩余价值理论为核心，马克思从物质资料生产总过程出发，全面、系统地阐述了雇佣劳动关系的本质及其历史局限性与暂时性；与此同时，马克思也昭示了资本关系的社会主义未来发展趋势。

　　基于唯物主义历史观的考虑，马克思认为在生产力发展基础上的、以所有制关系为核心生产方式的矛盾运动是历史发展的根本动力。而伴随剩余价值生产方式所实现的社会生产力的巨大发展，必然带来对传统资本主义所有制关系超越，而社会主义及其所有制关系，在不断超越资本主义所有制关系的历史进步过程中，必然以其特有的历史形式承担起引领人类社会发展的历史重担。因此，马克思研究所有制、所有权问题的理论，不仅是其剩余价值批判理论的核心，更是其科学社会主义理论最重要的组成部分。

5.1.1　法的关系决定于市民社会的所有制关系而不是相反

19 世纪 40 年代，在德国黑格尔唯心主义哲学盛行一时，此时的马克思还属于黑格尔青年学派。但是，在随后开始的法学判案实践过程中，马克思由于对贫民阶级的经济权利、经济关系与国家、上层建筑及关系有了全新的认识，开始了对黑格尔唯心史的批判，与此同时开始确立了自己新的历史观。在自身实践及对德国古典哲学批判的基础上，马克思开始认为不是国家、意识形态关系决定市民社会的所有权关系，恰恰相反，是市民社会的所有权关系起着决定作用。市民社会的所有权关系对于整个社会经济关系具有基础性作用。于是，马克思的学术研究开始从哲学转向政治经济学的研究，研究以所有权关系为基础的社会经济关系。在长期、深入地研究了德国古典经济学后，马克思深刻认识到了资产阶级法权关系、所有权法的片面性，并着眼于当时社会中现实财产关系的历史变迁过程，并归纳出实现历史发展的结构关系及其矛盾运动的根本推动力，特别是通过分析生产力与生产关系二者的辩证关系，论证了资本主义生产力发展及生产关系的历史局限性和过渡性，论证了建立超越资本主义所有制关系的社会主义所有制关系及在此基础上的上层建筑及法律制度的必然性。

马克思所有权思想的形成经历了一个从反思传统法哲学对所有权关系颠倒认识的过程，在这个过程中唯物史观的确立发挥决定性作用。马克思首先通过批判施蒂纳、布·鲍威尔的法学幻想和蒲鲁东的所有权观念，逐步实现了对唯心主义所有权关系的颠覆性的认识。与此同时，马克思逐步透视到隐藏在政治、法律现象背后的客观经济关系，并开始意识到政治、法律、所有制关系是由这种客观经济关系决定，而不是相反；意识到了市民社会客观存在的基本事实。这不仅为马克思确立唯物主义历史观奠定了基础，同时也为剩余价值批判理论及社会主义发展理论的形成铺平道路。在经济学思想史上，马克思经济学所有制、所有权关系的思想成为其世界观转变及唯物史观形成的核心。伴随着对黑格尔唯心主义的批判，马克思对所有权、所有制关系问题的研究及思考也日臻成熟，从对古典经济学的批判开始最终完成了经济学的科学革命，并将对特定历史阶段生产方式及所有制关系及其变化趋势的研究与探索，作为政治经济学研究的根本任务与研究对象，并在此基础上着手创立自己的政治经济学体系。具体而言，马克思经济学把对资本主义所有权、所有制关系的批判作为建构科学社会主义理论体系的逻辑支点。从这个意义上讲，对所有权、所有制关系理论的反思与重新认识是马克思经济学研究的起点与核心。

从历史源头分析所有制问题，马克思恩格斯紧紧围绕劳动分工这一关键问题，深入剖析人类所有权关系的起源及对现实人关系产生的影响。他们认为分工的发展推动生产力与生产关系的矛盾运动，导致私有制的出现。在原始公社时代出现了最初的部落所有制，这时的分工已经蕴含了生产力与生产关系之间矛盾的最初萌芽；发展到后来出现了"家务奴隶制"，在这种分工制度下，不平等及不公平的劳动产品的分配，推动了私有制的进一步确立。在马克思恩格斯看来，分工和私有制具有共同的本质，分工的出现促进了私有制的发展，与此同时，私有制的发展加剧了个人利益与人和人之间自由交往所形成的公共利益之间的矛盾。因此，"公共利益才以国家的姿态而采取一种和实际利益脱离的独立形式，也就是说采取一种虚幻的共同体的形式"①来处理这一矛盾。社会分工和私有制决定了这种共同体必然会呈现出一定阶级对其他阶级的统治现象，"因为国家是属于统治阶级的各个个人藉以实现其共同利益的形式，是市民社会获得集中表现的形式，因此，可以得出一个结论：一切共同的规章都是以国家为中介的，都带有政治形式"②。这里所谓的"共同的规章"实质上就是国家为维护统治而制定的法律法规。

一般来讲，马克思关于所有权问题的认识可分为三个阶段：即1837—1848年是马克思所有权思想的初步形成的过程，这一阶段马克思分别发表了《德意志意识形态》《哲学的贫困》《共产党宣言》。1848—1870年是马克思所有权思想发展成熟阶段，这一阶段马克思不仅完成了一系列经济学手稿的写作，并在此基础上完成了《资本论》的创作，而《资本论》及其手稿对所有权问题的阐述，尤其是对资本主义所有制关系的阐述，可以说达到了较为系统、成熟的高度，故该时期通常被认为是马克思关于所有权思想走向系统化的成熟时期。从1871年至1883年马克思逝世，他陆续写成了《哥

---

① 《马克思恩格斯全集》第3卷，北京：人民出版社，1960年，第38页。
② 《马克思恩格斯全集》第3卷，北京：人民出版社，1960年，第70-71页。

达纲领批判》《马·柯瓦列夫斯基〈公社土地占有制，其解体的原因、进程和结果〉一书摘要》等经典文献，这一阶段可以确定为马克思所有权思想的总结和概括阶段。在这一阶段，马克思对所有权、所有制问题的研究进入了实践应用及经验概括阶段，尤其对社会主义时期所有权理论认识达到了新的高度。需要说明的是在马克思所有权理论形成过程中，《资本论》及其手稿对所有权问题的阐述最为全面、系统。当然，由于马克思于法学专业毕业，其所有权理论也从法学研究角度开始的，马克思的所有权理论的发展与他整个法律思想的发展是分不开的。

　　值得重视的是，马克思的实践活动对其新世界观的形成及所有权理论的形成发挥了极其重要作用。19 世纪 40 年代，马克思参与了关于林木盗窃法的辩论，并开始对法律的关系与私人利益关系有了深刻的认识与反思。马克思在《论离婚法草案》一文中指出"法律应该成为人民意志的自觉表现"①，第一次指出要理解法的基本属性必须着眼于客观"现有"关系，而且必须要以客观存在的"真实性"事实为前提，换句话说，法律的制定应当以客观存在为事实依据，而不是以统治阶级的利益为考量标准。不仅如此，马克思还通过对摩塞尔河沿岸地区酿酒农民贫困状况资料的分析和总结，完成了《摩塞尔河记者的辩护》一文，此文就是马克思哲学世界观转变的重要里程碑论文。这篇文章的重要性在于：其一，马克思强调"把我们的全部叙述都建立在事实的基础上，并且竭力做到只是概括地表明这些事实"②，避免"忽视各种关系的客观本性，而用当事人的意志来解释一切"③，这样就容易进入研究各种国家表面现象而忽略事物本质的误区。其二，马克思开始关注到权利现象的市民社会基础，并且注意到市民社会的财产及所有权关系的性质。在马克思看来，市民社会包含着劳动形式、财产形式及权利等基本内容，市民社会的成员要求与自己固有权利相适应并得到保障的国家管理制度或法律保障。也正是因为认识到了市民社会成员和国家之间的诉求关系，马克思才彻底厘清了二者之间的界限，并揭示了被唯心主义颠倒的关系。

　　在《黑格尔法哲学批判》中，马克思第一次解答了国家法律背后所隐藏的客观权利关系，以及这种关系对法律所起的决定性反作用，正如马克思所说："法的关系正像国家的形式一样，既不能从它们本身来理解，也不能从所

---

　　①《马克思恩格斯全集》第 1 卷第 1 册，北京：人民出版社，1956 年，第 349 页。
　　②《马克思恩格斯全集》第 1 卷第 1 册，北京：人民出版社，1956 年，第 371 页。
　　③《马克思恩格斯全集》第 1 卷第 1 册，北京：人民出版社，1956 年，第 9 页。

谓人类精神的一般发展来理解，相反，它们根源于物质的生活关系，这种物质的生活关系的总和，称之为'市民社会'。"①马克思基于上述观点进一步指出，在文明社会中，财产主体对一定财产物的权利诉求都是以占有这些财产物为基本依据和前提的，"私有财产的权利是 Jus utendi et abutendi，是随心所欲地处理物的权利"②。这种所有或占有具有鲜明的排他性的特点，只有在占有人同意或者允许的条件下，才可能出现财产归属权的变更，否则财产归属权是不可能发生流转的。"私有财产的真正基础，即占有，是一个事实，是不可解释的事实，而不是权利。只是由于社会赋予实际占有以法律的规定，实际占有才具有合法占有的性质，才具有私有财产的性质。"马克思还特别指出，伴随着社会进程的发展，财产占有者往往是通过干预国家法律的制定过程，使自身占有的财产通过法律的形式固定下来，也就是财产占有者的占有权利得到了法律确认，从而具有了合法性。

在这一时期，马克思已经完全地洞察到资本主义社会的私有制使法律片面地成为确认私有财产占有合法性的一种工具。虽然马克思还没有直接说明这种法律背后暗含的社会属性和阶级属性的问题，但是这一时期关于法律、财产所有权问题的研究为将来马克思的阶级斗争理论奠定了思想基础。

5.1.2 一切权利现象只有在一定的社会关系中才能得到说明

马克思所有权思想是伴随着马克思科学的世界观和方法论确立过程而逐步形成和完善的。特别是马克思在确立唯物史观和剩余价值学说过程中，马克思博采众长，批判地继承和发展了众多优秀思想家的理论精华，创造性地形成了较为系统的所有权理论体系。马克思所有权理论的精华在于首次把一切占有权利的关系放在经济关系的基础之上进行考量，进而说明了所有权关系的性质，而且强调了所有权关系对经济关系及经济发展规律本质性的决定作用。为了清楚地阐明所有权关系的性质特征，马克思摒弃了抽象概括和一般意义上对所有权关系进行形而上的说明，而是特别强调了必须在特定历史条件下讨论所有权问题的具体情况和特殊意义。在《资本论》及其手稿中，马克思指出所有权关系不仅源于市民社会的经济利益，同时还是商品交换关系中所有者成功获得自身权利的契约基础，也是从事自由劳动的基础，形成

---

① 《马克思恩格斯全集》第 13 卷，北京：人民出版社，1962 年，第 8 页。

② 《马克思恩格斯全集》第 1 卷第 1 册，北京：人民出版社，1956 年，第 382 页。

了马克思所有权理论鲜明特征的起点。与此同时，马克思还结合资本主义所有制的起源、资本运动总过程和规律的分析，对资本主义社会的所有权关系及其内在矛盾与问题作了全面系统的分析，尤其是围绕着对雇佣劳动关系的深入剖析分析，进而揭示了资本主义所有权关系的实质及内在发展规律。

马克思所有权理论的典型特质是揭示了在物掩盖下的人与人之间的生产关系。正如马克思所有权理论经历了一个发展成熟过程一样，其对私有财产的理解也经历了一个由浅入深并最终实现超越的过程。在最早阶段，马克思对私有财产的理解和其他早于马克思的思想家一样，仅仅停留在传统观念认识的范围之内。后来在《黑格尔法哲学批判》一文中，马克思指出黑格尔所阐述"私有财产（Eigentum）的真正基础，即占有，是一个事实，是不可解释的事实，只是由于社会赋予实际占有以法律的规定，实际占有才具有合法占有的性质，才具有私有财产的性质"①的错误属性。1844 年在写作《经济学哲学手稿》时期，马克思已对私有财产是不可解释的事实这一提法表示不满。他说，"国民经济学从私有财产（Eigentum）的事实出发，但是，它没有给我们说明这个事实"，也不了解私有财产由其本质决定的"在现实中经历的物质过程"的规律性。除此之外，马克思还强调，资产阶级经济学家"用原罪来解释罪恶的源头"，把财产的所有权认为是自然而然的前提。虽然这表明马克思已经开始辩证批判其他思想家的观点，但是马克思用"异化劳动"来解释私有财产，直接反映了此时马克思所有权理论的方法论局限，并没有彻底扬弃其他思想家的观点。

尽管如此，马克思这时从经济关系的角度来解读私有财产已经是一个不小的进步。这主要体现在马克思给私有财产所下的定义上："私有财产（Eigentum）作为外化劳动的物质的、概括的表现，包含着两种关系：工人同劳动、自己的劳动产品和非工人的关系。""私有财产的关系潜在地包含着作为劳动的私有财产的关系和作为资本的私有财产的关系，以及这两种表现的相互关系。"②在《神圣家族》中，马克思辩证批判了普鲁东的观点：一方面赞成普鲁东对社会贫富差距的批判；另一方面也反对普鲁东应用的抽象的"拥有""不拥有"的观点，以及普鲁东"平等占有"替代对立的立场，说明"他对政治经济学的批判还受着政治经济学的前提的支配"，依旧停留在认为所有

①《马克思恩格斯全集》第 1 版第 1 卷第 1 册，北京：人民出版社，1956 年，第 382 页。
②《马克思恩格斯文集》第 2 卷，北京：人民出版社，2009 年，第 172 页。

权关系是人与物之间的关系，是人对物的权利的问题。马克思明确反对这种仅仅对表面现象进行理解的观点，强调指出，财产所有权关系最根本上是人与人之间的关系，而不是简单的人与物之间的关系，正如马克思所述："实物是为人的存在，是人的实物存在，同时也就是人为他人的存在，是他对他人的关系，即是人对人的社会关系。"①除此之外，他进一步指出："无产阶级和富有阶级是两个对立面。它们本身构成一个统一的整体。它们二者都是由私有制世界产生的。"因为，"私有制，作为私有制来说，作为富有来说，不能不保持自身的存在，因而也就不能不保持自己的对立面——无产阶级的存在"②。在马克思的一系列论断中，明确了"私有财产"是人与人之间经济关系的内涵。至此，马克思初步完成了对其他资产阶级学者关于私有财产定义的扬弃，并最终实现了理论上的超越。

在马克思所有权理论的经典著作中，《德意志意识形态》具有举足轻重的特殊地位，是马克思关于所有权思想形成的奠基之作。正是在这部著作中，马克思着重考察了私法的本质及私法和社会经济关系的内在勾连，几乎涵盖了马克思所有权理论的所有重要方面。其中马克思用相当的篇幅论述了"国家、法同所有制的关系"。马克思恩格斯认为在资本主义社会，法律都是服务于私有制的，但微妙的是这些所谓的"共同规章"，即法律，都是通过国家来制定的，国家在其中扮演了立法中介的角色，"由此便产生了一种错觉，好像法律是以意志为基础的，而且是以脱离现实的自由意志为基础"；这样，"在私法中，现存的所有制（Eigentum）关系表现为普遍意志的结果"，"私有财产是生产力发展到一定阶段上必然的交往形式"③，"每当工业和商业的发展创造出新的交往形式……法便不得不承认它们是获得财产的新方式"④。在以上这些论述中，马克思恩格斯把法律规定的所有权和社会中客观存在的人与人之间的经济关系做了区别分析，从而进一步说明获得财产权利的所有制形式实质上就是交往形式，或者说是生产关系。财产所有权这种对物自由支配的权利是生产关系在上层建筑领域的集中表现。

在集中精力投入政治经济学研究之后，马克思在《资本论》及其手稿中多次强调指出，在资本主义社会，资本是私有制的现代表现形式，资本是生

①《马克思恩格斯全集》第2卷，北京：人民出版社，1957年，第52页。
②《马克思恩格斯全集》第2卷，北京：人民出版社，1957年，第52页。
③《马克思恩格斯全集》第3卷，北京：人民出版社，1960年，第410-411页。
④《马克思恩格斯全集》第3卷，北京：人民出版社，1960年，第72页。

产关系而且只能是生产关系。马克思曾指出："罗马人最先制定了私有财产的权利……私有财产的权利 Jus utendi et abutendi（任意使用和支配的权利），是随心所欲处理物的权利。"[①]从表面意思看，马克思好像回到了普鲁东的观点，认为财产所有权是人与物之间的关系。实际上，马克思在表达这个意思时，总要补充一句话："人对他周围的自然界的所有权，就总是事先通过他作为公社、家庭、氏族等成员的存在，通过他与其他人的关系（这种关系决定他和自然界的关系）间接地表现出来。"[②]"所有权在资本方面就辩证地转化为对他人的产品的权利，或者说转化为对他人劳动的所有权，转化为不支付等价物便占有他人劳动的权利，而在劳动能力方面则辩证地转化为必须把他本身的劳动或把他本身的产品看作他人财产的义务。"[③]所以说，马克思已经进一步明确并确认了财产所有权实质上是人与人之间的关系，这是毫无疑问的。在当时，马克思这一思想是极为尖锐且深刻的，犹如拨开云雾见明月，对于我们准确把握国家、法律和财产所有权之间的关系起到了提纲挈领的作用，意义深远而重大。

5.1.3 所有制是直接生产过程中的占有权、流通领域所有权及分配权的统一

1848 年，马克思参加并引领了欧洲波澜壮阔的资产阶级民主革命运动，革命的失败后，马克思将全部精力投入对经济关系的研究之中，以便"说明正在进行斗争的各政党的性质，以及决定这些政党生存和斗争的社会关系"。自 1849 年 8 月抵达伦敦直到离去，马克思在这里完成了三部经济学手稿的创作与《资本论》的写作。其中《1857—1858 年经济学手稿》是阐述马克思所有权思想的经典原著，后来《资本论》中所进一步提炼总结的马克思所有权理论都可以在这部手稿中找到理论的源头和框架。在这部经典著作中，马克思通过对资本主义社会生产、交换、流通、分配及与之相适应生产关系的精辟分析，深刻阐发了所有权的基本精神，即认为所有权关系体现并贯穿于整个物质资料生产总过程中，对物质资料生产整个过程发挥重要的决定作用。在此基础上，马克思分析了商品经济条件下的各种所有权形态及其结构，考察了不同社会阶段变迁过程中所有权关系的嬗变，该手稿是研究马克思所有

---

① 《马克思恩格斯全集》第 1 卷第 1 册，北京：人民出版社，1956 年，第 382 页。

② 《马克思恩格斯全集》第 26 卷第 3 册，北京：人民出版社，1974 年，第 417 页。

③ 《马克思恩格斯全集》第 46 卷第 1 册，北京：人民出版社，1979 年，第 455 页。

权理论的思想宝库。所以说,《资本论》及其手稿中关于马克思所有权理论的表述和观点是马克思这一理论走向成熟化和系统化的标志。

第一,所有制关系决定所有权关系,而不是相反。在学界,很多人认为马克思并没有专门来论述所有权问题的文献,但是谁也无法回避所有权问题是马克思政治经济学的重要内容之一。在马克思的理论视野里,所有制和所有权是两个密切相关又不尽相同的范畴。首先,所有制是经济制度,是生产资料方面形成的人与人之间的关系,决定了生产资料归谁所有。所有权是法律制度,决定了财产归谁所有。所有制是生产关系的核心,支配着人们生产、交换、分配各方面的关系。所有权从法律层面确立了所有制的形式。对所有制来说,有决定意义的是实际占有。但是,"只是由于社会赋予实际占有以法律的规定,实际占有才具有合法占有的性质,才具有私有财产的性质"①。其次,从产生时间角度而言,所有制要早于所有权。"在任何所有制形式都不存在的地方,就谈不到任何生产,因此也就谈不到任何社会。"②在原始社会时期,没有国家和法律,只有氏族和家庭,所有生产都是在公有制条件下进行的,因而"只是占有,而没有所有权"③。所以,马克思认为社会发展到一定历史阶段,出现了国家和法律来保护私有制以后,所有权才应运而生了。最后,正如马克思所说,"一定所有制关系所特有的法的观念是从这种关系中产生出来的"④,"民法不过是所有制发展的一定阶段,即生产发展的一定阶段的表现"⑤。所有制早于所有权,对所有权有决定作用,与此同时,所有权产生后又反作用于所有制。在国家和法律存在的各个历史阶段,二者是统一的,具有共时性,不存在一方单独存在的情况。关于二者,马克思曾预言,在未来的高级社会,国家和阶级都消亡后,所有权也会随之消亡,而所有制将继续存在。

第二,所有制关系是直接生产过程中的占有权、流通过程中的所有权及分配权的统一。虽说是占有权决定所有权,但《资本论》则在物质资料生产总过程的统一性上,在交往方式、生产关系体系上来重新讨论了该问题。在《资本论》中,马克思运用从具体到抽象的方法,即通过分析资本主义的所有

---

① 《资本论》第 3 卷,北京:人民出版社,1975 年,第 167 页。
② 《马克思恩格斯全集》第 46 卷第 1 册,北京:人民出版社,1979 年,第 25 页。
③ 《马克思恩格斯全集》第 46 卷第 1 册,北京:人民出版社,1979 年,第 39 页。
④ 《马克思恩格斯全集》第 30 卷第 2 册,北京:人民出版社,1975 年,第 608 页。
⑤ 《马克思恩格斯全集》第 4 卷,北京:人民出版社,1958 年,第 87 页。

制关系来说明占有、所有权及所有制的关系。资本主义的所有制关系实际上就是资本与雇佣劳动的关系。资本借助对生产资料的所有权进而达到对剩余劳动的占有，二者构成了资本主义所有制的两个基本要素。即便从资本运动的生产、流通、分配各个阶段进行考察，二者依然是资本主义所有制的两个基本要素。马克思对资本主义私有制经典表述为"以剥削他人的但形式上是自由的劳动为基础的私有制"①，仔细分析这句话，马克思所谓的"剥削他人"就是指占有，而"形式上是自由的劳动"则暗含了劳动的所有权关系，二者统一于资本主义所有制关系——私有制。在"货币转化为资本"篇中，劳动力作为一种特殊的商品进行买卖时，资本家拥有货币，而劳动者拥有劳动力，劳动力商品一旦进行买卖，资本家让渡了货币并失去了对货币的所有权，而劳动者则在让渡自己劳动力的同时并没有放弃对劳动力自身的所有权。这种特殊劳动力商品的买卖，使货币转化为资本。"只有当生产资料和生活资料的所有者在市场上找到出卖自己劳动力的自由工人的时候，资本才产生；而单是这一历史条件就包含着一部世界史。"②劳动力商品的这种资本主义特殊性质并不排斥商品所有权让渡的一般规则。"劳动力的买和卖是在流通领域或商品交换领域的界限以内进行的，这个领域确实是天赋人权的真正乐园。那里占统治地位的只是自由、平等、所有权和边沁。"③

在"资本的积累过程"篇中，马克思从再生产角度进一步考察了占有和所有权之间的关系。从扩大再生产的角度来看，资本家支付给工人的工资实际上是工人创造的并被资本家无偿占有的那部分剩余价值，或者说"工人阶级总是用他们这一年的剩余劳动创造了下一年雇佣追加劳动的资本"④。这就是所谓的"资本生资本"。所以说，劳动者应该直接占有自己生产的商品的权利转变成了资本家无偿占有劳动者劳动成果的权利，这就导致了商品的所有权规律转变为了不平等的资本主义占有规律。但是这种资本主义的无偿占有并不违反基本经济规律，马克思在这里着重强调的是撇开资本主义的特殊性质而抽象出的具有一般意义的占有对所有权的决定性作用。当然，基于对占有权、所有权的统一性理解，不能对所有权的交换、流通功能和占有权的在直接生产过程中功能的理解绝对化。正如马克思所说："政治经济学不是把

①《马克思恩格斯文集》第5卷，北京：人民出版社，2009年，第873页。

②《马克思恩格斯文集》第5卷，北京：人民出版社，2009年，第198页。

③《资本论》第1卷，北京：人民出版社，1975年，第278页。

④《资本论》第1卷，北京：人民出版社，1975年，第432页。

财产关系的总和从它们的法律表现上即作为意志关系包括起来，而是从它们的现实形态即作为生产关系包括起来。"①按照马克思的观点，直接生产过程中的占有被称为一级占有，流通过程中的占有被称为二级占有。两个不同性质的过程决定了两个占有的不同性质，但是两个占有都是社会关系的反映，区别在于是不同的社会关系。马克思还进一步论述了，一级占有是对劳动产品和剩余产品的直接占有，二级占有是占有的实现形式。毫无疑问，一级占有是前提性的，对二级占有起着决定作用，没有直接生产过程的一级占有，就谈不上流通过程中实现的二级占有。

马克思正是通过对资本直接生产过程中的一级占有进行了深入的剖析和研究的基础上，揭示了资本主义所有制关系的特殊性质。社会再生产过程中的生产、流通、分配各个环节的整体性决定了占有与所有权之间相互依存、互为前提的紧密关系。"因此，劳动和对自己劳动成果的所有权表现为基本前提，没有这个前提就不可能通过流通而实行第二级的占有。"②"私有权是流通的前提，但是在流通中占有过程本身并不显示出来，并不表现出来，它倒是流通的前提。"③

5.1.4 所有制关系是一种历史现象并伴随生产力的发展而发生变革

1848 年，马克思为工人阶级组织写了第一部纲领性的文件——《共产党宣言》。在宣言中马克思从历史唯物主义的视角论述了其所有权思想，即伴随着生产力和生产关系、经济基础和上层建筑的矛盾运动，人类社会及所有权关系将由低级向高级阶段不断演进与发展。而生产力与生产关系、经济基础与上层建筑的矛盾运动是其根本动力。而这种矛盾运动是围绕所有权、所有制变革展开的。"所有制关系中的每一次变革，都是同旧的所有制关系不再相适应的新生产力发展的必然结果。"④资本主义所有制的产生也是生产力发展的必然结果，是原来旧的封建所有制关系已无法适应资本主义先进生产力的发展要求，因此被新的生产关系所取代。但资本主义的发展，经过一定的历史时期之后，"生产力已经增长到这种关系所不能容纳的地步，资产阶级的关

---

①《马克思恩格斯全集》第 16 卷，北京：人民出版社，1964 年，第 30 页。

②《马克思恩格斯全集》第 46 卷第 2 册，北京：人民出版社，1980 年，第 463 页。

③《马克思恩格斯全集》第 46 卷第 2 册，北京：人民出版社，1980 年，第 463 页。

④《马克思恩格斯文集》第 1 卷，北京：人民出版社，2009 年，第 684 页。

系已经阻碍生产力的发展"，而此时与现代化大生产相联系的无产阶级必然作为"最强大的一种生产力"①登上历史的舞台。因此，资本主义的上层建筑必然会被社会主义的上层建筑所替代，这也是生产力发展的必然结果，是一个自然历史发展的过程。马克思还强调了，生产力与生产关系的变革往往会采取阶级斗争的形式，阶级斗争是促进社会形态演进的重要动力。

在《资本论》及其手稿中，马克思还通过对不同历史阶段经济关系性质及其结构深刻阐述，揭示了所有权关系的社会本质。马克思从对罗马私法及资产阶级法权有限进步意义的肯定开始，揭示了基于所有权关系被划分的剥削阶级与被剥削阶级之间的继承和异化关系，考察了资产阶级法，揭露了资产阶级法维护资产阶级政治统治和压榨工人剩余价值的剥削本质。马克思《资本论》及其手稿中所有权思想的历史考察。对商品经济条件下的各种所有制关系及其表现形态进行了具体的考察，阐明了它们与商品经济发展的内在的、本质的联系，形成了完整、系统的理论成果。在马克思看来，简单商品经济所有权与自由劳动相联系，是人天赋权利的一部分并与人的尊严及社会文明发展程度直接相联。但是资本主义所有制却使这种权利与劳动相分离，并使其日益走向反面，甚至成为戕害劳动的权利。不过，资本主义发展导致的劳动与财产权的分离早已包含在简单商品经济的萌芽中，简单商品经济的权利走向它的反面，这是一个历史发展的必然过程。当然，历史的进一步发展形成对资本的超越与扬弃也是不可避免的。在《资本论》及其手稿中，马克思考察了资本主义所有制的发展历史和运行机制，揭露和批判了资本主义所有权的生成关系及资本主义所有制的剥削本质，进而阐明了资本主义生产关系下的国家和法权的阶级本性。

除此之外，在《资本论》及其手稿中，马克思历史地考察了人类财产关系形成及变化发展，以及人的主体地位的变化。马克思以所有制关系的变化为核心，将人类历史发展概括为人的依赖关系、物的依赖关系及摆脱各种依赖关系的三个历史阶段：第一阶段为前近代社会生产方式，这一阶段的所有制形式及人与人相互依赖状态下的人与人之间的所有权特点；第二阶段，在资本主义社会中，人对物依赖关系所导致的所有权关系的状态；第三阶段，摆脱了各种依赖关系，在自由人联合体条件下的所有权关系的主要特征。通过分析，马克思指出，财产所有者和劳动者在社会生活中所处的不同地位是

①《马克思恩格斯文集》第1卷，北京：人民出版社，2009年，第655页。

由客观、具体的社会所有制关系决定的。尤其指出了财产主体作为权利主体和劳动者作为非权利主体的巨大差别,同时论述了所有权关系的动态变化性,还认为社会本身是所有权关系的根源。需要特别强调的是,马克思明确指出,人与人之间的关系通过法律表现出来就是所有权,孤立的个体没有所有权,也不需要所有权。从这个意义上讲,所有权关系是一切生产及社会关系在法律意义上的实现。马克思对所有权问题的系统研究及深刻见解为我们透过所有权现象全面而深刻地理解所有权的本质提供了崭新的世界观立场和方法论视角。

马克思通过深入分析所有权的内部脉络,梳理了所有权的生成逻辑,也为所有制关系体系的复杂性、多样性提供了认识线索。在马克思看来,所有权是一种组合式的权利,不是一个个体或孤立的权利。这一组合式的权利有其自身的能动性和变化发展的规律,有时候可以分开,有时候又会重新整合,这种变化构成了不同所有权多样的内部结构及实现形式。马克思在《资本论》第二和第三卷中,系统分析并论证了所有权分化、统一等各种现象,揭示了所有权和其他各种权利之间的相互制约和相互作用。"一组权利"的论述方法是马克思所有权思想的重大理论创新,既对特定历史阶段所有关系性质分析提供理论基础,同时也为所有制关系的复杂性、多样性及变异提供理论支撑。

第二节 资本主义所有制关系的历史暂时性

梳理马克思所有权理论的发展过程,我们可以清楚地看到,这一理论和马克思的唯物史观确立的过程有着紧密的联系,甚至可以说,马克思所有权理论是唯物史观最核心的成果。马克思在《资本论》及其手稿和其他一些著作中,从唯物史观的角度出发,用严密科学的方法论证了资本主义经济活动的客观规律性,揭示了其作为自然历史发展过程的历史暂时性。特别是对资本主义阶段中人对物的依赖作了科学合理的精辟分析,阐释了资本主义作为人类历史发展阶段的历史地位和必然走向。

5.2.1 资本主义所有制关系的历史暂时性

在马克思恩格斯合作的《德意志意识形态》这部著作中,第一次系统阐述了生产力决定生产关系、经济基础决定上层建筑的唯物史观的基本原理,并揭示了人类社会经济关系的变化发展规律，构建了一个科学而宏大的历史唯物主义理论体系，是马克思一生作为革命家和科学家的第一个伟大发现，为实现政治经济学研究对象的革命提供的方法论准备。从这个意义上讲，《德意志意识形态》是马克思所有权思想发展史上的一个里程碑。而在后来的《共产党宣言》中，马克思、恩格斯提出了在唯物史观的方法论指导下，工人阶级要担负起废除资本主义所有制和所有权的伟大历史使命。在这个著作中，马克思、恩格斯进一步阐述了他们的历史唯物主义及所有权思想。他们认为，随着社会生产力的发展，资本主义所有制关系必然成为生产力进一步发展的桎梏，这时无产阶级革命时机到来了。而无产阶级革命就是"要最坚决地打破过去传下来的所有制关系"，"废除资产阶级所有制"①，进而建立"无产阶级的政治统治"②。无产阶级要成为统治阶级，必须要通过暴力革命的形式打破旧的资本主义国家机器，建立无产阶级专政。只有在这种情形下，无产阶级才可能争取政治民主。无产阶级专政从根本上废除了生产资料私有制，也是为了绝大多数人谋利益，而不是为了少数人，旨在维护全体社会成员的根本利益，与此同时，无产阶级专政不仅消灭了私有制的产权关系，也消除了阶级对立的基础，"代替那个存在着各种阶级及阶级对立的资产阶级旧社会的，将是一个以个人自由发展为一切人自由发展的条件的联合体"③。为了真正地实现这种自由人联合体，马克思、恩格斯制定一系列的法律措施，运用无产阶级获得的政治权利逐步消灭资本主义所有制，正如马克思所说："无产阶级运用自己的政治统治，一步一步地夺取资产阶级所拥有的全部资本，把一切生产工具集中在国家手里，即集中在已组织成为统治阶级的无产阶级手里，并且尽可能更快地增加生产力的总量。"④

马克思在揭示资本主义社会所有制关系特征的基础上，阐述了其历史暂时性。马克思认为，资产阶级的所有权是资本主义的所有制在法律上的反映。"私有制的性质，却依这些私人是劳动者还是非劳动者而有所不同。"⑤在马克思看来，私有制不能一概而论，资本主义社会以前的私有制和资本主义私有制具有明显的差别。资本主义私有制是资本家通过雇佣劳动实现对劳动工

① 《马克思恩格斯文集》第 1 卷，北京：人民出版社，2009 年，第 48 页。
② 《马克思恩格斯文集》第 1 卷，北京：人民出版社，2009 年，第 52 页。
③ 《马克思恩格斯文集》第 1 卷，北京：人民出版社，2009 年，第 52 页。
④ 《马克思恩格斯文集》第 1 卷，北京：人民出版社，2009 年，第 52 页。
⑤ 《马克思恩格斯文集》第 5 卷，北京：人民出版社，2009 年，第 872 页。

212 · 马克思经济学经典与新时代劳动关系研究

人的剩余价值剥削，最终造成贫富的两极分化。而资本主义社会之前的私有制是以简单的个体劳动为基础的，没有剥削和压榨。一个是以雇佣他人劳动，一个是以个体自由劳动，二者明显是对立的。"资本主义的生产方式和积累方式，从而资本主义的私有制，都是以那种以自己的劳动为基础的私有制的消灭为前提的，也就是说，是以劳动者的被剥夺为前提的。"①换句话说，资本主义所有制的基本特征是劳动者出卖劳动沦为生产工具而不是所有者。与之相伴的是"生产资料集中在少数人手中，因此不再表现为直接劳动者的财产，而是相反地转化为社会的生产能力，尽管首先表现为资本家的私有财产，这些资本家是资产阶级社会的受托人，但是他们会把从这种委托中得到的全部果实装进私囊"②。

劳动和所有权既相一致又相分离是资本主义所有权的本质特征，也是其历史过渡性内在动力。如前所述，生产资料归资本家私人占有，劳动者迫于生计不得不出卖自己的劳动力，资本家无偿占有工人生产的劳动产品，这是资本主义所有制的本质。从所有权角度来看，这种关系表现为购买劳动力的资本家和出卖劳动力的工人之间关系的法律形式，用法律的形式确认了资本家购买劳动力商品并无偿占有工人劳动产品的合法性。这种关系也蕴含在资本所有权的基本规律当中。在资本主义以前的私有制，劳动者对自己个体的劳动产品具有所有权，因此自然而然实现了劳动和所有权的一致性；而在资本主义所有制条件下，劳动者在资本家雇佣劳动下进行生产活动，资本家对产品的无偿占有造成了劳动者和产品所有权的分离，即劳动和所有权分离的现象。这种现象构成了雇佣劳动制度下所有权发展的基本规律。前者是简单商品流通中的占有规律，而后者则是由前者演变而来，它是社会发展进步的必然产物，也受制于这一基本规律；前者是前提，后者是结果。"劳动将创造他人的所有权，所有权将支配他人的劳动。"③这恰恰鲜明地表现出资本主义社会文明所拥有的法权特质。

资本主义所有权关系在内容和形式上具有难以调和的矛盾，这也决定了其历史暂时性的命运。在资本主义发达商品经济条件下，简单商品经济的人与人之间的依赖关系转化为人对物的依赖关系。相较于之前，这种依赖关系在某种程度上也体现了人的个体独立性。在发达商品经济活动中，"平等和自

---

① 《马克思恩格斯文集》第 5 卷，北京：人民出版社，2009 年，第 887 页。
② 《马克思恩格斯文集》第 7 卷，北京：人民出版社，2009 年，第 296 页。
③ 《马克思恩格斯全集》第 46 卷第 1 册，北京：人民出版社，1979 年，第 189 页。

由不仅在以交换价值为基础的交换中受到尊重，而且交换活动是一切平等和自由生产活动的现实基础"。在权利方面，这是一个巨大的历史进步。正如马克思所说："这种物的联系比单个人之间没有联系要好，或者比只是以自然血缘关系和统治服从关系为基础的地方性联系要好。"①在资本主义财产关系中，交换价值是基础。交换价值作为基础表现出来的自由或平等体现在契约关系和财富积累过程中。特别是在契约关系中，货币作为天然等价物，因而"当货币在这里表现为契约上的材料，契约上的一般商品时，立约者与立约者之间的一切差别反而消失了"②。

"在财富积累过程中，甚至遗产继承以及使由此引起的不平等永久化的类似的法律关系，都丝毫无损于这种天然的自由和平等。"③换句话说，资本主义财产权利表现为以交换价值作为基础的形式上的自由和平等。交换价值及货币制度是这种形式上自由和平等的现实体现。但是，这种形式上的自由和平等"是表面现象，而且是骗人的表面现象，这一事实在考察法律关系时表现为处于这种关系之外的东西"④。因此，透过商品交换、流通过程的表面现象，看到的实质是出乎意料的完全不同的状况。在这一过程中，人与人之间形式上的自由与平等必然消亡了。马克思明确指出了资产阶级辩护者之所以无法透过表面现象洞察到深层次本质的原因：辩护者们忽略了资本主义商品经济制度以交换机制为基础性前提，这本身就限制了自由，带有对个人的强制意味；交换及依靠交换形成的更高级别的生产关系都具有复杂性，它们不会也不可能仅仅停留在理论层面上；在货币和交换价值的基本内容里已经蕴含了资本和劳动的尖锐对立。在真实情况里，背离流通领域这个进行劳动力买卖的"大市场"，情形就完全不一样了。从生产过程看，"原来的货币所有者成了资本家，昂首前行；劳动力所有者成了他的工人，尾随其后"⑤。劳动和资本二者之间的尖锐矛盾就显而易见地展现在人们面前了。从这个视角，人们才可以清楚地意识到在资本主义社会中所有权关系自身在形式和内容上存在着尖锐对立的矛盾。

① 《马克思恩格斯全集》第 46 卷第 1 册，北京：人民出版社，1979 年，第 108 页。

② 《马克思恩格斯全集》第 46 卷第 1 册，北京：人民出版社，1979 年，第 199 页。

③ 《马克思恩格斯全集》第 46 卷第 1 册，北京：人民出版社，1979 年，第 199 页。

④ 《马克思恩格斯全集》第 46 卷第 1 册，北京：人民出版社，1979 年，第 462 页。

⑤ 《资本论》第 1 卷，北京：人民出版社，1975 年，第 245 页。

5.2.2 "大资本"所有权、所有制及其历史演变

所有权、所有制关系是马克思经济学研究的立足点与出发点。在马克思看来，历史深处的结构性矛盾运动必然导致所有权、所有制关系的历史变迁与变革。为适应社会生产力不可阻挡的发展趋势，以所有权关系为核心的全部的生产关系必然进行新的变革与调整。

在马克思看来，所有权关系决定着法律形式的所有制关系，而不是相反。当然，所有制关系一旦确立也会对所有权关系产生各种影响，"是市民社会决定法的关系，而不是相反"[①]。这是马克思创立唯物史观的出发点。马克思指出，与以往的剥削制度不同，资本主义历史条件下的生产资料和货币都采取了资本的形式，生产资料所有者成为人格化的资本，并以资本家阶级的形式与劳动者形成阶级和阶层的对立与差别，这样资本家与劳动者之间的关系即是资本与雇佣劳动的关系。也就是说资本家由于凭借着对生产资料的占有，并充分利用商品经济"自由""平等"交换原则，却在生产过程中无偿占有雇佣工人创造的剩余价值，形成了事实上的不平等、不公正现实。"资本与雇佣劳动的关系由此具有了剥削与被剥削的对抗性质，因此，资本主义所有制是雇佣劳动与剩余价值生产赖以存在的基础，体现着资本与雇佣劳动之间、剥削与被剥削之间的关系。这就是资本主义所有制关系的本质。"[②]但是，在形式上资本与雇佣工人关系不是完全占有，也不是人身依附，而是基于劳动者完全的人身自由基础上的"平等"关系。

所有权、所有制关系对经济生活的影响是决定性的，它不仅决定着价格与收入分配的长期走势，同时也决定和影响着资本的积累与再生产过程，包括社会资本再生产过程的各种状态：结构平衡与协调关系、经济的周期波动性，乃至经济危机的发生。马克思将剩余价值理论贯穿于包括剩余价值生产、分配、交换等物质资料再生产各个环节，形成了包括资本、雇佣劳动及资本竞争关系的一个完整的剩余价值理论体系；同时该体系体现了生产与交换、分配关系所形成的宏观经济的研究视角，也体现着政治经济学诉诸抽象一般与具体现实紧密联系的方法论特点。当然，唯物史观的确立使马克思首先接受了劳动价值论，完成了政治经济学研究对象与方法的突破，在此基础上奠

---

① 《马克思恩格斯文集》第 2 卷，北京：人民出版社，2009 年，第 231 页。

② 高等教育出版社编写组：《马克思主义基本原理概论》，北京：高等教育出版社，2008 年，第 184 页。

定了剩余价值理论的基础。由此可见，正是基于对所有制关系及资本主义阶级关系的历史分析，马克思完成了古典经济学研究从"利润""利息""地租"具象范畴向"剩余价值"一般范畴转向的术语革命，并以此为核心构建起自己的剩余价值理论体系。马克思经济学正是基于对资本主义所有权关系分析，发现了剩余价值理论，并以此为基础构成了马克思主义经济学整个理论的基石。

相对于以自己劳动为特征的简单商品经济而言，资本主义私有制属于私人"大资本"性质的所有制关系。该所有制关系的确立依赖于工业革命形成的工业化生产体系，并在简单商品经济的价值规律、竞争规律的长期作用下逐渐形成。在资本主义发展不同的历史阶段，该所有制关系在社会生产力快速社会化发展的基础上，沿着其"私人性"与资本规模的"扩张性"在两个方面发生着调整与改变。就其私人性而言，伴随着生产力的社会化进步，传统的家族式的所有制关系历经了股份制、法人资本所有制的变革，尽管在当代某些公司的"家族"统治色彩依然浓厚；而就资本规模的扩张而言，其程度也不断出现"升级化趋势"。第一次工业革命时期的"工厂制"，形成了以蒸汽动力体系、快速流水线及"血汗工资"制等为特征的所有制关系体系；而以大规模生产为特点的"福特式"生产方式，推动并导致大型垄断公司崛起，与此同时也意味着资本主义进入了垄断发展全新阶段；此时超大型的"托拉斯"在一次次的兼并浪潮中扩张其市场份额。而在经济全球化发展的今天，"大资本"规模不仅表现为超大型跨国生产体系，更以"熊彼特"式生产方式不断创新其个性化、智能化生产方式满足市场需求。未来伴随智能经济的到来，跨国企业的外延与内涵、内部的治理结构都将发生了新的改变，甚至有研究者提出了"合伙人"制的未来发展趋势。近几个世纪的资本主义所有制关系演变，不仅出现了职工持股制形式，还探索出现了资本与核心成员的共同持股形式，这在一定程度上都适应了社会化生产力的发展。但是，无论形式发生怎样的变化，私人性质的"大资本"所有制关系的本质没有发生根本性改变。

回顾人类经济思想史，从古代希腊先哲到近代古典经济学家，他们大多在推崇简单商品经济关系的同时，反对或不赞成私人"大资本"制经济关系，因为在他们看来在该所有制关系下，社会的阶级、层次的严重分化将不可避免。但是，正如马克思在《共产党宣言》中所说："资本主义在它不到一百年的阶级统治中所创造的生产力，比过去一切世代创造的全部生产力还要多，还要大。"①尽管历经资本主义残酷的剥削事实，马克思还是看到了资本主义的历史进步性。与此相应，对所有权、所有制关系的研究在当代也以"产权"范畴形式进入经济学甚至是政治经济学研究与学习的视野。伴随市场经济法制关系的进步，以及劳动关系的社会保障体系的建立，经济学研究也开始从"产权"的范畴出发，探索所有制关系形成的正面激励作用；认识和研究所有权关系在"产权"形式下的多种存在形式，发现其所采取的分割化使用与经营性效率的社会性意义，即所有权与经营权、使用权、占有权的分割，不仅可以提高资源配置的效率，也可创新创造出更多、更丰富的经济发展形式，以适应社会化发展的需要。这在某种程度上也缓解了"大资本"所有权的私人性与社会性使用之间的尖锐矛盾；而我国农村确立的集体土地的私人使用权也在某种程度地化解与调节了公有制与资源配置效率之间的矛盾。不过，与"产权"具体范畴相对应的是"成本""利润"等现实概念，在利润是资本收益的"常识"思维下，工资自然也就成了劳动的收入，马克思揭示的雇佣劳动关系阶级属性被掩盖了，只剩下了"合伙人"或"合作人"表面的关系了。当然，我们不排除在社会主义市场经济条件下，资本关系向具有真实内涵的"合伙人"制度的演化发展趋势。然而，无论对"产权"关系形式展开怎样的研究与探索，基于效率基础的社会主义所有权关系形式都必须建立在更为发达的社会生产力基础上；而更高级的所有权关系形式也绝不会出现在社会生产力发展还不够充分、社会经济治理体系和治理能力还相对落后的历史时期。因此，马克思经济学关于所有权、所有制问题的深刻认识仍然是我们认识社会经济生活的前提与基础。在这个意义上，现实性与历史超越性的辩证统一是马克思唯物主义历史观的精髓。

马克思经济学以所有权关系为出发点所形成的批判范式，继承了德国古典哲学的批判传统与历史方法，该方法不仅给予政治经济学深刻的认识功能与启蒙意义，更为历史发展路径展示了的未来前景，使人类历史发展获得某种程度的张力，具有引领价值与意义。不仅如此，在该方法论基础上形成政治经济学理论体系，在发现了客观经济规律的同时又在合乎"人的发展目标"上获得了统一性；而这一具有历史启蒙意义且也兼具社会设计功能的宏大研究体系，必须诉诸从现实的具体到抽象一般分析方法与批判性历史视角，马克思通过对社会阶级的一般分析，发现并找到了推动社会历史发展的主体与

---

① 《马克思恩格斯文集》第 2 卷，北京：人民出版社，2009 年，第 36 页。

动力，揭示了人类历史的发展趋势与目标。1858 年马克思在写给恩格斯的信中，指出"近日我的研究有了很好的进展，我推翻了迄今为止所有的利润、地租等分析理论"①。在这里，马克思完成了政治经济学研究对象与任务的根本性的转变。当然，从现实的世界出发，针对现实问题的展开的变革性实践活动是马克思经济学更为本质的诉求。因此理论的研究在完成抽象分析与理论批判后，还必须进一步完成从抽象理论回到思维具体更为丰富、特殊的现实过程中；当然，这也是历史与实践在更高层面的探索与超越的结果。马克思经济学研究的巨大成就，使其自然成为德国古典哲学的批判性传统的继承者；成为法国空想社会主义合理成分的改造者，以及英国古典政治经济学的集大成者。马克思系统研究了英国古典政治经济学，克服了亚当·斯密、大卫·李嘉图古典经济学体系中对经济学基本范畴的矛盾、纠结状态，并应用辩证逻辑范畴化解了该体系的矛盾，创新性地坚持了劳动价值论、创造性地发现了剩余价值理论，将自己的经济学理论推进到更为一般、抽象的层面，同时也是更为具体特殊的分析的层面，为探索资本及剩余价值关系的历史发展趋势奠定了方法论基础。

5.2.3 马克思对社会主义所有制关系的初步探讨

在马克思看来，正是因为资本主义所有权关系的不平等性，才导致形成剩余价值生产关系。但是该所有制关系及剩余价值生产在人类历史发展的特定阶段具有客观的现实性与历史必然性。当然，马克思在揭示资本主义经济关系本质的同时也分析其历史发展趋势及其演变过程，并在此基础上展望了社会主义的愿景，阐述了社会主义所有制关系基本特点。

作为对社会生产关系演变具有最终决定意义的因素，不断发展着的社会生产力与特定历史时期的"交往形式"及其矛盾运动预示着人类未来社会历史发展的基本走向。马克思恩格斯所阐发的关于人类社会生产方式及其矛盾运动的一般规律，不仅具有令人震撼的逻辑力量，更给予我们一种深刻的历史启迪与辩证思维方法。正因为如此，马克思恩格斯总结出一条重要的结论，即"一定的生产方式或一定的工业阶段始终是与一定的共同活动的方式或一定的社会阶段联系着的，而这种共同活动方式本身就是'生产力'"，"人们所达到的生产力的总和决定着社会状况"。除此之外，他们还研究了国家政治和

---

① 《马克思恩格斯文集》第 10 卷，北京：人民出版社，2009 年，第 143 页。

法律的结构同社会物质生活之间的关系，认为"以一定的方式进行生产活动的一定的个人，发生一定的社会关系和政治关系"[①]，"社会结构和国家经常是从一定个人的生活过程中产生的"[②]。

马克思对未来社会的考察仍然体现其逻辑与历史相统一的方法。在历史与逻辑相统一方法基础上，马克思继承与发展了古典经济学劳动价值论，为其社会主义理论奠定基础。在马克思看来，价值实体是"无差别人类一般劳动"，而价值本质既体现了人们等值相互交换的关系，同时也体现着劳动的私人性与社会性的统一。而这种建立在私人关系基础上社会性，其现实形式也是一种具有"共同体"性质关系的体系。与供求价格形式相比，价值关系是一种基于特定所有制关系基础上的"共同体"性质的生产关系、生产方式形式，它体现着特定所有制关系的"性质"；同时价值关系又因为它是商品"质量"保证，因而最终决定着价格与工资的长期走向。由于简单商品、货币关系是"无差别一般劳动"现实形式，因而马克思政治经济学价值关系所体现的"共同体"，同时也具有"自由人"联合体的特点，为马克思阐述共产主义社会所有制关系奠定基础。马克思创立政治经济学新体系，从最初的劳动价值论的反对者转变为赞成者，反映了马克思从一个最初的青年黑格尔派者转变为社会主义者，并通过自己的理论批判为科学社会主义理论奠定基础。

马克思在对未来社会主义社会所有制关系的研究之前，首先考察了前现代社会形态的所有制关系，并考察了它们的具体形态。马克思对前现代时期财产占有关系的考察并非他大脑单纯思维的结果，而是用分析比较的方法对某一社会形态下多样化的权利现象进行了系统的实证分析研究的结果。在《1857—1858 年经济学手稿》中，马克思站在历史唯物主义的视角，分别考察了亚细亚、日耳曼及古典经济形态。马克思研究了这三种前近代社会所有权现象系统的历史差异性，并对它们的法权关系特征作了剖解，充分说明了所有权关系的历史性。与亚细亚所有制形式相适应的所有权关系具有自身的特点，原始社会土地和劳动者是相互结合的，劳动者依地而生是原始社会土地所有制的形式。马克思通过研究亚细亚土地所有制形式对原始所有制的典型形式进行了分析。马克思认为，这种土地所有制的"第一个前提首先是自然形成的共同体：家庭和扩大为部落的家庭，或通过家庭之间相互通婚而组

---

①《马克思恩格斯全集》第 3 卷，北京：人民出版社，1960 年，第 28-29 页。
②《马克思恩格斯全集》第 3 卷，北京：人民出版社，1960 年，第 29 页。

成的部落，或部落的联合"①。

按照马克思的考察结论，在原始社会由这种形式的土地所有制衍生出的土地所有权关系具有鲜明的特征：首先，土地占有关系的形成催生了财产关系的出现，成为共同体自然形成的基础。换句话说，公共的土地财产是维系这个共同体生存发展的前提和必要条件。其次，以部落或家庭形成的小公社是财产所有权的唯一主体，个体不是财产所有权的主体，只是土地财产的使用者和占有者。在原始社会的亚细亚所有制形式下，社会的基本单位是部落或家庭，而非个人，这是因为在那个时期处于人依赖人的阶段，个人的力量是微小而脆弱的，基本不具备个人独立生存的条件，个人的私有观念几乎是没有的。所以，马克思说："每一个单个的人，只有作为这个共同体的一个肢体，作为这个共同体的成员，才能把自己看作所有者或占有者。"②最后，土地所有权关系表现出明显的共有性，但在管理上最终以个人形式而存在。这种共同体既体现为以小公社为特点的生产经营机制及方式，又体现在为实现更大规模生产经营活动而形成的凌驾于小公社之上的政府组织。例如，"那些通过劳动实际占有的公共条件，如在亚细亚各民族中起过非常重要作用的灌溉渠道，以及交通工具等，就表现为更高的统一体，即高居于各小公社之上的专制政府的事业"③。

这种共同体性质的组织，虽然是以家庭或部落为基本单位，但是在单个的家庭或部落都以族长或首领为代表，最终还是以个人为单位而存在。从而"才第一次出现最原始意义上的领主财产支配权，在这里奠定了向徭役制等过渡的基础"。④"在大多数亚细亚的基本形式中，凌驾于所有这一切小的共同体之上的总和的统一体表现为更高的所有者或唯一的所有者，实际的公社却只不过表现为世袭的占有者。因为这种统一体是实际的所有者，并且是公共财产的真正前提，所以统一体本身能够表现为一种凌驾于这许多实际的单个共同体之上的特殊东西，而在这些单个的共同体中，每一个单个的人在事实上失去了财产，或者说财产对他来说是间接的。"⑤但需要特别强调的是，马克思在晚年认真研究了人类古代公社发展的历史，并改变了自己最初对这一

①《马克思恩格斯全集》第 46 卷第 1 册，北京：人民出版社，1979 年，第 472 页。
②《马克思恩格斯全集》第 46 卷第 1 册，北京：人民出版社，1979 年，第 472 页。
③《马克思恩格斯全集》第 46 卷第 1 册，北京：人民出版社，1979 年，第 473 页。
④《马克思恩格斯全集》第 46 卷第 1 册，北京：人民出版社，1979 年，第 473 页。
⑤《马克思恩格斯全集》第 46 卷第 1 册，北京：人民出版社，1979 年，第 473 页。

问题的观点。马克思认为在原始社会公有制条件下，也客观存在着多种形式的私有制关系。

资本主义矛盾运动及社会主义理想。人类社会发展到资本主义阶段，与原始社会、封建社会相比，进入了一个更高级的发达社会。按照正常理解，在资本主义社会里，人的个性和自由应该得到了解放。但令人遗憾的是，实际情况和理想状态大相径庭。资产阶级法律看似尊重平等自由，实质上仅仅维护少数资本家的权利。马克思恩格斯明确指出，要消除资本主义这种虚假的自由和平等，消除物对人的统治。在此基础上，马克思恩格斯提出了制定社会主义性质法律的基本道路和必然要求。马克思恩格斯客观分析了敌我力量的对比，无产阶级要打破资本主义国家旧机器，建立和制定社会主义性质的国家和法律，仅仅凭借无产阶级的精神意志是远远不够的，而必须要仰仗于社会经济关系的发展以实现无产阶级力量的壮大与联合。马克思认为，在 17—18 世纪资本主义逐渐发展壮大，必然要求废除封建财产关系，因为财产问题是资产阶级最关心的问题，因为这些封建财产关系在 16—18 世纪中变成工业发展的桎梏；19 世纪，工人阶级不断发展壮大，必然要求废除资本主义财产关系，财产问题是工人阶级最关心的问题。沿着这个历史路径，马克思提出了以废除私有财产为目的的无产阶级革命。无论在哪个时期、哪个发展阶段，财产问题永远都是和特定的阶级利益紧密地联系在一起的。由此可见，马克思所有权理论总是与无产阶级的实际斗争相联系。

第三节　马克思为社会主义理想所从事的实践活动

恩格斯也曾经说过："马克思是一名科学巨匠，但他首先是一名革命者。"尽管马克思的一生理论成果卓著，为无产阶级的解放贡献了批判的武器，但正像他自己所说"批判的武器不能代替武器的批判"。马克思一生从事艰苦的理论创作，从来也没有放弃为无产阶级的解放从事的革命实践活动。马克思不同于普通学者，作为革命家一生投入政治斗争中为无产阶级争得权利。马克思是一名真正的科学巨匠和革命家，终其一生为无产阶级解放事业进行着不懈的奋斗。

5.3.1 早年立志为人类的幸福解放而斗争

在 19 世纪 30 年代，德国正处于威廉三世的封建统治之下，而此时的资产阶级、小资产阶级十分软弱，群众斗争不断遭到残酷镇压，劳苦大众生活在水深火热之中。此时的青年马克思就发表了《青年在选择职业时的考虑》一文，表达了自己为劳苦大众幸福而斗争的理想目标。他写道："如果我们选择了最能为人类福利而劳动的职业，那么重担就不能把我们压倒，因为这是为大家而献身；那时我们所感到的就不是可怜的、有限的、自私的乐趣，我们的幸福将属于千百万人，我们的事业将默默地但是永恒发挥作用地存在下去，而面对我们的骨灰，高尚的人们将洒下热泪。"[1]马克思说到做到，其光辉的一生正是为人类服务的一生，他将毕生精力全部投入革命的实践活动，"斗争是他得心应手的事，而他进行斗争的热烈、顽强和卓有成效，是很少见的"[2]。革命导师在斗争中逐渐成长起来，从此工人阶级的斗争和解放事业开始孕育希望了。

1838 年，20 岁的马克思参加了青年黑格尔派的博士俱乐部。参加俱乐部之后，他积极参加青年黑格尔派批判封建专制制度和反对宗教的斗争，并认真研读黑格尔的自然哲学，发现了黑格尔哲学的宝藏，即"辩证法"，并决心紧紧抓牢"辩证法"，"在那儿我找到了表达的语言，就紧抓到底"。[3]马克思发现的黑格尔的辩证法为后来马克思革命斗争理论烙上了批判性与革命性的鲜明特征。马克思在这段时间发表了许多诗词："面对着这个奸诈的世界，我会毫不留情地挑战……我的每一句话都是行动，我是尘世生活的造物主。"为了研究古典哲学与现实社会的关系，1841 年春马克思完成了题为《德谟克利特的自然哲学和伊壁鸠鲁自然哲学的差别》的博士论文。在博士论文中，马克思对古希腊唯物主义思想家的革命和战斗精神给予充分的肯定和评价，并深入研究了黑格尔的辩证法思想及革命意义，正如梅林对马克思博士论文的评价："他精通辩证法，其语言表现出黑格尔所特有的活力。"个时期，马克思就已经是一个了不起的人，投身于争取真理的斗争，表现出极强的知欲和无穷的精力，以及无情的自我批评精神和那种只要情感迷失方向就能压倒情感的战斗精神。博士论文对于马克思未来的革命道路和斗争实践有着极为重

---

① 《马克思恩格斯全集》第 40 卷，北京：人民出版社，1982 年，第 7 页。
② 《马克思恩格斯全集》第 19 卷，北京：人民出版社，1963 年，375 页。
③ 《马克思恩格斯全集》第 40 卷，北京：人民出版社，1982 年，第 651 页。

要的影响。

为反对当时封建专制统治的书报检查制度，1842 年，马克思写成了第一篇政论文章《评普鲁士最近的书报检查令》，马克思揭露了书报检查令是以维护封建专制统治和反对出版自由为目的的本质，揭露了这个书报检查令的虚伪性和欺骗性。在随后的《莱茵报》上，马克思又发表了题为《第六届莱茵省议会的辩论》的文章。在这篇文章中，马克思除了批判当时封建专制制度对出版自由的反对，同时还揭露了资产阶级支持出版自由的虚伪性，认为资产阶级是为了纯粹的物质利益，并不是为了真正的出版自由，这是马克思思想观点进步的重要表现。同年，马克思发表了《第六届莱茵省议会的辩论（第三篇论文）》，评论了省议会关于林木盗窃法的辩论，连同随后发表的《摩赛尔记者的辩护》，马克思公开捍卫在政治、经济、社会等各方面受剥削和压迫的劳苦大众的利益。但是，在经历了一段社会实践与司法事实后，马克思已经开始从人们的经济实力、经济地位来研究这些社会现象，同时看到了国家和法律不过是私有者维护私有制的工具而已，并对国家、法律及物质利益的理解更加深刻了，这也就推动马克思的研究视域从哲学、宗教到经济问题研究的转向。至此，马克思的第一次政治斗争宣告结束。从这段时期的政治斗争实践中，马克思越来越理解"人们奋斗所争取的一切，都同他们的利益攸关"。像出版自由、林木盗窃等所有问题，表面看与物质利益没有直接关系，但实质上，面对这一切问题，不同阶级表现出的不尽相同的立场和观点都是和自身的物质利益息息相关的。正如恩格斯所说，"不止一次地听到马克思说，正是他对林木盗窃和摩赛尔河地区农民处境的研究，推动他由纯政治转向研究经济关系，并从而走向社会主义"。[①]自此，马克思开始了哲学家独特政治经济学研究之路。当时，马克思的革命品质和战斗精神已经让他声名远播，正如当时最著名的德国民主主义者赫斯曾经说道，马克思以自己的才智，结合最深刻的哲学严肃性，给中世纪的宗教和政治以最后的打击。

5.3.2 在巴黎积极投身于工人阶级的斗争中

1843 年 10 月底，马克思和夫人燕妮一起来到了巴黎。巴黎在当时是世界革命运动的中心，也是社会主义思想的发源地，来到巴黎后不久，马克思迅速与德法工人群众和工人组织建立了联系，走上了与工人运动相结合的革

---

① 《马克思恩格斯全集》第 39 卷第 1 册，北京：人民出版社，1974 年，第 446 页。

命道路。他积极投身于工人阶级的斗争，积极参加工人集会和工人秘密团体的活动。通过这些，马克思认识到在资本主义制度下"工人的贫困不是个别的现象，而是普遍的现象"，[①]而且这种贫困"既在时间上周期性地重复着，又在空间上广泛地扩展着，而且根本无法消除"。[②]马克思不仅看到了贫困的无产阶级所具有的强烈的革命意愿，也看到了工人阶级优秀的品质。在1844年的《神圣家族》中，马克思高度赞扬了无产阶级的高尚品质，指出我们"必须知道英法两国工人对科学的向往、对知识的渴望、他们的道德力量和他们对自己发展的不倦的要求"。[③]正是因为如此，马克思认识到了无产阶级的伟大使命，找到了社会主义革命的中坚力量。

1844年2月《德法年鉴》出版了第一、二期的合刊号，也是唯一的一次出版，马克思在其出版的《〈黑格尔法哲学批判〉导言》中指出，"解放的头脑是哲学，它的心脏是无产阶级"。除了《〈黑格尔法哲学批判〉导言》，马克思还发表了给卢格的三封信和《论犹太人问题》。恩格斯则发表了《政治经济学批判大纲》和《英国的状况》。这次出版第一次让马克思和恩格斯的名字共同出现在一起，这两位伟大革命导师的共同事业也随之共同开始了。马克思在给卢格的信中强调，新的刊物不是树立教条主义的旗帜，而是研究社会发展的规律和政治斗争的经验，在批判旧世界中创造新世界，必须把理论批判和政治批判结合起来，同明确的政治立场结合起来，也就是同实际斗争结合起来。马克思在《论犹太人的问题》中，探讨了政治解放和人类解放的问题。政治解放是资产阶级革命，使国家从中世纪的宗教束缚中解放出来，但是政治解放不等于人类解放，政治解放只是废除了人们在政治上的不平等，但没有废除人们在社会上的不平等，只有通过无产阶级的社会主义革命，消灭私有制，才能使人们"从经商牟利和金钱中解放出来"[④]，只有这样，虚假的政治平等和阶级剥削的本质才能消失。

马克思在《〈黑格尔法哲学批判〉导言》中除了认识到无产阶级是实现人类解放的阶级力量，还深刻论述了物质条件和精神条件在无产阶级革命中的重要作用。物质的力量，即武器的批判在无产阶级革命中起决定作用，但是革命的理论也意义重大，"批判的武器当然不能代替武器的批判，物质力量只

---

① 《马克思恩格斯全集》第2版第12卷，北京：人民出版社，1998年版，第472页。
② 《马克思恩格斯全集》第2版第12卷，北京：人民出版社，1998年版，第474页。
③ 《马克思恩格斯全集》第2卷，北京：人民出版社，1957年，第107页。
④ 《马克思恩格斯文集》第1卷，北京：人民出版社，2009年，第49页。

能用物质力量来摧毁，但是理论一经掌握群众，也会变成物质力量"①。所以，马克思要求把先进哲学和无产阶级结合起来，"哲学把无产阶级当作自己的物质武器，同样的，无产阶级也把哲学当作自己的精神武器"②。只有这样，哲学才能发挥其真正的革命作用，无产阶级也才能在哲学指导下完成自己的历史使命。通过《德法年鉴》上的文章，马克思已经从唯心主义者转变成唯物主义者，从革命民主主义转变成共产主义。我们可以说，马克思已经成长为一名共产主义革命家了。

1844 年注定是不平凡的一年。《德法年鉴》停刊后，马克思再一次回到了书房，开始研究法国革命史、英法两国的空想社会主义及资产阶级古典政治经济学。特别是对政治经济学的研究，马克思阅读了资产阶级古典经济学的主要代表亚当·斯密的《国富论》和大卫·李嘉图的《政治经济学及赋税原理》等，做了大量的笔记和摘录，就是现在的《巴黎笔记》，以此为基础，马克思写成了《1844 年经济学哲学手稿》。在其中，马克思指出，现有的政治经济学"没有给我们提供一把理解劳动和资本分离及资本和土地分离的根源的钥匙"③。马克思认为必须从现实的经济关系出发，尤其是资本主义私有制出发深入探讨异化问题。马克思的经济理论从此书开始生根发芽。同年 8 月，马克思和恩格斯第一次相见，两位志同道合、相见恨晚的革命导师开始第一次合著——《神圣家族》，开始了对青年黑格尔派的清算，这一行动是马克思恩格斯在这一时期重要的政治斗争的内容。在《神圣家族》中，马克思恩格斯鲜明地批评了青年黑格尔派思辨哲学的抽象说教，指出只有坚持进行革命的实践活动才能够摆脱资本主义的枷锁和桎梏，才能真正改变现实的世界，正如他们所论述的，"要想站起来，仅仅在思想中站起来，而现实的、感性的、用任何观念都不能解脱的那种枷锁依然套在现实的、感性的头上，那是不行的"。④当年，在德国爆发了西里西亚纺织工人起义。马克思为了揭露资本主义制度的罪恶，澄清起义的原因、性质和意义，在《前进报》上发表了《评"普鲁士人"的〈普鲁士国王和社会改革〉》一文，积极宣传马克思逐渐形成的共产主义观点，使《前进报》成为有名的进步报刊，并聚集了一批共产主义革命者。但是马克思的革命活动遭到反动政府的破坏，《前进报》

---

① 《马克思恩格斯文集》第 1 卷，北京：人民出版社，2009 年，第 11 页。
② 《马克思恩格斯文集》第 1 卷，北京：人民出版社，2009 年，第 17 页。
③ 《马克思恩格斯文集》第 1 卷，北京：人民出版社，2009 年，第 155 页。
④ 《马克思恩格斯文集》第 1 卷，北京：人民出版社，2009 年，第 288 页。

也很快被停刊。至此，马克思被迫离开了巴黎。

5.3.3 马克思恩格斯开始组建革命组织

马克思离开巴黎移居布鲁塞尔，继续从事革命活动。1845 年春天，万物复苏，马克思完成了短小精悍的《关于费尔巴哈的提纲》，强调了革命的实践不仅是要认识世界，更重要的是改变世界。"作为包含着新世界观天才萌芽的第一个文件"诞生了。在随后的几年里，马克思在不遗余力地继续对政治经济学展开研究的同时，开始致力于无产阶级的组织和联合工作。正如恩格斯所说："要使无产阶级在决定关头强大到足以取得胜利，无产阶级就必须：组成一个不同于其他所有政党并与它们对立的特殊政党，一个自觉的阶级政党。"①必须从思想上、理论上和组织上做好充分的准备。1846 年初在布鲁塞尔，在马克思恩格斯的努力下终于建立了无产阶级的第一个组织——共产主义通讯委员会。这是一个具有国际性质的无产阶级组织。建立这个组织的目的是加强各国共产主义和工人组织之间的联系，批判各种虚假的社会主义，使工人运动更有组织性和理论指导，培养革命的中坚力量，为创建真正的无产阶级政党做好准备。

马克思、恩格斯通过委员会对各国的工人和民主运动给与指导和建议，阐述科学社会主义的基本原理，教育和鼓舞了各国工人阶级的思想觉悟，还培养了一大批积极投身于无产阶级解放事业的共产主义战士。除此之外，马克思对形形色色虚假的社会主义展开批判，尤其批判了魏特林平均共产主义。魏特林不顾德国现实的革命条件，主张直接进行共产主义革命，反对无产阶级支持和参加资产阶级革命。但是当时德国的主要矛盾是封建统治和广大人民群众的矛盾，只有通过资产阶级革命推翻封建专制，在此基础上才能够实现社会主义革命，马克思恩格斯反复强调这一点。1846 年夏，马克思恩格斯合写的《德意志意识形态》对"真正的社会主义"进行了全面系统深入的批判。他们批判了"真正的社会主义"反对资产阶级革命、维护封建专制统治的谬论；批判了"真正社会主义"反对阶级斗争、宣扬阶级调和的论调；批判了"真正的社会主义"反对暴力革命的观点，指出只有通过无产阶级的暴力革命才能推翻资产阶级的统治；批判了"真正社会主义"狭隘的民族观和人道主义观点。与此同时，他们还批判了蒲鲁东主义。1846 年，蒲鲁东出版

---

① 《马克思恩格斯全集》第 37 卷，北京：人民出版社，1971 年，第 321 页。

了《贫困的哲学》，试图从政治经济学方面批判和拯救资本主义。但是由于其小资产阶级的阶级立场，出现了很多错误的观点。马克思、恩格斯曾经说过，"整个蒲鲁东主义首先是反对共产主义的一场论战"[①]，"是想从理论上拯救资产阶级的最后尝试"[②]。不久，马克思写成了《哲学的贫困——答蒲鲁东先生〈贫困的哲学〉》，对蒲鲁东的错误思想观点进行了严肃的批判。

1846年，马克思恩格斯加入了正义者同盟，并提出了召开共产主义者代表大会的建议，得到了同盟领导人的热烈响应。1847年，大会顺利召开，大会把正义者同盟改为共产主义者同盟，以共产主义者同盟第一次代表大会载入史册。大会通过了恩格斯和沃尔夫起草的新章程，规定同盟的目的为：通过传播财产公有的理论并尽快地求其实现，使人类得到解放。这一规定确立了同盟的斗争方向，确定了无产阶级消灭私有制，实现公有制和人类解放的伟大理想。大会用"全世界无产者，联合起来！"的新口号代替原来的阶级意识模糊的"人人皆兄弟"的旧口号。同时还确立了民主集中制的组织原则，讨论了《共产主义信条草案》。共产主义者同盟的成立向世界宣告："我们代表着一个伟大壮丽的事业。我们正宣布历史上最伟大的变革。"为了更好地巩固大会成果，扩大共产主义者同盟的影响，1847年，马克思成立了共产主义者同盟布鲁塞尔支部和区部。同时，马克思积极争取《德意志—布鲁塞尔报》，通过为其撰稿，积极宣传共产主义理论和无产阶级革命斗争的任务和策略。

1847年8月底，马克思在布鲁塞尔成立了德意志工人教育协会，对工人阶级进行共产主义教育，提高工人阶级的理论水平和实践能力。需要特别强调的是，马克思在协会作了一系列关于政治经济学的演讲。这些内容后来成为《雇佣劳动与资本》这部经典著作。这部以教育工人阶级为目的的政治经济学著作，以通俗易懂的形式揭示了"雇佣劳动与资本的关系、工人的奴役地位、资本家的统治"。[③]对无产阶级更加深刻认识资产阶级的剥削本质具有极为重要的意义，成为无产阶级反对资产阶级强大的思想武器。这部著作和马克思其他早期作品一样，有些观点和论述并不很成熟，没有把劳动和劳动力区别开来。但是，马克思已经发现了剩余价值的来源，发现了资产阶级对剩余价值的剥削本质。这虽然不是马克思成熟科学的剩余价值理论，但是这为后来剩余价值理论的完全确立奠定了基础。1847年秋，马克思积极参加和

---

① 《马克思恩格斯文集》第10卷，北京：人民出版社，2009年，第89页。
② 《马克思恩格斯文集》第10卷，北京：人民出版社，2009年，第93页。
③ 《马克思恩格斯文集》第10卷，北京：人民出版社，2009年，第712页。

领导布鲁塞尔民主协会，团结小资产阶级民主派。在这个协会，马克思恩格斯做了两件非常重要的事情：第一，在布鲁塞尔，民主协会会议上作了《关于自由贸易的演说》，驳斥了自由贸易者的谎言，揭露了自由贸易对工人阶级的压榨和剥削的本质。同时，在革命意义上，无产阶级并不反对自由贸易，因为自由贸易加速了社会革命的进程。第二，和海因岑的论战。恩格斯的《共产主义者和卡尔·海因岑》和马克思的《道德化的批评和批判的道德》，两位导师批判了德国小资产阶级的狭隘性和不彻底的民主主义，同时捍卫了科学共产主义的原则。

　　1847 年 11 月 29 日至 12 月 8 日，共产主义同盟第二次代表大会在伦敦举行，马克思恩格斯出席大会。大会通过了同盟新章程。新章程第一条以更加准确的文字表达了同盟的目的："推翻资产阶级政权，建立无产阶级统治，消灭旧的以阶级对抗为基础的资产阶级社会和建立没有阶级、没有私有制的新社会。"①大会最重要的成果是完全接受了马克思恩格斯所阐述的科学社会主义学说，并委托他们起草一个公开的完备的理论和实践纲领，即《共产党宣言》。1848 年《共产党宣言》公开发表，第一次系统阐发了马克思主义，论证了社会主义替代资本主义的历史必然性，系统阐述了科学社会主义的一般原理，划清了科学社会主义和其他社会主义流派的界限，为全世界无产阶级和劳动群众争取自由解放提供了强大思想武器。"全世界无产者，联合起来！"共产主义的伟大理想就能实现。

　　1848 年—1849 年，欧洲各国爆发了轰轰烈烈的资产阶级民主革命运动。由于比利时政府的政治迫害，马克思离开布鲁塞尔回到巴黎。1948 年 3 月，共产主义者同盟中央委员会授权马克思把中央委员会迁往巴黎，并成立新的中央委员会，马克思当选主席，恩格斯等当选委员。根据当时德国的革命形势，马克思恩格斯发表了《共产党在德国的要求》一文，述说了德国无产阶级在资产阶级革命中的具体政治、经济要求，得到了人民群众的热烈拥护。他们还在巴黎成立德国工人俱乐部，通过演说说服工人不要参加义勇军团，这在德国革命中起了很大作用，拯救了很多工人免于失败。同年，马克思恩格斯一起回到德国，直接参加和领导德国革命运动。克服了种种苦难之后，马克思恩格斯创办了《新莱茵报》。作为革命工人政党的机关报，其鲜明的革命立场在群众中产生了广泛的影响，得到了人们的普遍在赞扬和支持。这个

---

① 《马克思恩格斯全集》第 4 卷，北京：人民出版社，1958 年，第 572 页。

时期的《新莱茵报》编辑部实际上就是共产主义者同盟的领导和组织核心。与此同时，马克思回国参加了科伦民主协会，这是马克思在革命实践中，坚决贯彻无产阶级斗争策略原则的重要表现。马克思直接领导下的民主派的行动，树立了很好的榜样，鼓舞了人民的革命斗志。但柏林三月革命后，资产阶级上台并很快与封建反动势力相勾结，在《新莱茵报》上，马克思对其进行了深刻的揭露和批判。

1848 年，巴黎爆发了工人阶级反对资产阶级的武装起义，虽然最终被镇压，但是马克思高举巴黎工人的革命旗帜并向英勇的巴黎工人阶级致敬，其在《新莱茵报》上发表了《六月革命》一文，真挚地表达了对无产阶级的观点和情感。马克思还表示六月革命的灵魂就是《新莱茵报》的灵魂。在《新莱茵报》期间，马克思恩格斯发表了一系列文章，批判欧洲各国的反动势力，支持各国的革命运动。马克思的革命行动，引起了普鲁士政府的恐慌，多次将马克思交付法庭进行审判，最终用滑稽卑鄙的手段迫使马克思离开德国，《新莱茵报》被迫停刊。1849 年 5 月 19 日，《新莱茵报》用红色油墨出版了最后一号，在编辑部《致科伦工人的告别信》中写道："无论何时何地，他们的最后一句话始终将是：工人阶级的解放。"[①]青年时代的马克思从一名学生成长为全世界工人运动的领袖，其革命家和科学家的形象在人类解放的历史长河中熠熠生辉。

1948 月马克思从巴黎到达伦敦直到生命结束。马克思在伦敦定居下来后，立即着手恢复共产主义者同盟组织，重新建立了同盟中央委员会为未来聚集革命力量。在伦敦，马克思加入德国工人教育协会，在协会办了一个学习班，讲授政治经济学原理和《共产党宣言》的主要内容，对工人阶级进行科学社会主义的教育。马克思积极参加由同盟领导的《伦敦德国流亡者救济委员会》的工作，还先后与英国宪章派、法国布朗基派和匈牙利最进步的流亡者政党建立联系，提高他们的思想水平，继续扩大同盟的国际影响力。1950年 3 月，马克思、恩格斯起草了《中央委员会告共产主义者同盟书》，这一文件深刻分析了当前的革命形势和斗争策略，统一了成员的思想，提高了成员的觉悟，尤其是强调资本主义经济已经进入了繁盛时期，新的革命暂时不能发生，无产阶级政党的任务是不是立即迎接革命，而是进行长期的组织和宣传工作，为未来革命准备条件。

[①]《马克思恩格斯全集》第 6 卷，北京：人民出版社，1961 年，第 619 页。

　　马克思到达伦敦后，创办了《新莱茵报——政治经济评论》。马克思在此发表的《1848 年至 1850 年的法兰西阶级斗争》，在这部著作中，马克思指出法国革命虽然失败了，但是这次革命具有重大的意义。通过法国革命，阐述了无产阶级与资产阶级根本对立的阶级地位和历史作用，进一步强调了阶级斗争的重要意义。他还提出了工农联盟的思想，认为工农联盟是战胜资本主义的基础。马克思还提出了无产阶级社会经济改造方面的历史任务，提出了生产资料归社会占有的观点，这是马克思从一定经济状况来说明一定历史发展的初次尝试，把政治事件归咎于经济原因的作用具有重要的意义。需要特别指出的是，在这部著作中，马克思第一次提出了无产阶级专政的概念，并提出了一个大胆的革命战斗的口号："原先无产阶级想要强迫二月共和国予以满足的要求……就由一个大胆的革命战斗口号取而代之，这个口号就是：推翻资产阶级！工人阶级专政！"[①]在这部著作中，马克思不仅论证了无产阶级专政理论，而且还用这个理论武装工人政党，使之成为无产阶级的行动纲领。1850 年 4 月，马克思恩格斯一起签署建立世界革命共产主义者协会议定书，宣布"协会的宗旨是推翻一切特权阶级，使这些阶级受无产阶级专政的统治，为此采取的办法是支持不断的革命，直到人类社会制度的最后形式——共产主义得到实现为止"。[②]恩格斯也发表了《德国维护帝国宪法运动》和《德国农民战争》。在《德国维护帝国宪法运动》中，恩格斯分析了运动发生的原因和各阶级政党在运动中的作用、立场，阐明了武装起义的重要意义，并抨击了运动中小资产阶级民主派的妥协动摇、出卖革命的行径。在《德国农民战争》中，恩格斯在唯物史观指导下，分析了德国历史上的宗教改革和农民战争的社会经济根源，说明任何社会革命的发生都不是偶然的，而是由一定的社会经济原因引起的。

　　在到达伦敦的初期，马克思、恩格斯还与不同形式的反革命运动展开了坚决的斗争。在同盟逐渐恢复和发展的时候，同盟内部出现了以维利希—沙佩尔为首的分裂主义集团，进行反对马克思恩格斯的阴谋活动。他们大搞宗派活动，分裂同盟组织，还不顾革命条件不成熟的实际，硬要掀起革命高潮。马克思恩格斯针对这一系列的错误行动和论调展开了严厉的批判。历史也证明了马克思恩格斯对形势的判断和策略是正确的，沙佩尔集团的活动是完全

　　①《马克思恩格斯文集》第 2 卷，北京：人民出版社，2009 年，第 103-104 页。
　　②《马克思恩格斯全集》第 7 卷，北京：人民出版社，1959 年，第 605 页。

错误的。马克思恩格斯写成了《流亡中大人物》，对德国小资产阶级流亡者进行了无情的揭露和批判，巩固了无产阶级革命组织，捍卫了正确的革命斗争策略。1851 年—1852 年普鲁士反动政府制造了科伦共产党人案，对马克思、恩格斯和其他共产党人进行政治迫害。为了彻底揭露普鲁士政府的阴谋和嘴脸，马克思在 1852 年底写成了《揭露科伦共产党人案件》，再一次阐述了无产阶级政党的性质和任务，给反动政府造成了沉重的打击。但是，通过科伦共产党人案件，马克思已经意识到在当前的形势下，同盟已经完成了自己的历史使命，工人运动需要一个更加成熟有力的无产阶级组织，同盟自行解散了。共产主义者同盟虽然解散了，但是它培养了一大批坚定的无产阶级革命领导人，同盟的纲领——《共产党宣言》成为全世界的无产阶级的共同纲领，它"全世界无产者，联合起来！"的口号成为全世界无产阶级共同奋斗的宣言。还需要专门指出的是在伦敦，马克思一如既往地坚持着为了共产主义事业的斗争，但是马克思却面临着极大的贫困与饥饿的困境，身体饱受病魔，甚至生命受到死亡的威胁。但是，马克思是乐观的，对革命的前途充满了乐观主义精神，无论面对多大的艰难险阻，都无法阻止他的革命工作。

5.3.4 马克思在写作《资本论》过程中所从事的革命实践活动

马克思在从事革命斗争的同时，坚持进行着艰苦的理论研究工作。在研究了大量而广泛的前人研究成果后，马克思逐渐认识到，无论是古典经济学，还是庸俗经济学，都是服务于资产阶级统治的，都是为了维护资产阶级的统治，其全部的秘密"不过就在于把一个特定的历史时期独有的、适应当时物质生产水平的暂时的社会关系，变为永恒的、普遍的、不可动摇的规律"。所以，创立无产阶级政治经济学，阐明资本主义生产方式的历史过渡性，是进行无产阶级革命刻不容缓的任务。

从 1850 年开始直到 1867 年《资本论》第一卷在德国汉堡出版，这十几年的时间是马克思研究政治经济学的决定性阶段，正是在这段时间，马克思撰写了浩瀚的《资本论》及其手稿，创立了成熟、完整的剩余价值理论，完成了他一生中的第二个重要发现，也科学证明了马克思的第一个伟大发现——唯物史观。正如梅林所说："在那些年里，马克思不但远离一切政治上的联系，而且几乎是远离整个社会生活的。他完全埋头于研究工作，偶尔放下书本也只是为了同家里人在一起聚聚"。在《巴黎笔记》的基础上先后完成了《〈政治经济学批判〉导言》（1857—1858 年手稿）、《政治经济学批判》

（1861—1863 年手稿）和《政治经济学批判》（1863—1865 年手稿），为《资本论》一卷的出版作了充分的准备。尽管马克思认为自己的经济学理论研究比参加任何组织和活动对工人阶级更有裨益，但在此期间马克思也没有停止为工人阶级解放进行政治活动。1864 年，在伦敦圣马丁堂举行了第一国际的成立大会。大会选出了由各国代表参加的中央委员会，马克思当选为中央委员会委员，后来改名为总委员会，马克思亲自起草《成立宣言》和《临时章程》。这两份文件继续坚持了在《共产党宣言》中阐述的无产阶级的革命原则，论述了无产阶级的历史使命和根本目标。同时，还指出了国际工人协会的目的就是要把各国分散的工人运动联合起来，争取工人阶级的彻底解放，再次发出了"全世界无产者，联合起来！"的伟大号召。

马克思在领导第一国际的活动中，对工人阶级进行科学共产主义的教育，把提高工人阶级的思想觉悟和理论水平当作重要任务。他经常在总委员会中作报告，例如，1865 年 6 月，马克思在总委员会全体会议上作了《工资、价格和利润》的演讲，阐述了剩余价值理论的内容，揭露了资本主义剥削的秘密。在第一国际创始阶段，马克思还同蒲鲁东主义者和拉萨尔主义者进行了坚决的斗争，以消除错误思想对国际工人运动的影响。1867 年《资本论》一卷出版后，遭到资产阶级和小资产阶级的攻击，为了维护《资本论》的科学性，尤其为了回击杜林对马克思主义的进攻，恩格斯从 1876 年 5 月开始准备到 1878 年 6 月完成，历时两年的时间，恩格斯写成了著名的《反杜林论》。《反杜林论》总结了无产阶级革命的经验，第一次系统阐述了马克思主义的三个组成部分——哲学、政治经济学、科学社会主义及相互联系。批判了杜林唯心主义先验论和形而上学的观点，批判了杜林夸大暴力的作用、否定经济的决定作用等谬论，有力地维护了《资本论》的革命性与科学性，促使德国社会主义工人党摆脱了杜林思想的消极影响，推动了国际工人运动的健康发展。因此，列宁评价这部著作"是一部内容十分丰富、十分有益的书"[1]，"同《共产党宣言》一样，都是每个觉悟工人必读的书籍"[2]。

1867 年 9 月，在洛桑举行的第一国际第二次代表大会，以及随后举行的第三次代表大会，马克思虽然没有出席大会，但是却为大会作了充分的准备，马克思赞扬了不断壮大的无产阶级的斗争精神，坚决反对资产阶级对工人阶

---

① 《列宁选集》第 1 卷，北京：人民出版社，2012 年，第 94 页。
② 《列宁选集》第 2 卷，北京：人民出版社，2012 年，第 310 页。

级的污蔑和迫害，强调"国际工人协会不容许离开正确的道路"。在大会上，继续反对蒲鲁东主义者坚持的土地私有制的观点，坚持罢工是工人阶级解放的必要手段。这次大会还有一个特别的决议，号召工人学习马克思的《资本论》，这极大促进了工人阶级的思想觉悟和理论水平的提高。马克思恩格斯十分重视波兰和爱尔兰的民族解放运动。1867 年 1 月 29 日，国际工人协会总委员会和波兰流亡者联合会伦敦支部共同组织纪念波兰起义的群众大会。马克思在会上做了重要讲话，分析了波兰问题和欧洲革命的关系，高度赞扬了波兰人民的斗争和反抗精神。第一国际期间，正是爱尔兰解放运动如火如荼的时候，马克思领导国际工人协会总委员会大力支持爱尔兰的民族解放运动。1869 年，马克思亲自参加伦敦工人的示威游行，反对英国格莱斯顿政府对被捕芬尼亚党人的残酷迫害，坚决支持爱尔兰人民的正义要求。1870 年 4 月，马克思在总委员会上建议断绝与工联主义分子的一切联系，会议通过了马克思的建议并通知国际各国支部，这沉重打击了工联主义分子的错误路线。帮助了爱尔兰工人阶级的成长和壮大。

1870 年 7 月 19 日，路易·波拿巴向普鲁士宣战，普法战争爆发。战争爆发后不久，第一国际总委员会通过了马克思起草的《国际工人协会总委员会关于普法战争的第一篇宣言》，分析了战争的原因、性质和命运，号召无产阶级团结战斗，创造有利于无产阶级的条件以实现德国的统一，马克思恩格斯提出了具体的策略和任务。1871 年 3 月 18 日，法国巴黎的无产阶级和人民群众举行了武装起义，创立了巴黎公社。巴黎公社是无产阶级推翻资产阶级政权、建立无产阶级专政的第一次伟大尝试。马克思领导的第一国际为巴黎公社提供了理论和组织上的准备。5 月 30 日，马克思向总委员会宣读他所写的关于巴黎公社的宣言，即《法兰西内战》，并得到总委员会的一致通过。在这部著作中，马克思强烈支持巴黎工人的伟大创举，高度赞扬巴黎工人大无畏的革命精神，并根据巴黎公社的经验，得出了"工人阶级不能简单地掌握现成的国家机器，并运用它来表达自己的目的"[1]的结论，从实际出发，丰富和发展了马克思主义无产阶级专政理论。

为了搞垮国际工人协会，资产阶级不断渗透进入。马克思恩格斯在领导国际人协会的过程中，坚决抵制机会主义思潮，同机会主义进行了长期而坚决的斗争，揭露和批判拉萨尔主义和巴枯宁主义，使各国无产阶级运动能够

---

① 《马克思恩格斯全集》第 17 卷，北京：人民出版社，1963 年，第 355 页。

沿着正确的路线前进，也巩固和发展了国际工人协会。在第一国际成立之前的 1863 年，马克思就已经与拉萨尔决裂了，因为拉萨尔顽固坚持自己的机会主义观点，并且暗中勾结俾斯麦，出卖工人阶级。第一国际成立后的创始阶段，马克思进一步反对拉萨尔主义分子，特别是与拉萨尔主义分子施韦泽的彻底决裂。在 1875 年，马克思写成了《哥达纲领批判》一书，对拉萨尔的经济、政治等方方面面进行了彻底无情的揭露与批判，除了对拉萨尔主义的彻底批判，在这部著作中，马克思还阐发了过渡时期理论，即从资本主义到达共产主义的过程中，必然要经历一个过渡时期，这个时期在政治上就是无产阶级的革命专政。马克思还提出了共产主义社会发展的两个阶段及其特征的理论，即按劳分配的社会主义阶段和按需分配的共产主义阶段，科学地说明和阐述了一个由低级向高级发展的过程，这个过程是由生产力发展的客观规律决定的。

在第一国际的后半期，马克思恩格斯与机会主义思潮的斗争主要是对巴枯宁无政府主义的批判。第一国际成立后不久，巴枯宁以"革命者"的面目加入了第一国际。巴枯宁加入第一国际的目的是企图用自己的机会主义和无政府主义代替第一国际的章程，企图窃取国际的领导权，把国际变成自己政治野心工具。巴塞尔大会是第一国际繁盛时期举行的大会，得到了各国工人阶级广泛的认可和拥护。巴塞尔大会沉重打击了巴枯宁主义，但是巴枯宁主义分子并未就此停歇，而是开始了更为猖獗的反动行动。马克思与巴枯宁主义的斗争进一步深化。巴塞尔大会以后，国际上发生了很多重大事件。随着普法战争的爆发、巴黎公社及其失败，第一国际决定举行第二次伦敦代表大会。1871 年 9 月 17 日，国际第二次伦敦代表大会举行，马克思恩格斯出席会议，并做了重要发言，详细论述了巴黎公社综合情况和国际目前的处境。大会通过了马克思恩格斯起草的《关于工人阶级的政治行动》的决议，彻底批判了巴枯宁主义所谓放弃政治和无政府的谬论。1872 年 9 月，国际工人协会海牙大会举行，在这次会议上，马克思恩格斯彻底清算了巴枯宁主义，巴枯宁等被第一国际开除，马克思主义取得了对巴枯宁主义的最终胜利。在 1872 年 9 月的海牙代表大会上，历时五年的斗争以无政府主义者被开除出第一国际而告结束。最主张开除无政府主义者的人就是马克思。巴黎公社之后，第一国际的形式已经不能满足各国工人阶级斗争的需要了，而且这种过时的组织形式容易被类似于巴枯宁无政府主义分子和其他机会主义者所利用，从而对各国工人运动和无产阶级政党的建立产生破坏性影响。马克思恩格斯在分析了实际情况后,于 1873 年 4 月,马克思写信给纽约总委员会总书记佐尔格说:"我认为,从欧洲的形势来看,暂时让国际这一形式上的组织退到后台去,是绝对有利的。"①继 1843 年《莱茵报》被查封,马克思曾经短暂回到书房,整整 30 年后,马克思再一次回到了书房,而这一次回归直至生命的结束。

1873—1883 年这十年,马克思的身体每况愈下,巴黎公社的失败也加剧了他的病情。但是,马克思是真正的共产主义革命导师,他依旧关心着各国的工人运动和无产阶级政党的建立,依旧与错误的社会主义思潮作斗争。1875年的《哥达纲领批判》,马克思批判了拉萨尔主义;1879 年 9 月 17—18 日,马克思和恩格斯联名给倍倍儿、李卜克内西、白拉克等人写了一封通告信,严厉批评德国社会民主党领导方面对以伯恩施坦等为首的机会主义分子的调和态度,要求消除机会主义分子对党和党机关报的消极影响;1880 年,马克思和恩格斯帮助盖得制定法国工人党纲领。1883 年 3 月 14 日下午 2 时 45 分,马克思平静而安详地长眠了。恩格斯失去了"相交四十年的最好的、最亲密的朋友"。恩格斯悲痛万分之余,高度评价了马克思一生的伟大历史功绩。恩格斯指出:"我们之所以有今天,都应归功于他;现代运动当前所取得的一切成就,都应归功于他的理论和实践活动;没有他,我们至今还会在黑暗中徘徊。"马克思逝世后,为了使摩尔永世长存,恩格斯的晚年几乎都用在了对《资本论》的整理和出版上了。

马克思逝世后,为了使这部伟大的著作能完整面世,恩格斯担负起了整理《资本论》第二、三卷手稿的重任。恩格斯为此付出了极其艰辛的劳动,但是他却说:"我喜欢这种劳动,因为我又和我的老朋友在一起了。"1885 年7 月,《资本论》第二卷出版。第二卷出版之后,恩格斯开始了对《资本论》第三卷的整理工作。由于各种原因,直到 1894 年 12 月,《资本论》第三卷才在汉堡出版。恩格斯精心整理和出版的资本论续卷是对无产阶级革命斗争的伟大贡献,也对马克思精神最好的延续和对马克思最好的慰藉,正如列宁所说:"恩格斯出版了《资本论》第二卷和第三卷,就是替他的天才的朋友建立了一座庄严宏伟的纪念碑,在这座纪念碑上,他无意中也把自己的名字不可磨灭地铭刻上去了。"②《资本论》第三卷出版后的第二年,恩格斯逝世。马

---

① 《马克思恩格斯文集》第 10 卷,北京:人民出版社,2009 年,第 396 页。
② 《列宁选集》第 1 卷,北京:人民出版社,2012 年,第 95 页。

克思的每篇著作都是根据革命斗争的需要而完成的，而恩格斯重新发表这些著作，同当年发表这些著作一样，是为了革命斗争的需要。

第四节　马克思恩格斯斗争推动早期的工厂立法及工会组织的建立

早期资本主义工厂制剥削是残酷、野蛮的，甚至是骇人听闻的。但在马克思革命实践活动中，尤其是工人阶级的斗争过程中，资本主义工厂制开始形成初步的立法，尽管在马克思认为，这些立法都极其勉强，不可能解决实际问题，但这毕竟是一种进步与发展。

5.4.1　资本主义剥削的残酷性及早期劳动立法的初步形成

马克思在《资本论》中写道，从 19 世纪 40 年代后期开始，英国司法开始介入当时的棉织工厂，对工厂内部所采取的劳动制度展开司法调查。"1840年调查委员会揭露了骇人听闻、令人愤慨的事实，这在整个欧洲引起了极大的震动，以致议会为了拯救自己的良心，不得不通过了 1842 年的矿业法，这项法律仅限于禁止使用妇女和不满 10 岁的儿童从事井下劳动。"[1]

"温和的英国议会对于采取这一步骤长期来一直装腔作势，畏缩不前。但是事实的力量终于迫使人们承认，大工业在瓦解旧家庭制度的经济基础及与之相适应的家庭劳动的同时，也瓦解了旧的家庭关系本身。不得不为儿童的权利来呼吁了。然而，不是父母权力的滥用造成了资本对未成熟劳动力的直接或间接的剥削；相反，正是资本主义的剥削方式通过消灭与父母权力相适应的经济基础，造成了父母权力的滥用。不论旧家庭制度在资本主义制度内部的解体表现得多么可怕和可厌，但是由于大工业使妇女、男女少年和儿童在家庭范围以外，在社会地组织起来的生产过程中起着决定性的作用，它也就为家庭和两性关系的更高级的形式创造了新的经济基础。"[2]"当工厂法规定工厂、工场手工业等的劳动时，这最初仅仅表现为对资本的剥削权利的干涉。相反地，对所谓家庭劳动的任何规定都立即表现为对父权（用现代语言

---

① 《马克思恩格斯文集》第 5 卷，北京：人民出版社，2009 年，第 569 页。
② 《马克思恩格斯文集》第 5 卷，北京：人民出版社，2009 年，第 563 页。

来说是父母权力）的直接侵犯。"①

"当然，把基督教日耳曼家庭形式看成绝对的东西，就像把古罗马家庭形式、古希腊家庭形式和东方家庭形式看成绝对的东西一样，都是荒谬的。这些形式依次构成一个历史的发展序列。同样很明白，由各种年龄的男女组成的结合工人这一事实，尽管在其自发的、野蛮的、资本主义的形式中，也就是在工人为生产过程而存在，不是生产过程为工人而存在的那种形式中，是造成毁灭和奴役的祸根，但在适当的条件下，必然会反过来变成人类发展的源泉。工厂法从一个只在机器生产的最初产物，即纺纱业和织布业中实行的法律，发展成为一切社会生产中普遍实行的法律，这种必然性，正如我们已经看到的，是从大工业的历史发展进程中产生的。在大工业的背景下，工场手工业、手工业和家庭劳动的传统形式经历着彻底的变革：工场手工业不断地转化为工厂；手工业不断地转化为工场手工业；最后，手工业和家庭劳动领域在相对说来短得惊人的时间内变成了苦难窟，骇人听闻的最疯狂的资本主义剥削在那里为所欲为。在这里最后起了决定作用的，有两方面的情况：第一，经验不断反复证明，如果资本只是在社会范围的个别点上受到国家的监督，它就会在其他点上更加无限度地把损失捞回来；第二，资本家自己叫喊着要求平等的竞争条件，即要求对劳动的剥削实行平等的限制。我们且听一听关于这方面的两种由衷的呼声吧。伍·库克斯利先生们（布利斯托尔的生产钉子、链条等的工厂主），自愿在自己的企业里实行工厂规定。"②

"1860 年，制订了矿山视察法，规定矿山要受专门任命的国家官员的检查，不许雇用 10 岁至 12 岁的儿童，除非他们持有学校的证明或按一定的时数上学。由于任命的视察员少得可笑，职权又很小，加上其他一些下面将要详细叙述的原因，这项法令不过是一纸空文。1862 年的调查委员会还建议对采矿业实行一种新的规定；采矿业和其他各种工业不同的地方在于，在这里土地所有者和工业资本家的利益是一致的。过去，这两种利益的对立曾有利于工厂法的制订；现在，正是由于不存在这种对立，才足以说明矿业立法为什么会如此拖延和施展诡计。"③ "1865 年在大不列颠有 3217 个煤矿和 12 个视察员。约克郡的一个矿主（1867 年 1 月 26 日《泰晤士报》报道）自己曾计算过，撇开视察员的纯事务性的工作（而这就占了他们的全部时间）不说，

①《马克思恩格斯文集》第 5 卷，北京：人民出版社，2009 年，第 562 页。
②《马克思恩格斯文集》第 5 卷，北京：人民出版社，2009 年，第 563-564 页。
③《马克思恩格斯文集》第 5 卷，北京：人民出版社，2009 年，第 568-569 页。

每个矿山每 10 年才能被视察一次。无怪近几年来（特别是 1866 年和 1867 年）惨祸发生的次数和规模越来越大（有时一次竟牺牲 200—300 名工人）。这就是自由资本主义生产的美妙之处！"①"1866 年 7 月 23 日，这是由下院议员组成的一个有全权传讯证人的委员会的作品，是厚厚的一册对开本，其中报告本身一共只有五行，内容是：委员会无话可说，还必须传讯更多的证人。"②"1867 年调查农业中儿童、少年、妇女劳动情况的皇家委员会公布了几个很重要的报告。为了把工厂立法的原则在形式上加以改变而应用到农业方面去，曾有过各种尝试，但直到今天都完全失败了。可是我在这里必须提醒注意的一点是：普遍应用这些原则的不可抗拒的趋势已经存在。"③

"在 1867 年的这次英国立法中引人注意的地方是：一方面，统治阶级的议会不得不被迫在原则上采取非常的和广泛的措施，来防止资本主义剥削的过火现象；另一方面，议会在真正实现这些措施时又很不彻底、很不自愿、很少诚意。"④"讯问证人的方法使人想起英国法庭的反问法，就是律师乱七八糟地提出各种无耻的模棱两可的问题，弄得证人胡里胡涂，然后对他的话加以歪曲。在这里，律师也就是议会调查委员会的委员，其中有矿主和矿山经营者；证人是矿工，大部分是煤矿工人。这套滑稽戏最能说明资本的精神了，因此在这里不能不引述几段。为了便于考察起见，我把调查的结果分类叙述。我记得，问题和回答在英国蓝皮书中都编有号码，而这里所引用的都是煤矿工人的证词。"⑤"1872 年的法令尽管有很大缺陷，但它无论如何是对矿山雇佣的儿童的劳动时间作出规定，并在一定程度上使矿山经营者和采矿业主要对所谓的事故负责的第一个法令。"⑥

工厂立法成为不可逆转的发展趋势，这种打着为工人阶级的精神和身体提供保护旗号的手段，正如前面所论述的，加速推动了普遍的小规模分散劳动向大规模的劳动结合的进程。从而使资本积聚更加迅速和普遍化，工厂制度一枝独秀，小规模分散劳动不复存在。为了获取更多的剩余价值，通过工厂立法的形式进行赤裸裸的资本统治。大规模工厂的自由竞争，促使资本家不断更新技术，以提高劳动生产率，保持自身的竞争力。一方面，自由竞争

①《马克思恩格斯文集》第 5 卷，北京：人民出版社，2009 年，第 575-576 页。
②《马克思恩格斯文集》第 5 卷，北京：人民出版社，2009 年，第 569 页。
③《马克思恩格斯文集》第 5 卷，北京：人民出版社，2009 年，第 576 页。
④《马克思恩格斯文集》第 5 卷，北京：人民出版社，2009 年，第 568 页。
⑤《马克思恩格斯文集》第 5 卷，北京：人民出版社，2009 年，第 569 页。
⑥《马克思恩格斯文集》第 5 卷，北京：人民出版社，2009 年，第 576 页。

加剧了无政府状态，市场的缺点就完全暴露出来了；另一方面，技术进步催生出了大量的"过剩人口"并间接造成产品生产的过剩状态，在这样的情况下，以产品过剩为标志的经济危机就不可避免了，经济危机一旦来临，大量工人失业，社会动荡，资源严重浪费，经济倒退。所以说，工厂立法加剧了资本主义不可调和的基本矛盾，同时也孕育了未来更高级社会的要素。

只要资本凌驾于劳动的形式之上，绝对剩余价值就可以实现。资本家只要通过利用资本把劳动者变成自己的雇佣工人，在资本家的支配下从事生产劳动，那么资本家就可以获得绝对剩余价值了。另外也可以看到，生产绝对剩余价值和生产相对剩余价值是同一种方法。依靠延长工作时间来获得绝对剩余价值是机器大工业时期特有的方式。这种特有的资本主义生产方式如果完全控制了一个完整的生产部门，它就不再是仅仅生产绝对剩余价值的方式了。进一步说，如果这种特殊的生产方式掌握一个具有决定性的生产部门，那情况更是如此了。此时，这种特殊生产方式就转化成了具有普遍意义的、一般性的、占有统治地位的生产方式了。现在它是作为生产相对剩余价值的特殊方式了。它在什么情况下才会起作用呢？第一，以前只在形式上隶属于资本的那些产业部门为它所占领，也就是说，它扩大作用范围；第二，已经受它支配的产业部门由于生产方法的改变不断发生革命。所以说，在某种程度上，绝对剩余价值和相对剩余价值并没有什么区别。众所周知，绝对剩余价值是相对的，需要把必要劳动时间控制在工作日以下；相对剩余价值是绝对的，要求工作日的绝对延长超过工人本身生存所必需的劳动时间。仔细考察一下剩余价值的运动变化就会发现这种表面上的同一性是不存在的。

但是，在资本主义社会中，资本主义的生产方式占据绝对的统治地位，这种生产方式具有普遍性。在这样的情形下，要提高剩余价值率，生产剩余价值的两种形式（绝对剩余价值和相对剩余价值）就会产生明显的差别。假定支付与劳动力对等的价值，我们就会遇到两种情形：第一，劳动和劳动生产力的强度不变，要想提高剩余价值率，只能依靠工作日的绝对延长；第二，假定工作日的时长不变，只能依靠调整必要劳动和剩余劳动的相对量才能实现剩余价值率的提高，而这种变化在工资不降低到劳动力价值以下的情况下，又以劳动生产率或劳动强度的变化为前提。

5.4.2 马克思的工会理论以及领导工会运动的实践

马克思工会理论是马克思和恩格斯共同创立的，是马克思主义理论体系中的一个重要组成部分。19 世纪 40 年代至 90 年代的近半个世纪里，马克思恩格斯始终非常关心工人运动，而且积极投身于工人阶级反抗资产阶级的革命实践中。根据亲身的实践经验和理论考察，马克思恩格斯逐渐形成了科学的工会思想，并成为指导全世界工人运动的科学而有力的思想武器。马克思恩格斯并没有写一本专门的著作来论述自己的工会思想，但是在马克思恩格斯一生的革命实践中，为工会运动提供了很多宝贵的组织原则和斗争策略。同时，他们很多的著作、评论、书信，以及与各种错误思潮的论战中都闪烁着他们工会思想的理论锋芒。这些思想为马克思主义工会理论体系的建构奠定了坚实的基础。马克思恩格斯的工会理论内容非常丰富，包含了工会的产生、性质、作用和任务等方方面面。这些内容对于指导当代的工会工作仍然具有理论和现实的双重意义。马克思工会理论的产生有其深刻的思想来源和现实基础。19 世纪初期空想社会主义者圣西门、傅立叶和欧文的思想，以及马克思的工人阶级理论成为马克思工会思想的重要来源，而当时不成熟的无产阶级运动则为马克思恩格斯的工会理论奠定阶级基础。总的说来，马克思恩格斯根据工业革命所特有的时代背景，立足于亲身实践和经验总结，丰富和发展了传统工会思想的新维度，并逐步形成了具有强烈现实意义的科学工会理论。

19 世纪 30 至 40 年代，英、法、德等资本主义国家先后完成了工业革命，工业革命促进了生产力的巨大发展和社会进步，但也使其面临着深刻的社会革命。一方面由于机器在资本主义生产中的广泛应用，以及分工协作关系的发展，使劳动日益单一化了，劳动完全被贬低为机器的附属物，这就加剧了工人之间的竞争，损害了工人的团结，削弱了工人同资本家进行斗争的力量。残酷的竞争迫使工人群众不得不联合起来，通过工会组织，齐心协力同资本家进行斗争，在一定程度上也启迪了工人的阶级意识和斗争意识。另一方面这一历史时期由于机器大生产的普遍采用，生产社会化程度提高，客观上促进了工人集中和规模的扩大，为工会组织创造了条件。19 世纪 30 至 40 年代，欧洲相继爆发了三大工人运动。与此相呼应，工人阶级组织起来建立了不同形式的工会和政治性组织。这一切都表明，工人阶级已经作为独立的政治力量登上了历史的舞台。尽管工人阶级的组织还不成熟不完善，存在着各种各样的问题，但是工人阶级的力量已经不能被忽视了。马克思恩格斯在这一时期，不仅积极支持工人阶级维护自身基本利益的各种斗争，并且展开深入的关于工会组织的理论研究，声援工会的斗争。与之相反，资产阶级古典经济学家站在自己的阶级立场上，对工会组织极尽指责和污蔑，这恰恰表明工会组织已经开始对资产阶级的统治构成了威胁。伴随着生产力的发展，工会组织和工人阶级的力量也不断发展壮大。无产阶级和资产阶级的对立及工会组织的发展壮大构成了马克思工会理论形成的现实基础。

马克思工会理论经历一个产生、发展和完善成熟的过程。19 世纪 40 年代是马克思恩格斯工会理论的初创时期。在这个时期，马克思恩格斯开始把自己的注意力转移到工人阶级及其开展的斗争上面。他们研究了很多关于工人问题的著作，同时开始与工人团体建立了直接的联系。这都推动着马克思恩格斯开始研究工会思想。1844 年，《德法年鉴》上发表了马克思《〈黑格尔法哲学批判〉导言》一文。正是在这篇文章中，马克思第一次公开论述了无产阶级的历史使命并指出，德国的解放"就在于形成一个被戴上彻底的锁链的阶级，一个并非市民社会阶级的市民社会阶级，形成一个表明一切等级解体的等级"①。这里提出的市民社会阶级指的就是无产阶级。还进一步提出了无产阶级解放人类的历史使命。此时的马克思虽然已经开始意识到无产阶级的历史使命，但是这时候马克思对无产阶级的认识还是浅显和模糊的。同在这一年，马克思恩格斯合写了《神圣家族》一书，在其中，他们第一次开始分析资本主义的社会结构问题和无产阶级的生活条件，表明了无产阶级承担历史使命的客观必然性和现实诉求。马克思恩格斯在《德意志意识形态》中，通过批判费尔巴哈的人本学唯物主义，科学论证了无产阶级的历史使命。

马克思恩格斯在明确了无产阶级的历史使命之后，开始针对工人当中自发形成的一些分散组织进行研究。1842 至 1844 年，恩格斯考察了英国的产业革命及工人阶级的悲惨生活状况，于 1845 年发表了《英国工人阶级状况》一书。在"工人运动"这一章节中恩格斯第一次系统阐述了工会问题。恩格斯指出："工会及其所组织的罢工，其意义首先在于：它们是工人想消灭竞争的第一次尝试。它们存在的前提就是工人已经懂得：资产阶级的统治正是建筑在工人彼此间的竞争上。"②在这里，恩格斯提出了一个重要的观点，即工会主要是由于工人为消除工人之间的竞争，以共同对付资本家的进攻而产生的。马克思也一再阐明这一观点，他在《哲学的贫困》一书中写道："同盟总是具有双重目的：消灭工人之间的竞争，以便同心协力地同资本家竞争。"③

① 《马克思恩格斯文集》第 1 卷，北京：人民出版社，2009 年，第 16-17 页。
② 《马克思恩格斯文集》第 1 卷，北京：人民出版社，2009 年，第 454 页。
③ 《马克思恩格斯文集》第 1 卷，北京：人民出版社，2009 年，第 654 页。

恩格斯还阐述了工会的"保护作用",特别是保护工人的经济利益。他指出:"它们公开宣称要竭力保护各个工人不受资产阶级的横行霸道和冷酷待遇之害。"①在这里恩格斯指明了工会实质上是工人自己组织起来的、保护自身利益的工人阶级的群众组织。它的直接任务是保护工人的具体的经济利益。我们可以看出,此阶段的恩格斯主要还是从经济斗争角度来阐发工会组织积极意义的。

恩格斯的工会思想启发并深化了马克思对工会组织的产生、性质、任务等方面的认识。马克思在《哲学的贫困》一书中不仅全面阐述了马克思的唯物史观,而且也是马克思主义工会理论形成的一部重要理论著作。在该书"罢工和工人同盟"一节中,马克思站在无产阶级的立场上,在批判蒲鲁东各种对工人组织及罢工活动的各种指责基础上,充分肯定了罢工和工人同盟作用。马克思指出:"同盟在一国内的发展程度可以确切地表明该国在世界市场等级中所占的地位。工业最发达的英国就有最大的而且也组织得最好的同盟。"因此,"不管什么经济学家和社会主义者,不管什么教科书和乌托邦,同盟片刻不停地随着现代工业的发展和成长而日益进步和扩大。"②在此基础上马克思还阐明了工人建立同盟的双重目的,即把工会最初活动的意义推向政治领域。马克思指出:"反抗的最初目的只是工资,后来,随着资本家为了压制工人而逐渐联合起来,工人们为抵制经常联合的资本家而维护自己的联盟,就比维护工资更为重要。"马克思拓展了恩格斯工会思想的理论维度。他认为,工人阶级不仅要为自己的经济利益进行经济斗争,更重要的是为真正实现自己的阶级利益进行政治斗争。19世纪五六十年代,马克思恩格斯的工会理论得到进一步的发展,主要有以下几个原因:第一,伴随着资本主义生产力的进一步发展,工人阶级的队伍更为集中和壮大;第二,资本主义基本矛盾的加剧使得工人阶级和资产阶级的对立更加尖锐,工人阶级的革命性和斗争性日渐提高,工人阶级的觉悟也随之提高;第三,世界上诞生了第一个无产阶级革命组织——第一国际,国际工人运动有了组织机构和领导机关;第四,马克思恩格斯亲自领导工人运动,在斗争实践中不断总结工人斗争的经验和教训;第五,马克思集中精力进行政治经济学研究,并在国际工人协会总委员会上作了题为《工资、价格和利润》的报告,指出了经济斗争和政治斗争的必要

---

①《马克思恩格斯文集》第1卷,北京:人民出版社,2009年,第653页。

②《马克思恩格斯文集》第1卷,北京:人民出版社,2009年,第653页。

性及二者之间的关系，在指出经济斗争局限性的同时，明确说明了工会领导工人最终实现彻底解放的必由之路，即消灭私有制和雇佣劳动。

《临时中央委员会就若干问题给代表的指示》是第一国际于 1866 年在日内瓦召开第一次代表大会召开之前，马克思把讨论内容整理成的一部文献著作。《工会（工联）它们的过去、现在和未来》是其中重要的一篇文章，是马克思同机会主义就工会问题进行论战的产物。在这一节中，马克思论证了工会所肩负的实现工人阶级彻底解放的伟大历史使命及工会产生的必要性和必然性。同时还运用政治经济学的方法进一步严密论证了两种斗争形式的关系，因而《工会（工联）它们的过去、现在和未来》成为马克思恩格斯工会思想的纲领性文件。马克思恩格斯工会思想在这一时期得到了长足的发展。

1871 年巴黎公社的失败并没有使工会运动陷入低潮，工会运动进入了一个新的历史发展时期。虽然巴黎公社失败了，但是工会运动在巴黎公社时期所起的重要作用得到了广大工人阶级和群众的认可。在新的时期，马克思恩格斯积极投身到北美、西欧的工会运动中，对这些运动进行多方位的理论指导。1871 年，马克思在一次关于工会政治斗争的发言中说："不应当认为，在议会里有无工人是一件无足轻重的事。"①这表明了马克思支持工会进行政治斗争的坚定立场。在马克思恩格斯的晚年，他们依旧非常关注工会运动，同时不断完善他们的工会思想。为了进一步解放工人思想，提高工人阶级的思想觉悟和战斗力，恩格斯于 1881 年在《劳动旗帜报》发表了一篇名为《工联》的文章。在文章中，恩格斯指出，工人阶级和资产阶级最初在经济利益上的对立和斗争最终还是要转变为根源上的政治斗争。这一思想和马克思关于工会两种斗争形式的论述具有高度的一致性。恩格斯进一步指明了工人阶级实现彻底解放的必由之路是消灭私有制和雇佣劳动，并提出了废除雇佣劳动的方法，坚定了工人阶级进行政治斗争的信念和信心。除此之外，恩格斯肯定了工联在工会经济斗争中起到的积极作用，工联在一定程度上起到了工资调节者的作用。这是恩格斯在新时期对工会作用的创新概括，进一步完善了工会起保护作用的思想。但是，恩格斯也明确批评了工联的片面斗争性，例如，工联没有肩负起废除雇佣劳动的历史使命；工联没有利用议会为工人阶级争取更多的政治权利，正如恩格斯所说："工联忘记了自己作为工人阶级

---

① 《马克思恩格斯全集》第 17 卷，北京：人民出版社，1963 年，第 697 页。

先进部队的责任。"①所以，恩格斯希望工人阶级的觉悟可以进一步继续提高，建立具有彻底革命性、有担当的"有组织的新工联"。最后，恩格斯还对工会的政治斗争提出了自己的意见，即政治斗争不可急于求成，要进行长期坚忍的工作。

5.4.3　工会的性质、任务、作用及国际联合的思想

马克思恩格斯对工会的性质作了基本规定，指出工人阶级是通过工会作为一个阶级组织起来的，工会"是无产阶级的真正的阶级组织"②同时又是广泛的群众性组织。工会的阶级性主要体现在：第一，就其成分而言，工会只能由工人阶级的成员所组成，即它的会员只能是以工资收入为主要生活来源的脑力劳动者和体力劳动者。其他阶级的成员是不能加入工会的。第二，就其任务和使命而言，工会"是整个工人阶级的代表和为工人阶级利益而斗争的战士"，它不仅要为工人阶级的眼前利益斗争，而且"要把工人阶级的彻底解放作为自己的伟大任务"③。第三，由于"工人阶级是有自己的利益和原则，有自己的世界观的独立的阶级"④。所以，作为真正的工会，一般来说是比较容易接受本阶级政党的领导和马克思主义科学理论的指导的。工会又是广泛的群众性组织。工会必须而且可能最大限度地、广泛地团结和联合广大群众，吸引工人入会，这体现出革命工会同旧的行会性工会的原则区别。工会的阶级性和群众性是统一的。

关于工会的任务，马克思恩格斯根据工会斗争状况明确了工会的任务包括直接任务和根本任务。工会的直接任务是改善工人的生活状况，保护工人基本的经济利益，在此基础上，工会要同资本家进行坚决的经济斗争，以争取更多的经济利益。这"不仅对于恢复构成每个民族骨干的工人阶级的健康和体力是必需的，而且对于保证工人有机会来发展智力，进行社交活动及社会活动和政治活动，也是必需的"⑤。19世纪50年代到60年代，针对当时工会组织把经济斗争当成主要任务而忽略政治斗争的错误倾向，马克思提出尖锐批评："工会过多地与资本只是进行地方的直接的斗争，它们还没有充分

---

① 《马克思恩格斯全集》第19卷，北京：人民出版社，1963年，第285页。
② 《马克思恩格斯全集》第16卷，北京：人民出版社，1964年，第476页。
③ 《马克思恩格斯全集》第16卷，北京：人民出版社，1964年，第221页。
④ 《马克思恩格斯文集》第1卷，北京：人民出版社，2009年，第475页。
⑤ 《马克思恩格斯全集》第16卷，北京：人民出版社，1964年，第216页。

意识到它们是反对雇佣劳动制度本身的巨大力量。因此它们几乎不过问一般的政治运动。"①这就是说，不管工会的最初目的和直接任务是什么，"现在它们必须学会作为工人阶级的组织中心而自觉地进行活动，把工人阶级的彻底解放作为自己的伟大任务"②。工会为争取工人阶级的彻底解放而进行政治斗争，不仅是工人阶级的伟大历史使命，同时也是工会的最高任务和根本任务。马克思恩格斯认为，工会的两大任务不是孤立存在的，而是具有共时性和一致性。工人阶级为改善生活状况和获取经济利益而进行的经济斗争和彻底消灭私有制及雇佣劳动而进行的政治斗争是同时进行的，二者相辅相成，缺一不可。只进行经济斗争，即便是胜利也是暂时的，因为工人阶级受压迫和剥削的根源并没有改变。只进行政治斗争，工人阶级的力量是弱小的，政治斗争的目标是不可能实现的。因此，只有把二者结合一起才可能取得真正的胜利，工人阶级才可能改变命运实现彻底的解放。

马克思和恩格斯还高度重视工会的作用和意义。第一，工会可以保障工人的基本利益，包括规定工资标准、限制招收学徒、反对资本家采用新机器来降低工人的工资和建立工会基金会等，使资产阶级认识到"任意降低工资和增加劳动时间成了一件冒险的事情了"③。第二，工会可以发挥组织作用，把分散的工人组织联合起来成为一个力量强大的自为阶级。联合起来的工人会更有信心实现目标，集体的氛围会激发出工人潜在的能量。正是从这个意义上，马克思和恩格斯认为"工会已经不知不觉地变成了工人阶级的组织中心"，具有巨大的组织作用。第三，工会组织的罢工运动起到了"学校"的作用。恩格斯认为："罢工是工人的军事学校，他们就在这里受到训练，准备投入已经不可避免的伟大的斗争中去；罢工是工人阶级各个队伍宣告自己参加伟大的工人运动的宣言。"④可见，工人阶级在实践中得到了熏陶和历练，提高了工人们的思想觉悟和斗争能力，并使他们从关注经济斗争转向关注政治斗争。第四，工会作为社会民主团体，工会的发展客观上推进了国家的民主进程。

关于工会国际联合思想，马克思恩格斯认为，工人必须在国际范围内联合起来统一行动才有可能实现工人阶级的彻底解放。各国工人都是受到资产

---

① 《马克思恩格斯全集》第 16 卷，北京：人民出版社，1964 年，第 220 页。
② 《马克思恩格斯全集》第 16 卷，北京：人民出版社，1964 年，第 221 页。
③ 《马克思恩格斯全集》第 19 卷，北京：人民出版社，1963 年，第 282 页。
④ 《马克思恩格斯文集》第 1 卷，北京：人民出版社，2009 年，第 459 页。

阶级的剥削和压迫，他们的悲惨的生活状况大同小异，其利益诉求具有一致性，这是实现工会国际联合的基础性前提，马克思恩格斯敏锐地意识到了这一点。同时，资本的国际联合实力雄厚，依靠各国工人阶级的单打独斗，很难实现胜利。除此之外，团结的力量是强大的，只有把各国工人阶级联合起来，攥成一个拳头才能给资产阶级致命的一击。加上各国工人运动失败的经验教训，这一系列的主客观实际情况必然要求工会运动走向国际的联合。正如马克思所说："劳动的解放既不是一个地方的问题，也不是一个民族的问题，而是涉及存在有现代社会的一切国家的社会问题，它的解决有赖于最先进各国在实践上和理论上的合作。"[①]也就是说，工会斗争应该超出民族界限，加强国际团结。1864 年 9 月成立的国际工人协会是马克思恩格斯工会国际联合思想的实践形式。这一组织最重要的任务是联合国际上一切可能联合的工人群众团体采取科学合理的统一行动。在反对资产阶级压迫统治和维护工人阶级利益的斗争中，争取以团结的力量、最小的代价来获取最大的胜利，最终的目标是实现工人当家作主的无产阶级专政和工人的彻底解放。

马克思恩格斯指出，工会的国际联合应坚持原则的坚定性与策略的灵活性。国际工人协会的成立是工会国际联合的必然结果，也是工会国际联合行动结出的硕果，体现出了工会国际联合所坚持的坚定性原则和灵活性策略。在第一国际建立之初，马克思就考虑到了各种思想和流派可能产生的分歧，但是马克思依旧积极争取和联合一切可能联合的组织和团体，把广大工人群众渴望团结合作的愿望从组织上固定下来，并且在不损害无产阶级根本利益的前提下，对一些派别作出一定的妥协和让步，即"实质上坚决，形式上温和"[②]。此外，马克思和恩格斯还根据当时工人的觉悟程度，用比较含蓄、易于理解的语言提出了工人群众能够接受的要求，并把无产阶级政党的理论原则渗透在这些要求之中。与此同时，马克思恩格斯对各国的工会运动作出了科学的论断，并提出了宝贵的意见和建议。他们认为各国工会运动具有共同的奋斗目标，那是因为各国工人遭受的是同一种经济形态的剥削和压榨，这就为实现工会在国际范围内的联合行动提供了基本的前提。与此同时，马克思恩格斯还强调，虽然各国的工会具有共同的奋斗目标，但是各国的工会发展的水平参差不齐，各国工会所面对的各国的敌人强弱也不同，所以他们

---

①《马克思恩格斯全集》第 16 卷，北京：人民出版社，1964 年，第 599 页。
②《马克思恩格斯文集》第 1 卷，北京：人民出版社，2009 年，第 216 页。

建议各国工会在国际联合行动的基础上，要根据本国工会运动的实际情况来制定合理的组织安排和行动计划，还要理性对待各国工会在联合行动中出现的不同意见。这些宝贵的意见和建议极大推动了各国工会运动的发展和工会国际联合的深入开展。

马克思恩格斯的工会思想资源是非常丰富的。因为马克思恩格斯生活的年代并没有真正实现无产阶级推翻资产阶级统治而建立无产阶级专政，所以马克思恩格斯自然也就没有机会亲身经历工会的工作与实践。因此，马克思恩格斯也就没有可能详细而全面地论证社会主义条件下的工会思想。但是马克思恩格斯根据社会主义社会的基本特征所制定的工会工作的基本原则至今仍然闪烁着智慧的光芒，是指导工人运动和工会工作的宝贵的思想源泉。

第五节　自由人联合体：
马克思对未来社会所有制关系的探索

在《〈政治经济学批判〉导言》中，马克思讨论了未来社会基本特征。在未来的共产主义社会，人可以摆脱各种依赖关系，真正实现人的自由全面发展。在共产主义社会里，生产力高度发达，商品丰富，按需分配，人摆脱了对人的依赖关系；生产资料公有制，国家和阶级都消亡了，是一个没有剥削和压迫的自由人联合体，人也摆脱了资本主义社会中对物的依赖关系。这是马克思设想的人类历史发展的最高社会形态。马克思指出："建立在个人全面发展和他们共同的社会生产能力成为他们的社会财富这一基础上的自由个性，是第三个阶段。"[①]

在马克思看来，未来社会人们将以自由人联合体的方式形成对客观生产条件的占有关系。坦率地讲，马克思在资本主义早期对未来社会形态及其所有制关系的设想仅属于理论层面上的，主要是针对资本主义发展所暴露出来的内在历史局限性进行的谨慎的理论探索。尽管如此，这些设想由于是建立在缜密的逻辑和大量的历史事实材料的基础上的，该理论对于证明人类历史发展规律及社会主义未来必然性方面，以及证明剩余价值批判理论的科学方面都是极其重要的。马克思科学社会主义理论描绘了资本主义历史发展的愿

---

①《马克思恩格斯全集》第 46 卷第 1 册，北京：人民出版社，1979 年，第 104 页。

景。从这个意义上讲，马克思所阐发的发达形式或成熟形态的社会主义所有制形式是资本主义发展与历史扬弃与超越的历史路标，我们只有在对该思想深刻理解的基础上，才能在合规律合自然规律相统一的目标上，把握现阶段社会革命与改造的实现目标与机制。事实上，马克思恩格斯对未来社会所有制关系进行过多角度的论证和阐述，全面地理解和把握马克思恩格斯的这些相关论述，不仅有利于领会未来共产主义社会形态中所有制的一般规律和特定内涵，也有利于真正认识和理解未来社会形态中劳动者和劳动客观条件之间的关系。

因此，笔者按照时间的先后顺序摘引马克思恩格斯关于未来社会所有制关系的论述如下，以期达到全面、系统理解经典思想的目的。第一，这种公有制就是"劳动者和劳动条件之间""原有的统一的恢复"。"（这种统一）有两种主要形式：亚洲村社和这种或那种类型的小家庭农业。但这两种形式都是幼稚的形式，都同样不适合于把劳动发展为社会劳动，不适合提高社会劳动的生产力。因此，劳动和所有权之间的分离、破裂和对立就成为必要的了。这种破裂的最极端的形式就是资本的形式。""在资本创造的物质基础上"将实现"原有的统一的恢复"。①建立这种公有制便意味着"同时也就是个人在现代生产力和世界交往所建立的基础上的联合"。②这种公有制就是"把资本变为属于社会全体成员的公共财产，这并不是把个人财产变为社会财产；这里所改变的只是财产的社会性质，它将失掉它的阶级性质"③。这种公有制将"把一切大大小小的有产阶级的统治都消灭掉"，使"无产阶级的联合不仅在一个国家内而且在世界一切占统治地位的国家内都发展到使这些国家的无产者间的竞争停止"④。

第二，这种公有制是一种"集体占有方式"或"集体占有制"，它是"生产资料属于生产者"的两种方式之一⑤。这种公有制就是"在事实上承认现代生产力的社会本性，因而也就是使生产、占有和交换的方式同生产资料的社会性相适应"⑥。这种公有制是"生产的历史趋势"的必然结果，"它'本身以主宰着自然界变化的必然性生产出它自身的否定'；它本身已经创造出一

---

① 《马克思恩格斯全集》第 26 卷第 3 册，北京：人民出版社，1974 年，第 466 页。

② 《马克思恩格斯全集》第 3 卷，北京：人民出版社，1960 年，第 516 页。

③ 《马克思恩格斯文集》第 2 卷，北京：人民出版社，2009 年，第 46 页。

④ 《马克思恩格斯全集》第 7 卷，北京：人民出版社，1959 年，第 292 页。

⑤ 《马克思恩格斯全集》第 19 卷，北京：人民出版社，1963 年，第 264 页。

⑥ 《马克思恩格斯全集》第 19 卷，北京：人民出版社，1963 年，第 240 页。

种新的经济制度的因素，它同时给社会劳动生产力和一切个体生产者的全面发展以极大的推动；实际上已经以一种集体生产为基础的资本主义所有制只能转变为社会的所有制"①。打碎资本主义的枷锁，"以合作生产来代替资本主义生产，以古代类型的所有制最高形式即共产主义所有制来代替资本主义所有制"。这种公有制就是"工人阶级夺取政权以便实现整个社会对一切生产资料——土地、铁路、矿山、机器等——的直接占有，供全体为了全体利益而共同利用"②。社会主义社会"同现存制度的具有决定意义的差别当然在于，在实行全部生产资料公有制的基础上组织生产"③。

第三，这种新的社会制度实行生产上的计划管理。"首先将从根本剥夺相互竞争的个人对工业和一切生产部门的管理权。一切生产部门将由整个社会来管理，也就是说，为了公共的利益按照总的计划和在社会全体成员的参加下来经营。这样，竞争将被这种新的社会制度或为联合竞争形式所代替。因为个人管理工业的必然后果就是私有制，因为自由竞争不过是个别私有者管理工业的一种方式。所以，私有制是同工业的个体经营和自由竞争密切联系着的。因此这种私有制也必须废除，代替它的是共同使用全部生产工具和按共同协议来分配产品，即所谓财产共有"④。这种公有制就是"在资本主义时代成就的基础上，也就是说，在协作和对土地及靠劳动本身所生产的生产资料共同占有的基础上，重新建立个人所有制"⑤。这种公有制就是"目前资本和土地所有权的自然规律的自发作用"，"被'自由的、联合的劳动和社会经济规律的自发作用'所代替"⑥的。这种公有制"就是改变这种有组织的劳动和这些集中的劳动资料目前所具有的资本主义性质，把它们从阶级统治和阶级剥削的手段改变为自由联合的劳动形式和社会生产资料"⑦。在这种公有制条件下，"生产资料的全国性集中将成为由自由平等的生产者的联合体所构成社会的全国性基础，这些生产者将按照共同的合理的计划自觉地从事社会劳动"⑧。否定私有制并把它重新变为公有制的要求，"并不是要恢复原

---

① 《马克思恩格斯全集》第 19 卷，北京：人民出版社，1963 年，第 130 页。
② 《马克思恩格斯全集》第 21 卷，北京：人民出版社，1965 年，第 386 页。
③ 《马克思恩格斯全集》第 37 卷，北京：人民出版社，1971 年，第 443 页。
④ 《马克思恩格斯文集》第 1 卷，北京：人民出版社，2009 年，第 683 页。
⑤ 《马克思恩格斯文集》第 5 卷，北京：人民出版社，2009 年，第 874 页。
⑥ 《马克思恩格斯全集》第 17 卷，北京：人民出版社，1963 年，第 594 页。
⑦ 《马克思恩格斯全集》第 17 卷，北京：人民出版社，1963 年，第 597 页。
⑧ 《马克思恩格斯全集》第 18 卷，北京：人民出版社，1964 年，第 67 页。

始的公有制，而且要建立高级得多、发达得多的公共占有形式，它远不会成为生产的障碍，相反地将第一次使生产摆脱桎梏"①。

第四，公有制不仅在某一个国家得到确立，而是在世界范围内得到普遍的确立，只有这样才能实现以人的自由全面发展为基础的全方位的联合劳动，必将反过来进一步促进人的自由全面发展。在这种条件下，劳动者之间的竞争——人类的生存斗争将自然停止，人们可以有更多的自由时间。世界范围内公有制的确立，公共利益会得到保障，社会总生产的计划可以科学地组织实施。很明显，马克思给我们描绘的关于未来共产主义社会的美好形态，是克服了资本主义剥削及各种极端病症的社会形态。在那里，只存在自由人联合起来的社会占有，该所有制关系是自由人所有与社会共同占有的有机统一。由于人类对所有制关系的合理选择形成了将个人自由、激励与公平分配辩证统一起来，将经济生活的效率与公平真正地统一了起来，使劳动从根本上摆脱了双重依赖关系，实现自由全面发展。这是人类社会历史发展的美好阶段。

综上所述，可以认识到马克思科学社会主义理论中关于公有制本质的理论，首先是以资本主义私有制的对立物的形式出现。该所有制关系建立在生产力高度发展基础上的，是对传统资本主义所有制关系的历史超越。与此同时，这种公有制又在更高层次上实现了劳动者与劳动条件、劳动与经济权力实现形式所有权重新统一，使自由劳动的个体具备一定程度的经济权利，既拥有一定程度的所有权又一定程度地超越个体劳动私人性质，从而实现了生产资料的共同占有和共同使用；在个体自由的基础上实现了社会的、某种程度的计划生产。与之相适应，这种未来社会公有制的实现，意味着私有制的灭亡，私有制一旦灭亡，资本主义社会里的"雇佣劳动""分工""自由竞争""垄断"等都会随之灭亡。总而言之，公有制最终消灭的是阶级及财产的阶级性质，而不是个人财产权。

资本主义生产在"物的依赖"关系下推动社会生产力的极大发展，是未来社会所有制关系建立的历史前提。这一阶段将实现社会生产力的巨大发展与科技的进步。

马克思在《〈政治经济学批判〉导言》中，讨论了人类历史发展的三个阶段，并强调指出人类社会历史进步只有在经历了"物的依赖"的第二阶段，

①《马克思恩格斯文集》第9卷，北京：人民出版社，2009年，第145-146页。

才能有可能进入第三阶段，即"第二个阶段为第三个阶段创造条件"①。按照马克思对人类历史发展的阶段划分，以人对物的依赖关系为主要特征的资本主义社会与以往的社会诸形态是截然不同的。马克思对这一历史形态作了特别的分析。他指出："以物的依赖性为基础的人的独立性，是第二大形态，在这种形态下，才形成普遍的社会物质交换、全面的关系、多方面的需求及全面的能力的体系。"②在这样的社会形态内"一切产品和活动转化为交换价值，既要以生产中人的一切固定的依赖关系的解体为前提，又要以生产者相互间的全面的依赖为前提"③。这里所说的"生产者相互之间的全面的依赖"，与前资本主义社会表现为人与人之间相互依赖关系有着本质的不同。在资本主义社会里，人与人之间的相互依赖关系受到物的制约，这种物的制约是独立存在的物的关系且不以人的意志为转移的。前资本主义社会里，个人之间是互相的和全面的依赖，而在资本主义社会是完全不同的。它是利用交换价值的存在才形成他们之间的关系。在这里，进行交换的活动或劳动的社会性，表现为异己的物的东西；表现为物的统治的关系，而不是像之前个人之间的相互关系，这些关系由个人与个人之间的互相冲突而产生，并因此独立于个人而存在；普遍的物的交换使每个人都不能"独善其身"，因而呈现出一种与个人对立的异己的力量。"每个个人以物的形式占有社会权力。如果你从物那里夺去这种社会权力，那你就必须赋予人以支配人的这种权力。"④不过，这种关系本质上仍然是人与人的关系，是以物为媒介的人们之间的关系。因此，马克思揭示道："商品形式的奥秘不过在于：商品形式在人们面前把人们本身劳动的社会性质反映成劳动产品自身的物的性质，反映成这些物的天然的社会属性，从而把生产者同总劳动的社会关系反映或存在于生产者之外的物与物之间的社会关系。"⑤可见，在资本主义社会中，个人的权利、自由貌似比前资本主义社会更多了，但是由于普遍存在的物化了的关系，个人受到物的力量的控制和支配比以往反而大得多，所以，"个人的权利不过是利己主义的资产阶级所有权"⑥。

积累和增加新的生产方式是消灭所有权关系的必由之路。参照马克思所

①《马克思恩格斯全集》第 46 卷第 1 册，北京：人民出版社，1979 年，第 104 页。
②《马克思恩格斯全集》第 46 卷第 1 册，北京：人民出版社，1979 年，第 104 页。
③《马克思恩格斯全集》第 46 卷第 1 册，北京：人民出版社，1979 年，第 104 页。
④《马克思恩格斯全集》第 46 卷第 1 册，北京：人民出版社，1979 年，第 104 页。
⑤《马克思恩格斯文集》第 5 卷，北京：人民出版社，2009 年，第 89 页。
⑥《马克思恩格斯全集》第 46 卷第 1 册，北京：人民出版社，1979 年，第 213 页。

设想的未来社会的特征及相对应的所有制理论，我们可以看出：一方面，目前世界上主要的发达资本主义国家并没有按照马克思的设想发生由资本主义到社会主义的转变；另一方面，当前社会主义国家进行的所有制改造和实践也没有完全按照马克思所有制理论预想的模式进行。鉴于此，国内外学者认为有必要重读马克思关于科学社会主义理论的经典，在总结 20 世纪苏联社会主义计划经济实践基础上，结合各个国家的实际情况对马克思经典作家的理论作进一步的阐释与说明。笔者认为，马克思理论的科学价值不在于对未来社会一些具体细节的描述及这些描述与当今社会的吻合程度，而在于它是否准确地揭示了人类社会发展的总体趋势，即在于由社会发展规律决定的"正在实现的趋势"[①]。只要马克思主义所揭示的社会经济规律本身是正确的，那么，社会主义公有制最终将代替资本主义所有制，理论形态的公有制必将变成现实的公有制，这种发展趋势是不可逆转的。至于在未来社会主义、共产主义的具体形式如何，那有待于实践的发展与检验。其实，马克思对未来社会所有制关系的描述也是属于初步的探索，尽管不乏天才式的发现与阐述。当然，应该认识到社会发展是一个自然历史过程，具有渐进性和阶段性。马克思从来不认为社会主义公有制可以一蹴而就，社会主义社会是一个从低级到高级的不断发展和完善的过程。

当今已确立和实行社会主义公有制的国家无一例外地处在为社会主义高级阶段，即处在积累和增加新的生产方式的时期，这一时期可能经历上百年甚至几百年的时间。按照马克思关于人类社会三大发展形态的理论，处在这一发展时期的社会主义社会，还存在人对物的依赖关系的因素，甚至还存在人的依赖关系的残余。总之，生产力发展的每一进程，都为将来过渡到高级阶段社会主义创造出物质条件，都为摆脱双重依赖关系社会的到来奠定坚实的社会经济基础。只有不断充分积累和不断增加新的生产方式，才能最终消灭所有权关系，才能实现真正的社会占有。

---

① 《马克思恩格斯文集》第 5 卷，北京：人民出版社，2009 年，第 8 页。

第六章　西方学者发展剩余价值论的新成果

马克思剩余价值论自诞生以来，国外经济学家给与大量的关注和深入研究。自工业革命以来，随着资产阶级和工人阶级之间的矛盾不断发展，各国工人在各种各样理论的指导下进行了英勇顽强的斗争。同时，生产过剩经济危机的频繁爆发导致资产阶级的统治地位受到了巨大威胁，资产阶级意识到过分压榨工人带来的危险，于是不得不作出让步来缓和两大阶级之间的矛盾，这样的做法使得一些国家的阶级关系界限变得模糊起来。

在这种情况下，国外一些主流经济学家利用出现的新情况来否定和歪曲马克思剩余价值理论，无视马克思理论的推理过程和依据，宣布马克思剩余价值论已经过时。但是也有一些经济学家坚持马克思主义方法论，并借助新的工具研究资本主义出现的新情况新问题。这里将他们的研究归纳为三种理论并作出评析，以帮助我们进一步学习和研究该理论。

第一节　斯拉法的实物价值理论

1960 年，英国经济学家皮罗·斯拉法的被誉为"划时代的著作"《用商品购买商品》出版，该书的出版无论是在西方经济学领域还是在马克思主义经济学领域都引起了强烈的反响。斯拉法理论体系中的一个基本观点是，商品的价格即交换比率只取决于生产的技术条件，而剩余的分配则不受这种技术条件的支配，即剩余的分配虽独立于价格机制但又按同一机制与价格同时决定，并将社会生产部门划分为"维持生产而生产"的部门和"具有剩余的生产"部门。所以，商品价值是由生产的技术条件、分配条件及固定资本的更新情况决定的。

6.1.1 斯拉法以"合成商品"为基础的价值理论

斯拉法从社会生产自我更新的条件出发，提出了"合成商品"的概念。他将各种商品按照一定比例组成的"合成商品"，以此作为不变的价值尺度，并最终将它还原为劳动，以体现价值由劳动形成所具有的普遍性。一定意义上，马克思与斯拉法都继承了李嘉图价值理论，但他们是从不同的侧面，沿着不同的路线，运用不同方法建立了各自的价值理论。斯拉法认为：商品的价值就是交换价值，也就是使用价值的交换比例，这种交换比例是由再生产过程的技术条件，即物质补偿条件直接决定的；不需要也不存在任何"能够独立于并且先于产品价格的决定而加以衡量的"[①]数量，这就是他的价值理论。虽然斯拉法在《用商品购买商品》中并未直接提及马克思的劳动价值论和价值转型理论，但不同学者都从中找到了自己论证自己观点的依据。劳动价值论的支持者和反对者各执一词，由此拉开了一场自 20 世纪 70 年代以后围绕斯拉法体系展开的关于马克思劳动价值论是否必要的争论。一部分西方学者认为，斯拉法体系的实物分析模型排除了价值分析的可能性，说明劳动价值论是多余的；而另一部分经济学家却认为斯拉法体系为"转型问题"提供了新的分析工具，并对价值转化为价格论证作出贡献，认定斯拉法体系的创立是对劳动价值论的"复兴"。

斯拉法价值理论体系是将社会生产部门区分为"为维持生产的生产"与"为剩余的生产"，以此作为其价格理论的基础：

第一，"为维持生产的生产"的部门是指全部产品用于补偿生产中消耗的生产资料和生产者的生活资料的体系。假设有商品 a、b……k，每种商品由不同生产部门进行生产；A 为每年生产的 a 的数量，B 为 b 的年生产量……；我们也称 Aa、Ba……Ka 为生产 A 的生产部门每年使用商品 a、b……k 的数量；Ab、Bb……Kb 为生产 B 的生产部门每年使用相应商品的数量。会出现如下生产情形：

$$AaPa+BaPb+\cdots+KaPk=APa$$
$$AbPa+BbPb+\cdots+KbPk=BPb$$
$$\cdots\cdots$$
$$AkPa+BkPb+\cdots+KkPk=KPk$$

以其中一种商品当作价值标准，使它的价格等于 1，这就剩下 K-1 个未知数。由于在这些方程的总量中，相同的数量出现在左右两方，因此任何一个方程可以从其他方面的加总推知，这就剩下 K-1 个独立的线性方程，这些方程唯一地决定 K-1 个价格。[①]

第二，"具有剩余的生产"是指社会产品除补偿生产过程中的消耗外还有剩余的体系。

在有 K 种商品的一般情形下，就是增加利润率这个未知数。假设利润率为 r，那么就可以建立上面一样的价格方程组：

$$（AaPa+BaPb+\cdots KaPk）（1+r）=APa$$
$$（AbPa+BbPb+\cdots+KbPk）（1+r）=BPb$$
$$\cdots\cdots$$
$$（AkPa+BkPb+\cdots+KkPk）（1+r）=KPk$$

斯拉法认为在具有剩余的经济体系下，同样地可以采用任何一种商品当作价值标准，使它的价格等于 1。这样，这个体系共有 k 个独立的线性方程，这个方程决定 k-1 个商品价格和利润率 r。

6.1.2 斯拉法对边际主义理论的批判

斯拉法的价格理论虽然将商品价值诉诸一般商品实体，但该理论最终将合成商品回归到的劳动，并将价值的决定归结为受技术关系、分配关系的双重影响，且二者也不是截然区分的，比较客观辩证地讨论了价值决定问题。但该理论实物价值分析法完全取消了价值与使用价值的区分，便意味着取消了对马克思关于价值形式及货币问题的分析，以及对商品经济基本矛盾等问题的分析，与马克思经济学在研究方法上相左。

斯拉法的这一认识不同于马克思的劳动价值论，与生产费用论、边际主义价值论等也有着差异，有其自身独特的理论意义。

第一，斯拉法认为生产费用并非决定基本产品交换价值的唯一因素。斯拉法在《用商品生产商品》中说："对于非基本产品来说，用'生产费用'来表示（价格）是合适的。因为……这些产品的交换比率仅仅是对于为了生产它们而必须支付的生产资料，劳动和利润的一种反映——这里没有相互依存

① 斯拉法：《用商品生产商品》，北京：商务印书馆，1963 年，第10-11 页。

关系。"①但是对于基本产品来说，生产费用与价格是不同的概念。这是因为基本产品的价格不仅取决于生产它所耗费的生产资料的价格，同时还取决于它自身的价格。为了表明自己的价格理论与生产费用理论是截然不同的，斯拉法曾明确表示他在任何情况下都不会应用"生产费用"这一概念。

第二，该理论排除了在当时盛极一时的边际主义价值论的影响。斯拉法一生都是边际主义学说的坚定批判者。在《用商品购买商品》一书中，斯拉法对边际主义价值论进行了全面的分析和有力的批判，从该书的副标题——"经济理论批判绪论"就可以看出斯拉法对边际价值论和传统西方分配理论的反对。斯拉法对边际主义的批判主要表现在以下方面：首先，他摒弃了收益变化的假定。斯拉法的价格理论是建立在产量不变基础上的，他在书中明确地指出："书中没有研究产量的改变，并且，……没有研究一个生产部门所使用生产资料的比例的改变，因此，不发生收益改变与不变的问题。"②由于边际主义价值论离开收益（产量）的改变是建立不起来的，因此斯拉法的这一理论直接动摇了边际主义价值论的根基。其次，摆脱了供求分析的樊篱。现代边际主义价值论实质上就是供求决定论，斯拉法早年的思想也受到过这种分析范式的影响。但在《用商品生产商品》一书中，斯拉法完全摆脱了供求分析法和供求决定价格的认知，而是指出产品价格是由生产方法、分配条件和固定资产使用寿命决定的。最后，他用再生产理论代替了单次生产论。边际主义价值论是一种单行道的生产理论，它的分析视角从稀缺资源的利用开始，到消费者爱好满足为止，将生产资料更新过程，也就是再生产过程排斥在理论体系之外。斯拉法则抛弃了这种单行道理论，而采取了古典经济学的再生产与资本积累论。斯拉法应用数学推导及模型的方式对实物价值经济的再生产过程进行论证，试图寻找到以"合成商品"为价值基础的再生产顺利进行的社会协调方案，并论证其可行性。

第三，将"合成商品"最终归结为劳动。马克思的劳动价值论认为，劳动是创造价值的唯一源泉。而在斯拉法的理论体系中，价格决定于生产方法、分配条件和固定资产使用寿命。他之所以论述价值与劳动量的关系，是试图把劳动价值论包含在他的体系中，从而论证他的价格理论更具有一般性。但总体来看，"劳动创造价值"的观点对于斯拉法价格理论体系的建设而言并非

① 斯拉法：《用商品生产商品》，北京：商务印书馆，1963年，第14页。
② 斯拉法：《用商品生产商品》，北京：商务印书馆，1963年，第6页。

必要的环节。

6.1.3 马克思主义劳动价值论与斯拉法价值论的比较分析

从马克思劳动价值论出发，斯拉法的价值论似乎一定程度上克服了马克思经济学关于转型问题的困惑，并保留了剩余分配的权利理论，但作为一种批判理论，该理论在方法及任务方面大打折扣，削弱了马克思经济学关于经济问题本质及规律性、趋势性问题的认识，削弱了马克思经济学的革命性、变革性的功能。

主要表现在以下三方面：

第一，斯拉法价值论把价值、交换价值、价格和生产价格四个概念混为一谈。在他所提出的"剩余产品的价格体系"中，斯拉法把平均利润率作为一个变量，结果求出来的值不是价值也并非生产价格，但斯拉法依然将其视为价值或交换价值。其实，价值、交换价值、价格等是相互联系但又完全不同的概念，各自代表着不同的含义。在斯拉法具有剩余的生产体系中，若将平均利润率作为前提，实际上已经是在指生产价格。而生产价格自然要受到分配变动和固定资产使用寿命的影响。但由于斯拉法未严格区分价值和生产价格的概念，因此将生产价格的影响因素与价值的决定因素相混淆，从而错误地认为价值不只取决于社会必要劳动量，而且与资本分割、分配等因素相关。虽然在平均利润率形成以后，某种商品的价值一般不与生产价格相等，但这只是分配变动和固定资产使用寿命变动等因素的结果，丝毫不改变价值的规定性。

第二，斯拉法并未在物质关系之中认识到价值本质所体现的社会关系。价值关系本质上代表商品生产社会中的人与人之间的生产关系，产品的交换实际上是不同劳动者所耗费的劳动的交换，交换过程反映的是劳动者之间的劳动关系。但是，在斯拉法的价格体系中，商品价值仅仅表现为商品之间的物质交换比率，这种比率随着生产方法的改变而改变。虽然他也曾试图将劳动耗费与他的价格理论联系起来，但劳动价值论对于他的理论体系并不是必需的。因此从这个意义上讲，斯拉法体系已在一定意义上脱离了马克思经济学的本质。

第三，在去剩余价值一般分析范畴的条件下，斯拉法单纯地讨论工资，并把工资作为剩余价值的一部分，这在一定程度上就抹杀了资本主义剥削实质。这一认识会通向这样的结论：工人和资本家共同参加剩余价值的分配，劳资双方间并不存在剥削，工资和利润在剩余价值中占有的份额大小也没有确定的界限，而取决于两大阶级力量的对比。这样，资本主义的剥削关系便在这一理论下被掩盖了。资本主义社会两大阶级的对抗性并非体现在生产领域，而在分配领域，这便成了为资本主义制度辩护的论点。其实，在资本主义经济中，工资始终是劳动力价值的转化形式，是劳资关系的体现，无论工资水平随着生产力发展等因素出现怎样的增长，工资的基本性质也不会发生改变。

斯拉法的价值理论除了存在上述缺陷外，也不乏科学因素，主要表现在：

第一，斯拉法认为商品价格的变动必然影响该商品作为生产资料的其他商品的生产成本的变化，从而影响其他商品的价格，反之亦然。因此，应当建立一套联立方程体系对各个商品的价格同时求解，否则难以确定价格。这一思想在很大程度上是符合商品市场的实际情况的。这一思路对于发展劳动价值论有着一定的启发，可以建立以劳动价值论为基础的价值决定体系。在这一价值体系中，一种商品的价值的变动必然影响把该种商品作为生产资料的其他商品价值发生变动。

第二，斯拉法对基本产品和非基本产品的划分对于经济学的研究视角有着很强的参考意义。他认为，在商品经济中，只有那些直接或间接地参加所有商品生产的产品的价格才互相决定，而那些不参加其他商品生产的商品价格则是被决定的。斯拉法对商品的这种划分方式也可以运用到价值决定分析中去。在建立劳动价值体系时，我们也可以将价值变动对所有商品的价值都发生直接或间接影响的那些商品与没有这些影响的商品区分开来。

可以看到，斯拉法的价格理论中虽然存在着明显的错误，但他对于马克思主义基本原理的一些见解及科学方法、计算方法上的创新，对我们发展马克思主义经济学和指导市场经济建设都有着深刻的启发意义。

第二节　罗默-赖特对剥削问题的研究

罗默是 20 世纪 80 年代美国分析马克思主义经济学家。1981 年出版专著《马克思经济理论的分析基础》，次年又出版了《剥削与阶级的一般理论》，这两部著作被认为是当时西方学界分析马克思主义的代表作。在两部著作中，罗默应用了新古典经济学的分析方法对马克思的剥削理论所推出的许多重要结论作出了论证。虽然在他的著作中,罗默否定了马克思剥削理论的基础——劳动价值论,但却从纯粹的财产关系、技术关系的角度得出了很多与剥削相关的实证性结论,并认为马克思剥削理论总体说来依然具有强大的生命力。

6.2.1 罗默的剥削一般理论与具体形式

罗默的剥削理论是以马克思对剥削关系的财产性理解为基础的,但他将该理论推向更为一般的层面。财产关系分析与合作博弈方法论是罗默剥削理论的两个特点。

第一,罗默认为马克思的剥削理论的核心思想是生产资料的私人占有,即资本主义私有制是剥削产生的主要原因。因此,他要抓住财富这个核心去重构剥削理论。但他在这个方面走极端,几乎把财富的私人占有不同历史阶段形式都等同于剥削关系,将剥削关系推向更为一般的分析,包括前资本主义,也包括社会主义。他认为,马克思阐述的只是一种以自愿交换为特征的经济制度中的剥削形式,即资本主义剥削,而他研究剥削问题的重要目标却是要建立一种超出各种具体社会形态剥削形式的具有一般性的剥削理论,再应用这种一般的理论原则分析各种具体的剥削形式,如封建剥削、新古典经济学派所指的剥削、资本主义剥削等。第二,罗默构建了被称为“合作博弈理论”的新的研究方法论。罗默认为,用马克思的劳动价值论分析剥削问题并不科学,因此他试图利用“合作博弈理论”的核心的思想去重新建构他自己的剥削理论,试图对剥削问题的分析另辟蹊径。罗默认为,到目前为止的各种社会经济形态中都存在不平等,但并不是所有的不平等都被一个社会看作剥削或不公正。但是,在剥削的观念中则必然包含了某种方式的不平等。而具体到某个社会,把怎样形式的不平等看作剥削,又将怎样形式的不平等不看作剥削则必须基于一种现实的历史观。

那么,罗默究竟是用怎样的方式区分剥削的不平等与非剥削的不平等呢?他提出了这样的标准来衡量某个社会群体是否受到剥削:一个群体是否有某种条件或能力进行其他选择。这其实相当于一个经济体中由当事人组成的各种群体参与的博弈,其中一个群体可以选择参与该经济体,也可以选择退出。同时为了界定该博弈,还应当详细说明任何一个群体如果从该经济体中退出的话,它依靠自身所取得的经济效益是改善还是恶化。比如说,一个群体 S 带着人均社会资产“退出”某经济体后可以使其中的成员过得更好,那么就能说明 S 在该经济体中就是受剥削的。反之,若是该群体中其他群体

S'退出，状况就将比原先恶化，那么就可以认为群体 S'在该经济体中就是剥削者[1]。如果一种经济中任何群体的退出都不会影响其他成员的生活境况，则在该经济体中便不存在剥削。

通过这样的方法，罗默就用合作博弈的核心思想把剥削问题模式化并消解了。没有任何群体受剥削的收入分配便成为了博弈的"核心"。如果参加博弈的群体 S"退出"后的"盈利"（收入总量 Vs）要高于他现在的收入，那么用博弈论语言就说 S 能给一种收入分配"盖顶"，而这样一个"盖顶"的群体就可以被判定为一个受剥削的群体。[2]可以看到，在罗默那里，他将剥削概念理解为有一种更好的其他选择的可能性。而对构成什么是封建剥削、资本主义剥削或所谓"社会主义剥削"的提法就等于对各"退出"规则列出不同的具体规定，即依据何种类型的财产。

这就是罗默所构建的一般剥削理论。他也曾运用这种一般理论对各种具体的剥削形式作出分析，并以此丰富其一般理论。第一是关于封建剥削。罗默设想在封建经济体制下有一批财富拥有不均的人进行生产和消费，如果某个群体退出这种经济体后会改善自身经济境况，就可以认为这个群体受到了剥削。于是，封建的非剥削就是这种私有制调换博弈的核心。同时罗默认为，有关这种退出的说明正确地把握了封建剥削的形式，因为它给出了这样的结论，即佃农受剥削而地主是剥削者，此外如非佃农无产者在这些规则的设定下就不是受封建剥削的群体。因此，这个定义专指封建剥削。在封建制度中，佃农被要求从事徭役和为地主庄园劳动，而如果他们被获准带着自身的资产比如耕地等退出封建社会就会获得更好的生活状态。他们可以拥有同样的消费并且可以不必为地主提供劳动服务。而根据这些规则，"退出"其实等同于摆脱封建束缚。[3]

第二，关于资本主义制度下的剥削形式。罗默认为可以用一套不同的退出规则来界定资本主义剥削，并且这是一个不同的博弈。为了检验生产者群体是否受到资本主义剥削，当一个群体"退出"时，要允许它带走"人均社会可转让生产资料"，而并非封建经济博弈中所规定的私有财产。对于封建主义应当检验的问题是，假使封建束缚被废除，那么当事人会有怎样的好处。

---

[1]　群体 S'是群体 S 的补体，即是说，如果 S 受剥削，它是受 S'的剥削，S'（在现行经济的分配中）的获益就是 S 的损失。这里说明了人受人的剥削，而不是受自然的剥削。

[2]　以上见罗默所著《马克思的剥削与阶级理论新探》，载《分析的马克思主义》第 102-104 页。

[3]　以上见罗默所著《剥削与阶级的一般理论》，第 199 页。

而对资本主义的问题则应当变为，如果可转让财产的关系废除了，那么是否会改变当事人的生活状态。罗默指出，给出这种描述限定的替代选择后，他所定义的资本主义剥削便"等于马克思根据社会必要动时间和剩余价值来界定的剥削定义"。①而由于罗默认为马克思的资本主义剥削理论仅仅是将剥削问题归结为生产资料问题，因此他断言根据生产资料私有财产的替代形成的平均分配来确定资本主义剥削的特征就可以准确把握马克思剩余价值论中的剥削含义。罗默甚至认为，他所构建的根据财产关系的博弈方法来确定马克思的剥削的特征比剩余价值论还要优越。因为在涉及对剥削的研究时，财产关系的概念可以更清楚地揭示其道德要求，博弈的方法又允许人们设想一种替代的选择，用以跟资本主义生产条件下的无产者作比较。

实际上，罗默关于剥削定义不能从实质上反映资本主义剥削的状况，由此引起许多评论者的批评。有趣的是，罗默却用他的这种剥削定义方法批评和反驳了某些为资本主义辩护的观点。例如新古典派的一个共同观点是：在竞争均衡中不存在剥削，因为每个人已经从交易中尽可能多地获利。如果乙自愿地与甲交易并从中获益，怎么能说甲在剥削乙呢？罗默坚持认为，无产者在他的劳动力交易中有收获，否则他会挨饿，但他的剩余劳动还是被剥削了。他指出，问题的焦点是封建剥削与资本主义剥削的不同。没有群体能从贸易中获得更多好处，等于说，这样的分配是封建经济的核心，即没有一个群体携带其私有资产退出能从贸易中提高该群体成员的状况。因此，新古典派观点认为，在资本主义社会没有封建剥削。罗默认为尽管该观点是正确的，但是它并不能否定在资本主义社会存在资本主义剥削。

按照罗默观点，新古典派的剥削理论等于封建剥削理论，它的道德要求是在消灭自己贸易的桎梏——人身束缚、奴役制和关税等——的同时尊重生产资料的私人占有。资本主义的或马克思的剥削理论的道德要求则是消灭生产和生产收入的活动的桎梏——生产者面临的桎梏，不能与生产资料直接结合的桎梏。

第三，有关"社会主义剥削"。罗默认为，在资本主义剥削被消灭之后的社会主义形态，由于个人还占有不同的不可转让财产，比如个人技能等，不平等依然存在。罗默把这种不平等称为"社会主义剥削"。他说："在可转让资产被平均分配之后，如果一个联合体带其人均社会不可转让财产退出就能

---

① 见罗默所著《剥削与阶级的一般理论》，第 202 页。

改善自己的命运，那么它就受到社会主义剥削。尽管执行这种技术的再分配也许是不可能的，或至少会碰到棘手的难题，但稍有一点经验，这种计算便可确立起来。"①必须明确指出的是，在社会主义制度下，如果消灭了生产资料私有制，剥削制度便随之被消灭，如果社会还存在不平等，甚至接受罗默的"剥削"概念的话，这种剥削也是非制度性的，并与资本主义剥削在性质上是完全不同的。除此而外，罗默提出在社会主义社会还存在着"地位剥削"。除了以上各种剥削形式以外，罗默还提出了"地位剥削"的概念。他认为报酬按地位划分，特定的收入与人们的地位是有密切联系的，但是又同时与占有那种地位所必需的技术完全无关，这种现象便被罗默称为"地位剥削"。地位剥削存在于社会主义社会中，而社会主义中的"大多数不平等"都具有地位剥削的性质。但从根本上说地位剥削是资本主义社会剥削的典型，因为官僚地位常常使处于这种地位上的人能控制某些资本。

以上各种具体的剥削形式是与不同社会形态且各具特色的生产关系及的财产关系相适宜而建构的，罗默认为通过应用这些博弈规则比较不同的社会形态剥削关系，形式上是简单优美的。此外，罗默认为自己关于剥削的定义反映了历史唯物主义的思想：资产阶级革命的任务只是消灭封建剥削，但同时资本主义剥削和"社会主义剥削"亦然，而社会主义革命的任务便是消灭资本主义剥削。而每次革命都会消除与其独特的财产形式相联系的不平等，包括封建社会的契约关系、资本主义的可转让的生产资料、社会主义的不可转让的财产，从而使被允许的私有财产的范围随着历史的发展而逐步缩小。

6.2.2　罗默的社会必要剥削理论

事实上，除了上述剥削理论外，罗默的剥削理论的精华在于他提出了"社会必要剥削"这一概念。学者关于剥削问题的分析多涉及其本质、形式及罪恶性方面，极少涉及其历史必然性方面，包括其所发挥的积极作用。但罗默却认为，剥削通常也伴随着激励因素，因此在某些历史阶段过早地取消某种形式的剥削的同时也取消了激励因素，这是不利于社会生产力发展的。因此，"社会必要剥削"的概念也就此产生。

罗默对"社会必要剥削"的界定是承接着上文中所讨论的"撤出博弈"而来的。如果某个生产者群体在退出经济体后不能维持激励技术革新和发展

---

① 见罗默所著《马克思的剥削与阶级理论新探》，载《分析的马克思主义》第109页。

更具劳动生产的结构效能，并且使得该群体的经济效益比以往还糟，那么这种剥削就被称为"社会必要剥削"。社会必要剥削可以被划分为静态和动态两种情况。若是生产者群体退出后情况直接恶化，称为静态意义上的社会必要剥削。若是退出后在初期有所改善，但很快又因为缺乏发展生产力的激励因素而恶化，称为动态意义上的社会必要剥削。①罗默认为，组织群体"撤出博弈"的行为规则，在客观上对于原先的经济体和替代的经济体就发挥着一种激励。

举个例子，假设在早期资本主义社会中，资本主义财产关系是实现积累和技术创新的必要条件。退出社会的群体，比如随着社会人均资产退居山区的群体，会很快由于缺乏创新等因素落后于社会。可以看到，在早期资本主义的发展中剥削可以促进生产力的发展并且在一定程度上增加被剥削者的福利，这种剥削便是必要的社会剥削。罗默认为，在当前的社会主义中，劳动技能差异造成的"剥削"其实也是一种必要的社会剥削。社会必要剥削的观点蕴含着历史唯物主义的思想，它认为每种生产方式有其出现的历史原因和存在的必然性，只有当生产关系不再适应生产力的发展时，这种生产方法才应当退出历史舞台。因此，虽然马克思曾猛烈地批判资本主义的原始积累和剥削给社会带来的深重罪恶，但也曾公正并客观地评价了资本主义在发展生产力方面的历史价值。在谈到共产主义初级阶段的不平等时，马克思还指出权利永远不会超越社会的经济结构和经济结构所支配的社会文化发展。

在对社会必要剥削问题的探讨方面，埃尔斯特对这种现象作了定量分析。他假设存在这种情况，即受剥削者所获得到的经济效益高于他们不受剥削时的获利，而一旦免去剥削则会损害生活质量。②在这种情况下就存在社会必要剥削。当然，与此相应也应该存在社会必要的剥削范畴，即这种性质剥削的存在不仅不利于社会生产力的进步与民生的改善，还带来一系列的严重的道德问题。这样的主张，还可以从当代西方著名伦理学家罗尔斯（John Rawls）关于公正的理论中得到印证。按照他的正义理论，只要现存的不平等能够有益于那些境况低于总体平均值的人，这种不平等就是可以接受的。③因此剥削是一种社会历史现象。在一定历史发展阶段上，什么样的剥削是必要的，什么样的剥削又是不必要的，应该根据历史唯物主义的观点来说明。我国现

① 见罗默所著《剥削与阶级的一般理论》，第 267 页。
② 埃尔斯特：《分析的马克思主义》，《经济社会体制比较》，1988 年第 5 期，第 64 页。
③ 罗尔斯：《正义论》，北京：中国社会科学出版社，1988 年，第二章。

阶段引进外资是接受一种资本剥削，但它对于推动我国的经济加速发展和提高人民总体生活水平有着积极作用，这是一种必要剥削。而现阶段收入分配关系中存在的脑体倒挂现象，却是消极的不平等现象，亟须政府通过政策调整及时纠正。我国是社会主义国家，虽然剥削制度已经被消灭，但非制度性的剥削现象在现在的生产力发展阶段是不可避免的。对此既不能像"文化大革命"期间那样搞平均主义，也不能纵容社会不必要剥削的存在。

6.2.3 对罗默剥削理论的批评与赖曼的"强迫"剥削论

当然，罗默单纯从财产关系和纯技术关系讨论剥削问题引起许多批评，也引发了更多学者讨论该问题，柯亨的权利理论具有代表性。1979 年，柯亨发表了题为《劳动价值论与剥削概念》的文章。文中认为，虽然马克思关于工人创造价值的观点是不正确的，但工人是唯一创造出具有价值的产品的人。虽然某些资本家也劳动，但他们并不直接创造有价值的产品。而资本家却占有了劳动者创造的一部分价值，在劳动者取回的价值少于他所创造的价值的情况下，劳动者就是被剥削的。但是柯亨否定劳动价值论，认为它对于谴责资本主义剥削"并不是一个适宜的基础"，由于它反而被"弄得混乱不清"[①]。不过，柯亨除了简单地诉诸语言逻辑以外，并未有有价值的理论贡献。时任白兰地斯大学哲学访问教授的沃尔夫也试图从"占有工人的剩余价值"去定义剥削。但他复杂的数学公式同样是在论证一般商品生产者是受剥削的。他认为："资本主义对工人的剥削既不单独发生在流通领域，也不单独发生在生产领域，而是发生在两者之间循环的相互作用中。"[②]但是，与柯亨一样，他除了作出一些逻辑上的断言以外，没有形成有说服力的研究。

道德哲学家布坎南（A. E. Buchanan）认为，由于马克思研究了物质资料生产的全过程，涉及生产、分配、流通、消费方方面面的问题，故马克思对剥削的解释是复杂多层面的。他认为在马克思的著作中包含了三种既有区别又有联系的剥削概念，即在资本主义劳动过程中的剥削概念、不仅运用了资本主义劳动过程同时也运用了所有阶级社会的贯穿历史的剥削概念、不限于劳动过程现象的一般剥削概念。此外他认为，马克思关于劳动过程的剥削概念还有四个要点：第一，劳动行为是被迫的；第二，一部分劳动是无偿劳动；

---

① 柯亨：《劳动价值论和剥削概念》，《哲学与公共事务》，1979 年第 8 期第 4 卷，第 338 页。

② 沃尔夫：《对马克思的劳动价值论的批判与重新解释》，《哲学与公共事务》，1981 年第 10 期第 2 卷，第 89-120 页；《答罗默》，载《哲学与公共事务》，1983 年第 12 期第 1 卷，第 88 页。

第三，工人创造了剩余（劳动产品）；第四，工人自己不能支配自己创造的劳动产品。在《德意志意识形态》等著作中，马克思认为剥削最一般的概念是对人的有害利用，但布坎南认为，剥削的定义应该体现出它在道德上错在哪里。他指出，剥削其实就是将一个人当作纯粹为自己盈利的工具，将人视为非人的东西。他认为这种定义方法的优点之一是可以将马克思的剥削理论与异化理论紧密地联系起来。[①]总体而言，布坎南对马克思的剥削概念的理解是比较全面的。但他的剥削定义太过于重视道德角度，而且也没有强调生产资料所有权是导致剥削的根本原因。

1987 年，华盛顿美国大学的学者赖曼发表了《剥削、强迫和对资本主义的道德评价——对罗默和柯亨的思考》一文。文中把罗默和柯亨对剥削的定义称为"分配的定义"，并认为他们只从分配的角度分析了问题，"把马克思主义当作一种经济理论而不是一种政治的经济理论"[②]。赖特对剥削关系突出其"强迫性"特征的分析，从另一个极端对剥削关系作了有价值的研究。他强调剥削关系是"不公正的社会关系"，并给出了自己的定义。第一，赖特突出强迫因素的剥削定义。赖特首先分析了罗默、柯亨理论的不足，他指出罗默的剥削理论与柯亨强调占有剩余劳动的提法不同，但最后的落脚点是财产关系，即所谓的"分配的定义"。赖曼这里所说的分配是广义的，包括生产资料的分配关系，还包括以下三个要素：（1）剥削中的不公正是财产的不公正分配的表现。（2）"强迫"对于剥削不是实质性的，它能发生在人们有各种可接受的替代方式供选择的地方。（3）剥削不必在生产中发生，它能在交换中发生。赖特认为，基于这三条之间的联系，罗默把对剥削的认识置于生产之外，消除了那些使剥削具有社会关系的基本特征，使得剥削只剩下经济分配。在此基础上，赖曼提出他自己对剥削的认识："如果一个社会的结构组织从体制上强迫一个阶级提供无偿劳动供另一个阶级所支配，那么这个社会就是剥削的。"[③]

这个定义突出了劳动者被迫工作的特性，尽管有许多西方经济学家曾经突出"强迫"的观点，赖曼只是这些强调强迫因素的评论者中的一员。早在

---

① 参见布坎南：《马克思与正义》（伦敦 1982 年版），第 3 章；《伦理观、效率与市场》（托托瓦 1985 年版），第 42-49 页；《马克思、道德与历史——评新近关于马克思的分析著作》，《伦理学》，1987 年第 98 期，第 131 页。

② 赖曼：《剥削、强迫和对资本主义的道德评价——对罗默和柯亨的思考》，《哲学与公共事务》，1987 年第 16 期，第 21 页。

③ 赖曼：《剥削、强迫和对资本主义的道德评价》，《哲学与公共事务》，1987 年第 16 期，第 3 页。

1977 年，一位叫南希·霍姆斯特龙（Nancy Holmstoom）的女学者发表在《加拿大哲学杂志》上的文章中就认为，剥削的一般特征是"包括强迫的无偿的劳动，劳动的产品不在生产者的控制中"①。她还认为"强迫"特征是对马克思所说的剥削含义的最好解释。在此之后，阿内森（R.Arneson）在分析剥削的道德错误时也曾认为，马克思关于"剥削错误"的思想有两点道德考虑：一是人们应当得其该得，二是人们不该强迫他人按自己的意志办事。因此，他认为"剥削包含了某些人行使权力于他人，损害弱者"，认为马克思总是一再强调资本家在强迫他人劳动②。迪夸特曼（A.Diquattro）在《价值，阶级和剥削》一文中对剥削与强迫的关系有更突出的认识③，他将由强调剥削的强迫特征拓展到工人是否被迫出卖劳动力的讨论。

赖曼认为，虽然在马克思的经典著作中，不大可能找到马克思关于强迫剥削的确切定义，但只要熟读马克思《资本论》，剩余价值生产过程的强迫性是不言而喻的，剩余价值生产的强迫性本来就是马克思的题中之义。马克思曾在《资本论》中说过，资本家榨取剩余价值的过程"按它的本质来说，总是强制劳动，尽管它看起来非常像是自由协商同意的结果"④。也就是说，资本主义剥削从结构上来说就是强迫性的⑤。对于马克思的理论来说，强迫的剥削定义优于罗默的"分配定义"。赖曼说，如果使用包含强迫的剥削定义，就不会得出诸如罗默所说的"穷人剥削富人"之类的荒唐结论。因为财产富有的人无须靠借贷生活，甚至不用过俭朴的生活，因为不是被迫为穷人劳动，没有受到剥削。

从所有制关系上论证资本主义剥削的强迫性质是赖曼理论的一大特点。他指出，资本主义是少数人阶级占有生产资料的制度，而大多数人的阶级只能被迫靠为生产资料占有者劳动而谋生。虽然无产阶级可以有一系列的谋生选择，但从整体的社会财产结构来说，工人一系列的"自由"选择是以资本占有生产手段而工人失去基本生产手段，包括得到自己合理的收入为前提的，是资本以强迫的手段强加在作为整体的无产者阶级身上的，其中包括一些人必须干又脏又累的活才能谋生。对于单个人来说虽然选择的机会存在，但真

---

① 南希·霍姆斯特龙：《剥削》，《加拿大哲学杂志》，1977 年第 7 期第 2 卷，第 359 页。

② 见阿内森所著《剥削错在哪里？》

③ 迪夸特曼：《价值、阶级和剥削》，《社会理论与实践》，1984 年第 10 期，第 70-71 页。

④《资本论》第 3 卷，北京：人民出版社，1975 年，第 925 页。

⑤ 在《资本论》第 1 卷第 7 章"劳动力的剥削程度"一节中，马克思初次讨论剥削但没有把剥削视为强迫的。其他章节还有与"强迫"不一致的论述。

正自主可供选择的可能性并不存在，只不过倘若选择的机会多些，被强迫程度就比较轻些而已[①]。赖曼的观点不无道理，但仅仅从"强迫"上理解剥削关系未免浅显且具有片面性，尽管在马克思的经典论述中强迫性是其剩余价值生产重要的特征。因为在现实生活中有些强迫性的无偿劳动并不能被称为剥削。例如，有些本该受惩罚的人被强制进行劳动等。

罗默在反驳赖曼的责难时认为，强迫既不是剥削的充分条件，也不是它的必要条件。他用简单商品经济劳动方式的"自主"性与雇佣劳动方式的强迫性比较来说明该问题。比如安娜拥有一个大机器，而鲍勃只有一个小机器，这种财产分配是不公平的。鲍勃用他本人的小机器可以生产出他的生活必需品，但安娜雇他开她的大机器，这样，鲍勃消耗比开自己的小机器更少的劳动就能挣得自己的生活品，而安娜通过雇佣鲍勃的劳动获取的利润也足以支付她的生活必需品。这样，鲍勃并非被迫为安娜劳动，但安娜却从鲍勃的劳动中获得生活品。罗默认为，在这个例子中，虽然不存在强迫，但鲍勃是受剥削的，因为财产权的最初分配是不公平的。如果财产权的分配使安娜和鲍勃各人都拥有大、小机器的一半，就没有剥削。罗默坚持认为，在这里，"剥削的财产关系定义提出了正确的论断，不平等交换的定义[②]碰巧也是如此，而赖曼的定义则不行"[③]。显然，罗默的这种反驳依然是从抽象的特例出发，没有从现实社会制度的阶级关系去看剥削。事实上，马克思剩余价值剥削理论是特指资本主义雇佣劳动制度的。相对于简单商品经济，资本主义经济具有了更高的劳动生产力，进而推动了资本主义生产关系的形成。劳动力商品化过程也是在劳动者自由选择的基础上历史性形成的，尽管如此不能否定其剩余价值生产的强迫性，但它不是剥削最主要的特征。

关于罗默对剥削定义的再思考和赖曼的再批评，经过一次公开交锋及相互之间的通信交流，双方都感到自己的定义存在缺陷。在《什么叫剥削——答赖曼》一文中，罗默开始感觉到用财产关系作为剥削定义是不充分的，并接受赖特的意见修改了自己的定义。他将资本主义剥削的定义更正为："当且

---

① 赖曼：《剥削，强迫和对资本主义的道德评价》，《哲学与公共事务》1987 年第 16 期，第 11-18 页。

② 罗默把马克思的剥削定义归结为工人与资本家的不平等交换，这是错误的，是罗默的误解。

③ 罗默：《什么叫剥削——答赖曼》，《哲学与公共事务》，1989 年第 18 期，第 94-95 页。赖曼对此的回答是：鲍勃虽然受剥削，但不是马克思意义上的受剥削，因为马克思的剥削概念还须具备"强迫"这一因素；由于鲍勃用自己的机器劳动也能维持生计，所以他不是被迫与安娜劳动，"因而在马克思的意义上他不是受剥削"。见赖曼：《"分配的"马克思主义的一种替代——对罗默，柯亨和剥削的再思考》，载韦尔与尼尔森编《分析马克思主义》，加拿大 1989 年版，第 322 页。

仅当财产关系定义成立并且剥削者靠被剥削者的劳动获益，即如果被剥削者停止工作，剥削者的状况将会恶化。"[1]在此后不久撰写的《对财产关系与剥削的再思考》一文中他又作了进一步的梳理，原先的定义是设有一个社会被划分为联合体 S 和它的补体 S'。

如果下述条件成立，那么 S 是被剥削者，S' 是剥削者：[2]

（1）如果 S 带其人均生产资本（可转让资产）撤出，他的状况将会改善；

（2）如果 S' 带其人均生产资本（可转让资本）撤出，他的状况将会恶化；

（3）如果 S 带自己的资产撤出社会，S' 将会恶化。

这是原先关于剥削的财产关系定义。现在，他把子项（3）改为：

（3）S' 靠 S 的劳动而获益。

其实，罗默的这种修正，仅仅是为了改变对这些实例是否属于剥削的看法，使案例较以前更具说服性。比如按照他原先的财产关系定义，如果甲比乙富，虽然甲没有雇用乙而获利，但甲还是被看作剥削者。按照修改后的定义，这个例子就不叫剥削。除此以外，罗默还就其他批评者针对他原先定义提出的反例，变换角度对定义作出修改。但无论实例如何变化，罗默的分析还是坚持财产关系的定义。当然，他自己也承认，他的剥削定义的目的也只是提供了关于剥削的一种经济特征。至于这些实例分析是否是马克思或马克思主义的呢？显然不能。因为马克思的剥削观总是与特定历史阶段的社会阶级关系分不开的。

6.2.4　罗默-赖特一般分析框架

罗默分别用私人财产、人均社会资本和人均技能作为划分封建主义、资本主义和社会主义剥削阶级的标准，并提出了一般性剥削分析的"博弈合作理论"方法。但罗默除了对资本主义粗略地推出五种阶级以外，对阶级问题本身并没有更多的阐述。

赖特接受了罗默的博弈论方法，但他同时也看到了这一方法的不足。赖特则在罗默方法的基础上，进一步修改和扩充一般的阶级划分框架。赖特的"矛盾阶级地位论"是以"统治"为基础谈阶级地位的。赖特认为，罗默用以作为各社会形态的剥削和阶级划分标准的财产类型还可以进一步完善。在封

① 罗默：《什么叫剥削——答赖曼》，《哲学与公共事务》，1989 年第 18 期，第 96 页。

② 罗默：《对财产关系与剥削的再思考》，载韦尔与尼尔森编《分析马克思主义》，加拿大 1989 年版，第 257 页、260 页。

建社会，可以用劳动力作为区分标准。劳动力是一种生产的财产。在资本主义社会，每个人都有一个单元的这种财产，即他们自己的劳动力。但在封建社会，对劳动力占有权的分配是不平等的，封建地主占有多于一单元的劳动力，农奴则少于一单元。这样，封建社会的"撤出博弈"可以具体规定为带劳动力的人均社会财产的撤出方法，由此确定封建社会的剥削性质和阶级状况。此外，赖特还认为，由于罗默的"地位剥削"概念对剥削关系的分析与社会生产力的发展不相联系，故不够规范严谨。同时这一概念也很难与封建剥削相区别。他认为可以用"组织"（organization）财产来替代这一概念。"组织本身是一种生产源泉——在复杂的劳动分工中是协调劳动者之间的合作的条件。"在当代资本主义，组织财产一般被资本家阶级或高级经理所控制，资本企业家则直接控制两种财产。而组织财产是"国家官僚社会主义社会"划分"阶级"的主要依据。

以此为基础，赖特确定了四种与生产直接相关的财产并将其作为划分不同社会的阶级的标准，得表如下（见表 6-1）。这就是西方称为"罗默–赖特方法"的阶级划分框架。[①]

表 6-1　财产、剥削与阶级

阶级结构的类型	不平等分配的主要财产	剥削的机制	阶级	革命改造的主要任务
封建主义	劳动力	强制剥夺剩余劳动	地主与农奴	个人的自由
资本主义	生产资料	劳动力和商品的市场交换	资本家与工人	生产资料的社会化
国家官僚主义的社会主义	组织	等级制计划式占有和分配剩余品	经理/官僚与非管理者	组织控制的民主化
社会主义	技能	从工人到专家商谈式再分配剩余品	专家与工人	实质性平等

赖特在图表中杜撰了"国家官僚社会主义"和"社会主义"，只是为显示"一般框架"的对称性的需要，并没有什么实际内容，大可不必费神追究它的错误性质。他运用这种框架分析的对象是当代资本主义社会。

通过这一框架，可以区分出当代资本主义社会经济集团的阶级地位，形

---

① 赖特：《阶级结构分析一般框架》，《政治与社会》，1984 年第 13 期第 4 册，第 391–393 页（图表见第 395 页）；《阶级》（伦敦 1985 年版），第 3 章。

成关于当代资本主义社会的阶级结构的分析。赖特认为，一个具体的社会很少以单一的生产方式为特征，它的实际阶级结构是具有综合特色的。可以看到，赖特提供的阶级结构框架并不完全是马克思剩余价值理论意义上的阶级形态。尽管他认为应当把阶级结构看作一种社会关系结构，在此基础上形成以剥削为基础的经济结构。但由于罗默-赖特阶级结构内有许多地位具有这种剥削利益的复杂构成，并且这些阶级结构本身并不一定产生单一的阶级形态模式，而是只决定各种不同的阶级形态的基本可能性。故赖特认为："阶级结构为阶级形态保留结构的基础，但只有通过对既定社会的特定历史分析；才能解释在这种基础上建立什么类型的实际形态。"[①]至于历史上阶级形态怎样划分，则依赖于当时阶级结构中的一系列偶然因素。

第三节　关于剩余价值生产适用性的研究

马克思的剩余价值论通过分析资本主义生产关系来说明分配关系，同时也对阶级关系和社会各阶层的作用进行了科学的分析，为科学地解释市场经济条件下社会各阶层的作用和利益分配奠定了重要的理论基础。它对分析当代社会经济问题具有重要的指导意义。

在马克思剩余价值论诞生以前，人们普遍认为在封建社会是地主养活了农民，在资本主义社会是资本家养活了工人，为他们提供了生活来源。虽然古典经济学家李嘉图提出了劳动价值论，承认了价值是由劳动者的劳动创造的，但他们却错误地将市场经济运作看作自然规律，认为劳动者只应得到维持最基本生活的工资，而且认为这是永恒的、不可改变的，并且对经济发展来说也是有利的。马克思在《资本论》中，从分析商品开始，提出了价值、使用价值、可变资本、不变资本等一系列的基本范畴，分析了资本主义生产、流通、分配和消费的整个过程，创立了剩余价值论。剩余价值论深刻揭示了资本主义产生、发展和灭亡的运动规律，彻底颠覆了之前的经济学说。

---

① 见赖特所著《阶级》(伦敦 1985 年版)，第 124 页。

6.3.1 阐明剩余价值论适用于当代中国，证明它的科学性，对于更好地协调我国各阶层人们的利益关系，推动我国生产力的快速发展都有着十分重大的现实意义

理解剩余价值理论首先要理解价值的概念。价值是人类一般劳动即抽象劳动在商品中的凝结。劳动产品是市场经济条件下人类财富的主体，劳动产品的交换，本质上是人类劳动的交换。价值本身不是物，不是使用价值，仅仅是一般劳动，是一种社会关系。价值只存在于商品之中，依赖于使用价值存在，使用价值是价值的载体。抽象劳动创造商品的价值，具体劳动创造使用价值，不创造价值。

有些学者提出的要素创造价值论，实际上是要素创造财富论，并由此得出了要素分配论。有些学者则从物化劳动创造价值推论出价值分配，也得出要素分配论。前者有意混淆了使用价值和价值，后者则混淆了具体劳动和抽象劳动与价值创造的关系。要素分配论，实质是按要素所有权分配论。这些理论把劳动力拟物化，将其与一般生产要素类比同时把生产要素参与财富创造的过程等同于创造价值的过程。这样就使得资本主义剥削和雇佣劳动的本质被掩盖了。

与上述理论不同，剩余价值理论看到了物背后的人与人之间的生产关系，指出超过劳动者必要的生活资料之外的经济剩余即为剩余价值，剩余价值的唯一来源是劳动，这一理论强调了劳动和劳动者在人类发展中的作用，揭示了资本主义社会财富的人类来源。与剩余价值紧密相关的一个概念是剥削。马克思用剥削一词来指劳动剥削，即阶级社会所依赖的统治阶级和统治阶级剩余劳动的提取。在马克思看来，阶级社会指的是一种社会，在这种社会中，一些人基于特定的社会分工方式来统治另一部分群体。阶级社会的特征是统治阶级控制着维持生产过程的过程，因此统治阶级必须利用部分劳动时间来产生统治阶级的必需品。因此，阶级社会的分工必须集中在提取剩余价值上。事实上，虽然统治阶级正在为统治阶级的再生产而努力，但它基本上产生了统治阶级的条件。因此，剥削工人剩余价值是阶级社会的普遍现象。

马克思时代的资本主义社会也具有上述一般属性，但又具备自身的历史特点，也就是它的剥削关系几乎完全被表面的交换关系所掩盖，而工人的剩余劳动则采取剩余价值的形式。工人与资本家之间的交换从表面来看是完全公平的。工人出卖自己的劳动力，资本家向工人支付一定的工资。剩余价值

论分析论证了这个交易过程中所隐藏的秘密，即资本家通过剥削工人的剩余劳动而获取剩余价值。因此，剩余价值是资本主义社会特有的经济现象，是资本主义社会的历史特点。社会主义市场经济中依然存在剩余价值。剩余劳动是剥削的根源，但同时也是推动人类社会经济进步发展的重要助力。这可以说是一切生产劳动和市场经济的共同规律。无论是社会主义市场经济，还是资本主义市场经济，都存在剩余价值，只是在这两种不同性质的市场经济下剩余价值性质是不同的。这种不同主要表现为：在资本主义国家，资本家规制工人进行工作，剩余价值被资本家无偿占有，因此剩余价值具有剥削的性质；而在我国等社会主义国家，剩余价值则不再具有剥削性。这是因为在社会主义条件下，剩余价值是掌握在劳动者的手中的，生产剩余价值的最终目的是满足人民群众的生活需要。

当代西方主流经济学认为，生产过程中各种生产要素分别发挥自身的作用和价值，根据其对总产品所增加的贡献，企业向每一种要素给付酬劳，资本获得利润，土地获得地租，劳动获得工资，各生产要素之间不存在谁剥削谁的问题，因此按生产要素分配剩余价值是合理的。这种理论将生产要素所作出的贡献和人所作出的贡献相等同，而并未看到两者之间的差异。而马克思的剩余价值理论并不认可这一观点，剩余价值是由且仅由劳动者的剩余劳动形成的，而掌握在资本家手中的生产资料只是参与了剩余价值的创造过程。虽然在剩余价值的分配过程中，生产资料的所有者可以凭借所有权参与剩余价值的分配，但是，剩余价值的分配权理应归属劳动者。马克思剩余价值论的功绩之一是指出了劳动者的利益所在和他们的利益扩大对发展生产力的作用。

6.3.2 劳动者参与剩余价值分配合乎现代社会分配制度变革的大趋势

崇尚劳动是马克思劳动价值论、剩余价值理论的本质。党的十九大报告中关于"五位一体"总体布局、共建和谐共享社会精神，结合了马克思经济学基本原理，本着崇尚劳动、劳动与资本互利共赢的基本精神，确立了多层次分配关系有机结合的制度体系。

推动劳动关系的和谐共享发展，应确立与社会主义初级阶段相适应，旨在形成将按要素分配的现实形式、按劳分配的本质追求及适度按需分配原则有机结合的制度安排体系及实践方案。事实上，马克思经济学在按要素分配、按劳分配及按需分配三个层面上讨论了劳动分配原则及经济关系体系,尽管不同分配原则适应不同的历史发展阶段和社会性质。但是,在同一历史时期,尤其是在社会主义初级阶段,由于该阶段处于重要的历史转变及新时代开启的特殊时期,三个层次的分配原则可以以不同程度、不同方式同时存在,并形成相互渗透、相互促进的有机结构形式,进而构建起中国特色社会主义多元有机结构独特的分配格局。在此基础上,创新政府管理方式,提高社会公共产品的生产与服务效能;创新企业管理方式,加快劳动方式的转变,促进劳动者复杂劳动的积累及股权结构的改造,以多种形式增加劳动收入在劳动者总收入的比重。正如马克思所说:"只要社会还没有围绕劳动这个太阳旋转,它就绝不可能达到均衡。"推动劳动关系的和谐共享发展,既是马克思主义剩余价值批判理论及社会主义理想的本质诉求,更是中国传统文化精髓之所在,故为中国社会主义市场经济体制特色之本。

随着资本主义国家生产关系的不断调整,剩余价值的分配长期以来不同于马克思所处时代的分配形式,并且已经突破了原有的分配制度。为了鼓励劳动者的积极性,获得更多的剩余价值,发达国家的企业主要采用企业利润分享制度(普通员工参与)、股票期权制度、企业管理权利分享制度和专业人员对支付系统等多种方式。目前,中国雇主与雇员之间的利益分配制度尚未建立,劳动权利与资本要素不相等,西方国家的经验和教训是值得借鉴的[①]。是否建立了合理的分配制度,对建立和完善社会主义市场经济体制具有重要影响。因为劳动者的生产积极性将在很大程度上影响劳动生产率。因此,相关的分配制度应注意生产要素的贡献和生产要素所有者的合理收益。第二次世界大战后,西方资本主义国家的生产力迅速发展。科学技术作为第一生产力,促进了资本主义社会经济的快速发展,促进了社会结构的变革。与前两次科技革命相比,新的科技革命产生了广泛而深远的影响:它大大深化了人们对自然的认识,提高了人类利用自然的能力,给社会经济的各个方面带来了巨大的变化,并使人类从电气时代过渡到智能时代、信息时代。它为资本主义经济在全球范围内开展经济扩张活动创造了条件,极大地提高了资本主义国家的经济发展水平。这场全球性、多领域的新技术革命,使高科技成为二战后西方国家经济发展的巨大引擎和当代资本主义调整、转型的强大动力。

马克思剩余价值论揭示了社会发展的方向和生产力发展的途径,对生产

---

① 罗宁:《中国转型期劳资关系冲突与合作研究》,北京:经济科学出版社,2010 年,第 195-196 页。

力的发展具有重要的指导意义，具有重要的科学价值。马克思的剩余价值理论告诉我们，发展生产力，最重要的就是要不断解放劳动、保护劳动者的合法权益和不断提高劳动者的素质。而纯市场交换机制导致的按生产要素分配，需要其他一些机制作补充，如政府干预机制、不同利益集团的平等协商机制等，这样才能促进经济的健康发展。

第四节　关于剩余价值生产的几种研究视角

6.4.1　技术扣除论中的剩余价值论

国外主流经济学家认为，在完全竞争的情况下，工人的劳动力和其他生产要素没有区别，工人的工资就是劳动力的价值。他们的研究视角中并不存在剩余价值学说，仅仅停留在对交易关系的探究而并未深入挖掘其他社会关系。但是，当代国外不乏一些经济学家赞同马克思的剩余价值理论，他们抛开阶级关系，从纯技术扣除的角度，用规范的数学形式对剩余价值的产生做了说明。例如，利奇腾斯坦、罗默、萨维尔和亨特等，利用这种方法解释了占有财产的人通过交换机制可以占有没有财产的人的剩余价值。但尽管如此，否定阶级关系和剩余价值的联系，摒弃阶级分析方法来探索经济问题终究有着理论上的桎梏。技术扣除论中的剩余价值论主要包含以下要点：

（1）所有商品的价值的大小是由生产产品的社会必要劳动时间决定的，并且按照商品自身的长期价值进行交换。在资本主义的经济关系中，劳动力是一种可以在市场上出售的商品。如同其他所有商品，劳动力的价值由生产工人所需要的社会必要劳动时间决定的，而且按照它的长期价值进行买卖。

（2）资本家在生产经营活动中从劳动力中抽取了若干小时的劳动花费，这些小时数远远多于生产工人的价值（即工资）所需的小时数，这使得劳动力所创造的价值与产品的价值之间出现了差额，而资本家正是通过对这个差额的占有而获取了工人创造的剩余价值。

技术扣除论从经济技术层面对剩余价值作了简明的分析，指出虽然人和物都参与了包含剩余价值的财富的生产，但由于物本身无法参与财富分配，因此财富最终是在资本家和工人之间进行分配。他们认为"一切财富或价值都是劳动者创造的"这一观点是正确的，帮助人们认识了劳动者创造剩余价值的事实。但是，他们将劳动力商品完全等同于其他商品，从纯个人的、均衡的和心理的角度分析剩余价值的产生，实际上并没有指出剩余价值产生的根源。虽然劳动力与其他商品有相似之处，但事实上劳动力商品与普通商品差别很大，主要体现在以下四点：

第一，普通商品可以由企业或他人生产，而劳动力的产生和成长则依赖于家庭的抚养和个人的奋斗发展。但这一因素是无法用单纯的经济技术因素来说明的，所以劳动力的价值并非仅仅由经济技术关系来决定。

第二，一般的商品为企业或雇主所有，人与物之间不存在收入分配的关系，其本身无法参与收入分配，因此，经济剩余是被雇主占有。而劳动力商品和劳动者无法分割，企业家或雇主只能租用劳动力但无法占有。与雇主一样，作为人的劳动力有权参与经济剩余的分配，所以雇佣劳动力就必然要发生人与人之间的收入分配关系，经济剩余如何分配管理是问题的本质。

第三，劳动力作为商品，其售卖状况对整个社会产生的影响程度与其他商品截然不同。普通商品可以被企业拿到市场上售卖，但劳动力的销售者则是工人自己，其售卖状况对经济及整个社会影响巨大。

第四，普通商品作为物，它对自身如何被使用、消费是没有主观态度的，但作为人的劳动力商品，有着自身的主观态度，工人如果不接受雇主对他的劳动力的使用方式，可以做出各种抵制和反抗。因此劳动力商品的使用程度不是随心所欲的，而是取决于劳动者的能力、工作态度和社会关系。

由于这四点原因，劳动力的价值并不自动等同于生产工人所需要的劳动时间，劳动力不可能与人分割开来，单纯地由经济和技术因素决定。由于技术扣除论没有很好地解释劳动力价值（工资），自然也不能合理解释与劳动力价值相比较而存在的剩余价值。技术扣除论中的阶级因素和生产关系，这不是加强了而是削弱了剩余价值理论的科学解释力。貌似最规范、最科学的国外主流经济学新古典范式并不能适用于一切经济问题，因此要对剩余价值作出有说服力的解释，必须超越国外主流经济学新古典范式的视角和方法。

6.4.2 阶级冲突论中的剩余价值论

正是由于阶级冲突论看到了技术扣除论存在的理论缺陷，因此它不仅继承了马克思剩余价值论的主要内容，而且继承了马克思的阶级分析方法，他们认为剩余价值不是简单地由个人心理或经济技术决定的劳动时间决定的。在他们看来，实际小时工资和劳动生产率直接决定了剩余价值的多少。如果其他条件保持不变，工人每小时的工资越低，那么剩余价值就越多，反之，剩余价值则越少。同样，劳动生产率越高，剩余价值越多；劳动生产率越低，则剩余价值越少。

持阶级冲突论的经济学家还进一步探讨了工资的多少和劳动生产率的高低是由何种因素决定的。阶级冲突论认为，在劳动力市场供求关系一定的情况下，工人实际小时工资和劳动生产率的高低是由资本家和工人之间的冲突决定的。虽然劳动生产率的高低取决于一定技术水平条件下的投入产出关系的观点在国外经济学界中占据主流地位，但是阶级冲突论认为，长期来看，生产率主要受技术水平的影响，从短期看，机器和劳动的生产率都要依赖于它们的利用程度，而这种利用程度主要取决于阶级冲突的状况及由这种状况的作用所产生的经济周期。同时，工人的劳动强度也会影响劳动生产率的高低。在逐利性的驱使下，资本家总是想方设法加强工人在一定技术水平下的劳动强度，提高劳动生产率，生产出更多的剩余价值。

国外主流经济学家着力论证资本雇佣劳动的优越性，认为资本家独占经济剩余是合情合理的。持阶级冲突论的当代国外经济学家则强调工人参与分享经济剩余具有合理性，认为这样有利于提高生产效率。同时他们认为利润的多少不应当是经济效率的唯一指标，例如卡弗（Carver，1995）指出，虽然美国工会化企业的利润率比非工会化企业要低，但生产率却高出很多。他们认为社会的纯收入由三部分组成：资本所有者的消费、投资和劳动者的消费。其中，资本所有者的消费是劳动者的永久损失，是他们为生产资料私有制的社会制度所付出的代价。而这种代价在不同的国家有很大差异，原因在于不同国家的劳动者的社会地位、工资水平不同，以及是否对资本家的权力有一定的制约和限制。

利用阶级冲突理论分析剩余价值理论的视角突破了国外主流经济学新古典范式的范围和方法。它从理论和事实层面对剩余价值的产生和分配提供了新的解释，有力地证明了利润的产生与工人的劳动密切相关。它们证明了工人参与剩余价值分配的合理性，否定了外国主流经济学中工资与利润无关的理论。纯资本雇佣劳动的企业缺乏对资本所有者权力的制约机制，资本所有者权力过大，致使经常出现资本所有者消费过多企业利润，从而导致经济效率不高的问题。但是，企业利润理应由所有为利润的产生作出贡献的人来合理分享，资本家也应当将企业收益更多地用于再投资，这样才有利于经济效率的提高。阶级冲突论的剩余价值的缺点是，没有注意到资本其在企业管理、经营中的作用，忽视了资本家的才能和劳动者功能，只将其当作纯粹的资本所有者，没有对企业家参与利润分享的合理性作出分析；与后面要评论的阶级合作论中的剩余价值理论一样，阶级冲突论只将工人作为纯生产者来分析，没有看到工人也是投资者，对工人参与利润分享的合理性论述得也不够充分。

6.4.3 阶级合作论中的剩余价值论

无论是技术扣除论还是阶级冲突论中的剩余价值论，其主要研究视角在于资本家和工人之间的对立关系。但各国的劳资之间除了对立关系以外，还存在着合作的关系。因此，还存在着一种阶级合作论中的剩余价值理论，具有这一视角的学者主要研究了劳资之间的合作关系。持阶级合作论的经济学家认为，技术扣除论和阶级合作论主要强调了工人和资本家之间的静态关系，研究前提是工人和资本家在分割企业收益时存在零和关系，具有非合作的性质。但如果更多地考虑工人和资本家之间的动态关系，二者的收益就可以变为非零和的。比如，资本家可以通过提高工人工资等手段使工人"愿意"将一部分本该属于自己的剩余价值让给资本家，而同时工人也可以在一定条件下在资本积累的过程中获利。

阶级合作论认为，如果工人和资本家都可以自愿作出必要的让步，就能在互利的基础上保持自由企业自由雇工的制度，即工人和企业家不能过多地占有剩余价值，而应以适当的比例来分配剩余价值。如果企业家的权力缺少制度的制约，剩余价值被企业家过多占有，一方面会致使工人的工资水平低下，生活艰苦；另一方面会导致企业家随意挥霍多占的剩余价值，从而导致用于扩大再生产的投资减少，从长远来看不利于工人工资的增长，也不利于社会经济的发展。如果工人要求过多，工人的工资在企业利润中占的比重过大，同样会导致企业用于扩大再生产的投资减少，从而影响工人未来时期工资的增长。因此，工人和企业家双方在分配剩余价值时，既要保证双方的合理利益，又不影响企业的再投资。普莱沃斯基（Przeworski，1986）利用数学模型表明，在一定条件和特定时期内，工资占剩余价值存在一个最佳比重。

阶级合作论中的剩余价值论指出了工人参与剩余价值分配的合理性，同时指出资本家和工人在利益关系一致的方面进行合作可以带来的益处，对思考资本积累对于经济发展和劳动者将来利益的重要性具有启发意义。但是这一理论同样存在着不足之处。

（1）这一理论只谈到投资者，但没有看到工人实际上也是投资者。首先，工人的能力属于人力资本。投资人力资本的人也是投资者。一些研究还表明，由于人力资本的投资回报率一般高于实物资本的投资回报率，人力资本投资和工人资本家比实物资本投资更重要。其次，无数资本家从零开始的经验表明，拥有物质资本并不是成为企业家的唯一因素。很多优秀的创业人才只是由于缺乏物质资本和运气使得他们暂时无法成为企业家，一旦有条件，他们就可以成为企业投资者，成为现有资本家的竞争对手。最后，在市场经济中，工人进入企业后实际参与和承担了企业的投资风险。如果公司盈利并且利润增加，工人不仅会获得工资，而且还会有更好的收入增长和晋升机会；而如果公司亏钱或破产，工人将无法获得报酬甚至失去工作。因此，只将工人视为生产要素和消费者，将工人工资只视为当前的消费支出并不符合现实，同时贬低了工人在长期经济发展中的作用。

（2）将企业和企业家等同起来，只认为实现工人的长远利益取决于企业家，但没有看到企业家对工人的依赖。虽然企业家在市场经济中有很大的利润优势，但企业的利润并非由企业家自己创造。在技术创新和企业应用方面，他们更依赖于从事实际操作的技术工人产生更多的剩余价值，因此企业家和工人间的依赖是必要的，这符合他自己的利益。所以工人的长远利益不仅仅依赖于企业家。与此同时，工人在创造利润方面发挥着重要作用。因此，他们有权参与利润分配，他们应有权监督投资并参与决策。

（3）只抽象描述资本家和工人利益的双赢可能性，但并未对实现这种双赢局面所需的社会经济环境进行分析。大量的史实表明，资本家主导劳资关系的原因并不像外国主流经济学家所说的那样，因为它可以节省交易成本等，究其根本则在于资本家和工人的社会地位特别是经济地位不平等。为了实现资本家和工人的双赢，必须创造一个能够平衡双方社会地位的社会和经济环境。为了提高工人的社会地位，必须使其获得生产资料。当然，由于许多工人不一定有能力或有意愿经营企业，工人的财产不一定是企业，同时也可以是股票、房地产、债券等。当工人离开资本家时，他们可以生存和发展，工人的社会地位将得到很大提高。在此基础上，改善工人在政治、文化、法律等方面的地位，促进工人与雇主平等协商，这样才可以实现工人与资本家间的合作共赢。

总之，阶级合作论中的剩余价值论只是为如何建立资本家与工人之间的新型关系提供了一些有益的思路，而具体的实现途径还需要人们在理论上和实践中进行坚持不懈的探索。

第七章　二战后西方国家的劳动关系变化及政策调整

二战后，西方国家劳动关系发展呈现出明显的阶段性特征。从二战到 20 世纪 70 年代，西方国家形成了相对协调的劳动关系，而 70 年代后，由于"滞涨"后新自由主义的盛行和第三次科技革命的影响，相对协调型劳动关系被逐渐打破，劳资力量愈发失衡，"离斥"特征越发突出。而 20 世纪 90 年代后，面对经济全球化下的新问题，欧美国家执政党开始采取了一种介于自由放任和阶级合作之间的"第三条道路"，使得 70 年代后形成的明显对立的劳动关系得以缓和。

第一节　二战后西方国家劳动关系的发展及其特点

二战后初期西方国家由于经济的恢复及凯恩斯主义的推行，劳动关系出现了协调性发展的基本特征。主要表现为职工就业的稳定和福利待遇的提升，劳工政治权益得到保障。但在 20 世纪末 21 世纪初，由于新自由主义的盛行及经济出现滞胀，劳动关系出现逆转，形成了离斥型化的趋向。

7.1.1　二战后相对协调型劳动关系的形成及其表现

（一）形成背景

（1）二战后经济恢复的需要和凯恩斯主义的盛行

二战后相对协调型劳动关系的形成，有着特定的历史背景。首先是二战后经济恢复和发展的需要。世界大战给西方各国都带来了不同程度的创伤，各国政府工作的重心都开始从国际竞争转向国内经济的重建。经济恢复初期，面对着商品和原材料短缺，劳动力就业结构矛盾突出的局面，稳定物价和促进就业成了西方各国的首要工作。而根据古典经济学的观点，政府并不能对社会总体就业状况产生影响，国家在组织社会经济活动和公共事业方面所扮演的角色几乎都是被动的，而凯恩斯主义的出现打破了这一理论困境。凯恩斯主义认为，政府可以通过对总需求的管理调节投资率和就业率，从而改善有效需求不足的局面，以此刺激经济增长。于是，古典经济学自由放任的经济主张被搁置，自 1944 年英国丘吉尔政府的《就业政策白皮书》和瑞典社会民主党政府的《工人运动战后纲领》出台后，各国政府都开始注重对经济的宏观干预。在凯恩斯主义的指导下，西方各国纷纷开始通过税收改革刺激消费需求，降低利息率以满足投资和社会总劳动力需求；在部分产业推行国有化政策，保证工人最低生活水平和民主监督权利；实行广泛的社会福利制度，对社会保险标准进行统一管理。这些都对相对和谐的劳动关系的形成打下了基础。

（2）福特制生产方式的出现

某一时期劳动关系的演进，是与当时生产力的发展状况分不开的。20 世纪初期，第二次工业革命所创造的巨大生产力不断被释放，大规模工业化大生产所需要的机械化、标准化、连续性等条件逐步被满足。从 20 世纪 30 年代开始，以分工和专业化为基础，以机械化的流水线作业为主要生产模式，以低产品价格为竞争手段的福特制生产方式在美国形成。二战后，由于西方国家经济发展的迫切需求和资本主义国家间的竞争，福特制生产方式开始蔓延到全球，被诸多西方国家引进和推广。福特制下的大规模生产，是与高工薪和高消费相联系的。当大规模工业化生产为大众消费创造了必需的物质条件后，还需要充分的有效需求作为支撑。因此，以福特制为主要生产模式的企业通常伴以较高的工薪。当然，这并非出自资本家的善意，而是要形成一个有充分消费能力的、由大众工薪阶层所形成的消费市场以提高产品销量。但必须承认，福特制所倡导的高工薪的确在一定限度内提高了工人阶级的收入和生活水平。此外，大规模机械化生产同时要求数额巨大的半熟练工人和中层管理人员，社会中间阶层所占比重逐步增大。因此，大规模生产和大规模消费所形成的循环构成了一个运转相对良好的宏观经济系统，劳资矛盾在工人拥有更多可支配收入的前提下趋于缓和，相对平稳的经济环境和劳动关系得以形成。

（3）劳工漫长斗争的结果

19 世纪末 20 世纪初，科学社会主义思想在西方国家广为流传，共产国际的成立加强了无产阶级在世界范围内的横向联系，各国工人运动的组织性进一步增强，十月革命的胜利更使资产阶级政府感受到前所未有的压力。于是，为了缓和阶级矛盾，营造相对平稳的社会和经济局面，20 世纪三四十年代，西方各国的劳资双方先后达成各种"和平"协议，确保工人和工会的政治权利，保障工人的最低工资和社会保障，如瑞典工会联合会就曾与雇主联合会于 1938 年签订了《萨尔茨耶巴德协议》，以规范劳资契约解决程序，取消雇主可以随意解雇工人的劳动法。这些艰苦的斗争为战后工人阶级争取自身权利打下了良好的基础。二战后，西方各国工会会员数量不断增长，工人阶级工会化程度普遍较高，许多小工会通过合并壮大力量，斗争方向更加集中。此外，随着经济全球化和生产资料多样化的发展，为了保持工会的持续繁盛，越来越多的工会开始注重对员工的教育和培训，学习国外工会的教育经验并努力争取国际劳工组织和他国工会的支持。在工会和工人的长期斗争下，为了保证社会再生产过程的顺利进行和社会秩序的相对稳定，西方国家政府开始将工人纳入资本主义政治体制之中，形成所谓的"三方体制"，保证劳工民主参与政治事务和争取自身利益的合法权利，工人的长期斗争在这一时期取得了相对令人满意的结果。

（二）战后相对协调型劳动关系的表现

（1）劳工就业稳定性和福利待遇的提升

在凯恩斯主义的指导下，西方各国纷纷采取了积极的就业政策，除了通过对财政政策和货币政策的调整以刺激投资，以及实行大规模的国有化政策外，西方国家还设立了专门的就业管理机构，专门为劳工提供职业技能培训和就业服务，以改善劳动力就业的结构问题。例如，英国就设立了专门的政府部门劳工部（后改为就业部）；德国则设立了联邦劳动公署，专门负责劳动力市场的管理和协调。这些专门的就业服务机构会为失业者提供详细的就业指导，并积极推动劳动力的跨区域流动。此外，在法律方面，西方各国也纷纷制定了相关政策，逐步推进职业教育和职业培训的发展，以保障劳动力技能水平与经济社会发展相适应。在这些积极的就业政策的作用下，从二战后到 20 世纪 70 年代,西方主要发达国家的失业率一直维持在平稳较低的水平，二战前劳动力就业矛盾突出的局面得到大幅度改善。此外，在工资和福利待遇方面，工人的境遇也有了明显的提升。在高工薪、高消费的福特主义倡导下，工人的收入水平得到了明显的增长。在最低工资方面，各国也纷纷出台政策加以保障。以美国为例，美国政府多次修改《公平劳工标准法》，将工人的最低工资从 1946 年的每小时 65 美分上涨到 1.60 美元。除此之外，劳工还可以通过集体谈判，与资方争取更为有利的雇佣条件。在福利待遇和社会保障方面，西方国家也开展了一系列实质性的工作。早在 1942 年，时任伦敦大学经济学院院长的贝弗里奇就向英国政府提交了有关福利政策研究的《社会保险及相关社会服务报告》，在西方国家中产生了巨大影响。二战后，由于安抚民生的需要和凯恩斯主义的支持，西欧各国纷纷开始以贝弗里奇报告为框架构建"福利国家"。如当时的英国政府，就于 1945 年后的短短几年间，通过了《家庭津贴法》《国民保险法》《工业伤害法》《国民卫生服务法》《矿山安全法》等社会福利法案，对当时工人的工作环境和生活水平形成了全方位的保障。而美国也受到欧洲"福利国家"政策的影响，多次修改社会保障法，不断扩大劳动者享受社会保障的规模，同时为失业和低收入者提供就业帮助和生活保障。总而言之，二战后经济恢复的需要使得资本家在物质剥削方面进行暂时的让步，并采用如上的就业政策和福利待遇缓和阶级矛盾，劳动者的物质生活需求因此得到了更大程度的满足，劳资双方逐渐形成了相对和谐的劳动关系，西方主要发达国家也逐渐从战争的破坏中恢复过来，进入了经济增长的"黄金时期"。

（2）劳工政治权利进一步得以保障

除了经济利益方面，劳工对政治权利的争取也有了明显的进展。随着工会影响的日益扩大，工人参与政治生活的积极性也逐渐高涨，在竞选和立法方面产生了不可忽视的作用。二战后，各国更能代表工人阶级权益的各社会民主党派得到了迅速的发展，英国工党 1944 年的个人党员人数大约为 266000 人，二战后一年就迅速增加到 487000 人，而到了 1952 年更是以惊人的速度突破百万[1]。而法国社会党在战争中几乎损失殆尽，到了 1947 年党员人数也迅速恢复到 27 万人。不仅如此，随着产业结构的升级和分工的细化，更多新型的雇佣者也加入社会民主党的组织之中。虽然在 20 世纪 50 年代中后期，各社会民主党都逐渐向全方位政党转变，但工人阶级和工会依然是党内最为重要的支撑力量。在工人阶级的支持下，英国工党在二战后以多数党的身份上台执政，并在政策制定上充分考虑了工会的诉求，领导了主要工业国有化

① 谭鹏：《论战后西欧社会民主党的组织转型及现实启示》，《上海党史与党建》，2013 年第 1 期。

和福利国家的建设。在国有化管理机构的人员组成上，工党政府决定任命至少一位工会官员进入管理会以保证工人阶级在决策方面的发言权。而在内阁和多个重要职位的任命上，其中有多名著名的工会领袖。此后，虽然工党与保守党轮流执政，但都无法忽视工人对政治生活的重要影响。而在美国和其他一些欧洲国家，虽然劳工并没有形成自己的政党，但工人阶级依然是民主党和社会自由派政治经济纲领的重要支持群体。劳工一方面致力于民主党的转化，目标是民主党成为真正可以代表普通人的政党，另一方面积极支持可以代表自身权益的自由派的候选人，有组织地筹集竞选费用，征集数额巨大的竞选活动中的工作人员。在自由派立法中，劳工群体起到了巨大的作用，在 20 世纪六七十年代，美国政府出台了一系列有关民权、医疗卫生、社会保障之类的相关法律法规，这代表着工人阶级的政治力量和影响进一步得到增强。

7.1.2 20世纪70年代后的离斥型劳动①关系

（一）形成背景

（1）"滞涨"危机与新自由主义的盛行

进入 20 世纪 70 年代，资本主义世界出现了严重的经济危机，特别是1973—1974 年世界性经济危机的爆发，全面引发了资本主义经济体系下的各种固有矛盾，出现了经济停滞与高通货膨胀并存的"滞涨"危机。20 世纪70年代到 80 年代中期，主要西方国家的 GDP 水平较之前大幅度降低，通货膨胀率却大多高过 10%②，经济发展步履维艰，资本利润率不断下降。"滞涨"产生的原因是多方面的，为了刺激有效需求及建设"福利国家"，西方国家的财政支出不断扩大，财政赤字成为经常性政策，货币供应量的快速增长大大超过国民经济发展的需要，而缺乏增长点的实体经济和石油价格的上涨也成为各国经济政策失灵和通货膨胀的助推器。但是，"滞涨"现象是凯恩斯主义所不能解释的，在凯恩斯的理论中，通过通货膨胀，增加投资可以解决失业问题，实现经济复苏，通货膨胀、经济停滞和失业是不可能同时存在的。在这种局面下，新自由主义逐渐替代凯恩斯主义成为西方主要国家的主流经济思想。新自由主义提倡市场自由，反对国家干预和"福利国家"的建设，政

---

① 孙寿涛：《发达国家工人阶级的演变》，北京：经济管理出版社，2007 年，第 207 页。
② 经济合作与发展组织秘书处：《危机中的福利国家》，北京：华夏出版社，1990 年，第 5 页。

治上则以新保守主义的复兴为特征。在新自由主义的倡导下，各国积极推进产业革命和科技革命，推行私有化，发展货币金融市场，拆散二战后所形成的福利制度。在这一过程中，为了重新获得高额利润，资本家也开始借助政策优势向劳工发起新一轮的攻击。至此，二战后"黄金年代"所形成的相对协调的劳动关系被彻底打破，劳资关系重新呈现出明显对立的局面。

（2）第三次科技革命与后福特制的兴起

二战之后，历经了经济恢复期的各国开始了新一轮的国际竞争，主要西方国家日益重视科技水平的提升，开始组织大规模的人力、物力投入科学研究之中，以原子能、信息技术、空间技术为标志的第三次科技革命得以酝酿和发展。经过了近30年的演进，第三次科技革命所带来的生产力在20世纪70年代后实现了重大的飞跃，各国产业结构不断升级，信息技术逐渐渗透到社会生产的各个环节并在很多部门成为核心技术，更为专业化的社会分工也对劳动力素质提出了更高的要求。新技术改变了旧有的市场条件，劳动生产率的提高和经济增长不再更多地依赖于规模经济，刚性生产也不再适应于消费者更加个性化的需求。因此，福特制生产方式所带来的高额利润率难以为继，在经历了1973—1975年经济危机的阵痛后，在信息技术的支撑下，后福特主义在西方资本主义国家逐渐兴起。后福特主义以弹性专业化和精益生产为主要特点，生产和管理过程更具灵活性[①]。在后福特主义生产模式下，企业工人往往以团队的形式出现，在团队内部不做具体分工，每个工人可以通过培训胜任其他人的职务，工人摆脱了福特制下机械生产的模式，工作的灵活性和团队的互补性增强。工厂因此只需要将管理和监督精度放到各个团队上面，而无须对每个具体工人进行直接控制。而在团队内部，则是工人对自身的管理和监督。这一方面使得企业的组织形式更为扁平化，在为资本家节省了管理成本的同时提升了控制效率；另一方面则使得工人阶级内部产生分化，削弱了工人阶级的反抗力量。与此同时，以信息技术的日渐成熟为条件，后福特制下的分工和专业协作水平迅速提升，很多实力雄厚的企业不再以大规模的规模经济为导向，而是将主要精力集中于研发、设计等核心业务，将较为简单的机械生产外包给其他厂家，既提升了生产效率，又节省了成本。这一方面使得工人阶级进一步分化，同时又将多数工人分散在各个中小型企

---

① 谢富胜、黄蕾，《福特主义、新福特主义和后福特主义——兼论当代发达资本主义国家生产方式的演变》，《教学与研究》，2005年第8期。

业，增加了有组织的工人运动发生的难度；另一方面则使得资本家的剥削更加扩大，随着外包模式的发展，"核心—边缘"的企业生产模式不再局限于国家内部，而往往出现在国家之间，在国际协作中，掌握核心科技的西方发达国家企业往往会利用发展中国家低廉的劳动力攫取高额的利润，资本控制的规模和力度进一步增强。

（3）工会力量的衰弱

离斥型关系并不单纯是劳资关系的简单对立，与 19 世纪末 20 世纪初劳资双方不断冲突的对立形态相比，20 世纪 70 年代后的劳资关系更多地体现在资方的单方面进攻与劳方的沉默，以及劳资双方的疏离。其中很重要的原因是最能体现劳方力量的工会组织的衰弱上。20 世纪 70 年代后，主要西方国家的工会密度基本呈下降趋势，大规模的工人运动次数锐减。这一方面是由于资本家和政府的联合进攻，另一方面则是源于工会内部力量的分化。20 世纪 70 年代后，由于新自由主义的盛行，西方各国政府逐渐由二战后劳资双方的协调者重新转化成为资本家的代言人，在政策和法律制定上愈发体现资本家利益，并以更强硬手段镇压工人运动。1981 年里根上台后，对于当时罢工的航天调度员采取了铁腕政策，逮捕罢工领导人，解雇所有拒绝复工的工人并撤销其工会。英国的撒切尔政府也在 1984—1985 年英国矿工大罢工中采取了强硬措施，对这次长达一年之久的罢工运动丝毫不退让，肆意逮捕工人，多次发生流血冲突事件，并采取"非常"举措分裂工会。一年后，罢工运动终以失败告终，工人不得不接受煤矿关闭和全面私有化的结果。而在当时的工会内部，也逐渐出现了"层级化"的特征。在第三次科技革命和后福特制的影响下，西方主要国家的产业结构和生产组织方式发生了重大变化。从事第三产业的工人数量不断增加，分工的精细化则使工人内部也出现了"核心工人"与"边缘工人"的区分。在信息技术的重组下，部分技术工人转为职业白领，在收入水平等方面与蓝领工人区别开来，成为中间阶层。与边缘工人相比，核心工人可以享受更为优越的工作环境与福利条件，这就使边缘工人进行抗争时难以争取到核心工人的支持，工会团结的经济基础遭到破坏。此外，随着工作弹性化趋势的发展，零工经济在西方国家逐渐兴起，兼职工作者和临时工的规模大幅增加。由于临时工作的性质，这些工人难以加入有组织性的工会，但却会给全日制工人带来很大的竞争压力，致使工人工资等权益由于内部力量被压低，工会的力量由此更加难以体现。

（二）离斥型劳动关系的表现

（1）收入差距的进一步拉大

从相对协调到离斥型劳动关系的转变，首先体现在对劳工工资和福利待遇的削减上。在新自由主义者的眼中，"福利国家"政策并没有在20世纪70年代经济危机中起到积极作用，反而加剧了政府负担，阻碍了市场作用的发挥，加剧了社会经济冲突。自1979年英国撒切尔夫人上台和1981年美国里根总统开始执政起，西方各国政府接连改变了对待劳工的温和态度，开始在经济方面削减劳工利益。1979年后，在劳资集体谈判中，英国政府不再将工会视为为社会提供较高劳动生产率的贡献者进行和平协商，在收入政策方面，由政府主动提议的接触连年减少，工人逐渐丧失了争取更合理工资的主动性。在社会福利方面，撒切尔政府将福利金比作"定时炸弹"，认为要将政府的财政负担转移给普通雇佣，要大幅度削减社会福利开支。在撒切尔统治英国的十年之中，政府的福利开支由危机前1973年的41.5%下降到1989年的22%[①]，下降幅度近半，而工人所承担税款和保险费在收入总额中所占的比重却陡然上升。此外，新自由主义者对失业问题持消极态度，认为只要保证企业主的高额利润，资本家就会自动增加投资带动就业，而失业者还会给就业工人带来竞争压力，有效抑制工会力量。因此在撒切尔执政期间，失业率居高不下，直到1986年，英国已经有了320万人没有工作，失业率高达12%，撒切尔政府才不得不采取措施干预失业问题。同时期的美国，工人的待遇也直线下降，20世纪70年代后，除了工资的削减外，一些30年代的做法，譬如工资双轨制，也得到了恢复。参与同一产品制作的工人会因工种不同或技能高低产生明显的工资区别，而一些大公司的工会会员为了保证其高收入甚至会支持这一做法，这就从经济利益方面又加深了工人的分化。而里根上台后，更开始了对20年来的"福利国家"政策的颠覆。自1984年起，里根政府的一揽子福利改革开始生效，政府用于社会保障的财政预算大幅削减，地方政府和私人被鼓励承担更多的社保责任，形成了新的社会福利契约。新自由主义下的经济改革给劳资关系带来的最明显变化就是社会的收入差距被进一步拉大。在美国，实际工资的上涨远远落后于生产率的增长，但管理者阶层的工资水平却大幅提高，福布斯100位收入最高的CEO（首席执行官）的年均报酬，1970年约为普通工人年均工资的40倍，1987年为221倍，到了1999

---

① 杰克·霍夫：《比欧洲更慷慨的美国福利》，《才智月刊》，2011年3月8日。

年甚至高达 1077 倍。①而在英国，整个 20 世纪 80 年代，占英国人口 1% 的最富有群体收入增加了 3.46 倍，生活贫困人口却有千万左右，占全国人口的 1/5，增长了近一倍。无房人口由 1981 年的 7 万户左右上涨到 1989 年的 12.67 万户，流浪人口多达 36.3 万人。②总而言之，20 世纪 70 年代后，西方主要国家都面对着严重的两极分化，劳方无力抵抗资方全方位的进攻，只能被迫在工资和福利待遇方面作出让步。

（2）劳工政治力量的衰微

在西欧，工会一直有着良好的基础。但是，随着工会力量的衰微，特别是自 20 世纪 70 年代末各国保守党上台之后，劳工参与政治的权利变得难以保障。在英国，工党在 1979 年和 1983 年两次大选中接连失利，支持率骤减，同样的境遇发生在 1979 年的意共、1981 年的法共、1982 年的西共及 1983 年的联邦德国，与工会密切相关的政党逐一失去了政治上的主动权。1979 年撒切尔政府成立之后，除一直采取经济手段削弱和分化工会力量外，还一直采取立法和行政命令循序渐进地遏制劳工的政治权利。1984 年英国政府通过《工会法》，并多次修改《就业法》，对工会领导人的产生、政治基金的设立、工人运动的范围和合法性等多方面作了权利上的压缩和限制。为了消解工会的凝聚力和稳定性，撒切尔政府规定工会委员必须遵循每 5 年进行由工会成员秘密投票的改选，并由政府负责为工会选举和投票设立基金。在罢工运动方面，罢工的范围被限制在工人的工作场所，罢工纠察的对象只限于各自雇主，而声援性的罢工则不受法律保护。工人是否罢工必须通过全体会员的秘密罢工决定，且罢工仅限于对工资和工作条件的争取，对于工会领导人发起的未经会员投票的罢工，会员有诉诸法律的权力。法院对于罢工中的纠纷拥有裁决权，有权依法对工会作出惩罚。而在实际中，撒切尔政府也对工会和工人运动采取了强硬措施，1984 年，英国政府以危害国家安全为由，直接取缔了国家通讯总部的工会组织，而在随后的煤矿工人大罢工中，更是能看到保守党一以贯之的高压政策。而在当时的美国，劳工的政治力量更为有限，从 20 世纪 70 年代开始，无论是在私营部门还是公共部门，美国的工会化水平持续下降。之后，美国各个大企业开始雇佣新型的劳工管理顾问，以协助资本家瓦解工会。劳工管理顾问会给普通劳工以劳工参与企业决策的假象，

---

① 何帆：《收入不平等加剧，美国贫富差距缘何越来越大》，《人民日报》，2017 年 1 月 15 日。

② 张世鹏：《西欧新保守主义》，《学术论文》，1994 年第 2 期。

同时通过奖惩措施和游说影响劳工对于工会的态度，迫使一些工会解散，并解雇一些主要的工会领导人。与此同时，美国并不存在真正意义上代表劳工权益的政党，即使美国的劳工组织会在大选中投入大量的竞选资金，但是代表劳工力量的声音仍然有限，更何况在 1980 年后的几次大选中，多是更加敌视劳工的共和党代表获胜。此外，20 世纪 70 年代后，随着产业结构的变迁和新型生产方式的诞生，劳工的阶级意识更加难以被唤醒，美国有组织的大规模工人运动数量日趋下降，争取稳定的政治权利更加困难。

7.1.3 "第三条道路"时期劳动关系的相对缓和

（一）形成背景

（1）经济全球化浪潮下的新挑战

第三次科技革命对于世界的影响是巨大的。经过几十年的发展，信息通信技术日渐成熟，商品与资本的流通不断加快。20 世纪 90 年代后，国际分工体系日益完整，跨国公司数量猛增，各国逐渐打开了国际市场，促进了世界范围内的资源配置和经济运行，经济全球化的发展进入了新的阶段。但同时，经济全球化的浪潮也给各国带来了新的挑战，更为激烈的国际竞争和各国不断密切的经济联系使得各国面对着更加不稳定的宏观经济状况，在各国经济相互依存度日益增强的情况下，一国的危机将会影响到世界市场，使其他国家出现连锁反应。此外，除经济因素外，在全球化浪潮下，人口、安全、资源、环境等问题开始成为影响各国稳定发展的重要因素，各国逐渐意识到，仅仅依靠市场的自我调节，将难以应对日渐复杂的国际问题。与此同时，新自由主义下的自由放任政策虽然为各国经济注入了一定活力，但并未从根本上消除滞涨的病根，并且由于减税和缩减货币发行量等政策带来了财政赤字和巨额国债，新自由主义也同 20 年前倡导政府干预的凯恩斯主义一样陷入理论困境。在这种局面下，主要欧美国家先后提出介于两种理论导向之间的"第三条道路"，试图重新定位国家和企业家职能，寻求政府责任和市场自由之间的平衡，经济模式的调整为 20 世纪 70 年代以来形成的明显对立的劳资关系的相对缓和奠定了基础。

（2）知识经济的兴起与中产阶级的扩大

科技革命的积累使得社会经济形态由工业经济向信息经济和知识经济转变。以美国为例，20 世纪 90 年代以后，美国的一、二产业比重不断下降，传统工人数量缩减，以信息技术为核心的第三产业成为支柱产业，在生产总值和就业占比上均超过 70%。由于全球化下经济发展的需要，大量的新兴产业应运而生，这些产业在提供更优良的物质条件与工作环境的同时，也要求职工更高的知识和职业技能储备，世界各国的经济竞争实质上已经变成了知识跟人才的竞争。为了顺应科技革命的发展，各国开始空前重视人才教育，工人也开始积极接受培训，掌握现代职业技术。这些具有较高知识水平和福利待遇的工人转变成了社会的中产阶级，并且队伍数量不断扩大，这就使 20世纪 70 年代后的劳资界限变得更加模糊。这些新兴的中产阶级更加注重物质利益，不希望以暴力方式解决阶级矛盾，渴望合作与对话。中产阶级的扩大使得他们成为各方政党都必须争取的力量，无论是保守党还是各社会民主党，都在政策上向中产阶级示好，以拉拢选票，更加倾向工人的政党如美国民主党和英国工党等都在 20 世纪 90 年代获得更高支持率重新登上政治舞台，并在整体上调整了劳动力政策和社会福利政策，自 20 世纪 70 年代起资本向工人单方面进攻的境况得以缓解。

（二）相对缓和劳动关系的表现

（1）积极的就业政策和社会福利政策

20 世纪 90 年代后，由于 70 年代"滞涨"危机所带来的经济问题尚未完全解决，而同时又要应对全球化下的激烈竞争和不稳定的劳动力市场状况，资本家不得不作出让步，各国纷纷开始通过政府干预实施积极的劳动力政策。1991 年欧盟成立后，为解决成员国严重的失业问题，欧洲各国开始在一体化进程中形成共同的就业政策。1993 年，欧盟理事会布鲁塞尔首脑会议提出了《增长、竞争力和就业白皮书》，第一次就欧洲就业政策公开讨论；1997 年，欧盟 15 个成员国在荷兰通过了《阿姆斯特丹条约》，确定了各国在就业政策方面的主导权及欧盟协调者的角色地位；1998 年，欧盟出台第一份《就业指南》，旨在推动各国劳动力平等的就业机会和更多的职业培训机会。在欧盟的影响下，各国纷纷出台积极的就业政策，劳动力在各国之间也实现了较为良性的流动，失业人口和结构性问题得以缓解。而在同一时期的美国，也通过开展职业技能培训、减少企业税、提供创业基金等方式实现了就业奇迹。此外，在社会福利政策方面，西方各国也从之前的"福利国家"变为"社会投资国家"，旨在推动政府、企业、社会组织、个人等在社会福利方面共同承担责任。20 世纪 70 年代后紧缩的福利政策被打破，社会福利的财源问题得以缓解，而以工作福利替代传统的救济性福利的做法也可以保证刺激劳工的积极性与责任感。在这一系列积极的就业和福利政策下，西方主要发达国家的经济状况得以复苏，劳工也享受到了更为稳定的物质生活，阶级矛盾相对于20世纪70年代以来的状况有所缓解。

（2）社会型民主

随着产业结构的变迁和中间阶层的扩大，社会价值观和利益导向多元化的特点更加明显，阶级意识更加淡薄。在通过理论创新和形象修正拉拢中间阶层成为执政党后，各社会民主党也开始针对新的社会结构设定民主政策。以英国为例，布莱尔政府主张建立更加包容的新型国家，鼓励公民以个人或社会组织的形式参与国家管理。布莱尔政府倡导不断弱化甚至摒弃阶级观念，互相尊重平等的政治地位，保证社会公平正义，劳方与资方共同承担企业风险，分享权利与机遇。同时，布莱尔政府将更多的行政自主权下放到地方，要求不断增强政府办事的效率和透明度，保证公民民主权利。尽管这一系列政策使得阶级意识更加弱化，工会的力量进一步削弱，从长远来讲进一步增强了资本的控制力。但仅就当时而言，社会性民主政策的制定使得底层工人有更多机会参与政治生活，发出自己的声音。这些改变虽然难以使工人的政治力量恢复到战后"黄金年代"的状况，但相较于20世纪70年代后在劳资关系中的被动局面已经有了明显的改善。

第二节 改善劳动关系企业管理层面的制度建设

在资本逐利性的驱使之下，资本家总是竭力在最大限度上剥削劳工。但是，为了维持企业运行的相对稳定，避免劳资双方大规模冲突所带来的损失，企业家也会根据实际情况在一定范围内对管理制度进行调整以安抚劳工。二战后，经济恢复和增长成了各国发展的主题，科技革命和经济全球化也对企业适应新型劳动关系提出了新的要求，为了获取稳定利润，保证世界市场上的高竞争力，西方各国企业纷纷对企业制度进行创新以改善劳资关系，集体谈判制度、员工持股制度及对就业政策的种种调整等都是其中的典型之举。

7.2.1 集体谈判制度

（1）集体谈判制度的产生与发展

"集体谈判"这一概念最早出现于1897年，当时著名的英国社会活动家韦伯夫妇在《产业民主》一书中首次研究了集体谈判制度对于解决劳资矛盾的重要作用。但现实中的集体谈判有着更为悠久的历史，早在 18 世纪末，就曾有工人组织发起过集体谈判，但一直受到资方的破坏和镇压。19 世纪末，工人运动频发，为了缓和不断加深的阶级矛盾，西方各国政府纷纷开始让步，承认工会的法律地位。1871 年，英国通过了世界上第一部《工会法》，该法令承认工人与雇主间的平等地位，并允许工人以集体的名义与雇主谈判签订条约，这实际上已经承认了集体谈判制度的合法性。到了 20 世纪初，为了应对工人运动的持续高涨，各国都纷纷开始接受集体谈判制度，在 20 世纪最初的 20 多年之中，美、德、法、荷等国家纷纷出台有关集体谈判制度的法律，放松了对集体谈判的限制。但集体谈判制度真正成为解决企业内部劳动关系问题的主要手段还是在二战后，由于战后发展的需要，各国企业纷纷建立现代企业制度，并对劳方做了相应的让步，保证工人参与企业决策和争取自身利益的权利。各国也开始推出更为系统的相关政策，在立法上对集体谈判制度作了更为明确的规定。集体谈判制度的兴衰与工会力量有着密切的联系，20 世纪 70 年代后，二战后相对协调的劳动关系被打破，工会力量持续分化，雇主也开始抵制和瓦解工人有组织的集中化谈判，经济全球化、信息技术的发展及新型经济模式的诞生也对工人的有组织性发起了全新的挑战，集体谈判开始逐渐向着分散化的方向转变，但是仍然是工人争取个人利益的重要手段。

（2）集体谈判制度的主体、内容和作用

集体谈判有不同的层级，各国具体谈判层级的设置各有不同，但按照范围和规模一般可以划分为企业级、行业级、产业及中央级，集体谈判的劳资双方也由各级的工会及相对应的雇主组织组成，涉及的内容有宽有窄[1]。市场经济国家更加倾向于产业一级甚至中央一级的谈判，通过工会与企业家高层次的协商，可以达成统一的协议以制定产业政策，这样一方面可以提高谈判效率，另一方面当个别企业工人对产业政策不满时，也可由高一级的工会出面游说解决，将冲突控制在一定范围之内。在谈判过程中，劳资双方通常情况下会有很大的自主权，政府一般不会过分干预，主要以立法的形式对谈判达成的协议作出规定，并以行政力量保证实行，同时设立专门部门进行监督。此外，政府还在三方协商机制中充当协调者，以保证劳资双方力量对比的平衡，在谈判陷入僵局时，政府也会发挥相应的调解作用。

---

① 程延园：《集体谈判：现代西方国家调整劳动关系的制度安排》，《教学与研究》，2004 年第 4 期。

集体谈判涉及的内容非常广泛，其中涉及经济类的事项往往都是中心议题，劳资双方往往会围绕分配比例、实际工资及福利待遇问题展开博弈。其他非经济类的事项，例如职业培训、劳动安全和卫生条件、休假、奖惩机制、管理制度等也是集体谈判中的重要内容。集体谈判往往有着规定的流程。在进入集体谈判前，劳资双方应当互相确认对方的谈判资格。一般而言，工人对雇主的谈判资格很少会有异议，但雇主往往为了削减工人力量，避免作出更大的让步而对工会代表谈判的合法性提出质疑。工会代表一是需要证明所在工会已在国家法定机关注册，二是需要证明自己是劳工权益的真正代表，才能获取谈判资格。在谈判过程中，通常由劳资双方先派出代表阐述大致主张，后进入自由讨论，谈判的阶段和流程则视谈判问题的复杂程度而定。集体谈判的协议达成后，还需要劳资双方各自用正式的批准手续通过协议，作为契约规定劳资双方行为。

对于劳方而言，集体谈判制度保证了工人的有组织性，帮助工人可以通过强制性的力量迫使雇主改变现行制度。对雇主而言，集体谈判制度一方面为劳资矛盾的解决提供了较为和平的解决方式，避免企业家承担劳资冲突所带来的更大损失；另一方面则提高了谈判的效率，使得雇主不用与工人采取一对一的交流形式。但总体而言，集体谈判制度的确立是工人长期运动所取得的成果，为工人重新确定企业内部的分配制度，参与企业管理和决策提供了有效的途径。在集体谈判制度下，工人可选择法律程序发表意见、调解纠纷，各国大规模的工人运动和劳资冲突数量均出现较为明显的下降趋势，阶级矛盾在一定程度上得到缓解。

7.2.2 员工持股制度

（1）员工持股制度的产生与发展

员工持股制度（ESOP）最初源起于美国。19 世纪末 20 世纪初，由于贫富差距导致的工人运动愈发频繁，阶级矛盾更加尖锐。一些资本家为了安抚工人情绪，避免工人运动严重影响企业运营，开始尝试在公司内部进行所有制改革。员工被允许通过个人积蓄或工资中的一小部分购买公司股票参与利润分配，而公司会为员工提供相应的折价待遇。公司通过向员工募集股票可以扩展资金来源，并且使得员工成为与企业的利益共同体，从而缓和劳动关系。到了 20 世纪 20 年代，这种做法开始被逐渐被接受，然而 1929 年全球经济危机的爆发致使美国股市迅速崩溃，员工在股票上的投资普遍损失惨重。

此后，由于对风险的担忧，员工对待股票的态度更为谨慎，转而将理财重心转移到其他利益上。员工持股计划再次升温是 20 世纪 50 年代之后，在二战后经济恢复和发展的黄金年代，由于所有权和经营权的分离，更多的职业经理人出现，如何激励这些实际运作公司的经理人成了公司所有者都必须考虑的问题。为此，出资者开始向经理和白领阶层实行"股票奖励计划"，通过股票将经理收入与公司绩效挂钩，对高层管理者给予奖励。此外，由于人们平均寿命的延长，如何保证员工的养老保障也成了各公司必须面对的问题，而股票奖励也恰好为人们安度晚年提供了相应的办法。同时，在蓝领工人和普通员工的要求下，一些公司也开始向普通员工推行股票，但从总体看仅在总体持股量中占极少数。进入 20 世纪 60 年代，越来越多的人开始注意到美国日益扩大的贫富差距，当时著名的经济学家、律师路易斯·凯尔萨首次正式提出"员工持股计划"，认为随着科技革命的发展，资本已经逐渐代替劳动成为创造财富的主要因素，劳动在产出方面所做的贡献越来越小。在这一局面下，如果仍然保持旧的分配格局，财富智慧更多地保留在少量资本家手中，贫富分化将会更加严重。因此，在不侵害原财产所有者利益的前提下，应当事先进行财富的重新分配，同时发展新的资本来源，从而减少劳资双方的利益冲突。具体来讲，就是将股票作为公司员工资本信贷的方式，利用赊账的方式使员工获得资本所用权并参与公司利益分配。凯尔萨本人被称作"职工持股之父"。1961 年，凯尔萨创立了"职工持股计划发展中心"，并创办了一家投资银行用来专门支持职工持股计划，但引起的反响有限。直至 1974 年后，凯尔萨开始借助自己的律师身份，通过立法宣传推行员工持股计划。在他的努力下，国会在 1974 年通过了《员工退休收入保障法》，这成了第一个推动员工持股合法化的法律方案。20 世纪 80 年代后，美国国会又陆续通过多部法案对员工持股制度作出了更为具体的规定。而这一时期，美国的宏观经济状况并不乐观，经济全球化带来的竞争和收购兼并的热潮使得企业所有者倍感压力，高失业率也带来了很多的社会问题。员工持股制度一方面可以帮助公司解决资金来源问题，同时促使股权分散化，增加公司被恶意收购的难度；另一方面则可以为员工提供更多福利保障，因此员工持股计划在这一时期进入了飞速发展阶段。20 世纪 90 年代后，各企业又陆续对员工持股制度的具体实施办法进行了相应修改，实行员工持股的公司和参与人数不断增加。

（2）员工持股制度的内容、特点与作用

员工持股制度具有不同的实现形式，但主要可以分为杠杆型员工持股和非杠杆型员工持股两种，区别在于后者只是一种股票奖励制度，不允许使用贷款购买股票。杠杆型的员工持股制度是最典型的形式，它通过企业建立的信托帮助员工获得股票。信托机构可以是公司内部的，也可以是公共的，它的唯一目标就是帮助参与持股的股东获利。信托机构必须遵循对所有员工平等对待的原则，工作人员中包括至少一名公司普通雇员，由董事会任命。一般而言，员工持股计划要求 70% 以上的员工参与，避免资本集中在少数人手里，参与员工须保证在公司任职 1 年以上。股权分配主要以工资为依据，同时兼顾工龄和绩效。通过贷款购买的股票则是由信托基金向金融机构借款，但必须出具企业的保证书。这些股票在初始阶段会被放置于一个悬置的账户上，随着贷款的偿还再逐步转移到员工的账户上。对于由于实行员工持股计划而减免的优惠数额和每年通过持股获得的收益上限应当作出相关的限制，避免少数人通过员工持股制度在短时间内大量获利。在上市公司持股的雇员拥有同其他股东相同的投票权，在非上市持股的股东则对公司的重大事务享有发言权，在投票过程中一般遵循一票一股的原则，但也可以实行一人一股的做法。对于接近退休年龄的员工，公司允许他们将资产投资于其他行业，当员工在公司离职或退休时，可以以现金或其他形式退股，公司则必须按照市场价格公平地回收员工股份，对于非上市企业而言，则应当通过外部专业的评价机构对企业股票进行年度评估以确定员工股票价格。

从员工持股计划的实际运行来看，这一制度有着以下明显的特点：一是，所有权和管理权相分离。在实行员工持股计划的企业中，股份的所有权归员工所有，但是实际运作却由专业的信托基金组织集中管理。二是，广泛性与公平性相结合。员工持股计划的初衷是缓解严重的两极分化，因此美国法律也对持股的参与群体和获益情况作了明确的规定，不仅要保障 7 成以上的非高薪的普通员工参与，还要保证非高薪阶层所获收益至少占到高薪阶层收益的 70%。但是，为了保证分配公平，体现管理者对企业的贡献，雇员股份的大小也会与个人的薪酬挂钩。三是，民主性与稳定性相结合。对于离任的员工，公司允许雇员转让股份，但是必须在持股 7 年的年限过后，在 7 年内离职则视为自动弃股，这一限定措施保证了企业人才结构的稳定性。四是，员工持股与社会保障相结合。在实行员工持股计划的企业中，股票收益同时被当作企业保障制度特别是养老金制度的重要组成部分，这构成了员工退休收入的重要来源之一。

员工持股制度利用股权在经济上将劳资双方挂钩，形成了劳资双方的利益相关体，对缓解两极分化和阶级矛盾起到了重要的作用。从资方的角度来说，员工持股制度有利于企业积累资金，同时股权多元化减小了企业被恶意收购的风险。此外对于企业管理而言，员工持股制度为企业提供了一种新的管理和激励模式，对于提升员工对企业的认同感和责任感，刺激主观能动性有着十分重要的作用。在经济利益下，员工的积极性更高，企业的劳动生产率和竞争力也会随之提升，企业家在整体利润率上升的前提下也愿意对股权作出让步。从劳方的角度而言，员工持股制度所带来的收益更为直观，随着股票市值的上涨，股票收益在员工全年薪酬中所占的比重将连年增加。尽管从总体而言，劳方在最终利润分配中占有的份额依然有限，但在收入分配严重不公的西方国家依然是种缓和。而在福利制度和社会保障方面，员工持股制度也改变了以往单纯依靠政府救济和个人资产积累的局面，将养老保险收入与企业效益直接联系，在进一步促进员工努力工作的同时，也为员工的退休生活提供了更多的保障。更为重要的是，员工持股制度为员工带来了身份上的变化，一方面，出于对自身经济利益的关切，员工愿意为企业作出贡献，也会有意识地避免大规模的劳资冲突；另一方面，员工可以通过股东身份参与企业重大事务的决策，享有发言权或投票权，不再单纯地作为企业的被管理者存在，这对于企业内部的信息交流和以更为平和的方式解决劳资矛盾提供了有效途径。

7.2.3 就业制度调整

（1）职业经理人制度

职业经理人制度的成熟和推广是在二战后，但是职业经理人制度也有着很深的历史渊源。19 世纪 40 年代前，西方各国的企业基本都是单一的业主制或世袭制，由企业的出资者直接经营和管理企业。1841 年 10 月，美国马萨诸塞州至纽约的铁路客车发生撞车事件，社会反响强烈，舆论纷纷指责企业老板缺乏专业管理经验是导致撞车事件的重要原因。在州议会的推动下，铁路公司进行了彻底的改革，出资人只领取薪酬红利而不对企业事务进行直接管理，同时聘请专人员领导和处理日常工作。这一管理体制后来逐渐被借鉴和运用，人们称之为"经理制"，1841 年的铁路事件也标志着第一个实际意义上的职业经理人的诞生。19 世纪末 20 世纪初，经营权与所有权相分离的思想在社会范围内产生了更大的影响，因此企业法人地位的确立就成了各个公司所面对的重要现实问题。为了解决这一问题，西方主要国家纷纷出台相关的公司法和破产法，对董事、经理、股东、职员之间的关系做了法律上的明确，这些举措为职业经理人制度的进一步发展奠定了基础。与此同时，企业对经理人选的选拔也更为严苛和专业化，虽然同为职业经理人，但在之前的管理体制中，出资人和持股人的个人意见仍然会在企业决策中有所偏重，因此在选拔经理人的过程中，是否持有股权和持有股权所占比例仍然是选拔的重要标准，而这一时期的考核则更加将经理人的专业素质和技术经验作为重要指标。二战后，由于战后经济发展的需要，西方各国企业更加注重管理方式对企业生产效率的影响。与此同时，随着信息技术革命的发展对产业结构的影响，专业分工不断细化，机械化大生产普遍运用，家族式的管理方式越来越不适应新的经济形态。因此，越来越多的企业开始建立现代企业制度，形成科学的法人结构，在企业所有者、经营者、生产者之间建立权责明确、互相监督、相互制约的管理体制，这些举措进一步推动了职业经理人制度的成熟，到了 20 世纪 60 年代末，有 80% 以上的西方企业都聘请了职业经理人。而在 20 世纪 70 年代后，职业经理人制度又不断得到完善，职业经理人的数量也逐步扩大，开始成为社会中的一个重要阶层。除了提高企业经营效益和科学管理水平以外，职业经理人的出现也对战后劳资关系的对立起到了缓和作用。职业经理人的出现使原本稳定的工人阶级出现了分化，与普通蓝领工人相比，他们具有更专业的知识水平和技术素质，也在福利待遇和工作环境上与普通工人区别开来。因此，出于对自身利益的关切，职业经理人很难在进行工人运动时与工人站在一起，有时甚至会成为资方利益的代言人。同时，职业经理人也使原本清晰的阶级界限变得日益模糊，即使职业经理人与普通蓝领工人在薪酬和福利待遇上有着明显的差别，但实质上都是雇佣劳动体制中能被资本家剥削剩余价值的工人。因此从表面看来，职业经理人制度造成了一种工人管理工人的现象，这在一定程度上缓和了工人的反抗情绪，也同时为工人集中斗争力量和确立斗争对象制造了困难。因此，职业经理人制度的完善与工人力量的衰弱密不可分，阶级和反抗意识淡薄的"白领工人"数量的增加成了西方国家的一个普遍现象。

（2）终身雇佣制

终身雇佣制产生和兴起于日本，并被其他西方国家企业所借鉴。"终身雇佣制"一词最早出现于美国学者詹姆斯·阿贝格伦的《日本工厂：社会组织的方方面面》一书中，但最早在第一次世界大战后就开始在日本出现。终身雇佣制指的是毕业生一旦被公司录用，将持续在这家企业就职并接受企业培训，在企业没有重大经营问题且本人也没有严重的违纪行为的前提下，他将一直为这家企业效力到退休的就业制度。终身雇佣制兴起于日本有着特殊的历史和文化原因，企业对稳定劳动力的需要及集体主义的传统等都为终身雇佣制提供了合适的土壤。终身雇佣制盛行于二战后，这一时期，日本等国进入了经济高速发展的阶段，员工对稳定的工作岗位有着强烈的需求，制造业飞速发展所要求的大规模同质劳动力也使企业更加偏向于对员工的长期雇佣。与此同时，战后的劳资冲突也促使劳资双方尽快找到一种可以形成利益共同体的雇佣制度，在这种情况下，终身雇佣制很快流行开来。严格来说，终身雇佣制并非一种法规、政策和制度，更准确的定义是一种理念或"默契"①。在日本各企业或政府部门的规章制度中，并没有明确对员工雇佣条件、雇佣年限等的硬性规定，而只对工资制度等配套制度做了条款设置。这一时期实行终身雇佣制的大多是大企业或政府部门，但即使是没有条件实行终身雇佣的其他企业，也非常注重公司员工的稳定性。在终身雇佣制产生和发展的过程中，有关其利弊的讨论一直没有停止。20 世纪 90 年代后，由于日本经济的不景气，很多企业逐步进行改革，也开始重视定期雇佣、中途录用等选人用人方式。进入 21 世纪，员工的就业和生活观念不断变化，资本周转速度的加快也使员工更加期望在短期内通过提高报酬体现自身价值而非依靠年功序列制，对终身雇佣制的思考和变革也在持续进行。但必须承认的是，终身雇佣制对二战后日本和其他西方国家劳资关系的缓和起到了非常重要的作用。终身雇佣制带来的最明显改变就是增强了员工的归属感和安全感，员工不必担心失业等问题，对于新技术、新设备对就业的潜在威胁感也得以消除，可以专心为企业作出贡献。在终身雇佣制下，员工很容易形成与企业的共同意识，很容易从企业利益出发考虑问题，这样就使阶级对立的观念得以缓和。而工龄累加的工资制也减少了员工跳槽离职的风险，企业可以节省掉相当可观的管理和就业培训成本，长期合作又可以增加员工之间的默契度，提高劳动效率。虽然终身雇佣制也存在着企业规模、激励机制等方面的弊端，但是它确实为劳资之间的冲突提出了一种有效的解决办法。

---

① 王默凡：《日本终身雇佣制的历史变迁》，《首都经济贸易大学学报》，2012 年第 4 期。

第三节　促进劳动关系合作发展的宏观经济政策

二战之后，由于经济恢复发展的需要和凯恩斯主义的盛行，西方国家纷纷从宏观上加强了对经济的干预和调节，即使在 20 世纪 80 年代后新自由主义盛行的时期，相较于二战前自由放任的经济政策也有了不小的调整和改进。从整体上，西方国家进入了国家垄断资本主义阶段，面对着科技革命对经济发展的新要求和劳资冲突带来的压力，西方国家纷纷从宏观上出台了一系列政策，以避免私人生产的盲目性进一步激化阶级矛盾，促进劳资双方的合作发展。其中最典型的举措：一是针对劳动力就业制度的改革，二是对福利政策的不断调整和改善。

7.3.1　就业制度的变革

二战后，劳动力就业问题一直是困扰西方各国的重大问题，也是最容易导致劳资冲突、诱发社会问题的敏感地带。主要经济流派和各界政府几乎都对解决劳动力就业问题提出了相关的政策，以缓解大规模的失业人口和就业结构矛盾。

（1）二战后西方就业理论的发展

第二次世界大战后，凯恩斯的就业主张首先成为各国制定劳动力政策的指导理论。凯恩斯认为，社会的总就业量是由社会总的有效需求决定的。有效需求不足会导致商品滞销，库存充盈，生产缩减，由此会促使企业家解雇工人，导致失业问题。在资本主义市场经济中，有效需求不足是常态现象，并会随着资本主义经济的兴衰而变化，引发周期性的失业问题。有效需求不足主要源于三个规律：首先是边际消费倾向递减规律，随着人们收入的增加，边际消费递减，消费的增加永远赶不上收入的增加；其次是资本边际效用递减规律，追加资本也存在着边际效用下降的趋势，从而引起投资不足；最后是流动性偏好规律，在人们更喜欢持有现金的偏好下，利息率居高不下会导致投资成本上升，也会引起投资不足。因此，为了改善有效需求不足的局面，就要由政府出面进行需求管理，从而刺激消费。这一方面需要调节国民收入分配体系，提高普通居民特别是中低收入人群的消费水平；另一方面则需要通过扩张性的财政政策和变动的货币政策刺激投资，由政府调控弥补私人资本投资不足的局面，以此带动就业率的提升。

凯恩斯的主张在 20 世纪 70 年代的"滞涨"危机后陷入困境，因此出现很多著名的经济学家试图改进凯恩斯的就业理论。其中影响较大的是以萨缪尔森、索洛、托宾等为代表的新古典综合学派。他们试图将新古典经济学与凯恩斯主义结合在一起，以菲利普斯曲线解释滞涨现象。他们认为，失业与通货膨胀之间存在着一种交替关系，结构性失业是引发滞涨的重要原因。为了解决结构性失业问题，需要设立劳动力培训机构和中介机构，以改善劳动力技能不足和信息不充分的问题，政府也应当通过宏观政策的调整促进劳动力的跨区域流动。另一群试图解决失业问题的就是新自由主义的经济学家。货币主义的弗里德曼认为，市场中存在着"自然失业率"，即在没有货币政策干预的情况下市场均衡时的失业率。这一失业率是正常的、始终存在的，如果失业率过高，则是由于经济效率低下。因此，为了调节失业，要改善就业市场信息不对称的局面，促进劳动力的跨区域流动。而供给学派认为，社会上的贫富差异会自然刺激居民"向上流动"的欲望，减税、减少福利开支等政策将会促进居民保持积极意识，增加劳动力供给，而政府的扩张政策并不能促进就业增加。因此必须实行供给管理，减少政府干预，通过减税扩大投资，促进劳动力就业。而理性预期学派的失业理论则进一步将新自由主义的自由化和市场化主张贯彻到底，他们也承认自然失业率的存在，认为微观主体会在经济活动中对通货膨胀产生理性预期，并由此产生经济行为，而政府的经济政策对已经产生理性预期的个人是无效的。因此，他们反对政府通过财政和货币政策增加就业，认为只要保持政策的稳定性，通过市场的自然发展就可以降低公众的理性预期，保持就业的持续稳定。

（2）西方国家促进劳动力就业的相关政策

随着指导理论的变化，西方各国的劳动力政策也在不同时期具备不同特点。但是，总的来看，为了消除劳资冲突对经济运行的影响，各国对劳动力政策的干预和调整相较于二战前有了明显的增强。除了运用财政政策和货币政策调整就业以外，西方国家在宏观层面也作出了一系列其他举措，以缓解劳动力的供需矛盾。

首先是对劳动力培训的扶持力度不断增强。二战后，在巨大的就业压力和凯恩斯主义的影响下，通过就业培训缓解失业问题成了人们的普遍认识。20 世纪 60 年代后，就业培训上升成为宏观政策，成为各国劳动力政策中的一项重要举措。美国政府于 1962 年颁布了《人力开发与培训法》，英国政府也于 1964 年颁布了《产业培训法》，并成立了相应的产业委员会，并于 1973 颁布了《就业与培训法》，成立劳动力服务委员会，更加强调对人力资源的培育。通过立法的引导，西方国家逐渐建立起了系统的职业培训体系，作用范围和培训模式日益扩大和多样化，政府则通常通过财政拨款和标准制定对就业培训进行扶持和干预。"滞涨"危机之后，发展前沿产业和中小企业成为各国经济发展的方向，西方国家在就业培训制度的基础上，也开始进行创业培训，通过政府的优惠政策为创业者提供支持，如法国就在 20 世纪 80 年代成立了"创业创办者援助与辅导中心"，专门负责指导有创业精神的劳动者。此外，随着知识经济的兴起，各国也开始日益重视教育在培训体系中的重要地位，纷纷通过与学校的合作完善就业体系。20 世纪 80 年代，英国政府出台了"青年培训计划"等多个项目，专门针对中学毕业生开展职业技术培训，帮助其提升竞争力和扩大就业机会。从 1988 年起，英国政府协同企业和学校，在校内开展了三方合作的"共训工程"，由政府提供政策支持，专业的培训机构和企业负责职业培训。德国也加强了信息技术教育，通过电子计算机在硬件和知识上的普及提升劳动力进入新科技领域的能力。此外，德国也于同一时期开展了与英国培训模式类似的"501 工程"，联合企业和社会就业机构开展职业培训，并承担了大部分的培训费用。20 世纪 90 年代后，特别是 21 世纪以来，在"第三条道路"政策的引导和社会分工日益扩大的局面下，就业培训的多元化倾向也更加明显。政府也开始引导就业培训政策在宏观和微观两个领域发展，更加鼓励企业在就业培训方面发挥作用。而随着劳动力个人需求的日益多样，就业培训的灵活性、个性化、人性化趋势也更为显著。此外，在经济全球化趋势下，国际的劳动力竞争日益激烈，就业培训制度日益注重对人才核心能力的培养。2003 年，英国工党政府就推出了针对在岗劳动力的"技能战略"，通过在岗培训的方式进一步提高劳动者的核心能力和素质，强化劳动者的技术优势。2005 年，英国政府又进一步制定了《技能白皮书》，对技能战略作了更加细化的说明。在这一政策下，劳动者的个人素质和就业能力进一步提升，应对经济风险和社会发展变化等失业因素的能力不断增强。

其次是通过产业结构的调整和升级吸纳就业。产业政策一直是西方国家缓解就业问题的重要手段，其中的手段之一是企业的国有化。二战后，主要西方国家都逐步进入国家垄断资本主义阶段，开始通过加强干预弥补私人资本生产的无组织性。英国工党就先后于 1946 年和 1974 年掀起了两场大规模的国有化运动，瑞典、德国等国家也先后在经济结构调整中将很多企业收归国有。通过产业国有化政策，政府可以接手私人资本无力经营和长期亏损的部门，同时可以主导私人资本不愿插足的公共经济领域。这就增强了国家对经济运行的控制能力，同时也利用国有化企业创造了大量的就业岗位。产业国有化政策多在各国工党和社会民主党执政时期出现，但在保守党执政期间，政府也会通过国私共有合营、政府采购与补贴等形式参与企业生产和决策。另一个重要手段是通过推动产业结构的变迁促进就业。二战之后，西方各国都看到了第三次科技革命中孕育的经济力量，纷纷主动适应这一潮流，利用全新的科技成果推进产业结构的更新换代。研发经费和政策支持的扩大加速了技术进步，使社会生产方式发生了重大变革，各国一方面不断加速对尖端科技的研发，扶持前沿产业，充分发挥其对国民经济的推动作用和制造新兴岗位的能力；另一方面则通过新技术与传统产业的结合，推动其设备更新和管理结构合理化，缓解传统产业的失业问题。此外，信息革命也使非物质生产领域即第三产业拥有了广阔的发展前景，而第三产业相较于第一、二产业，拥有吸纳劳动力更高的潜能。为此，西方各国纷纷将产业发展的重心转移到科技、智力和非物质的投资上，将服务业转变成为推动经济发展的主要动力，利用第三产业创造的就业岗位解决失业问题。从二战后开始，西方各国第一、二产业在总体上呈下降趋势，第三产业则在国民经济发展中的重要性与日俱增。与此同时，在科技革命的进程中，中小企业在经济发展和劳动就业方面的作用越发明显，随着城市化进程的加快和劳动力需求的日益多样化，中小企业的劳动力承载能力和灵活性也逐渐引起了西方各国的重视。1971年，英国政府在工业部内专门设立了小企业局，1978年又在工业部内设立了合作发展局，在全国范围内布局了支持中小企业合作发展的机构。中央和地方政府都会在财政上对中小企业发展发放补贴，帮助失业者自谋职位。到了撒切尔政府时期，英国还制定了企业扩张计划，帮助中小企业解决生产技术、银行贷款、股票交易等方面的困难。一般而言，中小企业的资本有机构成较低，大多属于劳动密集型产业，自20世纪70年代起为西方国家解决了大量的就业问题。而进入21世纪，随着网络技术的进一步成熟，劳动生产方式日益多样和灵活，独立经济体的规模更微更专，零工经济等非正式就业开始进入各国视野，西方各国也开始不断适应时代的发展变化，开始利用互联网创造更多的就业岗位。

最后是不断促进劳动力的跨区域流动。这一措施主要针对区域性的就业结构问题。二战结束初期，西方国家主要依赖对产业结构的布局来解决区域性的劳动力问题。由于自然因素和世界大战的影响,西方国家的主要产业都集中在规模较大的城市,而其他地区的就业和经济发展水平都相对落后。二战后,在凯恩斯主义的指导下,各国纷纷对产业布局作出新的规划,并制定更为合理的经济计划,以此援助经济发展相对落后的地区,调节区域间劳动力的供需平衡,带动就业。而随着第三产业在国民经济中的地位越发重要,由于服务人口的流动性不及工业部门的劳动力,对产业的合理布局就显得更为关键。此外,西方国家还一直致力于以交通和基础设施建设的发展带动劳动力流动。而 20 世纪 60 年代后,随着科技革命的发展和经济全球化的不断演进,区域性的就业问题不再单纯源于国内,国际性的因素也开始产生重要影响。全球性的资本流动带来了大规模的劳动力流动,大量的就业岗位面对着国外劳动者的竞争,就业形势更为严峻。为了应对这一局面,有些西方发达国家如美国采取了在一定范围内限制移民和产业外包的政策,西欧国家则采取了欧盟共同就业政策发展劳动力市场,主动适应全球化趋势,促进劳动力的进一步流动。在欧盟共同就业政策下,各成员国可以根据本国国情在具体政策上有所区别,但必须以各国的良性互动和总体上的就业水平提高为共同目标。在这一体系下,各成员国的权力并没有得到限制,反而得到了增强,每个联盟国都有充分表达国家意愿的途径。各国纷纷改变了在就业方面的消极观念,以扩大就业作为解决就业问题的基本思路,放松对劳动力市场的管制以减弱劳动力市场刚性,各国之间的贸易额和相互间的投资量持续上涨,也带来了更多的就业机会。对于劳动力的跨国就业,一方面消除了成员国劳工入境和工作上的制度障碍。早在 1961 年,当时的欧共体就要求消除对跨界工人的入境限制和歧视性政策,此后这一原则被不断扩大到临时工、自雇者及工人家属。在职业资格测评和就业信息服务方面,跨国劳工的待遇也逐渐与本国劳工等同。另一方面,在劳动力的社会权利保障方面,欧洲国家也进行了长期的努力,并成立了专门机构对流动劳动力的保障待遇行使检查。20世纪 70 年代后,欧共体发布了多条法规,在疾病、工伤、失业、死亡、家庭补贴等多个方面对跨国工人的社会保障作了具体的安排。同时,跨国工人社会保障的可出口性质也逐渐得到保障,只要在成员国间跨国工作,工人携带原有的社会保障权益入境会得到彼此认可,社保开支也不会增减,交费年数也可以在不同国家中积累。这就为跨境工人解决了后顾之忧,工人可以在更大的劳动力市场寻找工作,区域性的劳动问题也进一步得到缓解。

7.3.2 社会福利制度的发展

福利制度实质上是一种对分配体系的重新调整，其核心是资产阶级向工人让渡一部分剩余价值，以回应工人阶级带来的压力。二战后，福利制度是西方国家缓和阶级矛盾的最重要手段之一，劳动力可以通过不断健全的社会福利制度获得更多的经济待遇和社会权利，从而避免大规模劳资冲突的出现。

（1）福利制度演进的理论基础

二战后初期西方各国对福利政策的大规模调整主要依据凯恩斯主义和《贝弗里奇报告》。凯恩斯主义对有效需求不足的问题十分重视，认为要促进经济高涨和带动就业就必须保证居民的购买力，而社会福利制度的扩大正是增强人民收入水平的重要手段。与此同时，凯恩斯还认为，资本主义市场中极易形成垄断，这就导致交易和分配时的不公正，而依靠自由放任的市场调节是无法应对市场失灵的。因此，政府应当扩大自身的调控范围，不只在直接的福利分配领域进行干预，还应当深入产生社会福利来源的生产领域。具体而言，就是直接通过工资分配制度提升工人收入与福利，形成高工资、高消费、大规模生产的循环体系。而《贝弗里奇报告》也强调了社会福利管理的统一性原则和普遍适用的普享性原则，认为应当由国家出面建立统一的社会福利管理机构，并实现社会居民的整体覆盖，这就突破了过去社会和医疗保险只适用于某些群体的局限性。但报告同时认为，国家对社会福利的责任并不能代替个人的责任，福利的资金来源应由国家和公民共同承担。因此，应当对有收入的居民实行相同的缴费标准，每人每周强制性缴费，并享受统一的福利回报，对于没有收入的居民则通过社会救助机构在福利上区别对待。国家所支撑的社会保障不应当待遇过高，只应当保障居民的基本生活水平，个人可以通过私人保险满足更高的福利需要。20 世纪 70 年代后，西方国家的福利政策遭到普遍性的危机，在理论上也受到了新自由主义的挑战。新自由主义者认为，福利政策的普及压抑了企业的活力与个人的生产积极性，因此福利制度并没有从根本上化解经济矛盾，反而通过阻碍市场机制的发挥更加激化了矛盾。新自由主义者坚信供给会产生需求，也坚信失业在市场经济中属于自然现象，不会对宏观经济产生多少不良影响，因此不必通过大量的福利支出来干预经济。因此，新自由主义者更加强调个人在社会福利中的责任和义务，认为政府应当削减福利开支，将更多的福利责任转交给市场。20世纪90年代后，"第三条道路"的政策主张又开始进一步更新了人们对福利政策的认识。"第三条道路"的代表人物吉登斯认为，传统的福利政策并没有在根本上解决社会不公的问题，普享性的原则带来的是社会整体财富的增加，而并不是相对地提高贫困者的收入水平。与此同时，传统的福利政策实质上是一种社会不公问题出现后的解救措施，若要从根本上解决问题，必须从源头上进行改革。因此，"第三条道路"强调淡化阶级意识，将福利制度与绩效结合起来，形成个人与企业的利益共同体，共同承担福利责任。同时，更多的福利基金应当被投入人力资本领域，通过对教育的投入提高人们获得机会的平等度，从源头上消解社会不公的可能性。

（2）福利制度的主要措施与作用

由于指导理论的不同，二战后西方国家在各个时期具体的福利政策也有着较为明显的区别。但从总体来看，西方国家的福利政策一直在寻找政府和个人在福利责任上的契合点，对福利政策的调整也一直被当作缓解市场供需矛盾、调节阶级关系的重要手段。随着福利制度的不断完善，其具体的门类也日益繁杂，但具体来说可以分为三类：一类是社会保险类，例如伤残保险、退休保险、失业保险、医疗保险等，主要用于维护居民的基本生活需求。在"福利国家"建设的初期，用于基本生活需求的保险是福利制度的重点，例如美国就在二战后的十年内多次修改社会保障法，使社会保险的受益人数和收益金额得到了大幅度提升，失业者低收入群体的生存和健康状况得到明显改善。第二类是文化、教育等用于人的发展需求的福利保障。20 世纪 50 年代末期，西方国家普遍重视教育和科技对经济发展的影响，纷纷改革教育保障制度，为经济困难的学生和有意愿接受再教育的劳动力提供更多的教育机会。1958 年，美国就通过了《全国国防教育法》，为学生提供长息贷款，并随之扩大了奖学金的奖励规模。而同时期的西欧各国也通过义务教育、职业技术教育等方式满足着人们受教育的需求，福利政策的发展不再局限于社会保障的范畴。最后一类是福利补贴，这种补贴多带有公共福利的性质，如由政府承担的公费医疗补贴。福利补贴还包括对于没有工作能力的贫困家庭给予的救济补贴。福利制度之所以可以成为缓和劳资矛盾的有效工具在于，一方面资本家可以使工人收获更多对于剩余价值的让步，使其阶级情绪得以缓和；另一方面，从阶级斗争的角度讲，工人虽然增强了反抗阶级统治的潜在能力，但是福利制度的存在也日益将劳资双方在经济利益方面连在一起，工人的阶级认同感逐渐降低，反抗意识也逐渐薄弱，甚至开始认同资本主义的经济秩序。但对于资本家而言，福利制度也是把双刃剑。通过福利政策作出的让步为资本积累提供了相对平稳的环境，避免了因为劳资冲突损失的利润。但是，福利支出却与资本的逐利本性背道而驰，缩减了货币转化为资本的规模。因此，资产阶级政府必须在经济效率和社会公平间作出权衡。基于此，福利制度就成为维持劳资关系平衡的重要工具。

（3）福利制度面对的实质

西方资本主义国家所实行的福利制度，从表面看有利于工人阶级和全体社会成员生活水平的改善，但实质上仍然是资产阶级为了追求更大利益所采取的手段。福利制度的根本目的是维持资产阶级政府的稳定统治，福利制度所分割的剩余价值来源于工人的劳动，福利改革的出现也多是由于工人运动的压力、宏观经济发展的需要，或是资产阶级政党的政治目的。从经济角度讲，福利政策一方面可以提高劳动生产者的积极性，创造更高的剩余价值，帮助资本家攫取更高额利润；另一方面可以提高居民的消费能力，扩大国内和国际市场，促进剩余价值的实现，降低由于生产相对过剩出现危机的风险。从政治角度讲，一方面工人的反抗力量被经济利益所分化；另一方面福利制度很大程度上成为资产阶级政党争取选民的工具，被当作竞选的筹码。这就很有可能导致对经济规律的忽视和福利制度的不稳定性。此外，福利制度并没有改变资本主义下劳资双方的实质性关系。私有制的经济制度没有变，雇佣劳动制度没有变，工人受剥削、受压迫的经济地位没有变。从宏观角度看，资本主义国家的失业、贫困等问题从来没有得到改变，两极分化还有日趋严重的趋势。资产阶级政府一直以对福利体制的平等享有为口号，但在社会经济和政治地位本来就严重悬殊的基础上，福利制度很难在分配差距上起到真正的作用，在具体措施上无法真正向贫困人口倾斜。但在社会不公日渐严重的局面下，工会的力量却越来越有限，工人的反抗意识也越来越薄弱。可以看到，本应带有惠民色彩的福利政策，最终成了资本家的欺骗手段。资本家不但通过相对较小的让步获取了更大的利润，还利用福利政策实现了对工人更大程度上的控制。总而言之，工人通过漫长斗争争取来的福利政策，正一步步成为资本家用来瓦解工人自身的工具。

第四节　金融危机后劳动关系现状及发展趋势

尽管从 20 世纪 90 年代以来，西方国家一直致力于采取各种措施缓和阶级矛盾，营造相对平稳的宏观经济环境，但是，资本主义体系的内部调整无法从根本上消除资本主义的矛盾。2007 年底，美国爆发了自 1929 年危机以来最为严重的经济危机，并迅速波及全球。金融危机暴露了西方国家普遍存在的严重的去工业化问题，由于金融危机带来的经济衰退、市场萎缩、高失业率等，西方国家的劳资关系又迅速呈现出了紧张的局面，改革的呼声愈发强烈。而尽管西方各国政府纷纷采取减税、追加投资、再工业化等措施缓和危机所带来的消极影响，但仍然仅限于在现存制度框架内的修补，无法阻止劳资关系的进一步恶化。具体来说，金融危机后西方国家劳动关系出现了两个明显的特点：第一是重新恢复了紧张和对抗的状态，第二是工人阶级的力量逐渐复苏。而从发展趋势的角度看，由于西方国家去工业化、福利政策私有化、积累全球化、对工会的持续打压等举措所带来的负面效应积重难返，工人和资本家间的持续对抗性关系也将会是西方国家劳资关系的长期趋势。

7.4.1 去工业化与两极分化

从资本的逐利本性来看，去工业化可以看作西方国家产业发展过程中的必然趋势。相较于传统制造业，金融等虚拟经济行业可以凭借垄断地位和资本运作在短时间内获取大量超额利润，这就导致了更多资金被投入了虚拟经济领域。20 世纪 70 年代后，金融资本逐渐代替产业资本在西方发达国家产业结构中居支配地位，实体经济逐渐衰退，产业高度服务化趋势不断加强。1980 年至 2010 年，美国制造业增加值占 GDP 比重从 21.1% 降低到 11.7%，制造业对就业的吸纳能力也随之大幅度下降，就业人数占总就业人数比重从 21.6% 降低到 8.9%[①]。而根据世界银行数据，到金融危机爆发时期，西方各主要国家的第三产业均高达 70%—80%，制造业萎缩，产业空心化问题严重。对政府来讲，去工业化引发了西方国家长期的经济停滞和沉重的债务负担。一方面，制造业的衰退弱化了经济增长；另一方面，海外产业转移成了资本家普遍的避税措施，政府收入失去了大量财政来源。对工人来讲，去工业化则使财富越来越向少数人手中集中，引发了更为严重的两极分化。

两极分化首先源自收入差距的不断扩大。一方面，金融业等虚拟资本的流动有自身独特的运动规律。即使虚拟资本不参与直接生产过程，其利润也来自实体经济的价值分割，但其价格却并非由实体经济的价值所决定，而是

---

① 芮明杰：《欧美"再工业化"对我国的挑战与启示》，《中国社会科学报》，2013 年 3 月 6 日。

由预期收入和平均利润率决定的，这样就有可能出现虚拟资本的价格与实体经济大幅度背离的情况。因此，资本家完全可以利用虚拟经济的灵活性在市场中进行频繁的流通转让，赚取交易差额，从而在短时间内积累高额利润。此外，由于对信贷体系和资产价格泡沫的依赖，与实体经济相比，金融资本的扩张性和侵略性更强，速度也更快，这就促使金融资本不断将更多经济体特别是零散的微观主体纳入信贷体系中。而在市场信息不对称和资金周转能力的限制下，中小企业和家庭金融投资只能成为大金融资本积累的工具。从长期来说，信贷体系和资产价格泡沫不过是金融资本创造的虚拟财富，透支的未来收入也会使微观主体的实际财富愈发匮乏[①]。另一方面，去工业化带来了明显的产业结构变化。20世纪70年代以来，中产阶级的崛起有效缓解了西方资本主义国家的贫富分化问题。而随着制造业愈发萎缩，大量的劳动力被迫进入第三产业尤其是服务业领域，其中也包括曾经的大批中产阶级群体。而从整体看，服务业工人的劳动生产率和工资水平远远低于制造业。再加上服务业中存在着的大量零工工人，平均工资水平就更低了。以美国为例，2007年美国家庭净财富最高的前1%家庭所占比重已达34.6%，家庭净金融资产的比重更是高达42.7%，远远高于普通工薪阶层[②]。而根据世界不平等研究机构于2018年发布的《世界不平等报告》，美国仍然是世界上最不平等的几个国家之一。可以看到，西方国家再次出现了明显的利益对立，少数人掌握着国家经济运行中的大多数财富，贫富分化问题愈发突出。

此外，社会福利制度的变革也是贫富分化日趋严重的重要原因。去工业化和产业结构空心化的困境给西方发达国家带来了普遍的财务危机，生产力下降，经济停滞常态化使得各国政府在福利开支方面捉襟见肘。为了顺利度过危机，西方各国政府再次缩减了用于医疗、保险方面的政府支出，更加依赖企业与员工之间的利益捆绑，福利制度私有化的趋势更为明显。但是，在私有化的社会保障制度下，贫富差距并不会得到真正意义上的缓解。一方面，在西方国家私人化的福利体系中，福利开支的救济重点并不在贫困和弱势群体，很多优惠项目被设计成举债之人的扣税项目，这就推动了更大部分的福利开支流向了中高收入群体；另一方面，企业与员工的利益捆绑并不意味着利益共享，反而由此加深了企业对员工的利益控制，导致员工可以为了微薄

---

① 崔学东：《金融危机是美国劳资关系的转折点吗？》，《教学与研究》，2011年第10期.

② Lawrence Mishel, Heidi Shierholz.The sad but true story of wages in America, *Economic Policy Institute*, March 15, 2011.

的社会福利更高强度、更长工时地固定在就业岗位上，从而为资本家创造更多的剩余价值。此外，在就业问题一直难以解决的西方国家，当社会福利越来越多地跟企业绩效挂钩时，失业者和零工经济者的处境就会变得越发不利，贫困问题变得更加难以解决。

7.4.2 再工业化——西方国家摆脱危机的尝试

金融危机后，西方国家开始了对几十年来去工业化问题的反思，并在2009年于匹兹堡召开的二十国集团峰会上对再工业化战略达成共识。在美国，再工业化政策被上升为国家战略，《重振美国制造业框架》《先进制造业战略》等一系列相关法案持续跟进。具体来说，西方国家推动再工业化的举措主要有产业回流和推动高新产业振兴两种方式。

（1）逆全球化浪潮

逆全球化实质上是一种贸易保护主义，关于逆全球化的呼声一直与经济全球化的趋势相生相伴，早在20世纪末，就有WTO会议被反全球化组织大规模示威抗议。但是在以往，由于国家间的利益分配不均和就业岗位挤压，逆全球化的诉求主要源自发展中国家及发达国家中的低技能劳动群体，而金融危机后，面对去工业化积弊所带来的劳资紧张和社会问题，逆全球化却成了西方发达国家政府进行再工业化的重要手段。发达国家进行逆全球化的主要举措有三种：第一种是脱离国际组织，切断与世界各国的贸易联系。诸如英国脱欧，就是拒绝再将经济和社会政策的管理权交给欧盟，美国政府也宣布脱离跨太平洋伙伴关系协定（TPP），区域经济一体化呈现排他性、封闭性、碎片化发展态势①。第二种是限制资金和人员的进口。限制移民一直是西方各国反全球化的重要手段之一，惩罚性关税等贸易歧视政策更是给海外投资造成了相当大的压力，如欧盟于2016年出台的《对华新战略要素》就是针对与华贸易设置壁垒。第三种则是通过产业政策促进制造业回流。其中主要政策之一是税收优惠。譬如通过削减原材料的进口关税，给予回流企业税收抵扣和一定年份的工资税减免，以及出台相关的土地优惠政策等。此外，还有利用政府采购推行本土化产品。奥巴马政府就曾强调购买美国本土产品，并在条款上给予产品权重优势，对于回流的中小企业，政府也会积极提供支持，给予适当的价格优惠。

---

① 何自力：《中国方案开启经济全球化新阶段》，《红旗文稿》，2017年第3期。

但是，逆全球化难以成为西方国家进行再工业化的有效手段。一方面，逆全球化下的产业回流与资本家的逐利本性是相悖的。在现行的资本主导的国际产业分工下，拥有核心技术的企业在节省管理成本的同时也可以获取更为廉价的劳动力，同时利用区位优势靠近市场，节省运输和营销成本，这是西方政府为促使产业回流所给予的政策优惠难以比拟的。从当今西方国家产业空心化的现实情况来看，产业外流中的绝大部分属于中低端制造业，而在这一领域，产业外包所带来的成本优势更为明显。①同时，在经济全球化和自由贸易的国际环境下，资本有着极强的灵活性，可以随时根据经济形势的变化改变投资和交易环境，逆全球化的政策导向必然会对个别资本家的利益造成损害。因此，私人利益最大化与政府干预之间的矛盾将会使产业回流的进程困难重重。另一方面，在几十年来国际贸易形成的分工体系和制度范式下，当今的经济全球化已经并非过去完全由发达国家主导的全球化。发展中国家所具备的在劳动密集型行业的优势和巨大的市场潜力已经使发达国家形成了反向依赖。在各国产业结构高度依存的局面下，强行破坏这种关联性也会使发达国家自身受到重创。更为重要的是，经济全球化给发展中国家所带来的技术升级和管理革命，已经在制造业的核心技术方面对发达国家企业造成了不小压力，在信息大爆炸的当今时代，科技创新的周期将会进一步缩短。面对着新兴经济体所带来的强大的外部竞争，固步自封将使以往发达国家的利润链进一步丧失优势。即使逆全球化会在短期带来国民经济的回升，但一旦发达国家市场饱和、增长乏力，跨国公司和跨国垄断资本面对其他国家高速的科技发展和成果转化速度，就会基于自身利益重新要求生产要素的自由流动和更大规模的市场，成为发达国家内部反逆全球化的重要力量。

经济全球化的趋势是不可逆的，从实际效果来看，产业回流政策的收效缓慢。虽然金融危机所带来的经济衰退得以控制，但经济增速低迷，通货紧缩严重，失业率居高不下等问题依然无法得以解决。更重要的是，制造业在国民产业结构中的比重仅得到了有限的回升。根据世界银行发布的数据，金融危机后制造业在美国的占比一直在12%左右徘徊，欧盟的数据也在15%左右，与危机最严重的两年相比只有极小幅的上涨，第三产业的支配优势依然明显。各国制造业带动就业的能力也大幅下降，2000年前，美国制造业就业绝对人数一直在3000万以上，后金融危机时代下降了近千万人，大量劳动力

---

① 苏立君：《逆全球化与美国再工业化的不可能性研究》，《经济学家》，2017年第6期。

从制造业部门被排斥出来。去工业化的症结在于资本自身，以逆全球化为手段推行再工业化，难以从根本上引导产业流动并阻止资本向金融领域转移，从而无法真正遏制西方国家去工业化的趋势。这就意味着西方国家经济停滞、两极分化等严重的局面仍然是未来经济发展的常态，尖锐的劳资对抗依然无法避免。

（2）互联网资本主义与失业

西方国家另一个摆脱去工业化困境的尝试是生产智能化，利用高新科技重新塑造产业链，促使经济发展产生新一轮高涨。例如德国就在《德国 2020 高技术战略》中提出"工业 4.0"的规划，它是在第三次科技革命成果高度发展的基础上，以物联网为核心，提升生产智能化水平，利用高度发达的平台信息处理能力推动产品全生命周期，建立一个高度灵活的个性化和数字化的产品与服务的生产模式。美国政府也在再工业化的战略和法规下开始将高新产业作为引领产业，不断追加投资和改善投资环境，积极完善服务器硬件设施和网络平台建设，同时减轻研发税收，支持产学研的进一步结合，推进中小企业的成长和发展。新一轮经济发展模式的变革代表了以互联网资本主义为主的剥削模式的进一步成熟。但是，从近年来各国劳工统计局、经济分析局等发布的数据来看，新兴的制造业模式对 GDP 的带动能力并不明显，互联网资本主义难以迅速成为西方国家经济发展的新动力。

创新科技被应用于生产领域之前是不会创造价值的，因此，科研成果的转化需要强大的制造业的支持。而在西方国家制造业萎缩和产业回流成效甚微的局面下，即使西方国家一直拥有强大的科技优势，产业空心化的困境也会使智能技术和机械生产在国内少有用武之地。所以，通过科技引领在国内培育新型实体经济的发展也成了西方国家的必然抉择。但是，一方面，西方国家不断高筑的债台将使其在对高新产业投资的力度和可持续性方面受限，实体经济的恢复将会是一个长期和缓慢的过程；另一方面，互联网资本主义在塑造智能化生产的新型产业链的同时，也给就业问题带来了隐患。从世界银行发布的数据看，尽管近两年西方国家的失业率有所下降，但高新制造业所作出的贡献十分有限，科研与技术人员，以及工业部门的就业比例并没有得到大幅度上涨，服务业仍然是西方国家缓解就业问题的主要途径。而从长期看，失去了制造业基础的服务业仍然无法保证就业的稳定性，互联网资本主义难以挽救甚至会加剧西方国家劳工的就业问题。

互联网资本主义对就业问题加剧的原因是多方面的。这首先源自生产和管理智能化的趋势。由于绝对剩余价值剥削的界限，相对剩余价值的剥削方式逐渐成为资本主义体系内攫取剩余价值的主要方式，资本家不断采用科技含量更高的机器代替工人，资本有机构成不断提高，大量活劳动被排斥在生产过程之外。在制造业领域，信息技术和运输能力的存在又使得西方国家可以进行更大规模的海外外包，产业空心化进一步加剧，劳动力需求本已萎缩的制造业又在数量和规模上进一步缩减。"工人阶级的一部分就这样被机器转化为过剩的人口……这些人一部分在旧的手工业和工场手工业生产反对机器生产的力量悬殊的斗争中毁灭，另一部分则涌向所有比较容易进去的工业部门，充斥劳动市场。"①但是，在金融、服务业等领域，互联网工具和自动化机器也在管理成本、运营效率等方面体现出了优势，劳动者的就业率和就业稳定性不断下降，不论是蓝领工人还是以往的白领工人都面临着不断被排挤的命运。其次在于高新产业吸纳劳动力的局限性。在工业 4.0 的战略规划下，高新产业作为未来发展的核心产业，理应也在解决劳动力就业问题方面发挥作用，制造更多创业创新型岗位。但一方面，在互联网资本主义模式下，由于对个性化生产、服务效率等方面的要求进一步提高，创业型企业的信息处理能力很难做到独立生产，很多只能被迫依附于大型互联网平台，重新面对新一轮被机器替代的挑战。另一方面，在资本家的逐利本性下，更多的雇佣劳动被投入重复生产领域而非创新生产领域。②因此，在大多数高新产业的研发过程中，只有少数精英工人被创新型劳动吸纳。大多数劳动者仍然要面对在生产领域进行就业竞争的困境。而为了培养重复劳动工人，资本还逐渐入侵到教育领域，在教育和培训中通过课程设置、价值引导更多地将工人引向重复技能，从而进一步强化对劳动力的控制。最后，这还源于零工经济的不成熟。互联网平台技术为零工经济规模和种类的扩大创造了条件，互联网强大的线上信息互通和电子支付功能使得供需双方可以快速对接完成交易过程，这就使这些非全日制工作者的工作灵活性不断提升，不用拘泥于长期的固定工作地点和固定工时。因此，零工经济的选人用人门槛比传统工作低很多，潜在劳动力群体数量庞大。所以，在智能化趋势愈发深化的前提下，零工经济将是解决劳动力就业问题的一个重要方向。

但是，"一切资本主义生产既然不仅是劳动过程，而且同时是资本的增值

---

① 《马克思恩格斯文集》第 5 卷，北京：人民出版社，2009 年，第 495-496 页。

② 王俊：《互联网资本主义下西方国家去工业化的强化趋势及就业问题》，《政治经济学评论》，2017年第 8 卷第 2 期。

过程，就有一个共同点，即不是工人使用劳动条件，相反地，而是劳动条件使用工人。"①一方面，由于零工经济的低门槛，其相关行业存在着一支比传统制造业规模更大的产业后备军，因此也将面对相当激烈的同行竞争。在工作保障制度无法发挥作用的前提下，劳动者的工资被竞争压低，失业的风险更加难以抑制。另一方面，由于大规模的专职零工行业仍属新生的经济形态，且零工劳动者具有非正式工人的性质，因此其相关配套保障措施的确立进展缓慢。零工经济下多是临时和兼职工作人员，是否具备进入工会的资格在各界讨论不一。而由于工作的不稳定性，很多零工者也不愿耗费时间寻求工会或监事保护。因此，在零工经济的雇佣模式内，反资方控制的力量要弱小得多，资本家可以在利益划分和岗位要求方面更多地体现资本的意志。②零工经济在规制和保障方面的不成熟为劳动者在选择就业时增添了诸多顾虑，也使其工作的不稳定性进一步增强，严重影响了零工经济吸纳劳动力的能力。

在雇佣劳动制度内，技术进步所带来核心竞争力是资本家获取并保持超额利润的唯一来源。因此，顺应科技潮流，利用网络生产力创造的新兴经济模式所带来的高附加值解决贫富分化问题是当代西方国家的必然选择。但是，智能化生产造成的资本有机构成将在资本主义体系内部生成悖论，愈发严重的就业问题反而进一步推动了劳资间的两极分化。互联网资本主义模式被西方国家当做摆脱经济停滞、重新抢占科技制高点的重要战略举措，但却根本无法改变西方国家长期去工业化的危局，在资本主义内在矛盾进一步加剧的前景下，劳资间的持续对抗将是必然的趋势。

7.4.3 工人阶级意识的觉醒

自20世纪70年代以来，工会的力量一直处于不断衰减的状态，一方面是由于生产的不断跨国化、碎片化及经济的金融化；另一方面则是源于资方对工人的持续分化。金融危机后，西方国家的工会运动又出现了上涨的态势，美国、西欧多国都爆发了声势浩大的罢工运动。在后危机时代的持续斗争中，工会的核心作用重新被凸显，而在西方政府对工会的持续打压下，特别是美国特朗普政府在移民、妇女、种族等多项争议性政策上引起世界性反响后，工人阶级的激进意识被重新激发出来，多国爆发了抗议示威游行，左翼学者

① 《马克思恩格斯文集》第5卷，北京：人民出版社，2009年，第487页。
② 刘皓琰、李明：《网络生产力经济模式的劳动关系变化探析》，《经济学家》，2017年第12期。

频繁发声，反抗运动有逐渐常态化的态势。在这种局面下，工会也开始逐步调整斗争策略，积极发挥集体谈判作用应对金融化的资本主义，同时更多地与学术界和社会组织开展合作，在专业化知识方面弥补缺陷，充分争取合作力量，在核心经济利益和参与国家治理的权利方面向政府施加更大的压力。这一切都表明，几十年来逐渐淡薄的阶级意识在金融危机后得到复苏，除了经济衰退对工人阶级的波及以外，还有两个因素不容忽视：一个是马克思主义在西方的复兴，另一个则在于中国的示范作用。

（1）马克思主义在西方的复兴

金融危机爆发伊始，西方国家就出现了马克思主义复兴的呼声，不仅是传统的左翼学者，各国政要、经济界精英及大量民众都开始回到马克思的基本理论思考危机中的资本主义。从近十年内西方学术界的发展看，当时的讨论热潮并非昙花一现，而是马克思主义愈演愈热的开端。如大卫·麦克莱伦（David McLellan）所说："马克思的学说对当今世界的重要性在于他对资本主义的剖析。目前西方发生的经济危机，更证明了马克思在其著作中对资本主义制度的解析，尤其是关于信用及虚拟资本产生的阐述，比以往任何时候都更切合实际。"[1]从学术机构和学术交流来看，与马克思主义研究相关的研究中心、学术杂志、论坛年会等多达数百家，其中不乏国际马克思恩格斯基金会、德国马克思协会、日本唯物论研究会、美国《每月评论》、英国《新左派评论》、意大利《马克思主义批评》、巴黎国际马克思大会、纽约全球左翼论坛等具有重大国际影响力的学术机构[2]。以马克思主义和社会主义为主题的区域性、国际性学术会议和各工人政党召开的联合会议也开始备受关注。从研究流派来看，也出现了研究队伍林立的局面。北美、南美、西欧各国、俄罗斯、澳大利亚、日本等均形成了多个旗帜鲜明的马克思主义阵地。除了传统领域研究成果汗牛充栋外，生态马克思主义、女权马克思主义、传播政治经济学等以马克思主义基本原理进行跨学科问题研究的新兴流派均产生了广泛的社会影响。而对工人阶级而言更为重要的是，当前西方马克思主义的发展非常注重将劳资关系作为一个突出的视角，如何使工人阶级得到合法合理的利益分配一直是西方马克思主义者研究中的重要议题。金融危机后，西方马克思主义学者针对危机的成因及经济停滞的困境作了深入的剖析，并对

---

① 吴易风：《西方学者重新发现了马克思的那些理论？》，《红旗文稿》，2014 年第 9 期。
② 王凤才：《21 世纪世界马克思主义基本格局》，《学习与探索》，2017 年第 10 期。

新自由主义和新帝国主义展开了更加猛烈的批判。他们高度评价了马克思阶级理论的现实意义，并将阶级理论与社会结构划分、社会歧视现象、区域不平等和贫困等问题相结合探究当代的资本主义。马克思主义在西方的复兴及所造成的影响力在启发工人阶级重新获取阶级意识的同时也使其得到了相关的指导理论，为工人阶级斗争的有组织性和战斗力注入了强大力量。

（2）中国的示范作用

在全球化带来的深度融合下，中国经济在金融危机中也受到不小的冲击，但同时也作出了最积极迅速的有力措施。在主要经济体经济几乎普遍衰退的局面下，即使在危机最严重的 2008 年，中国 GDP 还保持了 9.6% 的高增长，并在短暂的阵痛后开始通过稳定的市场环境拉动世界经济复苏，这与社会主义市场经济体制的优势是分不开的。党的十八大后，中国又通过供给侧结构性改革积极培育新的经济增长点，实现新旧动能转换，通过"一带一路"倡议、亚投行建设等形成了全方位、多层次、立体化的开放体系，成为世界第二大经济体和国际区域合作的有力推行者。而在民生方面，党的十九大报告中指出，有六千多万贫困人口稳定脱贫，城乡居民收入增速超过经济增速，中等收入群体持续扩大，就业状况持续改善，城镇新增就业年均一千三百万人以上，覆盖城乡居民的社会保障体系基本建立。与此同时，中国的制造业依然保持着产业优势，在实体经济开发和招商引资，以及推动更有效的金融监管方面稳步前进①，网络科技成果的转化及平台经济的建设也走在了世界前列。这与西方国家普遍的经济停滞、去工业化、两极分化、高失业率的现状和紧张敏感的劳资关系形成了鲜明的对比。同时，中国积极倡导人类命运共同体的发展理念，旨在通过国家间互惠合作关系的构建谋求各国的共同发展，寻求全人类的共同利益，而并非为了少数资本家谋利推行违背历史潮流的"逆全球化"策略。在中国的示范作用下，越来越多的西方学者开始探究中国模式，越来越多的西方媒体和民众开始关注中国的发展理念和指导理论，马克思主义的科学性开始在西方工人阶级中产生更大的影响。中国模式为发展中国家实现现代化提供了成功的范例，也更鲜明地映衬了发达国家去工业化道路的错误和资本主义体系固有的内在矛盾。

---

① 胡乐明：《中国方案开创人类幸福之路》，《中国社会科学报》，2018 年 1 月 16 日。

第八章　新时期推动劳动关系合作发展的中国经验与问题

非公有制经济是中国特色社会主义市场经济的重要组成部分，在中国改革开放的历程中不仅扮演着重要角色，其自身也得到了长足的发展。劳资关系进而成为当代中国最重要、最基本的社会关系之一。在经济高速发展的近40年里，由于劳动法体系的不健全及经济发展的初级阶段限制，曾出现过较为严重的伤害农民工事件，劳动关系紧张，且导致出现了较为严重的社会分化现象。近年来，伴随着我国劳动法体系的建立和健全，以及执行力度逐渐加强、劳动收入的提高，劳动关系处在持续向好的发展阶段。同时，也积累了未来构建合作、共享发展劳动关系的基本经验。

第一节　新时期我国劳动关系发展的现状

20 世纪 90 年代以后，中国劳资关系日趋复杂，损害劳资双方正当权益的现象时有发生。进入新时期，我国经济谋求可持续、高质量发展。经济的供给结构、动能驱动结构、需求结构等都在发生深刻的转变。在经济增速由高速转为中高速、改革进入深水区的客观背景下，劳资矛盾的对抗性可能被放大，这也无疑会影响甚至制约非公有制经济的发展，从而威胁社会的和谐与稳定。因此，在新时期深入分析中国劳资关系的现状及其特点，具有重要的政策意义。

劳资关系与劳动关系是两个不同的提法，含义也是不同的。劳动关系是正式的法学或法律术语，是指劳动者与用人单位之间按照法律法规约定的提供劳动或劳务和给付报酬的权利义务关系。劳资关系则不是法律术语，而是经济学或社会学的用语。从政治经济学的基本理论来看，在资本逻辑的商品经济的时代，只有触及资本与劳动关系的分析，才能真正把握资方与劳方的利益关系。现实社会中各种纷繁复杂的劳动关系是"资本—劳动"关系更加具体、更加表面化的形式。因此，在剩余价值理论的框架内，本书不区分劳动关系和劳资关系的提法。

马克思主义政治经济学揭示了劳资双方经济状况不平等的客观事实及其秘密。在商品经济时代，旧式分工的存在意味着对商品生产条件的私人分配的客观性，这就意味劳资双方在生产资料的占有方面是不平等的。在资本逻辑时代是资本雇佣劳动而非劳动雇佣资本。劳资双方在所有制方面的不平等性决定了双方在劳动产品分配方面的不平等性，导致双方的生存状态的不平等性。在资本积累规律作用下，这一不平等性更加突出。劳资双方在经济基础方面的不平等性决定了劳资双方在上层建筑方面围绕着各项权利义务的谈判权及谈判能力是不平等的，存在明显的强弱对比。

在中国特色社会主义条件下，劳资双方的利益从根本上讲是一致的。现阶段的国情并没有跃出商品经济的历史时期，劳资关系在所有制及财产关系、生存状态和法律权利等方面的不平等甚至是对抗性也是客观存在的。我国非公有制经济发展壮大的历史就充分说明了这一点。改革开放40年以来，随着我国物质财富的不断涌流，人民生活水平的不断提高，劳动法律体系和企业制度的不断完善，国家治理能力的不断提高，我国当前劳资关系的总体平稳、规范、和谐，但在局部范围内还存在着一定程度的矛盾和冲突，以及不符合法律规定的非规范性。

第一，企业的劳资关系总体走向规范与和谐。

中国改革开放的历史就是允许非公有制经济存在、发展及壮大的历史。与此相适应，劳资关系也就成为最为普遍的社会关系之一。改革开放采取了由点到线再到面的非平衡推进战略。在城镇化和工业化的进程中，农村剩余劳动力的大规模迁徙是我国经济发展中的特征事实，即农民工现象。农民工成为我国城镇化、工业化中最重要的廉价劳动力，是我国劳动力大军的重要组成部分。在雇佣与被雇佣关系中，企业主先天地具有资本优势，在劳资关系中处于强势地位，企业雇佣（农民工）处于弱势地位。农民工游离于工会组织之外，没有形成对抗资本的集团力量加剧了劳资双方的不平等地位。另外，农民工的另一特征，即拥有土地（承包制下的使用权）也并不构成劳方对资方采取"以脚投票"的可置信威胁，加剧了劳方对资方的依附程度。这是资方侵蚀劳方合法权利、造成劳资关系紧张的主要原因。随着中国特色社会主义市场经济制度的不断完善、现代企业制度的不断完善，以及"有形之手"与"无形之手"相互结合的效能提高，我国劳资关系总体趋于平稳、规范与和谐。在中国特色社会主义的国情下，劳资关系的调整最大限度地避免自由市场经济的盲目与无序，体现有序、规范与合作的趋势。这必将有利于促进中国经济社会的长远发展与进步，也有利于企业自身的健康发展。新时期以来，我国在推进建设和谐劳动关系方面取得了长足的进步，各级政府受理的劳动纠纷案件呈持续下降趋势。根据《中国劳动统计年鉴》及《中国统计年鉴》的统计数据，自 2009 年以来，当期受理的劳动争议案件的增长速度明显较低，甚至出现缓慢下降的趋势（表 8-1）。

表 8-1　我国劳动争议案件当期受理情况（1996—2017）

年份	当期受理案件总数 （单位：件）	增长率 （单位：%）	涉及劳动报酬的案件数 （单位：件）	增长率 （单位：%）
1996	48121	——	——	——
1997	71524	48.6	——	——
1998	93649	30.9	——	——
1999	120191	28.3	——	——
2000	135206	12.5	41671	
2001	154621	14.4	45172	8.4
2002	184116	19.1	59144	30.9
2003	226391	23.0	76774	29.8
2004	260471	15.1	85132	10.9
2005	313773	20.5	103183	21.2
2006	317162	1.1	103887	0.7
2007	350182	10.4	108953	4.9
2008	693465	98.0	225061	106.6
2009	684379	-1.3	247330	9.9
2010	600865	-12.2	209968	-15.1
2011	589244	-1.9	200550	-4.5
2012	641202	8.8	225981	12.7
2013	665760	3.8	223351	-1.2

年份	当期受理案件总数 （单位：件）	增长率 （单位：%）	涉及劳动报酬的案件数 （单位：件）	增长率 （单位：%）
2014	715163	7.4	258716	15.8
2015	813859	13.8	321179	24.1
2016	828410	1.8	345685	7.6
2017	785323	-5.2	331463	-4.1

注：增长率根据表中数据计算而得，"—"表示未获得数据。

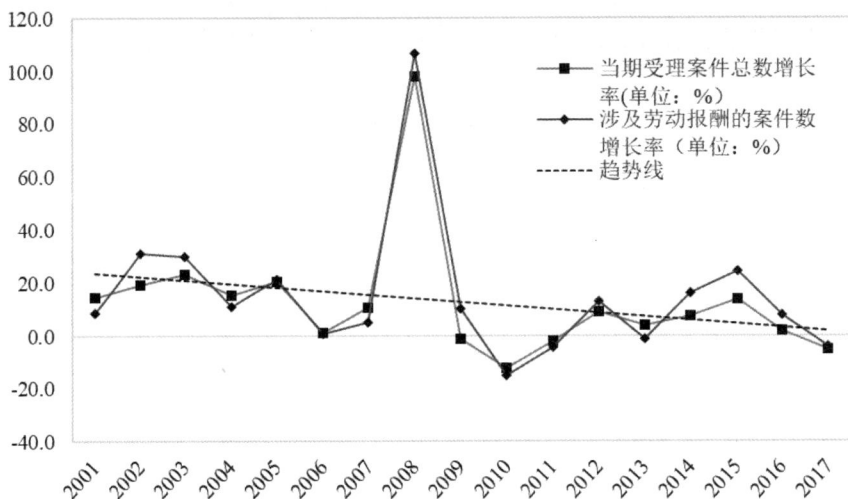

图8-1 我国劳动争议案件的变动趋势（2001—2017）

虽然当期受理的劳动争议案件的总规模呈现不断上升的趋势，但是考虑到我国改革进入攻坚期和深水区，导致劳动关系不和谐的因素会变得复杂化、多样化，因此，总规模数量并不能反映问题的全貌。从数量变动趋势来看，从2009年开始当期受理的劳动争议案件数量的增长率有了明显的降低。2008年的绝对数量和增长率受到国际金融危机的影响，数值较为异常。2019、2010、2011这三年的负增长表明当期受理的劳动争议案件的绝对数量是减少的；2012、2013、2014这是三年的增长率都保持在个位数。另外，本书考察劳资关系是基于劳动关系存续前提。在供给侧结构性改革的背景下，去产能任务变得更加具有系统性和强制性。对落后产能行业企业的关停会导致原有劳动关系的终止。根据现行法律法规，终止劳动关系也会涉及补偿安置等利益问题。这类案件数量的增加是受宏观政策影响所致，其直接原因并非劳资关系的内生对抗性。虽然 2015 年的劳动争议案件数量的增长率又明显增加，但 2016 年的增长率又回落至个位数，2017 年的绝对数量甚至是减少的。这也间接说明了新时期我国劳资关系总体是平稳的。由于宏观政策导致变更、终止劳动关系而导致的利益纠纷是改革过程中不可避免的成本，但是可调可控的。

第二，企业劳动关系中仍存在矛盾和冲突。

进入新时期，我国经济发展方式发生了根本性的转变，谋求高质量的发展，建立现代化的经济体系。但在这一过程中，劳资关系在局部范围内仍然存在着不同程度的矛盾和冲突。首先，非公有制企业经营管理者仍然将利润视为企业的唯一目标，认为劳资双方只有利益对抗没有合作共赢的余地。其次，劳动关系的法律法规和劳动监察执法在现实中还存在盲区，劳动者的各项法定权利流于形式。再次，第三方的职能还有待加强，尤其是工会组织的职能有待完善。然后，劳资双方的法治观念淡薄，法律知识缺乏，部分企业缺乏社会责任感。最后，劳动力市场的结构性失衡一方面增强了符合雇佣资格的劳动者的议价能力，另一方面强化了无特殊技能、可被替代的劳动者的不利地位。具体来说，主要有以下 5 个方面。

（1）劳动强度与劳动报酬不匹配

由于企业经营管理者认为劳动者利益是对企业利润的挤占，而利润率是市场竞争中的生存指标。不少非公有制企业采取加强劳动强度，挤压劳动者利益的经营方式。我国日工作 8 小时的制度并没有得到普遍执行。就以工作时间而言，非公有制企业内劳动者的劳动强度远大于非公有制企业。在非公有制企业中，工人缺少休假日，即使国家法定节日也难以保证，其劳动强度之大，远远超过了工人的身心承受能力。有的非公有制企业工人的工作时间甚至达到 16 小时以上。但是超额的工作时间并没有换来法律规定的额外补偿，尤其在一些生产季节性强、突击任务多的非公有制企业，这种现象尤为突出。大多数非公有制企业实行计件工资。计件工资在形式上具有"多劳多得"的特征，这一工资制度自动强化了劳动强度。此外，不少非公有制企业以最低工资标准结算报酬，甚至以各种理由拖欠工资。

（2）劳动法律的执行程度存在较大折扣

这里集中体现在劳动合同与劳动条件两个方面。首先，劳动合同是载明劳动关系所包含的权利和义务的基本文件，是法律确认劳动关系的纸质证明，也是劳动者在劳动仲裁案件中主张权利的最重要的证据之一。劳动关系中规定的各种劳动者权利，比如获得合理报酬、社会保障、结婚、生育、工伤赔偿等权利都以劳动关系的存续为前提。虽然我国司法承认事实劳动关系，但没有劳动合同毕竟给劳动者因主张权利而负有的举证义务带来不少困难。实际的情况是，不少企业并没有与劳动者主动签订劳动合同。很多企业一般不愿意也不按有关规定与工人签订长期合同，甚至只与技术、管理人员签订合同，不与一线工人签订合同，这与当前劳动力过剩有关，资方可以根据需要去选择劳方，把企业的劳资关系视为主仆关系。这些情形在非公有制经济领域比较突出。一般而言，非公有制企业的劳动合同的签订率要低于公有制企业。

其次，任何合同或契约原本都是订立双方平等协商的产物，劳动合同也是如此。但事实是，劳动合同是一种格式条款。劳动合同的具体内容都是由资方单方面拟定的。如果不熟悉我国有关的劳动法律法规，劳动者就不能鉴别这些条款是否合法。某些企业的劳动合同流于形式，劳动合同的内容存在大量违法条款。这里的违法主要不是直接违反有关法条，而是违背权利和义务对等的平等精神。这类劳动合同过多强调资方的权利和劳方的义务。

最后，劳动条件主要是劳动卫生与安全。这是我国劳动法中单独设章规定的内容（包含对女职工特殊保护的内容）。这部分内容倾向于强调资方的义务。企业用于改善劳动卫生和劳动安全的投资是利大于弊的。短期来看，这部分支出挤占了利润，影响了积累。但从长远来看，有利于维护劳动力的健康和再生产，避免因工伤而导致各种赔偿及行政罚款，也避免了高频率招工而导致的成本支出；同时有利于凝聚人心，增强企业凝聚力。但是，因缺乏劳动卫生安全防护而导致对劳动者的各种伤害屡见不鲜，尤其是在化工、印染、采矿、建筑等有毒、有害、高危的行业。不少企业由于没有与劳动者签订劳动合同，或者利用劳动合同制定规避自身义务的条款，增加了劳动者因工伤或职业病而维权的难度。

（3）劳动保障方面的福利待遇层次不齐

在劳动保障方面，公有制企业提供的福利待遇一般要好于非公有制企业。不少非公有制企业遵守社会保障方面的法律意识淡薄，把在劳动保障方面的福利支出视为企业的负担，从而使劳动者参保的意愿较低，甚至不愿参保。在某些企业，劳动者同意不参保甚至是被雇佣的前提条件。这类现象在非公有制企业领域比较突出。在一定程度上，原本由企业、个人、政府共同负担的福利待遇完全抛给了政府，挤占了公共利益。劳动者一旦出现变故，加重了劳动者和社会的负担。

（4）劳动者的民主权利没有得到有效保护

我国的《工会法》明文规定，工会的职责是维护职工的合法权益。但是，我国不少企业，尤其是非公有制企业并没有建立工会组织，有些工会组织作用薄弱，缺乏协调劳资矛盾的能力，更谈不上劳动者在企业中的民主权利了，也就难言工人阶级当家作主的主人翁地位了。原因除了工会自身的薄弱之外，主要由于现行的公司制度是源自西方股东利益至上的理念而设计的。依据我国公司法成立的企业中，股东会、董事会和监事会是企业的三个组织机构，企业也是围绕这个机构来运作的。工会并非公司法认定的企业组织机构。在股东利益至上的观念及资方优势下，劳动者很难参与企业的经营决策活动。根据《中国劳动统计年鉴》，2015 年我国工会调解劳动纠纷案件数为 210687 件，而当年劳动仲裁受理了 813859 件争议案件，后者是前者的将近 4 倍。由此可见，我国工会组织在协调劳资关系方面的作用还有待完善和加强。

（5）劳资关系主体缺乏法律意识

一般而言，规模较大的非公有制企业对劳动法的相关规定较重视。处于成长初期的企业，由于需要经历原始积累的过程，在唯利润观念的驱使下，会有意无意地违反劳动法规，劳资关系比较紧张。从劳动者角度来看，由于对法律知识的缺乏，对劳动法规定的各项权利义务认识不到位，从而对劳动合同的签订、五险一金的缴纳缺乏正确的认识，"主动"强化了资方的强势地位，"默认"了一些隐性的侵权行为。另外，不少地方政府部门仍然看重经济绩效，对效率与公平的关系、对经济发展和社会进步之间的关系存在认识上的偏差，担心投资的经济效益而有意无意地忽视了劳动者的合法权益。在执行国家劳动法律法规，查处企业违法违规行为方面履职不够。在客观上，为资方侵蚀劳方利益创造了可乘之机。在劳资矛盾激化后，有关部门或是介入协调，或是维稳，产生了巨大的社会成本。

第二节　中国文化背景下劳动关系的特点与合作发展

中国现阶段非公有制企业的劳资关系仍然具有雇佣剥削的基本特征，但这种特征不是资本主义生产方式主导下的剥削关系，是在中国特定的国情背景下，以社会主义制度为"普照之光"的雇佣劳动关系。我国劳动关系具有显著的双重性质。

8.2.1 我国劳动关系的主体走向及双重性质

改革开放前 30 年,由于在私营企业和合资企业就业的人数还不到我国就业人数的 1/2,私营经济不占主导地位的经济形式,劳动关系还是非主体性的社会经济关系形式。目前私营经济是我国社会主义市场经济关系中重要的组成部分,私营企业已占到企业总数的绝大部分,就业人数超过 70%。劳动关系已由非主体性质的经济关系发展为占主体地位的经济关系,并且针对前 30 年劳动关系出现的较为复杂的问题,我国相继出台了一系列保护劳动者权益的法律与法规,形成了较为系统的劳动法体系。尽管对这些法规的执行力与实施有待进一步提升,但伴随经济发展阶段的转变,即由拼数量发展阶段到上质量发展阶段,我国劳动关系紧张程度得到某种程度的改善。尤其在一些大企业,伴随企业现代治理体系与管理的规范发展,劳动关系向着合作与共享发展方向迈进。劳动关系由非主体性质关系逐渐发展为主体性关系。

目前,由于劳动保护体系的建立,"过度"的剥削关系还被限制在一个局部的范围和领域。尤其在技术、知识密集的产业和企业,管理比较规范、严格,且劳动者的收入也能随着企业利润的增长有所增长,并且多数企业都建立的职工职业培训制度,这些培训计划的实施对于提高职工的技术水平发挥重要的作用。当然,也不排除在大多数中、小企业中,存在着管理水平低、非人性化管理、劳动强度大和过度剥削、劳动关系不规范的情况。

所谓劳资关系的双重性质,是指我国目前的劳资关系,既存在"合意"形态,又存在"过度"形态。这是由我国目前生产力水平的不平衡性、制度建设的不平衡性决定的。一般来说,"合意剥削"存在以下的产业和生产领域:①知识、技术密集型的生产行业和领域。由于这些领域和产业具有较高的劳动生产率,一方面,技术、知识工人的劳动是倍加的简单劳动,工人的劳动体现为更大的价值,劳动力价值水平比较高;另一方面,这类企业拥有一定的市场垄断优势,不仅能获得超额利润还能获得垄断利润。因而,在资本收益率较高的情况下,资本对劳动的剥削被生产的技术性质客观地限制在"合意剥削"的范围。②企业拥有先进的文化价值观和管理理念,并拥有规范、透明的分配制度和民主监督制度。在这类企业,工人不仅仅被看作简单的生产要素,还被看作是智慧和创造性劳动的源泉,工人作为"经济人"的价值被肯定,为了激励劳动者的创造性,劳动力价值中教育和学习的成本会增加,资本对劳动的剥削被限制在"合意剥削"的范围内。③拥有特殊垄断优势的私营企业。拥有著名商标和品牌优势的私营企业，尤其是老字号企业，不仅在长期的经营管理过程中形成较为规范的管理制度和分配方式，而且还拥有稳定的消费群体和长期的垄断收入，劳资之间具有"合意剥削"的性质。另外，一些垄断特殊资源的私营企业由于可以获得稳定的垄断收入，劳资之间的关系较为协调。

除了"合意剥削"关系外，我国目前和私营经济还存在着"过度剥削"现象。即一部分私营企业不仅存在资本对劳动剥削程度高的现象，还不同程度地存在着超越经济的强制和人身依附关系。这类企业存在以下部门和领域：①劳动密集型的生产领域的部门。这类私营企业，尽管劳动者付出是高强度的，但由于其生产产品和提供服务的社会附加值较低，劳动力价值水平低。这类企业也有两种情况，一类是剩余价值率高，利润较高，企业的资本积累率也较高；另一类是剩余价值率较高，但利润却较低，企业积累率也较低。一般来讲，第二类企业大多是部门内部竞争较为激烈的企业，而第一类企业部门内部的竞争并不十分激烈，企业或多或少地拥有一定程度的垄断优势。由于是劳动密集型部门，劳动者的收入中往往并不包括教育和学习训练的成本，劳动者的工资水时常低于劳动力价值。②企业生产经营没有一定之规，内部管理混乱，分配制度不透明，经营理念、管理水平极其落后。这类企业由于没有良好的管理传统，劳动力的供给大于需求，业主有条件将劳动者的工资压低到劳动力价值以下，资本对劳动的剥削率较高。

应该明确，我国目前存在的"过度剥削"具有必然性和一定的现实性。其必然性在于：①由于外国资本在技术和产品业的市场垄断优势和在投资领域的挤压，民族资本大都集中在劳动密集型产业和产品经营领域，这些产业和领域竞争激烈，产品的市场附加值低，劳动力供过于求，有助于资本压低工人的工资。②在劳动力市场上，劳动力的供给远远大于需求。一方面，在我国城乡存在大量的简单劳动，并且这些简单劳动个体还由于国营企业下岗职工及农业潜在过剩人口的增加而不断扩大；另一方面由于生产技术的进步，各领域生产复杂程度的增加，导致整个社会对简单劳动的需求又在不断减少。这就必然形成大量过剩的简单劳动者，且这部分人的再就业机会也很少。因此，在私营企业中，这部分人工资收入常常低于劳动力价值，这类企业也存在着资本对劳动"过度剥削"的现象。尽管如此，在我国现阶段，这些"过度剥削"在一定范围和有限程度的存在还是具有积极意义的。首先，它使一些潜在失业的人有就业的机会，并通过就业使他们能够自食其力，并有了基本的生活保障。其次，这类企业的小型灵活性，和他们提供的产品和劳务服务可以满足多方面的需求，为消费者提供了各种生活生产的便利条件。最后，这类企业如果有良好的经营和管理，也会发展成一些专业公司，这些公司的存在不仅使群众生活方便，且有利于扩大生产，增加积累。当然，这些积极面必须以"过度剥削"被限制在一定程度，并仅存在于社会生产的边缘领域和产业为前提条件。否则，也会给社会经济发展带来不稳定的因素。由此可见，在存在"过度剥削"的企业内部建立健全各种规章制度，尤其是劳工保护制度和劳资分配制度，进行有效的制度安排以保障劳动者的生存和民主权利，是发挥其积极作用的关键。

从长期看，中国私营经济的发展有三种路径：①企业不仅拥有技术和产品的市场垄断优势，且内部经营管理水平较高，具备现代化管理和公司的治理结构。这类企业工资率较高，但企业的利润率和积累率也较高，因而可以获得长期发展。②企业虽然不具备某种形式的垄断优势，但由于内部良好的经营和管理。因而，在竞争中能以信誉和优质服务取胜。这类企业由于部门内部竞争激烈工人的工资水平并不高，企业的利润水平和积累也很有限，但从长期看能够维持生存。③企业既没有技术优势，也没有经营和管理优势，企业内部存在较高的剩余价值率，但利润率和积累很低。从长期看，这类企业的发展是极不稳定的。因此，对于私营企业来说具备现代化的管理理念和管理体制，改善企业内部的劳资关系，最大限度地调动员工的自觉性、主动性和责任意识是至关重要的。

8.2.2 推动实现合作、共享劳动关系可能性

"合意剥削"即剥削程度受到限制，劳资关系较协调，企业积累率较高，企业内部具备一定程度民主机制的劳资关系。这种经济关系与我国目前存在的超经济剥削，即权力转化的资本关系相比，具有生产性和资本积累的历史进步性。超经济剥削与剩余价值剥削的共同点都是对别人劳动成果的无偿占用，但二者有着重要的区别：①剩余价值的生产是以价值的形成为基础和前提，而超经济剥削则不具有这样的基础和前提，这也就是说剩余价值是生产性的，而超经济剥削是非生产性的。因此，剩余价值生产以劳动力成为商品为条件，即以劳动者的就业为前提条件，而超经济剥削是非生产性的。因此，剩余价值生产以劳动力成为商品为条件，即以劳动者的就业为前提条件，而

超经济剥削则会造成生产性投入减少和大量失业工人的存在。②剩余价值生产是资本积累的内在动力，因而会加速资本的积累，有利于社会资本的扩大再生产，而超经济剥削则会削弱资本的积累能力，影响和制约整个社会的扩大再生产。剩余价值生产会加速资本的运动，有助于提高资本使用的效率，而经济剥削则会减缓资本的运动，削弱资本的使用效率。③超经济剥削达到一定程度，就会使社会经济陷入由于投资需求不足和消费需求不足引起的持续的经济萧条，而剩余价值剥削，如果是在"合意剥削"范围内，则有利于生产的发展和经济繁荣。

阶级国家的本质是阶级矛盾不可调和的产物，是阶级统治的暴力工具。资本主义国家建立在资产阶级和无产阶级对立的基础之上，反映了资本主义生产方式下劳资矛盾的不可调和性。中国现阶段非公有制企业的劳资矛盾是客观存在的，但这并不是在阶级矛盾基础上的对立，劳资矛盾局限于物质层面。劳资双方的根本利益在社会主义制度下具有一致性，从而决定了我国非公有制企业的劳资关系存在协调的可能。在社会主义初级阶段，我国实行以公有制为主体、多种所有制经济共同发展的基本经济制度。社会主义生产方式是占主导地位的。这一基本经济制度为非公有制经济的存在和发展提供了条件，为非公有制企业劳资关系进行协调，奠定了经济基础。我国的非公有制经济是适应社会主义条件下的商品经济和现代化生产的要求而建立的。劳资双方在社会主义商品生产中利益共同体特征更加明显，能够通过市场机制实现互利共赢。在中国特色社会主义条件下，劳资双方必然具有强化这种一致性的要求。那么，劳资双方存在为共同利益而合作的可能，也存在协调劳资矛盾、在矛盾中求同的政策空间，从而实现劳资关系的和谐发展。

总之，当今中国在私营经济的范围内，一方面必须通过各种制度安排，克服局部范围存在的"过度剥削"使它们向着劳资关系协调、内部管理水平不断提高的方向发展；另一方面在促进一部分私营企业建立现代公司治理结构，提高管理理念的同时，推动其内部民主制度的建立促使"合意剥削"关系进一步向良好方向改善，并鼓励这种性质的私营经济合理发展。

在不同的历史条件下，资本主义剥削关系既存在现实性又具有过度性的实事说明，剥削关系实际上存在两种形态，即"合意剥削"和"过度剥削"，"合意剥削"反映剥削关系的现实性，而"过度剥削"反映剥削关系的过度性。在私有制条件下，当阶级结构没有发展到两个极端，阶级矛盾还没有激化，整个社会保持正常的消费需求和投资需求，这时，资本与劳动的关系处于"合意剥削"状态，其标志是资本家对剩余价值的剥削受到一定限制，即剩余价值率最高不得影响整个社会的消费需求，最低不能影响资本家的积累和投资需求。否则，经济运行机制就会遭到破坏，就会出现由于消费需求不足引起的供求失衡，或者投资不足引起的经济萧条，这两种情况的发生就会导致经济危机，社会生产力遭到强制性的破坏。因此，"合意剥削"具有剥削程度较低、劳资冲突缓和、企业管理规范、资本积累水平较高的特征。而当资本家由于追求较高的剩余价值率导致工人阶级生存条件恶化，阶级矛盾激化，工人大量失业并成为赤贫时，资本对劳动出现"过度剥削"的情况下，消费需求被限制在狭小的范围内，社会供求机制遭到破坏，阶级结构向极端发展，社会陷入经济危机，生产力遭到严重破坏。

第三节　构建合作、和谐劳动关系的中国经验

在中国文化背景下构建和谐的劳资关系，既是构建社会主义和谐社会的重要内容，也是落实共享发展理念的题中之义。为实现这一目标，要以中国经验为指导，结合企业的实际情况，综合运用各种手段，使非公有制企业劳资关系向法治化、规范化和制度化的方向发展。

8.3.1 劳动合作关系改善的原因

第一，党和国家高度重视劳动关系问题，为构建社会主义和谐劳动关系作出顶层设计，是实现社会主义和谐劳动关系的根本保证。2006 年，党的十六届六中全会通过了《关于构建社会主义和谐社会若干重大问题的决定》，首次在党的决议中明确阐述了"发展和谐劳动关系"的愿景。此后的党的十七大、十七届五中全会、国家"十二五""十三五"规划纲要，以及多年的《政府工作报告》都涉及了"构建和谐劳动关系"。习近平总书记在全国构建和谐劳动关系先进表彰暨经验交流会上指出，"要把构建和谐劳动关系作为一项重要而紧迫的政治任务抓实抓好"。2015 年 3 月，党中央、国务院专门下发《关于构建和谐劳动关系的意见》，为构建和谐劳动关系作出了顶层设计。这也意味着党和政府已经把构建社会主义和谐劳动关系视为治国理政的重要内容。

劳动关系是当今社会最主要的社会关系之一，在任何社会制度下其本质都是经济利益关系。一个国家的政治高层关注并干预劳动关系以求社会稳定

并不是我国的首创。西方发达资本主义国家伴随着工业化、科技革命、全球化的进程，逐渐形成了一套比较规范和有效的劳资调整机制。然而，囿于社会性质、阶级视野及政党性质的不同，这些规范和机制并未从根本上改变资本主义的雇佣劳动制度，也没有改变资本主义社会生产的目的。当资本的利润目标受到一定程度合法侵蚀时，资本就会以另一种逐利方式保证合意的利润率。在利润的驱使下，西方发达资本主义国家发生的金融化现象就是一个例子，它规避了物质生产领域所面临的各种劳动法案。物质生产领域的劳资矛盾可能不再直接触痛资本主义社会的稳定性，然而其社会稳定性却因资本本性被其他方式所触痛。

马克思曾经肯定了资本主义生产方式的历史功绩。但是，资本是一把双刃剑。只要资本有其自我增殖的环境，资本的逻辑就会展开。资本在增殖过程中会体现文明与野蛮的两面性。资本的文明面表现为："它榨取这种剩余劳动的方式和条件，同以前的奴隶制、农奴制等形式相比，都更有利于生产力的发展，有利于社会关系的发展，有利于更高级的新形态的各种要素的创造。"①资本的野蛮面表现为："资本是一把双刃剑，从市场经济的运行机制和运作规律看，离开了资本，经济运行就失去了竞争的主体，经济就发展不起来。但是资本又是与构成它基础的那部分人口的利益根本冲突的，是以摧残主要生产力——劳动者的发展为前提的。"②我国的改革开放是社会主义制度的自我完善和发展。但是，我国改革开放的历史是允许私有制存在并发展的历史，也是允许资本主义经济成分存在并发展的历史，这是不可否认的事实。然而，这并没有改变我国社会主义的基本制度，究其原因，我国的改革开放之路是一条驯服资本的道路。

"资本以雇佣劳动为前提，而雇佣劳动又以资本为前提。两者相互制约，两者相互产生。"③资本与劳动的矛盾结果就是资本的消亡，以及劳动复归为人的本质，不再仅仅是谋生的手段。这一矛盾运动是资本主义生产方式的历史趋势，其反映的是资本至上、贬抑劳动的逻辑。这也是资本主义社会劳资冲突的根源。从西方发达资本主义国家劳资关系演变的历史来看，资本仍然是经济社会的核心范畴，但贬抑劳动在实践中得到部分扭转。从马克思的劳动价值理论和剩余价值理论及其蕴含的劳动本体的思想来看，崇尚劳动创造

①《马克思恩格斯文集》第 7 卷，北京：人民出版社，2009 年，第 927-928 页。
② 孙承叔：《资本与历史唯物主义》，上海：复旦大学出版社，2013 年，第 72 页。
③《马克思恩格斯文集》第 1 卷，北京：人民出版社，2009 年，第 727 页。

是构建和谐劳动关系的基础。党和政府不断创新发展理念，从以人为本的科学发展观到以人民为中心的发展理念，在全社会营造劳动光荣、崇尚劳动的精神氛围却是独树一帜的。党的十九大报告明确指出要弘扬劳模精神和工匠精神，营造劳动光荣的社会风尚和精益求精的敬业风气。崇尚劳动必然要在劳动成果的分配上所有体现。2015 年习近平总书记指出，广大人民群众共享改革发展成果，是社会主义的本质要求。这一思想在党的十八届五中全会得到了确认，把"共享"作为新时期的五大发展理念之一。在资本参与中国经济发展的客观前提下，这样的顶层设计是实现和谐劳动关系的思想保证，最大限度放大了资本与劳动这对矛盾中的同一性。

坚持公有制主体地位是实现和谐劳动关系的经济基础。在社会主义初级阶段，经过了社会主义改造，非公有制企业中的劳资关系不完全是马克思语境的阶级对抗关系。由于我国非公有制企业的劳动关系是在党的政策方针鼓励支持引导下再生的，是在我国公有制经济普照之光"照耀"下发展壮大的。尽管非公制企业劳动关系依然具有雇佣劳动性质，企业主依然独享利润，但是不可能发展到资本主义制度下阶级对抗和冲突的程度，而是以建设者和劳动者的关系投入全面建成小康社会的进程中，这也就决定了在我国非公有制企业中也能实现和谐劳动关系。

第二，党和政府始终把发展作为执政兴国的第一要务，为构建社会主义和谐劳动关系奠定了现实物质基础。改革开放以来，我国经济总量逐步攀升，2016 年国内生产总值 744127.2 亿元，2017 年国内生产总值更是突破 80 万亿元大关。2017 年全国一般公共预算收入 172592.77 亿元，一般公共预算支出 203085.49 亿元，分别比 2016 年增加了 7.4% 和 7.6%。改革开放以来，我国取得了举世瞩目的辉煌成就。社会财富不断涌流，为广大人民群众分享发展成果，逐步提高社会保障水平，保持劳动关系和谐稳定提供了坚实的物质基础。根据《2017 年度人力资源和社会保障事业发展统计公报》，2017 年全国城镇非私营单位就业人员年平均工资为 74318 元，增长 10.0%；全国城镇私营单位就业人员年平均工资为 45761 元，增长 6.8%；农民工人均月收入水平为 3485 元，比上年提高 210 元，增长 6.4%。根据《中国统计年鉴 2017》，2008—2016 年城镇单位职工工资总额占国民总收入的比重呈现稳步提高的趋势（图 8-2）；2008—2015 年，城镇居民人均可支配收入和农村居民人均纯收入的增长率与国民总收入的增长率之间的差距有逐渐缩小的趋势（图 8-3）。人民群众共享经济发展成果的势头越来越明显。

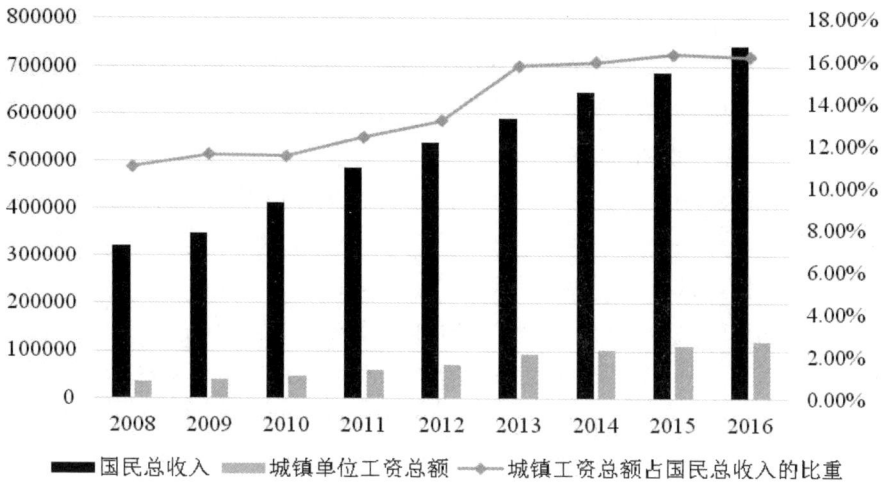

图 8-2　国民总收入与城镇单位工资总额（2008—2016）

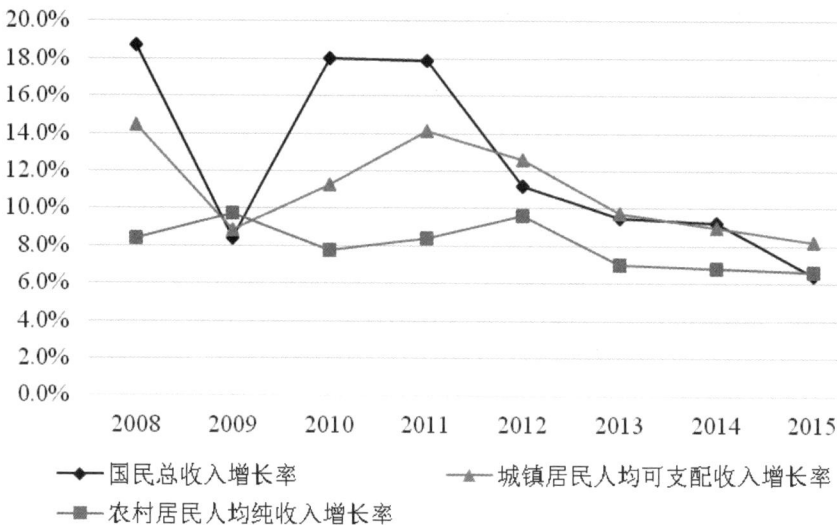

图 8-3　国民总收入与居民收入增长率（2008—2015）

　　在社会保障方面，根据《中国统计年鉴 2017》的资料显示，截止到 2016 年末，基本养老保险、失业保险、城镇基本医疗保险、工伤保险和生育保险的参保人数分别达到了 88776.8 万人、18088.8 万人、74391.6 万人、21889.3 万人和 18451 万人，分别比 2015 年增长了 3.4%、4.4%、11.7%、2.1% 和 3.8%。覆盖城乡居民的社会保障体系不断健全，覆盖面不断扩大。

第三，在全面依法治国战略引领下，不断完善的劳动法律体系和协调机制是构建社会主义和谐劳动关系的制度保障。劳动法律法规以劳动关系为调整对象，明确劳动关系当事人的权利义务关系，劳资利益关系是最为核心的内容。这一利益关系由现实的经济发展情况决定。我国于 1995 年正式实施《中华人民共和国劳动法》（简称《劳动法》），并根据经济发展中的新情况，适时地制定了一大批相关的法律和行政法规，逐渐形成以《劳动法》《劳动合同法》为主体的，辅之以各层次法律法规的劳动法律体系。

在劳动协调机制方面，劳动合同制度、集体协商制度和三方机制的机制作用不断强化。劳动合同制度是调整微观个体的劳动关系，集体协商制度调整涉及劳动者集体权益的劳动关系，三方机制则在宏观层面解决劳动关系的重大问题。随着政府不断重视劳动关系，工会组织和企业代表组织不断完善，发挥协调劳资关系的自身优势，共同形成合力，在基层化解劳动关系的矛盾，有力地促进了劳动关系的稳定。

第四，党和政府将伦理道德作为制度规范的重要补充，形成构建和谐劳动关系的良好社会氛围。伦理道德与法律法规都是对社会关系的调节规范，是影响、制约个体行为的基本手段。法律法规的规制性较为强硬、滞后，而伦理道德是一种"柔性"的制约手段。根植于儒家文化的传统伦理道德已经有千百年的历史。儒家文化推崇的"仁"是一种人与人的亲善关系；"尚中"则是要求把握适当的限度，以求平衡。由此看来，即使在市场经济条件下，中国的社会习俗决定了伦理道德对劳动关系而言也可以是一种积极的促进因素。从这个意义上讲，构建社会主义和谐劳动关系不仅仅是社会稳定的要求，在精神层面上直接折射出亲善、平衡的传统伦理道德的价值取向。因此，劳动关系的调整将更加融入对企业、劳动者、利益相关者等之间的伦理考量。《中共中央、国务院关于构建和谐劳动关系的意见》明确指出："加强对职工的人文关怀"，"培育富有特色的企业精神和健康向上的企业文化，为职工构建共同的精神家园"。这意味着企业的伦理环境是构建和谐劳动关系不可或缺的要素。通过舆论宣传，先进典型示范，集中展现和谐劳动关系在劳资和谐双赢方面的积极成效，推动企业与劳动者之间基于物质利益但又超越物质利益关系的共同体。

8.3.2 构建合作、共享劳动关系的中国基本经验

劳资关系在我国经济体制改革和社会主义市场经济体制建立过程中逐渐

成为最基本的社会关系，伴随着非公有制经济成分的不断扩大而成为最主要的社会关系。我国调整劳动关系的各项政策及工作方式，一方面受制于主体对其规律的认识程度，这一认识又与对市场经济规律的认识和对非公有制经济性质的把握有关；另一方面，劳资关系是一种围绕着基本就业权，以微观企业为依托的资方和劳方互动行为的总和。就业涉及劳动力资源的配置，资方和劳动的行为受制于市场情况，这又必然与我国对社会发展目标的定位、理念、方式有关系。因此，我国对劳动关系的认识及其调整和规范与我国发展的指导理念相关。总的来说，调整规范劳动关系随着我国对市场经济规律的认识加深而不断法制化，更加尊重市场规律；从我国社会发展理念从偏重经济的发展理念转变为实现两个一百年目标的、系统化的、整体化的战略指导思想，调整规范劳动关系也呈现系统化、整体化的特点。

第一，随着经济发展状况不断调整、完善劳动法律法规体系，在尊重市场规律的条件下不断发挥政府的有效监管。

在中国特色社会主义市场经济条件下，政府手段是不可或缺的。市场经济是劳资关系存续的客观依据，而中国的市场经济并不是完全自由的商品经济。随着对政府与市场的关系及对非公有制经济认识的不断加深，政府调节劳资关系的方式更加成熟。在改革开放之初，对市场的认识处在"计划—市场"范式中，邓小平指出"计划和市场都是经济手段"[1]，"把计划经济和市场经济结合起来，就更能解放生产力，加速经济发展"[2]。此后在相当长的一段时间内，都是在"计划—市场"的关系范式中开展讨论与实践。这对范式体现的是经济层面的计划调控与自由经济的关系，并没有将政府或国家的职能纳入进来。对经济的计划调控是政府职能的一个方面，其内涵远远小于政府职能。进入新时期，我国在理论与实践上已经将原有范式转化为"市场—政府"关系的范式。《中共中央关于全面深化改革若干重大问题的决定》指出："经济体制改革是全面深化改革的重点，核心问题是处理好政府和市场的关系，使市场在资源配置中起决定性作用和更好发挥政府作用。市场决定资源配置是市场经济的一般规律，健全社会主义市场经济体制必须遵循这条规律，着力解决市场体系不完善、政府干预过多和监管不到位问题。"这意味，一是政府在经济事务中，逐渐弱化直接的行政手段，其突出表现是政府行为的法

---

① 《邓小平文选》第 3 卷，北京：人民出版社，1993 年，第 373 页。

② 《邓小平文选》第 3 卷，北京：人民出版社，1993 年，第 148-149 页。

律授权化，即"法无授权不可为"；二是政府行为更加注重市场经济的规律，在此前提下更好地发挥监管职能，改变以往对劳资矛盾事务的大包大揽，发挥政府或工会、企业、劳动者三者之间的协调谈判机制。上述认识的转变过程也是对非公有制经济认识的转变过程，从对非公有制经济成分的否定、怀疑，到"社会主义市场经济的组成部分"，再到"毫不动摇地鼓励、支持、引导非公有制经济发展"。我国对非公有制经济在发展过程中的积极和消极作用有了更加清楚的认识。这也决定了政府在调节劳资关系的过程中更需要法制化的手段，更需要遵循客观规律。具体来说主要有以下五个方面：

一是随着社会形势完善劳动法律法规体系，我国对劳资关系的调整已经初步做到有法可依。国务院及其部委出台的各项法规及细则，提高了依法调节劳资关系的可操作性。二是不断加强、完善社会保障制度。2018 年中共中央印发《深化党和国家机构改革方案》，指出："将基本养老保险费、基本医疗保险费、失业保险费等各项社会保险费交由税务部门统一征收"。这强化了企业在负担社会保障方面的义务，精准打击企业不为劳动者上社保或不全额上社保的行为。三是不断完善劳动监察队伍和各级劳动监察机构的建设，主动检查用人单位，依法打击侵害劳动者合法权益的违法行为。四是不断完善工会制度，在非公有制企业中开展党建工作；发挥党组织的引导作用，完善基层协调机制，把劳资矛盾尽可能在基层化解。五是政府积极转变职能目标，确立正确的行为准则。既注重经济发展，也注重社会进步，树立经济与社会全面协调发展的新思维，贯彻五大发展理念，破除唯 GDP 论。

第二，随着经济体制改革的不断推进，对劳资关系的调整越来越系统化，并作为国家治理体系的有机组成部分。

从具体的现实来看，劳资关系始终以经济微观组织为依托，劳资关系是劳资双方在微观单位内部具体行为的结果，首要的是微观经济事务。从宏观角度来看，根据产业组织理论的哈佛学派的 SCP 范式，（所在产业的）市场结构影响企业的行为，企业的行为产生企业的市场绩效。我国自 1978 年改革开放以来，先要解决物质生活问题，因此经济建设是摆在首位的中心任务。"七五"计划期间，全国大多数地区解决了温饱问题，开始向小康社会迈进。1992 年，党的十四大明确把建立社会主义市场经济体制作为中国经济体制改革的目标。党的十四大对价格、财税、金融、投资和计划体制作出了明确的改革要求，同时也提出了改革个人收入分配制度的要求。2002 年，党的十六大之前的时期，我国社会发展观念仍然偏重经济建设。在取得巨大成就的同时，也积累了不少矛盾。

党的十六大以后，特别是党的十七大以来，我国把发展经济作为发展中国特色社会主义的一个组成部分，开始从全局高度谋划新的事业，同步推进经济、政治、文化、社会等领域的改革，构建有利于科学发展的体制机制。党的十六大以来，逐渐形成的科学发展观就是从经济增长、社会进步、环境安全等角度提出的国家发展战略的整体性的指导思想。从前文的分析可以看出，劳资关系是商品经济时代最重要、最基本的社会关系之一。从经济角度看，劳资关系的和谐稳定既是一个社会生产力体系协调可持续发展的必要条件，也是市场经济供求总量长期平衡的内在要求；从社会角度看，劳动关系的和谐稳定是社会长治久安的必要条件，而社会的稳定又是社会主义各项事业顺利进行所必须的。进入新时期，习近平新时代中国特色社会主义思想进一步继承和发扬了科学发展观，为实现两个一百年目标，提出了"五位一体"的总体布局和"四个全面"的发展战略。这也要求党和政府的职能必须有相应的契合度，国家治理体系和治理能力的提法和执政思路应运而生。习近平指出："和谐劳动关系，是建设社会主义和谐社会的重要基础，是增强党的执政基础、巩固党的执政地位的必然要求，是坚持中国特色社会主义道路、贯彻中国特色社会主义理论体系、完善中国特色社会主义制度的重要组成部分，其经济、政治、社会意义十分重大而深远。"[①]2015年中共中央、国务院印发了《关于构建和谐劳动关系的意见》，全面系统地阐述了新时期党和政府关于劳动关系工作的指导思想、原则、目标及任务。这表明，党和政府关于劳动关系的工作已经成为国家治理体系的重要组成部分，构建和谐劳动关系的工作成效也是国家治理能力的重要体现。

第四节　近年来我国促进劳动合作法的颁布与实践

中华人民共和国成立以来，我国劳动法的出台与体系完善经历了改革开放前社会主义建设时期和改革开放后市场经济体制确立阶段，包括新时代劳动法进一步完善阶段。1994年我国颁布了第一部针对社会主义市场经济体制

---

① 习近平在全国构建和谐劳动关系先进表彰会上的讲话（http://politics.people.com.cn/GB/1024/15433955.html）。

构建和谐劳动关系的《劳动法》。从 2002 年至 2007 年为完善劳动法体系，先后又颁布了《劳动合同法》《就业促进法》《劳动争议调解仲裁法》，使我国劳动法体系逐渐丰富并完善起来。近年来为适应社会主义市场经济体制的需要，又制定出台了《工资法》《劳动保护法》《劳动监察法》等相关法律，为构建和谐的劳动关系奠定基础。但是我国目前劳动法仍然处在低级阶段，且适应范围也有限，需要在不断总结劳动法实施经验的基础上，不断扩大其使用范围并完善其内容。

8.4.1 中华人民共和国成立初期《劳动法》的颁布

1949 年，中华人民共和国成立的同时建立了工人阶级领导的以工农联盟为基础的人民民主专政，揭开了中国历史的新篇章，我国的劳动立法也进入了一个崭新的历史时期。1950 年 6 月 9 日毛泽东同志在中国共产党七届三中全会上作了题为《为争取国家财政经济状况的基本好转而斗争》的报告，报告明确规定了经济恢复时期劳动法律的总任务和总要求。

在经济恢复时期，由于还存在大量的私营企业，为推动私营企业的社会主义改造，我国劳动法的主要特点是废除一切不合理的压迫工人的制度，建立新的民主管理制度和吸收职工参加企业管理，以实现管理民主化。从法律上保障职工的政治权利和经济权利。在发展生产的基础上逐步改善职工的物质文化生活水平，提高工资标准，改进劳动条件，在职工年老疾病或丧失劳动能力的情况下给予物质帮助。对 1949 年以前遗留下来的失业职工进行救济，采取措施避免失业现象的扩大并解决失业问题。制定处理劳资关系的办法，调整劳资关系，以达到对私营企业利用、限制和改造的目的。当时，为整顿和恢复凋敝的经济，且逐渐发展国有经济，促进国有、私营经济共同发展，劳动立法正确地贯彻"劳资两利、公私兼顾"的政策，以争取国家财政经济状况的基本好转。

为适应当时的政治、经济形势，1949 年召开的中国政治协商会议所通过的《共同纲领》第 32 条对劳动立法提出了具体的指导原则。原则规定：在国家经营的企业中，实行工人参加生产管理的制度，即建立在厂长领导下的工厂管理委员会。私人经营的企业，为实现劳资两利的原则，应由工会代表工人职员与资方订立集体合同，公私企业一律实行 8 小时至 10 小时的工作制，特殊情况得酌情办理。人民政府应按照各地各行情况规定最低工资标准。逐步实行了劳动保险制度，以保护青工、女工的特殊利益，并实行工矿检查制度以改进工矿安全和卫生设备。

为了贯彻《共同纲领》的劳动立法原则，国家颁布了一系列的劳动法规：1950 年 2 月中央财经委员会公布了《关于国营公营工厂建立工厂管理委员会的指示》，规定在国营、公营企业中建立有工厂代表参加的工厂管理委员会，保证了广大职工参加企业管理的权利，大大地提高了职工的生产积极性。1950 年 3 月政务院公布了《关于废除各地搬运事业中封建把持制度暂行处理办法》，在同一时期，中央人民政府燃料工业部于 1950 年 3 月 21 日发出了《废除把头制度的通令》，这些法令搬掉了压在搬运工人和矿工头上的大山。1950 年 6 月，中央政府颁布了《中华人民共和国工会法》，该法规规定了工会的性质、权利、任务和工会与人民政府的关系，以及工会与国营、私营企业的关系。1950 年 5 月劳动部公布了《工厂卫生暂行条例（草案）》，这对改进工厂的卫生工作很有作用。为了与生产中的事故作斗争，劳动部于 1952 年 12 月公布了《关于防止沥青中毒的办法》。1950 年 5 月劳动部公布了《关于救济失业工人的指示》，同一时期，劳动部公布了《救济失业工人暂行办法》，1952 年 8 月政务院发布了《关于劳动就业问题的决定》。1951 年 2 月政务院公布了《中华人民共和国劳动保险条例》。这一条例减轻了工人生活中的特殊困难，使暂时或长期丧失劳动能力的职工，在生活上有了基本的保障，对于生、老、病、死、伤、残等情况的保险都有了具体规定。《劳动保险条例》颁布时，国家财政经济状况尚未根本好转，并处在抗美援朝战争时期，这充分证明了党和人民政府对于劳动者利益的无比关切。1950 年 11 月，劳动部公布了《关于劳动争议程序的规定》，为合理解决劳动纠纷提出了适当的办法。

上述各项劳动法规颁布实施之后，1954 年 9 月我国公布了中华人民共和国的第一部《宪法》。这部宪法对我国的劳动和社会劳动关系的调整与公民的基本权利和义务作了规定：第 16 条明确规定了我国劳动的性质和国家对劳动的鼓励与支持的态度；第 91 条规定了公民的劳动权和国家对待职工工资待遇与改善劳动条件的原则；第 92 条规定了公民的休息权；第 93 条规定了公民的物质帮助权；此外，在第 100 条中规定了公民的遵守劳动纪律的义务。这些条文都是我国劳动立法的基本原则。

我国正式制定《劳动法》的工作起始于 1956 年。这一年在健全法制精神指导下，国家成立了一系列立法小组，如全国人大常委会分别成立了民法和刑法起草机构。劳动部也成立了劳动法起草小组，起草小组酝酿草案和搜集各国劳动法资料，组织翻译外国劳动立法的著作。从 1956 年开始，经济进入大规模建设时期，陆续出台了各种工资方面的规章制度，比如 1956 年 6 月国务院公布《关于工资改革的决定》和 1956 年 10 月颁布的《关于新公私合营企业工资改革中若干问题的规定》。这些决定改进了工资制度，同时使工资水平得到了适当增长。在劳动保护立法方面，1956 年 5 月国务院公布了《工厂安全卫生规程》《工人职员伤亡事故报告规程》及《关于防止厂、矿企业中矽尘危害的决定》。这些规定的颁布使得厂、矿企业在改进劳动保护工作方面有了统一的根据和标准。1958 年我国开始了第二个五年计划，同年国务院公布了《关于工人、职员退休处理的暂行规定》《关于企业、事业单位和国家机关中普通工和勤杂工的工资待遇的暂行规定》《关于国营、公私合营、合作社营、个体经营的企业和事业单位的学徒的学习期限和生活补贴的暂行规定》《关于工人、职员回家探亲的假期和工资待遇的暂行规定》等重要规定。

上述立法是根据党的八届三中全会总结了几年的劳动工资工作以后制定的。这些规定反映了统筹兼顾、合理安排劳动工资的精神，注意了工人阶级内部关系及工农关系，在安排生产与生活方面既照顾了职工的眼前利益，又照顾了长远利益；既照顾了个人利益，也照顾了国家利益。但是，后来由于极左思潮泛滥，已经步入正轨的法制建设工作中途夭折。尽管如此，这是中华人民共和国成立后第一次《劳动法》的起草工作，在我国劳动立法史上具有里程碑意义。

进入 20 世纪 60 年代后，我国出现了极左思潮和冒进倾向，这极大地影响了劳动法的发展。特别是 1966 年 5 月至 1976 年 10 月，生产建设陷于停顿和混乱状态，党和国家及人民遭到了中华人民共和国成立以来最严重的挫折与损失。在十年动乱期间，劳动法仅剩几项重要的法令：1971 年 11 月国务院发布的《关于改革临时工、轮换工制度的通知》、1971 年 11 月 30 日国务院发布的《关于调整部分工人和工作人员工资的通知》、1975 年 4 月国务院发布的《关于转发全国安全生产会议纪要的通知》。这些仅有的劳动法规基本上是在周恩来同志和邓小平同志主持中央日常工作时期发布的，由于当时极左思潮的影响和严重干扰，这些仅存的劳动法规并没有得到真正的执行，劳动工作中的无政府主义、平均主义一直没有得到有力的纠正。

8.4.2 新时期劳动法的颁布及实施

1978 年 12 月党的十一届三中全会的召开，确定了改革开放的大政方针，劳动立法工作迎来了春天。从党的十一届三中全会到 1982 年，我国颁布了

450 余件劳动方面的规范性文件，其中由全国人民代表大会常务委员会、国务院颁布和批准的法规有 14 件之多。

自 1982 年起，我国陆续出台的重要的劳动法规有：1982 年 3 月国务院发布《矿山安全条例》《矿山安全监督条例》和《锅炉压力容器安全监督条例》；1982 年 4 月，国务院发布了《企业奖惩条例》；1983 年 2 月，劳动人事部发布了《关于积极实行劳动合同制的通知》；1986 年 7 月国务院发布了《国营企业职工待业保险暂行规定》《国营企业招用工作暂行规定》和《国营企业辞退违纪职工暂行规定》；1986 年 9 月中共中央、国务院联合发布了新的《全民所有制工业企业职工代表大会条例》；1987 年 6 月劳动人事部发布了《严格禁止招用童工的规定》；1987 年 7 月国务院发布了《国营企业劳动争议处理暂行规定》；1988 年 7 月，国务院发布了《女职工劳动保护的规定》；1990 年 1 月，劳动部颁发了《女职工禁忌劳动的规定》。这些劳动法规正是实行劳动制度改革的成果，是落实"调整、改革、整顿、提高"方针的产物，是实行劳动制度改革经验的总结。

但是，上述法规还不是法典式的《劳动法》，立法层次低，专门的劳动立法组织机构起步较晚。1978 年 12 月邓小平同志提出制定新时期《劳动法》之后，我国政府立即重新启动了《劳动法》的制定工作。1979 年初，国家劳动总局成立了新的劳动法起草小组，邀请了有关专家学者和全国总工会的代表成立了起草工作机构，启动了中华人民共和国成立后第二次劳动法起草工作。1983 年 7 月，国务院常务会议审议《劳动法（草案）》，国家劳动总局向会议汇报起草情况，国务院常务会议经过会议审议以后，建议将草案进一步修改后上报全国人大常委会。但是由于劳动制度改革刚刚起步不久，劳动仲裁实践尚在探索阶段，人们对很多涉及劳动关系方面的问题还难以取得共识，《劳动法（草案）》未曾在全国人大常委会审议，起草工作暂时中断。

1989 年，在全国人大、政协两会主任及委员们提出必须迅速纠正"野生动物保护有法，而人无劳动法"的局面，呼吁尽快制定《劳动法》。在这一形势下，一度被搁置的《劳动法》起草工作再次启动了。1989 年"劳动法起草委员会"和"劳动法研究委员会"成立。1992 年国务院成立了由劳动部、国务院法制局、全国总工会、国家体制改革委员会、人事部、卫生部等多方代表组成的劳动法起草领导小组。1993 年初，建设中国特色的社会主义市场经济的目标确立以后，《劳动法》的起草工作进入了快车道。从 1979 年第二次起草《劳动法》至 1994 年第三次起草结束，历经十年《劳动法》草案已有

30 余稿,于 1994 年 1 月 7 日经国务院第 14 次常务会议审议,原则上通过了《劳动法(草案)》,全国人大常委会广泛征求各方意见后,对该草案再次进行了认真的修改、补充,《劳动法》终于 1994 年 7 月 5 日经全国人大常委会第八次会议通过。

《劳动法》的颁布是我国确立社会主义市场经济法制的一件大事,奠定了我国劳动法体系的基础。该法规体现了社会主义市场经济制度下的劳动保护的优越性和特点:

一是我国的《劳动法》坚决反对各种劳动歧视,妇女与男子不分民族、种族都有平等就业和同工同酬的权利,这些是资本主义国家难以实现的原则。突出对劳动者权益的保护。

二是我国的《劳动法》在第 1 条开宗明义地宣布:"为了保护劳动者的合法权益,调整劳动关系,建立和维护适应社会主义市场经济的劳动制度,促进经济发展和社会进步,根据宪法,制定本法。"由于劳动者在劳动关系中处于弱势地位,所以在《劳动法》中特别强调要保护劳动者的合法权益。对劳动者的合法权益给予保护像一条红线贯穿于全部法律中。

三是实行统一的劳动标准和法律规定。

四是实行全员劳动合同制。

五是确认集体合同与集体协商制度。集体合同与集体协商是维护职工民主管理权利的保证,《劳动法》规定了集体合同的基本规范,体现了劳动关系双方通过平等协商、协调劳动关系的原则,确认集体合同与集体协商对保护劳动者的合法权益具有重要的作用。

六是肯定了工会在调整劳动关系中的地位与职权。

《劳动法》的颁布使我国有了调整劳动关系的基本法,它较全面地规范了劳动关系的方方面面,把我国协调劳动关系的工作纳入了法治轨道。新时期《劳动法》的颁布应是劳动法制的一座新的里程碑。由于《劳动法》有着扎实的实践基础,是劳动、工资、保险三项制度改革成果的结晶,又是劳动立法进程的必然结果,所以在《劳动法》出台后不到一年的时间,国家劳动部很快就颁布了 2 部配套规章,与此前已有及后来陆续出台的行政法规、部门规章相得益彰,基本形成了《劳动法》的立法体系,有力地保证了《劳动法》的贯彻实施。《劳动法》的立法体系主要包括以下四部分:

第一,新时期劳动立法的核心是协调劳动关系。《劳动法》第三章"劳动合同与集体合同"、第十章"劳动争议",以及配套行政法规《中华人民共和国企业劳动争议处理条例》《禁止使用童工规定》《国有企业富余职工安置规定》，配套部门规章《外商投资企业劳动管理规定》《企业经济性裁减人员规定》《违反〈劳动法〉行政处惩办法》《违反和解除劳动合同的经济补偿办法》《集体合同规定》《违反〈劳动法〉有关劳动合同规定的赔偿办法》《劳动争议仲裁委员会办案规则》和《企业劳动争议调解委员会组织及工作规则》等，构成了调整劳动关系的立法体系。

第二，确立劳动标准是新时期劳动立法的重点。《劳动法》第四章"工作时间和休息休假"、第五章"工资"、第六章"劳动安全卫生"、第七章"女职工和未成年工特殊保护"、第八章"职业培训"，以及配套行政法规《女职工劳动保护规定》《国务院关于修改〈国务院关于职工工作时间的规定〉的决定》，配套部门规章《关于企业实行不定时工作制和综合计算工时工作制的审批办法》《关于贯彻〈国务院关于职工工作时间的规定〉的实施办法》《企业最低工资规定》《工资支付暂行规定》《对〈工资支付暂行规定〉有关问题的补充规定》《未成年工特殊保护规定》《女职工禁忌劳动范围的规定》《职业病和职业病患者处理办法的规定》《职业技能鉴定规定》等，构成了我国劳动标准的立法体系。

第三，社会保险是新时期《劳动法》的重点。《劳动法》的第九章"社会保险和福利"，以及配套行政法规《失业保险条例》《社会保险费征缴暂行条例》《国务院关于建立统一的企业职工基本养老保险制度的决定》《工伤保险条例》《国务院关于建立城镇职工基本医疗保险制度的决定》，配套部门规章《企业职工患病或非因工负伤医疗期规定》《企业职工生育保险试行办法》《企业职工工伤保险试行办法》《工伤认定办法》《非法用工单位伤亡人员一次性赔偿办法》《因工死亡职工供养亲属范围规定》《社会保险行政争议处理办法》等，构成了我国社会保险的立法体系。

第四，《劳动法》对劳动行政执法及其执法监督也有相应规定。《劳动法》第十一章"监督检查"、第十二章"法律责任"，以及配套规章《劳动监察规定》《劳动监察员管理办法》《劳动监察程序规定》《违反〈劳动法〉行政处罚办法》《劳动行政处罚若干规定》《处理举报劳动违法行为规定》《劳动和社会保障行政复议办法》《劳动行政处罚听证程序规定》等，构成了劳动行政执法及其执法监督的立法体系。

新时期《劳动法》颁布以后，对于推动劳动法律适应化、规范化发展发挥重要作用，主要体现在：

第一，陆续废止了曾经实行的固定工制度时期的劳动法及各种规范。《劳动法》颁布后，原劳动部和现劳动保障部曾先后两次大规模清理原有的劳动法律规范，共废止 358 件规范性文件。2001 年 1 月 6 日，国务院发布了第 319 号令，废止一批 2 年以前发布的行政法规。其中包括《国营工业企业暂行条例》《国营企业辞退违纪职工暂行规定》《国营企业招用工人暂行规定》等一批实行固定工制度时期的劳动行政法规。目前，这些行政法规的部分或大部分内容，已被新的劳动法律规范所替代或在实践中已停止执行，最终将被陆续废止。

第二，各类所有制企业适用的劳动法律规范基本统一。《劳动法》及其配套行政法规和部门规章的陆续颁布，促使国有企业、集体企业、股份制企业、外资企业、私营企业、民营企业等各类企业所适用的劳动法律规范趋于统一。其目的是将所有不同类型的企业置于市场中同一起跑线，为其提供一个公平竞争的劳动法制环境。随着市场经济的发展，原有的《外商投资企业劳动管理规定》《私营企业劳动管理暂行规定》等，将会被陆续废止。

第三，适应市场经济发展的劳动合同方面的法规日臻完善。如前所述，《劳动法》颁布后，原劳动部及现劳动保障部颁发了多个配套规章，国务院也颁布了几部行政法规，主要有 1999 年发布的《失业保险条例》、2001 年发布的《军队转业干部安置暂行办法》和 2003 年发布的《工伤保险条例》等，形成了以实行劳动合同制为核心的劳动立法体系，并日臻完善。

8.4.3 新时期劳动法体系的形成与完善

1994 年 8 月 22 日，原劳动部发布了《关于贯彻实施〈劳动法〉的意见》的通知，在这一法律文件中的第十部分"完善劳动法律体系问题"中提出："《劳法法》是劳动法体系中的基本法，要使其规定的各项基本原则得到很好的贯彻执行，还必须制定与之配套的《促进就业法》《劳动合同法》《工资法》《安全生产法》《劳动保护法》《职业技能开发法》《社会保险法》《劳动争议处理法》和《劳动监察法》等单项法律和法规，形成完善的劳动法律体系。"为逐步实现这一目标，我国陆续颁布了一系列的劳动法律、法规。

在《劳动法》颁布后，国务院于 1995 年 3 月发布了《关于修改〈国务院关于职工工作时间的规定〉的规定》；1999 年 1 月发布了《失业保险条例》和《社会保险费征缴暂行条例》；1994 年 12 月发布了《企业职工患病或非因工负伤医疗期规定》《违反和解除劳动合同的经济补偿办法》《工资支付暂行规定》《就业训练规定》《企业职工生育保险试行办法》；1995 年 3 月颁布了《〈劳动法〉有关劳动合同规定的赔偿办法》；1995 年 12 月颁发了《劳动监察程序规定》；1996 年 10 月发布了《〈矿山安全法〉实施条例》；1996 年 11 月发布了《劳动和社会保障行政复议办法》。

2000 年 12 月发布了《工资集体协商试行办法》，2002 年 6 月全国人大常委会颁布了《安全生产法》，2003 年 4 月发布了《工伤保险条例》，2004 年 1 月颁发了《集体合同规定》和《最低工资规定》。这一系列劳动法规的颁布大大地充实和完善了劳动立法。在 2007 年 2 月全国人大常委会发布的立法规划中有关劳动立法的项目多达四项，分别是：《就业促进法》《劳动合同法》《劳动争议调解仲裁法》和《社会保险法》，全国人大常委会对劳动立法的高度关注，受到了全国人民的欢迎，大家将 2007 年誉为"劳动立法年"。至此，形成了以实行劳动合同制为核心的劳动立法体系，并日臻完善。

劳动法及其体系的形成与完善，其实践意义在于：第一，《劳动合同法》的颁布进一步明确了劳动关系双方当事人的权利与义务，为构建和谐劳动关系提供了法律保障。《劳动合同法》的制定经过了长期的起草和修订过程，全国人大常委会对草案进行了四次审议并给予高度重视，最后于 2007 年 6 月 29 日召开的第十届全国人大常务委员会第 28 次会议上正式通过。全国广大人民群众对《劳动合同法》的制定特别关注。自 2006 年 3 月 20 日全国人大常委会向社会公布草案征求各方面的意见开始，仅一个月收到来自群众的意见就达 191848 条，这一数字创造了人民群众广泛参与立法第一例，在我国民主立法历史上创下了光辉的纪录。这部法律扩大了劳动合同的实施范围，提高了劳动合同签订率，严格规定了试用期，纠正了劳动合同的短期化和企业拖欠工资的行为，并对劳务派遣、非全日制用工等作出了规范，弥补了《劳动法》的不足。

第二，《就业促进法》的颁布加强了对劳动就业的管理，有力地促进了就业工作的发展。经过长期的起草和修订，全国人大常委会对《劳动就业促进法》草案进行了三次审议，2007 年 8 月 30 日第十届全国人大常委会第 29 次会议通过了《就业促进法》。这是我国第一部针对劳动就业问题的专门立法，对我国就业与失业问题作出了法律规范。它具体规范了政府对劳动就业工作应承担的责任，要求政府对劳动就业予以财政支持，为劳动者提供平等就业的机会和公平就业的条件；反对就业歧视，要求为农村富余劳动力有序地向城市异地转移就业创造条件；要求加强劳动就业的管理与服务，加强对就业中介机构的管理，坚决纠正职业中介机构的违法行为，并要求依法发展职业教育，鼓励开展职业培训，为加强和改善劳动者就业工作发挥了应有的作用。

第三，《劳动争议调解仲裁法》的颁布为改进和健全劳动争议处理制度确立了法律规范。劳动争议的处理对构建和谐劳动关系具有重要的意义，在实际生活中需要对劳动争议的处理进行改善，以适应劳动争议不断增加的趋势。《劳动争议调解仲裁法（草案）》在 2007 年 12 月 29 日经第十届全国人大常委会第 31 次会议审议通过，这是劳动立法的又一成果。《劳动争议调解仲裁法》对原有的劳动争议调解仲裁制度作了修改与补充，加强了劳动争议的调解工作，进一步规范了劳动争议的调解机构和调解程序，改进了劳动争议的仲裁程序，对仲裁的申请时效及仲裁时效的中止和中断作出了新的规定。这一法律的颁布进一步健全了劳动争议处理制度。为了保证《劳动合同法》的贯彻实施，2008 年国务院又发布了《劳动合同实施条例》。这一系列单项劳动法律、法规的出台，是健全劳动法律体系的重要举措，它们大大地丰富和充实了《劳动法》的内容，增强了《劳动法》的可操作性，成为构建和谐社会与和谐劳动关系的法律保障。

8.4.4 新时代劳动立法存在问题及未来的发展

目前，虽然中国现行的劳动法律体系已经建立，但仍然存在许多问题，尤其是伴随改革开放步伐的加快，社会主义市场经济体制的完善，涉及劳动保护及协调劳动关系的一系列法规尚需进一步的制定与完善。

（一）进入新时代《劳动法》存在的问题

第一，各地各部门对《劳动法》实施与执行力度不够。经历若干年的努力，我国已经形成较为完善的劳动法体系。但由于许多细则不够完善、执行成本过高，或由于劳动者法制观点单薄，《劳动法》实施效果并不理想，许多情况下存在着有法不依的情况。而涉及广大劳动者根本利益的比较普遍性的问题，比如最低工资标准问题、拖欠农民工工资的问题，也只颁布了地方的法规，一定情况下并不能从根本上解决问题，致使该类带有普遍性的问题迟迟得不到较为彻底的解决。近年来各地区颁布了最低工资标准，不具有法律效力，对企业只具有参考价值。而拖欠农民工工资的情况，到目前仍然得不到根本的解决。这类情况不仅需要进一步扩大劳动法范围，同时也必须颁布法律实施相关的条文，以促进劳动法的实施，增强全民利用法律武器保护自身权利的意识。

第二，进一步扩大《劳动法》的适用范围。当年制定《劳动法》时，立法者们力图将所有用人单位及其劳动者纳入其适用范围，也就是将国家公务员除外，把与各类用人单位建立劳动关系的劳动者均纳入《劳动法》的适用范围，以期与国际接轨，适应经济全球化发展的需要。但是，由于中国劳动人事管理体制等方面的原因，致使这一立法主旨至今未能实现，只是将企业、个体经济组织及与之形成劳动关系的劳动者及"国家机关、事业组织、社会团体和与之建立劳动合同关系的劳动者"纳入了适用范围。近年来，随着社会主义市场经济体制的不断成熟，劳动、人事、工资三项制度改革，特别是人事制度的改革不断深入，致使扩大《劳动法》适用范围的社会要求越来越强烈。例如，中国事业单位、社会团体及其尚未建立劳动合同关系的劳动者，一直呼唤《劳动法》对他们的保护，并要求在社会保险等方面与社会接轨，尤其在与其他用人单位衔接发生争议时能有法律渠道加以解决；随着国有企业改革的深入进行，自负盈亏的事业单位的增加及大批社会团体的企业化的改制趋势，客观上要求不断扩大《劳动法》的适应范围；随着人事争议处理制度的建立与发展，最高法院司法解释中已明确规定对辞退、辞职、聘用合同人事争议的处理应适用《劳动法》；除失业保险已覆盖全部事业单位以外，养老保险和工伤保险也已有条件地向事业单位延伸。这一系列迹象充分说明，中国社会的发展迫切要求《劳动法》的适用范围须顺应时代即时扩大，以更好地保护全体劳动者及用人单位的合法权益。可见，适用范围不适应社会要求。

第三，《劳动法》的内容须进一步充实。近年来，在贯彻执行《劳动法》和对劳动、人事、工资三项制度的改革中，出现了一系列新情况新问题，及时总结出一系列新经验和新做法，制定与新时代相应的新政策，对修改《劳动法》提出了迫切要求。其一，如果《劳动法》的适用范围顺应社会需求不断扩大，那么其内容势必增加，尤其是对事业单位、社会团体等用人单位及其劳动者的应有相应规定。其二，伴随着劳动力市场的发育、成熟和进一步发展，必须提高劳动合同和集体合同制度的水平，以适应市场经济条件下日益扩大的弹性就业制度的需要。同时为推进现阶段社会公平与公正，克服市场化带来的收入分配的分化问题，应根据经济形势的发展及时推出工资指导线制度，保障工资指导线制度、劳动力市场工资指导价位制度，并根据实践的发展与变革作出积极的调整；不断扩大社会保障的覆盖范围，积极推进社会化管理和服务工作。在这些制度法律推出的同时，还要处理好劳动争议处理程序与社会需求的矛盾及举证责任倒置的司法解释，尤其在涉外劳动关系的数量及形态的增多等情况下，这都向《劳动法》进一步充实内容提出了新要求。其三，科学并慎重界定《劳动法》中的一些重要概念，如用人单位、劳动者、劳动关系、同工同酬等；对一些涉及劳动关系的基本原则，如权利保障、诚信、公平等原则，均需进一步归纳、明确，使其规范化以供劳动立法工作有所遵循；还有一些疑难问题、敏感问题，如罢工、游行等问题也需要在深入调研的基础上，纳入《劳动法》的范围。总而言之，现行《劳动法》的内容已不适应形势发展的需要，亟须加以修改，补充新的内容。

第四，新时期《劳动法》的立法体系层次较低。从上述可知，1994 年颁布的《劳动法》立法只是由一部法律、几个行政法规，以及大量的成分组成的部门规章。从司法实践看，处理劳动争议的法律依据，严格地说是指法律和行政法规，部门规章只作参考。由此看来，《劳动法》的立法体系层次较低，依据效力不强。理想的立法体系应以《劳动法》为母法，其下有几部子法，在子法下还有一系列行政法规和适量的部门规章。因此，在修改《劳动法》的基础上，还应积极提高劳动立法体系的层次，使之成为独立的、强有力的立法体系立于中国法律体系之中，改变目前社会上对劳动法律极为不重视的现状。

综观现行《劳动法》存在的这些问题，新时代修改并进一步完善《劳动法》体制的实践都已水到渠成。国家劳动、人事行政部门及其工作者应抓住时机，共同努力，通过《劳动法》的修改工作，把劳动立法体系提高到新的层次，把劳动、人事工作推向一个新阶段。

（二）中国劳动立法的未来规划

1994 年《劳动法》颁布之初，当时的国家劳动部对劳动立法曾有过初步的设想。1998 年人力资源和社会保障部成立之后，在原有设想的基础上，结合劳动制度和社会保险制度改革目标，提出了 21 世纪初期劳动立法和社会保险立法规划。该规划认为，首先应将社会保险立法从劳动立法中分离出来。

第一，劳动制度改革的目标：

①建立用人单位与劳动者之间的平等市场主体关系。针对拖欠农民工工资问题，专门立法并制定推进实施细则，从根本上杜绝该问题的发生。

②建立公开招用、平等竞争的市场就业机制。

③全面实行劳动合同制，建立企业自主用人、劳动者自主择业的双向选

择机制。

④建立用人单位与劳动者群体的对话协商机制，推行集体合同制度。

⑤变行政办法解决劳动纠纷为法律渠道处理劳动争议。

⑥建立劳动力市场标准体系。

⑦完善依法监察的工作制度。

为实现上述目标，近年陆续提出构建以《劳动法》为主体的劳动立法若干年的规划，即在以《劳动法》为母法之下，制定5部子法，包括《促进就业法》《劳动合同法》《集体合同法》《劳动争议处理法》和《劳动标准法》。在这些子法之下，还要制定一系列行政法规及部门规章。

第二，社会保险制度改革的目标：

①变单位劳动保险为社会保险，目的是均衡单位负担，分散单位风险。

②把社会保险覆盖面扩大到所有的城镇企业、事业组织、行政机关、社会团体和个体劳动者。

③实行多渠道筹集资金，国家、单位和个人共同负担。

④待遇水平要与生产力发展水平和承受能力相适应。

⑤实行基本保险、补充保险和个人储蓄保险相结合的多层次社会保险体系，满足不同水平的保险要求。

⑥建立社会保险基金管理、监督和营运体制。

⑦实现保险的社会化管理和服务。为实现这一系列目标，提出构建以《社会保险法》为龙头的社会保险立法1年规划，即先制定一部《社会保险法》，依据该法制定一系列配套行政法规，包括：《基本养老保险条例》《基本医疗保险条例》《失业保险条例》《工伤保险条例》《生育保险条例》《社会保险费征缴暂行条例》《社会保险争议处理条例》《社会补充保险条例》和《社会保险基金监管条例》等。

在上述中期立法规划指导下，劳动保障部于2023年又提出了"劳动和社会保障五年立法规划"。在这项短期规划中，列入十届全国人大立法规划的法律项目有4个，即《劳动合同法》《集体合同法》《促进就业法》和《社会保险法》；列入国务院立法规划的行政法规项目也是4个，即《劳动保障监察条例》《技术工种职业资格条例》《工资支付条例》和《基本养老保险条例》

从前面的叙述中可知，中国劳动立法的规划正付诸实践，也在逐步实现，特别是社会保险立法进展较快，已完成的行政法规有《失业保险条例》《工伤保险条例》《社会保险费征缴暂行条例》等。

（三）中国劳动立法的发展趋向

自 1994 年以来，中国在改革开放的道路上走过了 20 年的路程，取得了丰硕的成果，但改革开放的任务还远未完成，今后的路还很长。中国劳动立法的发展趋向取决于中国经济体制和政治体制改革的取向。从前面的论述可以看出，中国劳动立法的发展趋向可以概括为四方面：

第一，《劳动法》的适用范围将顺应时代的要求继续扩大。随着中国经济体制改革的深化，事业单位的管理体制将沿着"两边靠"的方向变革，与此相应劳动法须进一步继续扩大其适用范围。大部分事业单位将靠向企业化的管理体制，少量的事业单位将靠向公务员式的管理体制。随着社会主义管理体制的逐步理顺、劳动力市场容量的继续扩大化，以及社会保险、保障制度的日益完善，《劳动法》的适用范围将朝着除国家公务员以外，把各类用人单位及其劳动者纳入的方向不断扩大。针对涉及劳动关系比较普遍性的问题应专门立法，明确实施细则，并提出实施建议和意见，杜绝那些戕害劳动者利益的长期得不到解决的问题。尤其是要针对拖欠农民工工资问题，必须将该问题上升到法律的层面，并加大打击力度，提高该法律实施效果，依法保护劳动者的基本权益。

第二，劳动立法的内容将顺应劳动、人事、工资三项制度改革的需要不断更新和完善，并逐渐建立各项制度的配套系统，旨在协调劳动关系，保护劳动者正当权益。新时代由于中国的经济体制改革还有很长的路要走，所以中国的劳动、人事、工资三项制度改革，也需要相当长的时间来完成。各项劳动立法伴随着改革实践的发展而逐渐完善与发展。每经过一段时间的改革实践，必须在总结新情况、新问题、新经验、新政策的同时，及时确立和完善新的法律和法规。因此，劳动立法的内容必然会随着三项制度改革的实践日益丰富，从而更新和完善。

第三，伴随着国家机构的改革，各类用人单位适用的劳动人事法律规范将趋向统一立法。随着《劳动法》适用范围的逐步扩大，社会保险制度改革由多头管理局面转变为由劳动保障部统一牵头负责，劳动立法将朝着适用各类用人单位，包括各种经济形式的企业、企业化管理的事业单位和社会团体及其劳动者的方向发展，并逐步形成统一的劳动人事法律规范，以期确立用人单位与劳动者之间的平等市场主体关系；建立用人单位自主用人、劳动者自主择业的双向选择机制和大范围的市场流动机制；形成用人单位之间、劳动者之间在同一起跑线平等竞争的市场招聘和就业机制。

第四，新时代劳动立法中将进一步分离出社会保险立法。随着劳动制度和社会保险制度的改革日益深入，国务院专门建立劳动保障部并将社会保险法律体系单列的。为适应社会主义体制的机构改革，一方面推动机构改革社会保险立法从劳动立法中分立，使劳动立法趋于进一步专业化发展；另一方面推动其在专业化发展基础上进一步纳入社会保障立法，使其相互配套、相互统一，从而更有利于保障劳动者的权利。这也是法律调整日益精细之发展规律的客观要求，推动劳动法向更高层次发展。

第五节　新时代实现劳动关系合作发展存在的问题

8.5.1 实现合作、共享劳动关系不够规范

现阶段，我国非公有制经济是中国特色社会主义市场经济的重要组成部分，非公有制企业的劳资关系在形式上是以非公有制为基础的、资本雇佣劳动的关系，明显带有私有制条件下的剥削色彩；但这种劳动关系处于社会主义的"普照之光"之下，中国特色社会主义的性质决定了这种劳资关系在根本利益上是具有一致性的。在非公有制经济的快速发展过程中，我国非公有制企业的劳资关系虽然是可调可控的，但剥削现象的客观性意味着一定程度的对抗和冲突。目前，由于我国生产力发展还不平衡不充分，非公有制经济的整体发展状况也不平衡不充分，非公有制企业的经济效益与管理水平也参差不齐，劳资双方的目标差异及地方政府的偏向"招商引资"的暧昧态度，都有可能加剧劳资双方的矛盾。尽管在大型非公有制企业中，劳资关系相对稳定平和，但并不能改变非公有制企业劳资关系存在一定程度对抗的特征。可以说，只要形式上是资本雇佣劳动的关系，冲突和对抗是客观存在的。

基于非公有制的劳资关系是一种以资方主导的、形式上平等而实质不平等的劳动关系。这种不平等关系取决于一定所有制特征的生产方式。从宏观上看，劳动力和资本之间总量对比同劳动与资本的不平衡程度正相关。这种不平衡性是西方发达资本主义国家在工业化过程中存在的普遍问题。"我国作为发展中国家的一个人口大国，在工业化过程中遇到的'资本短缺，劳动

力过剩'比其他国家要突出得多。"①由于劳动和资本供给的不平衡，使资方在劳资关系中占据主导地位，产生的直接后果是"资本主权"，劳动从属于资本，资方为了追求更多的剩余价值，必然不择手段地压榨劳动者，从而引发一系列劳资矛盾。一方面，在劳资关系不平等的条件下，资方受利益的驱动，尽可能地降低工人的工资及福利，导致劳资双方在经济利益上的对抗；另一方面，在不少非公有制企业中，劳资双方的关系被扭曲为领导与被领导的关系。在分工上，资方处于企业的最高层，负责控制，而劳动者在基层一线处于服从与执行的地位。

非公有制企业劳资关系的表现形式因时因地而异，现阶段的主要特征是不成熟、不规范。一方面，"政府在处理劳资问题时，采取特殊性的临时行政措施，而不是法律手段；政府的立场及态度尚未相对稳定，在劳动者与私营企业主之间徘徊；三方机制、集体谈判平等协商等制度尚不完备；工会还不能真正发挥代表劳动者利益的作用"②；另一方面，非公有制企业的劳资关系的市场化发育不够，乡村、家族、封建、行政权力色彩浓厚。非公有制企业尚未制定出与国际劳工标准相适应的企业劳动标准、社会责任意识不强，劳资关系主体中具有农民身份的占相当大的比例。不少非公有制企业内部的劳资关系附加了不少地缘关系、血缘关系的特征。这导致企业内部呈现出帮派化、集团化的特征，更加与规范的现代企业管理制度背离。

但是，也应该看到非公有制的劳动关系在非公有制经济自身的发展过程中及中国特色社会主义的整体发展过程中日渐成熟。非公有制企业劳资关系的发展具有层次性和阶段性特征，不少涉及劳动基本权利的问题，比如劳动时间、劳动报酬、劳动条件等逐步得到重视和解决；劳动关系中涉及社会保障等社会问题，在经济发达地区解决得较好。不少企业特别是大型企业对和谐稳定的劳资关系的认识程度和水平不断提高，并在社会上起到了示范作用。随着我国劳动关系法律体系的完善、矛盾协调机制的成熟，非公有制企业的劳资关系发展趋势总体平衡、可控。

8.5.2 各种劳动合作政策法规出台多但执行力不够

在经济存在较大波动或有下行压力时，这类企业由于生产设备和技术水

---

① 李汝贤：《现阶段我国私营企业劳资关系的特点》，《经济问题》，2004 年第 11 期。
② 杨云霞等：《现阶段私营企业劳动关系矛盾特征界定》，《经济问题探索》，2005 年第 4 期。

平落后，加上缺乏资金和核心竞争力，经济效益持续下降，被迫陷入停产、半停产的困境之中。在这种背景下，中小企业劳动关系问题日益突出，涉及范围既广泛又复杂。在一些中小企业中，劳动关系主体双方之间的责、权、利关系确定不合理，企业内部又缺乏有效的协调机制，导致劳动纠纷及劳动争议案件迅速增多。

其一，劳动合同签订率低且多流于形式。2008年1月1日起，我国开始实施新修订的《劳动合同法》，其中各地劳动保障部门要求各类企业都要与职工签订劳动合同，但劳动合同签订率依然很低。在签合同的企业中，又存在以下三种问题：一是企业只与管理、技术人员签订合同，不与底层员工签订合同；二是即使签有劳动合同，但对企业和职工双方的约束力不大，要认真履行更难；三是企业与员工签订合同只流于形式，只是为了应付劳动保障等部门的检查，实际上并未按合同上的条款履行。

其二，用工形式与劳动报酬复杂。在大型企业中，用工形式与劳动报酬之间有明确的制度约束，但在劳动密集型小企业中，此种关系较为复杂，得不到有效的制约。首先，体现在用工形式方面，劳动密集型小企业的用工形式多样化，既有全日制工人，又有小时工、临时工等形式，甚至出现季节工。这部分员工多来自农村，农民在农忙时节回家务农，农闲时节出来务工，用工形式得不到统一。其次，在劳动报酬方面，很多小型企业与各种技术学校有合作关系，学校为企业提供工人，这样也造成企业的用工形式单一，但是，学生工资一般为日结或周结，用工关系随时可能被终止，具有较强的临时性。劳动密集型小企业大量雇用临时工、季节工等形式的工作人员，使得劳动报酬与用工形式关系变得更加复杂。虽然此种做法不违反劳动法的相关规定，但是对于未明确的雇佣关系，如果出现劳务纷争，解决的难度将增加。

其三，社会保险参保面窄且参保率低。社会保险参保面较窄，较多职工还游离在社保大门之外，对劳动关系的稳定性造成一定影响。一是多数企业经济效益差、利润微薄采取只选择一两项险种参保，或只为少数管理层人员、技术骨干职工投保；二是企业为了减少用工成本，增加利润积累，不愿为全体职工五项险种都投保。人力资源和社会保障部曾经于2013年7月发布的报告称，进城务工者、灵活就业人员等为了生活稍微宽裕些，主动放弃社保，让单位将这部分费用转变成工资发给自己。

其四，工资水平低且拖欠现象严重。国家对企业的工资分配宏观调控政策不健全，同时督促检查乏力，导致企业分配不公、差额过大的现象比较明显。少数中小企业以经济效益下滑为借口，有意采取压低职工工资或提高劳动定额标准等手段，迫使职工主动提出辞职，这样就不需要支付经济补偿，从而实现降低人工成本，获取最大利润，或达到"软裁员"的目的。

其五，工作环境差。由于大多数中小企业处于资本原始积累阶段，需要严格控制成本，尤其是控制对固定资产的投资，于是有些雇主使用简陋的生产设备，不注意员工的安全保护；有些企业将车间、仓库和宿舍合为一体，且防火安全方面措施极为不力；有些企业的工作环境中存在对人体和环境有毒有害的物质，但却缺乏必要的劳动保护用品。以上的几种情况都为日后工伤事故和劳资冲突的发生埋下了隐患。

8.5.3 市场经济制度不够成熟，社会主义核心价值观确立尚待加强

在资本参与经济发展的时代，由于机会收益活动的大量存在，全社会崇尚劳动的社会氛围与风尚还没有完全形成，进而在根本上戕害劳动合作关系的建立。特别是国民经济可能存在的脱实向虚现象对崇尚劳动、工匠精神的培育产生负面影响，从而导致构建和谐劳动关系缺乏经济基础。

在资本逻辑下，经济体去工业化、金融化、虚拟化是必然的趋势。恩格斯曾经这样描述"一切资本主义生产方式的国家，都周期地患一种狂想病，企图不用生产过程作中介而赚到钱"①。目前，在激烈的市场竞争中，利润导向是无可厚非的经营目标，但因此会产生经济脱实向虚的驱动力。另外，中国的传统文化本身缺乏崇尚劳动、崇尚工匠精神的社会土壤。普通民众中残存的学而优则仕思想和对职业技术院校的偏见就可见一斑。中国传统社会是以封建经济为基础、以血缘关系和等级制为核心的社会，统治阶级对人民群众的关系是剥削关系，具体表现为其剥削了人民的剩余劳动，而劳动者在此情况下只能维持简单的生产——即人口繁殖。因此一方面，普通下层人民的生活以繁衍后代为中心，而淡化了劳动的重要性。在这一过程中，真正的属于人并且体现人本质的劳动并不是目的本身，相反却沦为其繁衍后代的工具。另一方面，统治阶级以维护其统治为核心，必然从劳动者群体中将精英和工匠抽离，从而压制了工匠精神的产生。20世纪50年代是中国工匠精神发展的黄金时期，但是由于社会工作重心的转移而并未获得真正的发展。改革开放后，工匠精神重新获得了新的有利环境，但品牌重心和金融重心在某

---

① 《马克思恩格斯文集》第6卷，北京：人民出版社，2009年，第67-68页。

种程度上又形成了对工匠精神的遏制。因此，在新时代要树立崇尚劳动、想要培育工匠的精神，就必须要防止国民经济脱实向虚，创造一个制度环境、文化环境，鼓励工人踏踏实实参与建设，把整个经济引向崇尚实体经济的方向。

因此，在新时期防止国民经济脱实向虚，将实体经济打造成国民经济运行的核心体系是实现和谐劳动关系的前提条件。在防止国民经济脱实向虚问题上，一方面要对金融机构加强监管，严格管控各类金融创新，严格监督金融机构的表外业务；另一方面要加大对实体企业的支持力度，监督国有企业尤其是中央企业的投资行为。

8.5.4　经济发展尚处于结构调整与高质量发展的初级阶段

在经济新常态下，伴随着供给侧结构性改革的深入推进，劳动关系与产业结构升级、调整相互交织可能会变得十分紧张。无论是供给侧结构性改革，还是经济结构的调整优化，只要涉及经济结构的变动，就必然对劳动关系产生重要影响。积极的一面是，供给侧结构性改革突出经济发展的质量，对经济发展的方式提出了较高的要求，这能够引导企业注重劳动关系的优化，引导劳动关系良性发展，促成和谐劳动关系的建立；消极的一面是，由于去产能任务的系统化、强制化，关停并转部分企业导致劳动关系的中止、变更或终止。在这一过程中，如果相关利益处理不当可能会引发劳动关系的紧张。从劳动力市场来看，供给侧结构性改革势必调整了对劳动力的需求结构。实现合意的就业水平必然要求劳动力的供给结构与新的需求结构相匹配，也要求劳动力要求能够自由流动，实现要素在地区间、产业间、部门间甚至是企业间的再配置。由于现实种种的情况，特别是"僵尸企业"的存在，严重阻碍了资源的合理再配置。"僵尸企业"的劳动者面临的问题也更加严重。

一是劳动合同签订率不足导致劳动关系存在管理的真空地带。我国虽然承认事实上的劳动关系，但没有标准的劳动合同增加了劳动者的举证义务，从而增加了维权难度。劳动合同的签订与接触在不少企业和劳动者之间存在随意性。未签订劳动合同的不规范用工情况仍然存在。离职员工由于工资、社保、补偿等原因未能与原单位解除劳动合同，从而不能签订新的劳动合同。劳动关系不能正常转移接续，阻碍再就业。劳动关系及其在转移接续中存在真空状态，导致权责归属不清，难以对劳动关系开展规范化管理。

二是职工工资收入受到企业现金周转顺畅程度的影响。受到去产能影响的企业或"僵尸企业"的职工待遇普遍降低，在岗职工工资存在不同幅度的下降；工资拖欠时有发生，特别是资金链断裂的企业，拖欠职工工资时间较长；待岗、内退职工生活水平低，有些企业甚至存在拖欠生活费的情况。

三是企业因资金问题不能完全履行为职工缴纳的各项保险费用。去产能企业欠缴社会保险费问题严重；社保费拖欠影响了职工享受养老、医疗等相关待遇；社会保险关系转移接续受到阻碍，由于欠缴保费，劳动者与原企业不能正常解除劳动合同，导致再就业困难。

四是企业拖欠经济补偿金及企业间的补偿金数额存在较大差异。不少企业拖欠经济补偿金，与职工解除劳动关系时无力支付补偿金，损害职工合法权益；不少职工认为法律规定的经济补偿金标准偏低，对企业经济补偿有更高诉求，但很多企业无力承担；部分企业额外发放经济补偿带来了企业间职工相互攀比，易造成效益不好的企业出现新的劳资矛盾。

五是去产能过程中，关停并转企业的方案缺乏民主协商，忽视劳动者的民主权益。不少企业在关停并转过程中程序不清、不公开、不到位，忽视了职工知情权、参与权和监督权，没有充分听工会以及职工代表的意见，导致处置方案不合理。

第九章　新时代努力实现劳动关系的持久合作与
和谐发展

第一节　新时代处理好劳动和资本分配关系的基本原则

劳动关系在任何社会制度下本质上都是利益关系，突出表现为劳动和资本在产出中的分配关系。政治经济学一般理论认为，分配关系反映着生产条件本身的分配，是由生产资料所有制决定的。尽管如此，资本雇佣劳动至少在形式上表现为某种合作。只有在一定条件下，劳动者才采取罢工等暴力手段对抗资本家阶级。因此，就剩余价值的生产能够顺利进行、持续进行而言，劳动者选择与资本"合作"显然存在着某种底线。

9.1.1　处理好劳动合作分配关系的底线原则

劳资合作关系形成的社会文明底线与生产力发展的平衡标准，即劳动力价值实现的底线标准与生产力统一的标准；劳动力价值底线收入标准与劳动力接受教育权利的底线标准。

剩余价值是超过必要劳动界限的剩余劳动创造的，没有必要劳动的付出就不可能形成剩余价值。必要劳动的付出对资本家和工人自己而言都具有重要意义。从资本循环及社会总资本的再生产角度来看，工人获得基于"必要劳动"的劳动力价值是整个资本主义生产方式得以反复进行的基本保证，它确保了劳动力再生产的基本进行。可以断定，构成劳动基本合作关系的基础是基于工人必要劳动形成的劳动力价值。所以，劳资合作并和谐发展的底线标准就是建立在必要劳动基础上的劳动力价值的形成与实现。这一价值是"劳动者正常生存所必需的生活资料的价值"决定了劳资关系的基本格局与长期趋势。

工资是劳动力价值或劳动力价值的货币表现，它由劳动力再生产所需要的消费资料的价值决定，是劳动力再生产的基本保障。但是，劳动力再生产所必要的生活资料的内容和数量不是仅仅按照生理要求所决定的。劳动者生活在一定的社会历史之中，因此，必要的生活资料的内容和数量也包含着社会历史的规定性。马克思指出："所谓必不可少的需要的范围，和满足这些需要的方式一样，本身是历史的产物，因此多半取决于一个国家的文化水平，其中主要取决于自由工人阶级是在什么条件下形成的，从而它有哪些习惯和生活要求。因此，和其他商品不同，劳动力的价值规定包含着一个历史的和道德的因素。"①这个包含着历史和道德因素的生活资料的数量和内容，在确定的国家和时期，平均来说是一定的，与当时当地的生产力发展水平密切相关。所以，这个劳动力价值并非一成不变的。无论是价值形态的具体数额，还是使用价值形态的具体数量与种类，也是历史的具体的，随着生产力水平和社会发展状况而变化。

从生产一般来看，人类在劳动中不只是作为物质变换的推动力发挥作用，人类劳动是一种具有主观能动性的人类活动，即实践。实践中的主观意识突出表现为人类独有的智慧性，从而显著地有别于动物行为。人类劳动过程是人类机体动力性和智慧性相互结合的过程。因此，劳动力的形成不仅要有生理上的补充与恢复，而且包括劳动技能与知识的学习。在相应的时代，相应的生产力总是要求人们的劳动采取相应的物质形式。为了掌握相应的劳动技能，一方面需要劳动者在生产过程中不断总结；另一方面需要劳动者接受专门的教育和训练。生产力越是发展，后一方面越是重要。在资本主义生产方式中，生产过程中的科学技术日益代替传统的经验，因而，通过培养训练普通人转化为具有时代要求的劳动知识技能的现实劳动者，成为社会经济所必需的外部条件。所以，劳动者接受教育和训练的费用包含在劳动力价值中。

9.1.2 工资收入水平随 GDP 增长不断增长的标准和原则

在马克思剖析资本主义生产方式时，总是暗含着资本家对劳动者支付了足额的工资。但是，资本积累造就了一支庞大的产业后备军。这支产业后备军保证资本不受劳动力缺乏的制约，能够更加顺利地实现资本积累。产业后

---

① 《马克思恩格斯文集》第 5 卷，北京：人民出版社，2009 年，第 199 页。

备军并没有减轻在业人员的负担，反而增加了现役军的压力。由于就业市场上的劳动力的过度供给，压低了劳动力的价格；同时在业人员为了避免失业，不得不接受更高的劳动强度或更低的工资水平。这种后备军与现役军之间的恶性竞争恰恰是资本家发财致富的手段。然而，这种两极分化的分配方式引发了资本主义相对过剩的危机。

在资本主义商品经济中，资本家追求剩余价值，使用价值是价值的物质承担者。随着资本积累的进行、生产不断扩大，造成使用价值在数量上急剧扩大表明了生产力水平的提高、社会财富的膨胀。然而，商品到货币的跳跃，需要相应的社会购买力作为保证。在资本主义生产过程中，雇佣劳动者既是生产者又是自主的消费者。每个资本家雇佣的工人对自己而言是生产者，对其他资本家而言是消费者。从而，单个资本剥削越是成功，对其他资本实现价值、实现剩余价值而言，越是困难。有支付能力的购买力跟不上生产力的增长，生产和需要这对矛盾就以相对过剩的经济危机来强制缓和，而最终也造成了资本价值的丧失和社会生产能力的闲置甚至是破坏。

党的十九大报告强调了按劳分配的原则，超越按劳分配为主体的表述。强调劳动者的工资收入要随着 GDP 的增长而不断增长，不仅仅是生产与消费之间顺差衔接的需要，更是崇尚劳动、以人民为中心的发展理念的要求。在全社会营造崇尚劳动的价值取向，传承工匠精神，建设以实体经济为着力点的现代经济体系，都要求坚持按劳分配原则，更要使社会财富的增加在劳动收入的增量中有所体现。以实体经济为着力点的现代经济体系与崇尚劳动的价值取向及工匠精神是物质与意识的辩证关系。以实体经济而非以虚拟经济为着力点，崇尚劳动，而不崇尚因财产所有奴役他人劳动，决定了按劳分配的原则。另外，要坚持按劳分配为原则必然要求防止经济脱实向虚，按劳分配原则在虚拟经济领域是难以贯彻的。同时，坚持按劳分配的数量不仅仅锚定在劳动力的价值上。作为财富的创造者，工资收入随着财富的增加而增长，才能使劳动人民有切实的成就感、获得感，唯有如此，按劳分配原则才能切实发挥对勤勤恳恳工作、努力钻研生产技艺的劳动者的正面激励功能。

9.1.3 实现劳动关系持球和谐发展的原则

劳动关系和谐发展的技术进步路径与长期趋势，即在长期中必须依靠技术进步为内容的经济发展方式，达到非零和博弈的实际结果，才能实现劳动与资本的互利双赢。

首先，在马克思的语境中，在经济危机到来之前，劳资关系的存续基于资本主义生产方式的存续。这种存续必然要求以技术进步为内容和载体，生产技术的变革对社会的制度结构和意识形态结构都会发生深远的影响，"资产阶级除非对生产工具，从而对生产关系，从而对全部社会关系不断地进行革命，否则就不能生存下去"①。这样一个重要的资本主义"运动规律"，在《资本论》中得到充分阐述——相对剩余价值的生产表明资本主义生产方式中的技术进步都是围绕着资本获取超额剩余价值的，因而是内生的，而不是孤立的、偶然的、中性的。没有技术进步的生产，资本在激烈的竞争中会被淘汰，丧失价值，资本家沦为无产阶级的一员；而在能够进行生产的期间，整个生产过程主要是绝对剩余价值的生产。在绝对剩余价值生产下，各种延长或变相延长工作日的手段遭到劳动者内心乃至行为上的反抗，难以形成和谐劳动关系。

相对剩余价值的生产以技术进步为特征，在现实中是以个别资本提高劳动生产率，追求超额剩余价值开始的。随着技术的扩散，超额剩余价值逐渐消失，才逐渐形成相对剩余价值。现实中，这些技术无论是工艺创新还是技术突破，这些创新本身就有一定的垄断性，阻止技术的快速扩散，从而在一定时期内产生并维持一定水平的超额利润。在缩短必要劳动的情形下，增进劳动利益具有了可能性，从而为实现和谐的劳资双赢提供可能。在资本主义生产关系下，技术进步总是倾向于节约可变资本，即排斥劳动，形成失业。这一逻辑的必然性在现实中是需要条件的。在数字经济时代，创新成为经济发展的主要驱动力。产品创新、商业模式的高频创新可以导致产业的细化和拓展，这又增加了对劳动力的吸收。因此，技术进步对就业的影响是一把双刃剑。那么，在一定的社会条件下，技术进步促进就业的积极作用可以被放大，失业情况可以得到缓解。

其次，就实现劳资长期双赢或劳动能够"分享剩余"的目标来看，也只能依靠以技术进步为内容的经济发展方式。经济剩余分享与否属于分配问题，劳动和资本如何参与初始分配只取决于所有制情况。劳动能够分享部分经济剩余，如果排除公有制条件，那么必定是劳动者拥有某种资本化的要素，并且该要素涉及核心生产过程，即单纯的劳动力转变为人力资本。在创新驱动发展的时代，国家竞争力的核心要素是人力资本。从资本主义发展的历史来

---

① 《马克思恩格斯文集》第2卷，北京：人民出版社，2009年，第34页。

看，单纯依靠资本积累而发展的模式，必然会经历各种社会阵痛，比如生产过剩的危机、劳工组织的抗议等。资本主义国家也在不断试图缓和各种尖锐的社会矛盾。从微观企业来看，在科技日新月异的时代，只有把人力资本纳入传统的资本积累，改变劳动者在资本主义生产方式中如同机器零部件的地位，在技术层面尽可能纠正人与物的颠倒关系，才能改善劳资关系，才能缓和技术与劳动者就业之间的对立。唯有如此，才能实现劳资零和博弈向互利双赢合作关系的转变。也就是说，劳动者的技能足以获得分享剩余的权利，才能真正实现劳资合作双赢。

劳动者分享剩余实际是对企业利润的分割。这就要求企业必须充分反思当前的薪酬结构。劳动者分享剩余是劳资双方相互促成的。从企业角度讲，必须根据企业的成长情况酌情考虑利润与工资的分配比例。但这一调整不应当长期侵蚀企业的平均利润。一般而言，处于成长期的企业由于面临资本原始积累的压力，薪酬结构可以适当倾向于利润与积累；处于成熟期的企业可以考虑适当提高薪酬比例，提高劳动者的收入。需要注意的是，即使处于成长期的企业把分配倾向于企业利润和积累，必须保证劳动者的薪酬必须满足其正常生活所需要的开支，还得体现"历史与道德的因素"。从劳动者角度来说，随着学习效应的不断积累，劳动者的专业技能日趋精湛，劳动者也应该可以通过企业内部的谈判机制提出分享部分利润的权利。这样，就在微观层面找到了一条促进企业效率与公平分配互动统一的路子，也是实现劳资关系和谐发展的微观均衡标准。随着劳动者收入的提高，劳动者可以不断改善生存与受教育状况，为产业优化升级提供了人力基础。

所以，在充满竞争的市场经济条件下，实现长期的和谐劳动关系只能依靠技术进步为内容的经济发展方式。

第二节　构建新型分配关系体系，
在发展中缩小收入差别

实现劳动关系的和谐共享发展，是贯彻习近平新发展理念的重要环节。党的十九大报告要求："完善政府、工会、企业共同参与的协商协调机制，构建和谐劳动关系。坚持按劳分配原则，完善按要素分配的体制机制，促进收入分配更合理、更有序。鼓励勤劳守法致富，扩大中等收入群体，增加低收入者收入，调节过高收入，取缔非法收入。坚持在经济增长的同时实现居民收入同步增长，在劳动生产率提高的同时实现劳动报酬同步提高。拓宽居民劳动收入和财产性收入渠道。履行好政府再分配调节职能，加快推进基本公共服务均等化，缩小收入分配差距。"本书就此作以下理解性学理分析。

9.2.1 构建新型分配关系体系

推动劳动关系的和谐共享发展，需要构建与新时代中国特色社会主义建设相适应的新型分配关系体系，将按要素分配的现实形式、按劳分配的主体地位，以及初步体现按需分配因素的基本公共服务均等化、补齐民生短板、促进社会公平正义，这三者的体制机制有机地结合起来，以更好贯彻共享发展理念，更好体现现阶段中国特色社会主义共同富裕的本质，维护社会和谐稳定，确保国家长治久安、人民安居乐业。

第一，扩大中等收入群体。新时代中国特色社会主义建设，强调按劳分配原则的主体地位，就是要在提高劳动者技能、积累复杂劳动能力的基础上，采取各种方式增加他们的劳动收入，扩大中等收入群体。还要处理好劳资之间、劳动者之间的分配关系，以及劳动者自身激励与发展的关系，使按要素分配与按劳分配有机结合起来，从而使市场在配置资源的同时，释放出促进社会公平的积极作用。应鼓励资本进行提高劳动者复杂劳动能力的战略性投资，推动劳动者能力从简单劳动向知识、技术型复杂劳动转变。坚决取缔资本残酷剥削雇佣劳动的血汗工厂，构建和谐劳动关系。

我国改革开放使劳动收入分配原则及经济关系发生了深刻变化，由原来计划经济时期单一的按劳分配原则，转变为按劳分配与按要素分配相结合的多元分配体系，以适应社会主义初级阶段生产力水平的发展需要。新时代在明确以劳动为本、劳动与资本互利合作的基础上，需要进一步协调它们相互促进的结构关系，防止、化解因劳资矛盾引发的群体性事件，促进社会公平正义，释放更多社会活力，调动劳动者建设社会主义的积极性，更好体现社会主义制度的优越性。

第二，更好落实按劳分配原则。新时代中国特色社会主义市场经济下劳动者的收入结构中，不仅包括体现劳动力价值的基本收入，还应有随着生产力发展不断增加的劳动收入份额，以及在前述意义上少量的按需分配因素，以求在幼有所育、学有所教、劳有所得、病有所医、老有所养、住有所居、弱有所扶上不断取得新进展，保障群众基本生活需要，在全面深化改革开放、打赢脱贫攻坚战和污染防治攻坚战中，使人民获得感、幸福感、安全感更加充实、更有保障、更可持续。按劳分配为主与按需分配因素的升降程度，都应根据社会生产力的发展及经济、社会发展程度，以增量方式调整和变化，包括在增加就业机会的前提下，不断提高低收入家庭收入，消除绝对贫困，全面建成小康社会。马克思的剩余价值理论，提出决定劳动力价值及其价格的，还包括历史和道德的因素。社会主义初级阶段市场经济的劳动力价值决定中，应更多包含劳动者受教育、技术培训的成本，特别是在行业产能过剩、裁减冗员的困难时期，以推动劳动者复杂劳动能力的有效积累，使劳动者依靠知识与技术能力的积累，能以产权等方式参与利润的分配。更好落实按劳分配原则，还要在公平与效率现实性统一的基础上，关注劳动者对个人自由而全面发展美好愿景的需要，体现社会主义制度发展的宽广前景。

　　结合党的十九大报告精神，落实按劳分配原则，要求在宏观层面协调好部门之间、行业和地区之间、城乡之间分配关系的前提下，处理好微观领域的劳动分配关系，适时调整劳动的质和量、复杂劳动和简单劳动在工资收入中的分配比例关系。经济高质量发展，需要有不断提高的广大群众收入及购买力与其相适应。为此，宏观政策层面及企业层面都要完善一系列的制度建设。

　　第三，创新政府宏观经济管理模式。新时代中国在发展中保障和改善民生，还必须充分发挥政府在公共品有效供给和社会再分配方面的积极作用。在中国经济新常态下，一方面存在部分行业产能的严重过剩；另一方面，由于市场经济自发作用引致的收入和财富分配差距的扩大，不少低收入群体的美好生活需要乃至基本生活需要得不到满足。例如，住房被炒而不能用来住，存在着普通群众所需使用价值的供求缺口。为解决这类结构性失衡问题，保障满足劳动者的基本需要和美好生活需要，政府必须更好地发挥作用，扩大公共品生产的范围与领域，通过转移支付、累进税、房地产税等方式，增加公共品的有效投入和有效供给。这也是中国特色社会主义制度区别于资本主义制度的重要体现。

　　现代化经济体系中的消费资料生产部门，可区分为市场型消费和由政府供给的公共品消费两大供给部门。也就是说，就消费而言，除了私人性质的消费资料生产部门外，还包括政府以各种方式提供的公共品的生产与消费。这主要涉及教育、医疗、公共卫生、住房、公共环境、出行交通、养老、家政服务等领域。这类公共服务可以由国有部门直接提供，也可以由政府以委托方式在严格遵守协议条件的前提下，承包给私人生产部门来提供。现阶段改善和提升公共服务产品的有效供给及质量，对于缓解收入分配的分化现象，提升国民的居住环境、医药卫生条件及生态环境，加快构建和谐共享社会意义重大。这些领域的发展也是对私人领域消费品生产及市场机制分配缺陷的重要有益补充。贯彻落实以人民为中心的新发展理念，推进国家治理体系和治理能力现代化，都需要在这方面更好发挥政府作用，创新政府宏观经济管理模式。这将有利于普通消费者消费品实物或服务的直接增加，有利于加快民生改善与国民幸福指数的提高，因而也更有利于经济的长期、稳定发展与社会进步。

推动劳动关系的和谐共享发展，既是中国特色马克思主义政治经济学的本质诉求，也是中国传统文化精髓之所在。唯其如此，才能在中国特色社会主义市场经济条件下，从根本上克服或缓解经济发展过程中存在的各种不稳定因素与风险，实现经济的持续健康发展。

9.2.2 进一步完善初次分配制度，尽快缩小收入差距

劳动关系在任何社会制度下本质上都是利益关系，都要在收入分配中得到体现。合理的收入分配制度是社会公平的重要体现，是实现和谐劳动关系，乃至构建和谐社会的重要基石。

在马克思主义政治经济学中，国民收入是指 V+M 部分。国民收入的分配包括初次分配和再分配。初次分配是指"在创造国民收入的企业内部进行分配，即在与再生产直接相关的各个部门之间进行的分配"[1]。由于创造 V+M 的过程是在一定所有制关系下进行的，因此，对其分配也必然体现所有制关系。所以，初次分配反映出各种要素所有者之间的利益关系。从一定意义上讲，初次分配就是创造国民收入领域中所有制关系的直接经济利益的实现。

一般社会公众把视野聚焦于劳动报酬占初次分配的比重，来判断分配的公平与否。这是不全面的，问题不在于劳动报酬占初次分配的比例是高还是低，而在于是哪些因素导致了目前的劳动报酬的份额。就劳资两利而言，片面强调劳动报酬的比重也是有所偏颇的。在商品经济时代，劳动者报酬占GDP 的比重并非越高越好。除所有制关系外，这个比重受到生产力水平和劳动生产率状况的影响。国民收入的初次分配决定了再分配的基本格局。在尊

---

[1] 程恩富等：《现代政治经济学新编》第 2 版，上海：上海财经大学出版社，2012 年，第 395 页。

重市场经济规律的条件下，任何再分配的手段不可以也不可能颠覆由所有制关系决定的基本分配格局。因此，初次分配中的收入差距是具有基础性的。因此，初次分配就应当处理好效率与公平的关系，而不是割裂开来。对收入分配的差距还得仔细分析其形成的原因，不能把所有差距都当作干预的对象。在市场经济条件下，如果经济主体都是通过合法劳动取得收入，由此导致的收入差距应当承认、鼓励。承认、鼓励这种差别实际就是承认经济主体在劳动能力方面的差别，鼓励其更好地发挥比较优势，促进效率。对于那些通过市场垄断及通过法律灰色地带而导致的收入差距，应当予以规范和调节；对于通过腐败、寻租、欺诈等违法违规行为导致的收入差距应当予以取缔。把合理的收入差距控制在一定范围内，不仅是维护社会稳定的基本要求，也是激发市场经济主体的活力的必要利益刺激。

在涉及收入分配的公平问题时，必须清楚地把握"公平"的内涵。公平是一个社会问题，而不仅仅是经济问题。分配始终是所有制关系的映照。在市场经济时代，如果最终收入差距都是市场竞争的结果，这是公平的吗？资本主义分配方式都是市场竞争的结果：剥削阶级与劳动者之间的雇佣关系和力量对比决定了非劳动所得和劳动所得的基本比例；剥削阶级之间的所有制关系及其力量对比确定了其共同瓜分剩余价值的比例。正是这样一种市场竞争的结果，导致了财富占有状态的严重分化。马克思曾经批判《德国工人党纲领》忽视所有制关系而大谈公平分配，反问道："难道资产者不是断言今天的分配是'公平的'吗？难道它事实上不是在现今的生产方式基础上唯一'公平的'分配吗？"[1]在马克思设想的刚脱胎于资本主义社会的共产主义社会，虽然已经摆脱了资本主义的生产方式，但"它在各方面，在经济、道德和精神方面都还带着它脱胎出来的那个旧社会的痕迹"[2]，按照等量劳动换取等量消费品比起资本主义生产方式决定的分配方式算是一种进步，但"这个平等的权利总还是被限制在一个资产阶级的框框里"[3]。这种平等的分配权力的公平之处在于"不承认任何阶级差别"[4]，任何人都是劳动者。但这一公平准则必然默认"劳动者的不同等的个人天赋，从而不同等的工作能力，是

① 《马克思恩格斯选集》第 3 卷，北京：人民出版社，2009 年，第 432 页。
② 《马克思恩格斯选集》第 3 卷，北京：人民出版社，2009 年，第 434 页。
③ 《马克思恩格斯选集》第 3 卷，北京：人民出版社，2009 年，第 435 页。
④ 《马克思恩格斯选集》第 3 卷，北京：人民出版社，2009 年，第 435 页。

天然特权"①。另外，劳动者的身份是多方面的，仅认识到"劳动者"这一个身份，而撇开其他社会关系，比如婚否育否、子女数目的多寡等，即使在等量劳动换取等量消费品的公平准则下，也会导致不公平的生存状态。因此，马克思指出："要避免所有这些弊病，权利就不应当是平等的，而应当是不平等的。"②因此，真正的公平不仅仅在于收入差距是否合理，而在于在"人自由而全面发展"的共产主义理念下，能否通过自身劳动而实现带有历史规定性的自身发展内容。党的十九大报告把"按劳分配"确认为我国收入分配的基本原则，改变了以往仅仅是"主体"地位的认识。在此基础上，明确指出要实现"使人人都有通过辛勤劳动实现自身发展的机会"的民生目标。

9.2.3 现阶段初次收入分配中存在的问题

从国民经济核算的角度看，整个初次分配的形成过程可以概括为：各个生产部门以其增加值（V+M）为分配的初始来源，在经过劳动者报酬、生产税净额和财产收入等形式的一系列收支关系后，形成各自的初次分配结果，即原始收入。具体来说，初次分配首先是按照微观单位的增加值按照投入要素的最初来源进行分配。这一过程中，雇员报酬（包含劳动者工资）流向住户，生产税净额流向政府部门，固定资本消耗和营业盈余则留在本单位。由于各个经济部门之间存在要素租借关系（而不是转让）而形成各种财产收支关系，形成以财产收入为形式的原始收入，比如利息、地租、地下资源开发权的使用费等。该微观单位继续核算相应的财产收入的收支关系，形成该部门最终的原始收入。各个部门的汇总就得到了国民收入的初次分配。从这一过程可知，影响初次分配结果的因素主要有：（1）微观单位的增加值大小，这取决于微观单位的生产经营状况及所在行业的产业结构特征；（2）政府的税收政策；（3）各类要素资源的配置状况。具体来说，主要有以下三个方面。

第一，企业的增加值越大，可供分配的基数就越大。企业的增加值一般取决于生产经营条件、企业所处行业的市场结构和企业本身的经营能力。一个突出的问题是垄断性行业与非垄断性行业之间的收入差距过大。从经济学理论上讲，自由的完全竞争也会走向垄断，也会导致收入差距的扩大化。这需要反垄断政策进行适当的规制。由于垄断的存在，特别是行政垄断的存在，

---

① 《马克思恩格斯选集》第 3 卷，北京：人民出版社，2009 年，第 435 页。
② 《马克思恩格斯选集》第 3 卷，北京：人民出版社，2009 年，第 435 页。

导致部分企业的经济效益与其实际经济状况相分离。有些垄断企业由于其特殊性，在亏损的情况下仍然能保持较高的工资水平和福利待遇。有学者曾经测算，造成行业间收入不平等因素的 40% 要归功于垄断，特别是行政性垄断[①]，尤其是行政性垄断；其中 50% 以上都属于不合理的收入[②]。另一方面，垄断导致的寻租活动往往与腐败等谋求灰色收入或违法收入的行为相关。有学者研究指出，除了经济增长以外，腐败是导致城镇居民收入不平等的最主要因素[③]。

第二，收入政策不完善。这主要体现在两个方面：一是就企业与企业之间、行业与行业之间的收入差别而言，由于税收政策的不完善，并没有对工资的增长机制产生约束作用，使之合理化。占有资源与政策优势的企业，员工工资能够与劳动生产率，甚至与经济增长率相匹配，而竞争性较强行业的企业员工工资还没有形成工资同步增长机制。二是就企业内部而言，管理层与普通职工之间的收入差距由于税收制度的不完善而越拉越大。我国对劳动所得税已经进行了多次调整，但没有资本所得税。企业内部的核心分配关系就是分割利润与工资。目前我国个人劳动所得税是 7 级超额累进税率，但我国没有资本所得税，只有证券投资所得税，对通过投资证券所获得的利息、股息、红利征收 20% 的固定税率。对企业高管而言，两种不同的税制之间就存在避税的空间。某些企业家声称只拿 1 元年薪，实际是通过公司费用（费用报销、资产购买计划、投资分红等）进行了避税。事实上，对企业高管而言可以对其个人所得进行适当比例的分割，充分利用税制的差异，实现最大程度的避税。

第三，要素配置存在扭曲。要素配置扭曲的表现是多方面的。主要有以下两个方面。一是教育资源，尤其是优质教育资源的不均衡。教育投入是改善劳动者技能重要渠道，而地区教育水平与当地的经济发展状况密切相关。因此，教育资源的不均衡性与经济发展的不平衡、不充分性会互相加强。劳动力流动方面的诸多隐性障碍加剧了受教育机会的非平等性。有研究指出，教育资源及机会的不平衡不平等性，显著地扩大了城乡居民收入的差距，并

① 任重、周云波：《垄断对我国行业收入差距的影响到底有多大？》，《经济理论与经济管理》，2009年第 4 期，第 25-31 页。
② 岳希明等：《垄断行业高收入问题探讨》，《中国社会科学》，2010 年第 3 期，第 77-96 页。
③ 陈刚、李树：《中国的腐败、收入分配与收入差距》，《经济科学》，2010 年第 2 期，第 55-69 页。

且随着经济增长而不断强化这种现象[①]。二是财产性收入由于某些制度安排而显得不均衡不充分。首先是土地要素。在我国城镇化进程中，土地价格是不断上涨的，在严格的耕地保护政策下，用地需求成为一种刚需。对于农村土地转为非农用地，先要将农村土地的集体所有权性质改为国家所有权性质，再由政府进行拍卖。这两个环节对土地价格的认定是不同的，拍卖过程完全体现了市场制度下的土地高价，而改变土地所有权性质仅仅在于对农民补偿并没有体现土地因城市化而实现的"增值"。"增值"部分主要构成土地财政和开发商的巨额收入。土地财政进一步捆绑了政府和开发商的利益，阻碍了收入差距的缩小。其次是金融资源的不平等性。在中国转型发展过程中，发展资本密集型行业需要大量的资金。在金融市场并不完善的时期，主动采取了金融抑制政策。穷人和富人同样面对偏低的存款利率和较高的贷款利率显然会导致截然不同的经济后果。从资产收入角度来看，穷人与富人因金融抑制政策而差距越拉越大。

9.2.4 多策并举，缩小收入差距

新时期，进一步完善初次分配，缩小收入差距首先必须转变观念：一是，对任何收入的取得途径必须是合法经营和合法劳动；二是，收入分配的公平性更加注重"共享"的发展理念，必须破除只要是市场分配的结果就是合理的错误观念。除了建立健全有关的法律体系、打击违法收入、遏制灰色收入、规范工资外收入之外，具体而言，主要做好以下六个方面。

第一，就理论分析而言，以政策手段破除垄断行业的高收入的主要目的是促进社会平均利润的形成。先要区分两类不同性质的垄断：一是因市场竞争机制导致的垄断；二是关系国计民生和国家安全领域而导致的政策性垄断，后者主要是国有企业。对前者而言，必须贯彻反垄断措施，尽可能引入竞争机制，促进要素的行业流动；对后者而言，必须规范国有企业的福利待遇，破除隐形的福利待遇。按照做大做强做优国有企业的要求，适时地审慎地推进混合所有制改革。另外，必须破除行政性垄断，完善市场负面清单制度，完善市场准入制度。

第二，进一步完善收入调节政策。党的十九大报告把按劳分配作为我国

---

① 姚先国、张海峰：《城乡教育不平等与收入差距扩大》，《山西财经大学学报》，2006 年第 2 期，第 31-38 页。

收入分配的基本原则。这一思想在收入分配政策中也必须有所体现。另外，按照马克思的思想，劳动者的身份是多重的，需要进一步根据经济发展情况，完善除五险一金以外的各种综合扣除。按照《个人所得税专项附加扣除暂行办法的通知》，我国就子女教育、继续教育、大病医疗、住房贷款或住房租金、赡养老人等方面进行专项扣除。与我国香港地区的个税附加扣除项目相比，还略显粗糙。另外，中国已经走出因资本稀缺而害怕无人投资、投资商撤资的历史时期了，必须适时开征资本所得税。按劳分配作为基本原则，必须在所得税上有所体现。开征资本所得税，有利于鼓励劳动抑制食利。劳动所得税和资本所得税税制协同完善，尽可能封堵避税渠道，在微观企业内部缩小管理层和普通职工的收入差距。

第三，大力发展均衡教育事业，以必要的行政手段把教育资源均衡化。教育投入是形成人力资本的最终渠道。教育是多层次的。就学历教育而言，基础学段的教育资源不平衡性非常突出，发达地区与欠发达地区、城乡之间的教育资源分布极不平衡。而教育资源分布的不平衡与经济发展状况又存在相互加强的关系。因此，必须以行政手段破除任何教育资源集聚的情况，规范优质学校跨地区招生，适当拆解超级学校。另外，就非学历教育而言，应该大力发展和规范职业技术教育，把职业技术教育与继续教育相互融合，使普通工人通过继续教育在生产之外获得提升技能的渠道。加强职业技术教育是解决劳动力供求结构性失衡的重要手段。

第四，完善要素市场，规范土地等自然资源的溢价分配。在具体实践中，农村土地属于集体所有，城市土地属于国家所有，应当破除土地财政的运作模式，直接赋予农村土地所有者与城市土地所有者同等的谈判权力。在土地市场化运作过程中，要硬化开发行的财务约束，防止空手套白狼。除了土地之外，其他自然资源按照法律规定是属于全民所有的。这些资源在经济发展过程中产生巨大的收入流。该收入流必须体现全民性质，不能由少数人利益来代表全民利益。

第五，进一步推进金融体制改革，完善资本市场，取消金融抑制。随着居民收入的增加，理财需求逐渐增加。居民的财产性收入占居民收入的份额有所提高。但是，由于金融抑制现象的存在，金融市场的不完善，在资产禀赋、居民收入、财产占有之间的动态关系中，强化了穷者愈穷、富者愈富的马太效应。另外，完善资本市场，有助于直接融资比重的增加，有助于缓解小微企业融资困难的问题。

第六，从宏观上看，实现初次分配的相对公平性仍然需要一定生产力的发展水平。抛开上述具体问题不说，城乡之间、地区之间的收入分配差异主要还是生产力发展的不平衡不充分导致的。越是充分的物质财富水平，就越容易解决分配公平问题。要实现城乡之间和地区之间的平衡发展，就是要落实城乡融合战略和乡村振兴战略，尽可能实现城乡之间、地区之间要素的充分流动，实现公共服务均等化。这就意味着必须破除阻碍要素流动、分割城乡、分割区域的各种不合理制度。

第三节　实施就业优先战略，保障劳动者的就业权

在劳动者一系列的权利中，就业权是最为重要的，也是前置性的权利。劳动者处于失业状态谈不上任何的劳动关系。过高的失业率是社会稳定的重大隐患。由于历史的原因，1979年，城镇累积的待业人员达到中华人民共和国成立以来待业人数及占人口比重的最高峰。党的十九大报告明确指出："就业是最大的民生。要坚持就业优先战略和积极就业政策，实现更高质量和更充分就业。"

劳动关系的和谐与市场供求的长期平衡稳定具有内在一致性。劳动与资本在收入分配方面的对比关系是劳动关系和谐的核心问题。在马克思的语境中，资本主义生产方式的危机实质是相对过剩危机，而不是绝对过剩危机。相对过剩危机在现象上也就是相对需求不足的危机。资本主义相对过剩危机的爆发实际也是劳资矛盾激化的外在表现。从一个完整的产业资本循环过程来看，售卖阶段，既可以是生产资料（中间品），也可以是消费资料（最终品）。前者的主要对象是产业资本家，后者对象是社会全体成员。随着资本积累的不断进行，一方面，工人阶级的购买力越来越跟不上物质产品数量的增加，另一方面，大量相对过剩人口的增加也减少了社会总需求。相对过剩危机首先在第Ⅱ部类产生萌芽，第Ⅱ部类出现价值实现的困难。这就意味着，第Ⅱ部类不能进行再生产，不能购买第Ⅰ部类的产品，导致第Ⅰ部类也出现价值实现的困难，再生产过程也难以维持。两大部类都因再生产不能继续而导致大规模的失业，也就加剧了价值实现的困难。相对过剩危机就爆发了，强制性地消除资本主义生产力体系在前一个周期积累的劳资矛盾。

因此，这种带有资本主义印记的劳资关系完全是由资本主义性质的生产

力体系决定，但是，这种劳资关系在一定程度上反作用于这种生产力体系的发展状况，影响市场供求关系。在思维中可以这样假定：所有资本家都有马克思那样的智慧，可以洞悉资本主义生产方式的所有秘密。那么，理性的资本家在资本积累的过程中必定超脱积累率和利润率的肤浅目标，将价值实现作为重要的经营目标。这就意味着：资本家一定不会把工人的工资仅仅局限于劳动力价值的水平；资本家一定不会不顾失业问题而一味地进行技术革新。这实际上是理性的资本家基于"和谐"的劳资关系，在资本积累过程中重新审视原来的资源配置。只有实现了相对和谐的劳资关系，才能以最大可能完成价值实现。从宏观上看，只有实现了相对和谐的劳资关系，整个社会生产力体系的协调、可持续发展才有可能，才有可能实现供求的长期平衡。

通过上述分析，从一个社会的生产方式来看，劳动关系的核心是劳资双方的分配关系，却也事关资源配置与供求平衡问题。劳资关系的特点完全是由社会生产力体系的性质来决定的，后者又受到前者的影响。和谐的劳动关系是实现生产力平衡、可持续发展、市场供求平衡的必要条件。所以，劳动关系的和谐与市场供求的长期平衡稳定具有内在一致性，前者是后者的本质与要求。

劳资关系与再生产的可持续性之间的关系，只要通过第 II 部类中的单个产业资本循环过程就能说明。但就全社会而言，马克思对两大部类的结构条件的分析仍然是不可或缺的。在资本积累过程，在一个较短时期内（相对过剩危机爆发之前），机器排挤工人，造成大量失业，整个资本主义生产力体系暂时以收入两极分化、劳资关系严重扭曲的方式发展着。这种紧张的持续性到危机那一刻戛然而止。因此，上述论断还必须以合理的经济结构与较为充分的就业水平为前提条件。

9.3.1 实施就业优先政策，保障劳动就业权

新时期实现劳动关系的持久合作和谐发展必须实施就业优先战略，保障劳动者的就业权。随着全面深化改革和经济结构调整的推进，我国就业市场将凸显新的问题。

一是劳动力供求结构性失衡更加突出。在供给侧结构性改革中，随着去产能任务的系统化、强制化，客观上增加了待业人员；另外，我国谋求经济的高质量发展，改变以往主要以投资驱动经济发展的方式，逐步建立以创新驱动经济发展的模式，产业结构不断优化升级。创新驱动经济发展的模式需

要劳动者技能和素质实现同步的转换和提升。技术进步又不断拓展了新产业的形成，这在客观上又会增加对劳动力的需求。这种需求也存在一定的偏向性和选择性，比较典型的就是我国的物流产业。我国的物流产业是随着电子商务产业的兴起而发展起来的，物流产业的终端配送体系并不需要复杂的劳动技术，但本地人员较之于外来人员在片区熟悉程度、语言等方面具有比较优势。因此，在我国经济进入发展时期，产业体系在体量和结构的变动中，劳动力供求的结构性矛盾在就业总量的变动中将会更加突出。

二是逆城镇化过程中可能加剧劳动供求的失衡。逆城镇化现象一般而言是在已经完成城镇化的条件下，就业、居住和消费往农村及大城市周边的小城镇发展的现象。而在我国，逆城镇化现象具有特殊性，是与中国城镇化同时出现的现象。大量进城务工人员由于就业质量不高，不能均等地享受城镇公共服务，而农村由于大量青壮年劳动力外出又导致一系列社会问题，这就导致我国在城镇化进程中同时出现逆城镇化。这意味着劳动力在城市与村镇之间是双向流动的。从劳动力总量来看，如果逆城镇化导致劳动力流出城市过多，会对城镇化产生不利影响；回流村镇的劳动力过多又会降低村镇劳动力的平均生产率。从劳动力结构来看，双向流动的结构受到城市产业结构的制约。如果没有相应配套措施，可能加剧劳动力供求失衡。

三是不断涌现的新的就业形态对劳动保障体系提出了新的挑战。随着互联网平台技术及智能技术的不断发展，出现了各种形式的非全日制工作形态，即所谓的零工经济。零工经济使工作灵活性不断提升，不拘泥于长期的固定工作地点和固定工时，劳动不断碎片化。零工经济的选人用人门槛比传统工作低得多，潜在劳动力群体数量庞大。由于零工经济的低门槛，其相关行业存在着一支比传统制造业规模更大的产业后备军，因此也将面对相当激烈的同行竞争。在工作保障制度无法发挥作用的前提下，劳动者的工资被竞争压低，失业的风险更加难以抑制。另外，由于大规模的专职零工行业仍属新生的经济形态，且零工劳动者具有非正式工人的性质，因此其相关配套保障措施的确立进展缓慢。零工经济下多是临时和兼职工作人员，是否具备进入工会的资格在各界讨论不一。而由于工作的不稳定性，很多零工者也不愿耗费时间寻求工会或监事保护。因此，在零工经济的雇佣模式内，反资方控制的力量要弱小得多，资本家可以在利益划分和岗位要求方面更多地体现资本的意志。零工经济在规制和保障方面的不成熟为劳动者在选择就业时增添了诸多顾虑，也使其工作的不稳定性进一步增强。

9.3.2 改善就业环境，提高就业质量

在我国进入经济新常态情形下，尤其是在"互联网+"不断发展的情形下，我国劳动供求关系、就业形势都会出现新的特点和困难。新形势下，保障劳动者的就业权利及其相关权利就是要坚持以人民为中心，落实十九大报告提出的各项经济与民生措施。除了完善劳动力市场，破除妨碍人才和劳动力流通的体制障碍和机制弊端之外，还需要在以下三个方面重点发力。

第一，伴随着供给侧结构性改革的深入，随着产业结构的调整，各种生产要素必然重新配置。但是劳动力作为一种特殊的要素，其重新配置需要得到政府提供的政策扶助和社会保护。一是要完善就业服务体系，尤其是再就业服务体系，充分利用移动终端技术推动就业和再就业服务移动化、便捷化、精准化；二是加大再就业技能培训服务，对农民工群体、贫困人员适当减免费用；三是，探索职业技术教育与生产相结合劳动技能学习提升计划，使一线工人不仅在生产实践中，更能在"课堂"中学习新的劳动技能，以适应产业的优化升级。

第二，合理布局产业体系，优化产业结构，落实乡村振兴战略。在自由经济体系下，劳动者的技能是被动适应产业体系要求的。在中国特色社会主义条件下，产业结构的技术升级及产业体系的布局应当充分考虑劳动者的年龄结构、性别结构和技能状况，而不能只着眼于利润率，否则就会落入马克思语境中资本逐利的悖论中。一是产业结构变迁的路径应当以技术提升为内容，而不是简单地淘汰、转移某些产业。产业结构的变迁与升级和劳动者的结构与技能状况应当良性互动，无论是劳动密集型、资金密集型还是技术密集型产业，不存在高端和低端之分，都与劳动力状况密切相关。二是要把振兴乡村振兴战略与精准扶贫相结合。在改革开放初期及20世纪90年代，乡镇企业异军突起，成为吸收农村剩余劳动力的重要渠道。随着市场化改革的推进和资本深化，加之农村的空心化，不少乡镇企业举步维艰。因此，一个地区的产业结构和产业体系的布局要与重新激活乡镇企业相结合。在产业体系的整体规划中重塑乡镇企业。这不仅有利于吸收逆城镇化导致回流的剩余劳动力，有利于就地转移农村剩余劳动力，也有利于实现农村产业扶贫，稳定农村。此外，大力推进以农业为主的农村产业体系的技术升级改造，把农村产业体系与现代商业模式有效结合。

第三，进一步完善劳动法律法规体系，完善劳动保障体系，尤其是要将

互联网和移动智能条件下各种新的劳动形态、就业形势纳入劳动法律和保障体系。现有的劳动关系是以企业用工为依托的，零工经济下的各种劳动关系日趋复杂多样。不少不符合劳动法主体资格的人群成为零工经济的主要劳动力，其劳动者的身份有待进一步确认。这类零工经济从业者是否应当进入工会组织，以及怎样成立工会组织也有待讨论。总之，新经济形态导致原有劳动关系存续的条件发生了变化，劳动法律体系和保障体系需要及时反映实践中的新变化。

第四节　落实和谐劳动方式理念，
完善劳动过程的人性化管理

虽然利益分配是劳资关系的核心问题，但劳动方式及其管理方式是考察现代劳动关系不可忽视的因素。劳动方式的强度过大、管理方式的粗暴及非人性化是当代导致劳动关系恶化的重要因素。就劳动强度而言，其本身也会在工人阶级维护自身权利的斗争中有所反映。每天的工作时间是劳动强度的重要指标。马克思在《资本论》第 1 卷"工作日"这一章中，详细考察了资本主义早期发展过程中通过各种方式延长工作日来榨取剩余价值的历史，也考察了工人阶级为争取正常工作日而斗争的历史。现在通行的每天 8 小时工作制就是在工人阶级反抗资产阶级沉重压迫的斗争中取得的胜利果实。马克思指出："资本为了自身的利益，看来也需要规定一种正常工作日。"[①]就管理方式而言，谷歌公司被誉为世界上最为人性管理的典范，谷歌公司又被评选为最具品牌价值的公司之一、世界 500 强企业之一等。人性化管理的目的不是"人性化"，而是创造一种适合团队工作、凝聚人心、充分发挥团队创造力的劳动环境与工作氛围。因此，除了利益分配之外，劳动方式及其管理方式也是实现和谐劳动关系的重要因素。

9.4.1 和谐劳动方式

和谐劳动方式是指"适度劳动强度、集约化生产方法与人性化管理相结

---

① 《马克思恩格斯文集》第 5 卷，北京：人民出版社，2009 年，第 307 页。

合的劳动方式"①。在一定时期内，在一定的技术水平下，劳动强度决定了剥削率的大小，而剥削率的大小直接影响利润率的大小。资本家总是试图提高劳动强度，来榨取更多的剩余价值。提高劳动强度既可以属于绝对剩余价值的生产方法，也可以属于相对剩余价值的生产方法。就工作时间和消耗的劳动量而言，当部分资本家提高劳动强度，但尚未成为社会平均劳动强度时，提高劳动强度实质是绝对剩余价值的生产方法。无论采取哪种剩余价值的生产方法，劳动强度始终与劳资冲突密切正相关。从劳动时间角度来看劳动强度问题，马克思指出延长劳动时间存在生理界限和社会界限。工人需要休息，恢复劳动力，因此其一天的工作时间不可能是 24 小时。另外，工人不仅仅只是"劳动者"，工人维护其他社会关系也需要时间付出。这也决定了工人的一天工作时间不可能是 24 小时。因此，围绕着劳动时间的生理界限和社会界限，劳动强度存在一个规范性的适度标准。这是一个历史的具体的标准，一般而言，与一个国家或地区的发达程度、社会成熟度呈反向关系。突破这一界限就引爆了劳资矛盾的炸弹，反而对经济发展产生消极作用。

9.4.2 集约劳动与科学化、人性化管理

前文已经指出，在充满竞争的市场经济条件下，实现长期的和谐劳动关系只能依靠以技术进步为内容的经济发展方式，即集约化生产方式。集约式生产方式或内涵式发展方式的主要性质和特点在相对剩余价值生产理论中得到了系统的说明。相对剩余价值是在资本家追逐超额剩余价值的基础上形成的。从技术角度讲，实际是个别企业的新的生产方式在社会普遍化的过程。技术扩散提高了生产力水平，导致生产必要消费资料的生产部门，降低了消费资料的社会价值，引起劳动力价值的降低，从而缩短了必要劳动时间，相对延长了剩余劳动时间。相对剩余价值的生产方式的结果是社会劳动生产率的普遍提高。现实中，单个企业无论是工艺创新还是技术突破，这些创新本身就有一定的垄断性，阻止技术的快速扩散，从而在一定时期内产生并维持一定水平的超额利润。在缩短必要劳动的情形下，增进劳动利益具有了可能性，从而为实现和谐的劳资双赢提供可能。普莱沃斯基等指出："正如资本的所有者可以从提高工资中换得的工人愿意将一部分本该属于自己的剩余价值

① 杨晓玲：《马克思剩余价值理论的再认识与和谐社会的构建》，《教学与研究》，2013 年第 11 期，第 64-71 页。

给他获利一样，工人也可以从资本的积累中获得利益。如果工人和企业家都自愿作出必要的让步，就可以在互利的基础上保持企业自由雇佣制度。如果更多地从动态的角度考察工人与资本家的关系，就可以变成非零和的关系。"①

劳动过程的管理方式实际是从另一个角度看到劳动者的地位问题。劳动作为人的本质，原本是人作为劳动过程的主体，发挥主观能动性的实践过程。理想的劳动管理方式应当有助于人们在劳动过程中，充分发挥人的自觉性、智慧性与创造性。马克思在论述"计件工资"制度时，提出了基于计件工资制度的"血汗制度"，指出了计件工资制度的非人性和欺诈性，其特点是以十分"科学"和"组织化"形式，充分榨取工人的剩余价值。一方面，"实行了计件工资，很自然，工人的个人利益就会使他尽可能紧张地发挥自己的劳动力，而这使资本家容易提高劳动强度的正常程度"②；另一方面，劳动关系的紧张程度又受到资本家和同业工人的竞争。首先，计件工资制度本身就以产品质量和产品数量为由自动控制了劳动质量和劳动强度。产品质量往往又成为资本家克扣工资的借口，所以，"计件工资是克扣工资和进行资本主义欺诈的最丰富的源泉"③。其次，基于计件工资制度的包工制度，使剥削成为层级一样序列，使资本对工人的剥削是"通过工人对工人的剥削来实现的"④。这种榨取血汗技艺的管理模式是一种野蛮、非人性化的方法，必然导致劳资关系的剧烈冲突。因此，构建和谐劳动关系必须坚持以人为本的人性化管理方式，避免血汗式制度。

9.4.3 推动中小企业集约化生产与人性化、科学化管理

新时期落实和谐劳动方式，完善劳动过程的人性化管理对塑造企业的人文精神，对中小企业，特别是劳动密集型的中小企业及新生代农民工群体具有重要意义。

改革开放以来，特别是党的十四大以来，我国以丰富的低成本劳动力优势开启建立市场经济体制的道路和进一步扩大开放，融入世界经济。但是，在全球价值链中，我国主要承担生产环节。在价值链中属于门槛低、技术含

---

① 张宇：《高级政治经济学》，北京：中国人民大学出版社，2009 年，第 437 页。
②《马克思恩格斯文集》第 5 卷，北京：人民出版社，2009 年，第 637 页。
③《马克思恩格斯文集》第 5 卷，北京：人民出版社，2009 年，第 636 页。
④《马克思恩格斯文集》第 5 卷，北京：人民出版社，2009 年，第 637 页。

量低的中低端产业。为了吸引招商引资，政府对劳资关系的态度是偏向于资方的。相对企业利润而言，工人的利益并没有得到完全的保障。这一倾斜的态度导致资方在劳资关系中处于强势地位，劳资矛盾局部范围内有不断激化的趋势，当期受理的劳动仲裁案件数量在 1997—1999 年这三年的平均增长率高达 34.9%。2007 年我国制定了《劳动合同法》开始纠正这种失衡关系，却引来了包括法学家、经济学家在内众多学者的争议。长期以来，我国的经济增长方式以粗放型为特征。随着党和国家对经济社会发展规律认识不断加深，党的十七大明确提出了要将转变经济发展方式作为关系国民经济全局紧迫而重大的战略任务，强调必须坚持以人为本，即做到发展为了人民、发展依靠人民、发展成果由人民共享。党的十七大以来，随着经济发展方式的转变，劳资关系呈现总体平衡、稳定的态势。

在新时期，我国劳动力的素质有了明显的变化。劳动力的受教育程度、思想观念已经有了很大变化。就农民工群体而言，受教育程度和思想观念在代际的分化已经相当明显。薪资水平已经不再是择业的最重要的因素，他们对工作性质、职场氛围、职业前景、城市融入度等方面有了更多的诉求。可以说，第一代农民工着眼于货币收入，摆脱贫困状态；而二代甚至三代农民工，已经出现对身份全方面转变的个性诉求。这就意味着原有以高压或刚性为主的管理已和时代不相匹配。新时期的企业管理应该充分考虑劳动者素质的变化，充分尊重劳动者个性。需要注意的是，强调人性化管理并不否定企业微观制度的刚性，人性化管理是手段，而不是目的，更不是自由放任。真正的人性化管理是与制度化管理有效结合的。

落实和谐劳动方式应当要健全劳动者的权利体系，这是实现人的全面发展的基本要求。在马克思的语境中，由于资本主义私有制的存在，劳动者在劳动过程中仅仅具有参与分配的权利，即获得相当于可变资本那部分的价值，即工资，没有其他权利可言。在市场经济中，马克思指出那些交换领域的自由、平等、所有权和边沁都是假象，一旦进入"非公莫入"的领域，就会发现原来的自由平等变成了蹂躏与被蹂躏的关系。落实劳动者的主体地位只有通过落实劳动者的基本权利来实现。

劳动者接受教育与训练的权利显得尤为重要。首先，随着科学技术与专业化的发展，要求劳动者掌握的知识和生产技术越来越多，在劳动力价值的构成中，教育训练费用具有上升的趋势，因而这部分收入有助于适当提高劳动者的收入；其次，更为重要的原因是在一定程度上减轻劳动对单个资本的实质隶属。"劳动，由简单一般劳动发展为具有资本功能、知识、技术密集的劳动，是实现劳动关系和谐发展的根本条件。在这个过程中，劳动者才能获得了与资本的'自然平等权'，即一种确定的、真正的与资本平等的权利。"[①]这样才能实现剩余的分享。马克思分析了资本主义所经历的简单协作、工场手工业及机器大工业三个不同阶段的生产方式，显然不同生产方式下的劳动方式也是不一样的。这种资本主义的技术变革，对劳动者产生了"去技能化"的影响，实现了劳动对资本形式隶属向实质隶属的转变。在资本雇佣劳动的前提下，就阶级分析的视角而言，劳动者接受教育和训练的权利是资本对劳动者适应当前的技术环境及生产方式的要求，并没有改变劳动者阶级对资本家阶级的隶属关系。然而，就微观层面而言，这种权利有助于单个劳动者在技术变革过程中避免直接沦为相对过剩人口。当单个劳动者所具备的知识、技能、经验等劳动主观条件对生产过程产生实质影响时，就具备了分享剩余价值的现实性。

第五节　在生产力发展基础上努力实现人的全面发展和进步

改革开放 40 多年来，市场经济焕发了巨大的经济活力，为人的发展提供了强大的物质保障，人的主体意识不断增强，人的素质不断提高，人的价值得到肯定，人的社会关系在经济交往中日益丰富和发展。但是，在经济高速发展过程中，我们也付出了一些代价，比如生态平衡的破坏、现实生活中人际关系紧张、出现信任危机、阶层矛盾激化等。这一切，都让人们在享受发展成果的同时对自身发展产生了深深的忧虑。

9.5.1 马克思经济学经典文本的人学主题

回顾经典文本的创作历程，我们发现关于人的现实生存和发展主题始终是贯穿马克思经济学理论的一条思想红线。

《1844 年经济学哲学手稿》是经济学语境下马克思人学思想的肇始，其

---

① 杨晓玲：《马克思剩余价值理论的再认识与和谐社会的构建》，《教学与研究》，2013 年第 11 期，第 64-71 页。

中已暗含着资本不仅是物而且是人在生产过程中结成的一种生产关系的思想，初次显现了马克思经济学文本的人学特征。尽管此时马克思世界观还没有完成彻底转变。经过创作《关于费尔巴哈的提纲》《德意志意识形态》，马克思的世界观和历史观发生了完全转变。这一时期马克思开始从经济关系本身的历史发展及其理论表现本身去揭示资本主义社会的内在矛盾。在《哲学的贫困》中，马克思揭示了生产力和社会关系发展对人的本质发展的影响。在《雇佣劳动和资本》一书中，马克思把劳动和社会关系结合起来，从社会关系的"总和"和"发展"上全面准确地把握人的本质，揭示出劳动和社会关系是相互依存、相互渗透的辩证关系。马克思关于人的现实本质的认识深化，标志着他的经济学文本的创作进入了一个新的理论境界。

伦敦时期是马克思经济学研究的成熟和完成时期。《资本论》是马克思应用唯物史观对资本主义生产关系本质分析走向成熟的代表作，此时，马克思的人学思想才从一种"天才的假设"成为一种科学的理论。马克思通过对资本主义生产方式的分析，为无产阶级解放寻找到了"扬弃"现实社会的可能性和实现途径，发现人类社会的发展规律，发现了要使每个人都能得到自由而全面的发展。《资本论》第一卷出版后，马克思经济学研究进入了广义政治经济学奠基阶段。在《哥达纲领批判》，马克思对未来社会人的解放与发展历史性也进行了深入的分析，探讨了未来共产主义社会的人权发展问题，提出社会文化发展与社会经济结构相互决定关系经典论断。在《人类学笔记》和《历史学笔记》中，马克思通过对前资本主义社会的考察在地域上扩展到全欧洲、东方和美洲国家，在时间上由资本主义原始积累时期一直追溯到原始社会。这些工作也是马克思对人的发展的原始基因和历史条件的系统研究，这一时期的成果丰富和完善了马克思的人学思想。

9.5.2 中国特色社会主义与人的全面发展

中国共产党创立之后，坚持将马克思主义与中国具体实际相结合，带领人民实现了国家独立和人民解放，并在社会主义革命、建设和改革开放的实践中成功走出一条中国特色社会主义道路。党的十七大报告对中国特色社会主义道路进行了科学概括，党的十八大报告又对其进行了科学补充，即"在中国共产党领导下，立足基本国情，以经济建设为中心，坚持四项基本原则，坚持改革开放，解放和发展社会生产力，建设社会主义市场经济、社会主义民主政治、社会主义先进文化、社会主义和谐社会、社会主义生态文明，促进人的全面发展，逐步实现全体人民共同富裕，建设富强民主文明和谐的社会主义现代化国家"①。

党的二十大报告中进一步强调，新时代新征程，前进道路上必须"坚持中国特色社会主义道路，坚持以人民为中心的发展思想"，"必须牢固树立和践行绿水青山就是金山银山的理念，站在人与自然和谐共生的高度谋划发展"②。从价值目标看，中国特色社会主义道路既以生产力发展为基点，又以逐步实现全体人民共同富裕和人的全面发展为旨归。因此它是全面建成社会主义现代化强国征程中实现人的全面发展的道路。改革开放新时期以来，随着我国经济体制的逐步转轨及经济建设快速发展，生产力的提高使得人们的物质需求日益得到满足，不过经济的长期快速发展和物质产品的丰富，并没有建构起人的理性生存和促进人的自由全面发展的物质基础，构筑了新型社会关系体系建设理论框架，并开始探索人的全面发展的初步方案。

不可否认的是伴随着社会主义市场经济发展，部分人的商品拜物教思想严重制约了社会的进步与现代化建设实现。商品经济和市场行为对人们传统的交往方式、人际关系所产生的巨大冲击，使得社会关系的变化呈现出双向的矛盾状态。一方面，传统社会关系在人们的商品经济活动中日益向现代社会关系转化。另一方面，在商品经济条件下占统治地位的商品形式及其交换价值原则，日益渗透到社会生活的一切领域，力图把社会关系的各个方面都转移到商品化的轨道上来，从而使社会关系呈现出普遍物化的状态。而个体主体性的过度宣扬又导致了一些人个性发展的畸形化。个性的畸形张扬，在现实生活中往往表现为自私自利的个人中心主义和玩世不恭的绝对虚无主义，这一切最终不可避免地会导致人际关系的社会化发展和社会信任危机。

生态环境是"以人类为中心的各种自然要素（生物要素、非生物要素）和社会要素的综合体"③。随着我国经济的飞速发展和科学技术的大量应用，人民生产活动和生活方式对生态系统的影响不断加大。比如，随着我国工业化和城市化进程的加快，工业和生活废弃物对空气、地表水和土壤造成了严重污染。农业生产长期对土地资源的不当利用和掠夺式经营造成了严重的土

① 中共中央文献研究室：《十八大以来党的重要文献选编》上，北京：中央文献出版社，2014 年，第9-10 页。
② 《中国共产党第二十次全国代表大会在京开幕》，《人民日报》，2022 年 10 月 17 日第 1 版。
③ 万本太、中国环境监测总站：《中国生态环境质量评价研究》，北京：中国环境科学出版社，2004 年，第1-2 页。

地退化，直接导致了我国土地质量的下降。这种把自然视为客体工具的价值倾向，完全遮蔽了自然界的价值和地位。如此一来，不仅导致了各种生态环境问题，还直接影响了人的可持续发展，甚至会危及人类的生存。

9.5.3　以落实新发展理念为契机，促进人的全面发展

虽然改革开放40多年带来了经济繁荣，但同时也出现了社会分化、环境恶化、人的社会关系发展遭遇困境等影响人全面发展的问题，这不得不引起人们对传统发展理念深刻反思。党的十八届五中全会提出了创新、协调、绿色、开放、共享的新发展理念。党的二十大报告中进一步强调"必须完整、准确、全面贯彻新发展理念"，"加快构建以国内大循环为主体、国内国际双循环相互促进的新发展格局"①。新发展理念，为我们改变传统发展观念，充分发挥社会主义的制度优势，克服人与自然、社会、自我的对立状态，探索新时代促进人的全面发展的途径和办法提供了思想指引。

绿色发展理念的提出，是基于环境污染、资源紧缺和生态退化三重危机而对传统发展观念的反思和扬弃，目的在于建立将环境保护作为实现可持续发展的重要支柱的一种新型发展模式。在实践中绿色发展体现为绿色发展路径和绿色发展模式，其内涵包括"绿色经济、绿色社会（绿色社区、绿色机关、绿色学校等）、绿色政治（绿色考核、保护自然等）、绿色文化（尊重自然、顺应自然、保护自然的文化）等"②。绿色发展的核心是绿色经济。绿色经济是产业经济为适应人类环境保护和健康需要而转化的一种发展状态，是以维护人类生存环境为目的，以生态、资源、人力资本等为核心要素，以科技创新驱动生产、消费等经济活动对资源的科学利用，实现人与自然协调发展进而促进人的全面发展的一种新经济形态。

劳动合作关系健康、稳定发展是每个人自由而全面发展的重要标志，使每个人都能得到自由而全面的发展。劳动关系是最基本、最重要的社会关系，它同人的其他社会关系有着千丝万缕的联系。推动劳动关系合作发展取决于经济效率和经济关系和谐二者之间的关系。和谐的劳动关系是指"社会主义市场经济条件下，以物质资料生产总过程的生产与交换、消费统一关系为基础的、在保障劳动者基本权利以及劳动者素质不断提高的条件下，劳动与资

① 《中国共产党第二十次全国代表大会在京开幕》，《人民日报》，2022年10月17日第1版。
② 谷树忠、谢美娥、张新华：《绿色转型发展》，杭州：浙江大学出版社，2016年，第6页。

本之间相互依赖互利双赢的协调平衡和互动关系"①。这就是说，劳资双方在经济权益上相互让步，能使自己乃至双方都得到更大、更长远的利益。因此在经济活动中，共享才能实现平等，协调才能得到发展。所以，"协调既是发展手段又是发展目标，同时还是评价发展的标准和尺度"②。创新是引领发展的第一动力，而作为发展和挖掘劳动者职业开创与技术创新能力是推动创新经济发展的根本。转变人才观念，发展素质教育与学习，使大众成为创新创业经济的主体，推动大众实现能力全面发展和素质全面提升。人的科学素质、人文素质提升自然会形成科技创新优势，人的创新素质外化于创新过程管理并形成新体制机制，最终转化为制度优势。

贯彻党的二十大精神，促进人的全面发展。党的二十大报告提出人民至上思想，该思想既包括一切为了人民、一切服务于人民的为人民服务思想，同时也包含落实以人民为中心、促进"人的全面而自由的发展"的思想。我们必须以此为契机，在推动实现马克思主义与中国文化相结合过程中，在落实传统文化创造性转变过程中，在推动新时代教育大发展的基础上实现人的全面发展与进步。

总之，人的全面发展依赖于人与自然、社会、自我的协调发展。概括地说，新发展理念就是以人为中心的发展观，"就是社会的一切发展既依赖人的发展又为了人的发展，人既是发展的目的，又是发展的手段"③。

---

① 杨晓玲：《马克思剩余价值理论的再认识与和谐社会的构建》，《教学与研究》，2013 年第 11 期，第 64-71 页。
② 中共中央宣传部：《习近平总书记系列讲话重要读本》，北京：学习出版社，2016 年，第 133-134 页。
③ 郑永廷等：《人的现代化理论与实践》，北京：人民出版社，2006 年，第 406 页。

参考文献

[1]《资本论》第 1 卷，北京：人民出版社，1975 年。

[2]《资本论》第 2 卷，北京：人民出版社，1975 年。

[3]《资本论》第 3 卷，北京：人民出版社，1975 年。

[4]《马克思恩格斯选集》第 1 卷，北京：人民出版社，1995 年。

[5]《马克思恩格斯选集》第 2 卷，北京：人民出版社，1995 年。

[6]《马克思恩格斯选集》第 3 卷，北京：人民出版社，1995 年。

[7]《剩余价值学说史》第 1 卷，北京：人民出版社，1975 年。

[8]《剩余价值学说史》第 2 卷，北京：人民出版社，1975 年。

[9]《剩余价值学说史》第 3 卷，北京：人民出版社，1975 年。

[10]《马克思恩格斯全集》第 1 卷第 1 册，北京：人民出版社，1956 年。

[11]《马克思恩格斯全集》第 2 卷，北京：人民出版社，1957 年。

[12]《马克思恩格斯全集》第 3 卷，北京：人民出版社，1960 年。

[13]《马克思恩格斯全集》第 4 卷，北京：人民出版社，1958 年。

[14]《马克思恩格斯全集》第 6 卷，北京：人民出版社，1961 年。

[15]《马克思恩格斯全集》第 7 卷，北京：人民出版社，1959 年。

[16]《马克思恩格斯全集》第 13 卷，北京：人民出版社，1962 年。

[17]《马克思恩格斯全集》第 16 卷，北京：人民出版社，1964 年。

[18]《马克思恩格斯全集》第 17 卷，北京：人民出版社，1963 年。

[19]《马克思恩格斯全集》第 18 卷，北京：人民出版社，1964 年。

[20]《马克思恩格斯全集》第 19 卷，北京：人民出版社，1963 年。

[21]《马克思恩格斯全集》第 21 卷，北京：人民出版社，1965 年。

[22]《马克思恩格斯全集》第 23 卷，北京：人民出版社，1972 年。

[23]《马克思恩格斯全集》第 26 卷第 1 册，北京：人民出版社，1972 年。

[24]《马克思恩格斯全集》第 26 卷第 2 册，北京：人民出版社，1973 年。

[25]《马克思恩格斯全集》第 26 卷第 3 册，北京：人民出版社，1974 年。

[26]《马克思恩格斯全集》第 29 卷，北京：人民出版社，1972 年。

[27]《马克思恩格斯全集》第 30 卷第 2 册，北京：人民出版社，1975 年。

[28]《马克思恩格斯全集》第 37 卷，北京：人民出版社，1971 年。

[29]《马克思恩格斯全集》第 39 卷第 1 册，北京：人民出版社，1974 年。

[30]《马克思恩格斯全集》第 40 卷，北京：人民出版社，1982 年。

[31]《马克思恩格斯全集》第 46 卷第 1 册，北京：人民出版社，1979 年。

[32]《马克思恩格斯全集》第 46 卷第 2 册，北京：人民出版社，1980 年。

[33]《马克思恩格斯全集》第 47 卷，北京：人民出版社，1979 年。

[34]《马克思恩格斯全集》第 2 版第 12 卷，北京：人民出版社，1998 年版。

[35]《马克思恩格斯全集》第 2 版第 28 卷，北京：人民出版社，2018 年。

[36]《马克思恩格斯全集》第 2 版第 30 卷，北京：人民出版社，1997 年。

[37]《马克思恩格斯全集》第 2 版第 31 卷，北京：人民出版社，1998 年。

[38]《马克思恩格斯文集》第 1 卷，北京：人民出版社，2009 年。

[39]《马克思恩格斯文集》第 2 卷，北京：人民出版社，2009 年。

[40]《马克思恩格斯文集》第 3 卷，北京：人民出版社，2009 年。

[41]《马克思恩格斯文集》第 4 卷，北京：人民出版社，2009 年。

[42]《马克思恩格斯文集》第 5 卷，北京：人民出版社，2009 年。

[43]《马克思恩格斯文集》第 6 卷，北京：人民出版社，2009 年。

[44]《马克思恩格斯文集》第 7 卷，北京：人民出版社，2009 年。

[45]《马克思恩格斯文集》第 8 卷，北京：人民出版社，2009 年。

[46]《马克思恩格斯文集》第 9 卷，北京：人民出版社，2009 年。

[47]《马克思恩格斯文集》第 10 卷，北京：人民出版社，2009 年。

[48]《列宁选集》第 1 卷，北京：人民出版社，2012 年。

[49]《列宁选集》第 2 卷，北京：人民出版社，1975 年。

[50]《列宁选集》第 2 卷，北京：人民出版社，2012 年。

[51]《邓小平文选》第 3 卷，北京：人民出版社，1993 年。

[52]色诺芬：《经济论——雅典的收入》，北京：商务印书馆，1961 年。

[53]亚里士多德：《政治学》，北京：商务印书馆，1965 年。

[54]威廉·配第：《赋税论——献给英明人士货币略论》，北京：商务印书馆，1963 年。

[55]威廉·配第：《政治算术》，北京：商务印书馆，1978 年。

[56]马涛:《新编经济思想史》第 1 卷，北京：经济科学出版社，2014 年。

[57]A.E.门罗：《早期经济思想——亚当·斯密以前的经济文献选集》，北京：商务印书馆，1985 年。

[58]王述英、张彤玉：《政治经济学原理》，天津：南开大学出版社，2002 年。

[59]彼得·马赛厄斯、M. M. 波斯坦：《剑桥欧洲经济史第七卷工业经济：资本、劳动力和企业（上册）》，北京：经济科学出版社，2004 年。

[60]尤瓦尔·赫拉利：《未来简史》，北京：中信出版集团，2017 年。

[61]托马斯·皮凯蒂:《21 世纪资本论》,北京:中信出版集团，2014 年。

[62]孟捷：《劳动生产率与价值量关系争论概述》，北京：中国社会科学出版社，2000 年。

[63]皮埃罗·斯拉法:《用商品生产商品》,北京:商务印书馆版,1963 年。

[64]约翰·罗尔斯：《正义论》，北京：中国社会科学出版社，1988 年。

[65]孙寿涛：《发达国家工人阶级的演变》，北京：经济管理出版社，2007 年。

[66]经济合作与发展组织秘书处：《危机中的福利国家》，北京：华夏出版社，1990 年。

[67]孙承叔：《资本与历史唯物主义》，上海：复旦大学出版社，2013 年。

[68]张宇：《高级政治经济学》，北京：中国人民大学出版社，2009 年。

[69]艾伦·布坎南：《马克思与正义》，北京：人民出版社，2013 年。

[70]艾伦·布坎南：《伦理学、效率与市场》，北京：中国社会科学出版社，1991 年。

[71]罗伯特·韦尔、凯·尼尔森：《分析马克思主义新论》，北京：中国人民大学出版社，2002 年。

[72]乔治·霍兰萨·拜因:《政治学说史》下册,北京:商务印书馆,1986年。

[73]埃里克·赖特:《阶级》,北京:高等教育出版社,2006年。

[74]曼德尔:《〈资本论〉新英译本导言》,北京:中央党校出版社,1991年。

[75]保罗·拉法格、威廉·李卜克西:《回忆马克思恩格斯》,北京:人民出版社,1973年。

[76]吉尔伯待·C.菲特:《美国经济史》,沈阳:辽宁人民出版社,1981年。

[77]程恩富等:《现代政治经济学新编》(第二版),上海:上海财经大学出版社,2012年。

[78]严书翰、胡振良:《当代资本主义研究》,北京:中共中央党校出版社,2004年。

[79]甄炳禧:《美国新经济》,北京:首都经济贸易大学出版社,2001。

[80]高等教育出版社编写组:《马克思主义基本原理概论》,北京:高等教育出版社,2008年。

[81]郑有贵:《中华人民共和国经济史》,北京:当代中国出版社,2016年。

[82]约翰·罗默:《剥削与阶级的一般理论》,波士顿:哈佛大学出版社,1982年。

[83]罗宁:《中国转型期劳资关系冲突与合作研究》,北京:经济科学出版社,2010年。

[84]乔恩·埃尔斯特:《分析的马克思主义》,《经济社会体制比较》,1988年第5期。

[85]G.A.柯享:《劳动价值论和剥削概念》,《哲学与公共事务》,1979年第8期第4卷。

[86]乔纳森·沃尔夫:《对马克思的劳动价值论的批判与重新解释》,《哲学与公共事务》,1981年第10期第2卷。

[87]乔纳森·沃尔夫:《答罗默》,《哲学与公共事务》,1983年第12期第1卷。

[88]艾伦·布坎南:《马克思、道德与历史——对近年来分析马克思主义的评论》,《伦理学》,1987年第98期。

[89]杰弗里·赖曼:《剥削、强迫和对资本主义的道德评价——对罗默和柯享的思考》,《哲学与公共事务》,1987年第16期。

[90]南希·霍姆斯特龙:《剥削》,《加拿大哲学杂志》,1977年第7期第2卷。

[91]迪·夸特曼：《价值、阶级和剥削》，《社会理论与实践》，1984 年第 10 期。

[92]约翰·罗默：《什么叫剥削——答赖曼》，《哲学与公共事务》，1989 年第 18 期。

[93]埃里克·赖特：《阶级结构分析一般框架》，《政治与社会》，1984 年第 13 期第 4 册。

[94]谭鹏：《论战后西欧社会民主党的组织转型及现实启示》，《上海党史与党建》，2013 年第 1 期。

[95]谢富胜、黄蕾：《福特主义、新福特主义和后福特主义——兼论当代发达资本主义国家生产方式的演变》，《教学与研究》，2005 年第 8 期。

[96]张世鹏：《西欧新保守主义》，《学术论文》，1994 年第 2 期。

[97]程延园：《集体谈判：现代西方国家调整劳动关系的制度安排》，《教学与研究》，2004 年第 4 期。

[98]崔学东：《金融危机是美国劳资关系的转折点吗》，《教学与研究》，2011 年第 10 期。

[99]何自力：《中国方案开启经济全球化新阶段》，《红旗文稿》，2017 年第 3 期。

[100]苏立君：《逆全球化与美国再工业化的不可能性研究》，《经济学家》，2017 年第 6 期。

[101]王俊：《互联网资本主义下西方国家去工业化的强化趋势及就业问题》，《政治经济学评论》，2017 年第 8 卷第 2 期。

[102]刘皓琰、李明：《网络生产力经济模式的劳动关系变化探析》，《经济学家》，2017 年第 12 期。

[103]吴易风：《西方学者重新发现了马克思的那些理论》，《红旗文稿》，2014 年第 9 期。

[104]王凤才：《21 世纪世界马克思主义基本格局》，《学习与探索》，2017 年第 10 期。

[105]余斌：《论〈资本论〉的整体性》，《经济纵横》，2017 年第 11 期。

[106]王默凡：《日本终身雇佣制的历史变迁》，《首都经济贸易大学学报》，2012 年第 4 期。

[107]李汝贤：《现阶段我国私营企业劳资关系的特点》，《经济问题》，2004 年第 11 期。

[108]杨云霞等：《现阶段私营企业劳动关系矛盾特征界定》，《经济问题

探索》，2005 年第 4 期。

[109]任重、周云波：《垄断对我国行业收入差距的影响到底有多大》，《经济理论与经济管理》，2009 年第 4 期。

[110]岳希明等：《垄断行业高收入问题探讨》，《中国社会科学》，2010 年第 3 期。

[111]陈刚、李树：《中国的腐败、收入分配与收入差距》，《经济科学》，2010 年第 2 期。

[112]姚先国、张海峰：《城乡教育不平等与收入差距扩大》，《山西财经大学学报》，2006 年第 2 期。

[113]杨晓玲：《马克思剩余价值理论的再认识与和谐社会的构建》，《教学与研究》，2013 年第 11 期。

[114]胡乐明：《中国方案开创人类幸福之路》，《中国社会科学报》，2018 年 1 月 16 日。

[115]芮明杰：《欧美"再工业化"对我的挑战与启示》，《中国社会科学报》，2013 年 3 月 6 日。

[116]孟捷：《〈资本论〉的当代价值》，《光明日报》，2018 年 6 月 5 日。

[117]杰克·霍夫：《比欧洲更慷慨的美国福利》，《才智月刊》，2011 年 3 月 8 日。

[118]何帆：《收入不平等加剧——美国贫富差距缘何越来越大》，《人民日报》，2017 年 1 月 15 日。

[119]P. M. Sweezy. Theory of Capitalist Development.New York: Monthly Review Press, 1946.

[120]Roemer J E, ed. Analytical Marxism. Cambridge: Cambridge University Press, 1986.

[121]Lawrence Mishel, Heidi Shierholz. The sad but true story of wages in America. Economic Policy Institute, 2011-3-15.

[122]LaiBoman, David. VaLue and the Quest for the core of capitalism. Review of Radical Political Economics, 2002 (2).

[123]Dobb M. Political Economy and Capitalism. London: Routledge & Kegan Paul Lid, 1940.

[124]Freeman, Alan, Kliman, et al. Capital & Class, London: SAGE Publications, 2008.

后 记

该书出版之际，正值改革开放历经 40 多年进入新时代，新时代新起点对劳动关系合作、共享发展提出更高的要求。从 1978 年到 2018 年，中国经济走过了粗放式高速增长阶段，这一阶段民营经济在高速发展的同时，粗放式生产方式也凸显了劳动关系不协调性，且形成了一定程度的社会分化格局。近年来，伴随着社会生产力极大发展与中国经济崛起，同时由于劳动法的颁布及社会保障体系的逐渐完善，劳动关系得到一定程度的改善，为构建新时代合作、和谐劳动关系，推动经济高质量发展奠定基础。面对未来，总结 40 多年来我国劳动关系发展的历史经验与存在的问题，推动构建新时代合作、和谐劳动关系持久发展，我们在健全的劳动法体系的同时，还必须弘扬优秀传统文化，在此基础上形成包容性社会发展心理与社会环境，以保障劳动者基本权利与合法利益。与此同时，依靠建立中国特色的职业教育体系，持续提升劳动者素质与职业能力促进经济的长期、持续发展，推动劳动关系的根本改善，实现共同富裕社会主义目标。

构建合作、和谐劳动关系是中国特色社会主义市场经济体制的重要任务。马克思政治经济学，在劳动价值论基础上揭示剩余价值规律，这不仅科学揭示了资本主义生产方式的本质，同时历史性地昭示着社会主义的未来；而马克思唯物辩证法也为我们推动实现合作、和谐劳动关系提供了方法论指导与现实路径。从这个意义上讲，马克思经济学为我们提供了实现经济高质量发展与劳动合作、和谐发展的根本性理论指导与方法论自觉。

本书写作历经数年，写作过程中得到已故导师高峰先生关注与悉心指导，在这里表示特别的感谢，并表达深切怀念之情。本书写作还得到刘浩炎、季卫兵、邢华彬、王照明、李娜、黄光华等同学的帮助，在这里也一并表示特别感谢。愿你们继续进步，得偿所愿。

最后特别感谢南开大学出版社王冰老师及为该书悉心工作的编辑老师们，你们积极、热情的工作态度、专业性指导，最终促成本书顺利出版。

2022 年 10 月 30 日于天津